Differentialpsychologie der Kontrollüberzeugungen

Differentialpsychologie der Kontrollüberzeugungen

(»Locus of Control«)

von

Dr. Günter Krampen
Universität Trier

Verlag für Psychologie Dr. C. J. Hogrefe
Göttingen · Toronto · Zürich

Dr. Günter Krampen wurde am 5.12.1950 in Koblenz geboren. Er studierte Psychologie an der Universität Trier, wo er 1976 die Diplom-Hauptprüfung ablegte. Nach kurzer Tätigkeit als wissenschaftlicher Mitarbeiter in der Abteilung Psychologie der Universität Trier (bis September 1977), wurde er mit der Verwaltung einer wissenschaftlichen Assistentenstelle am Lehrstuhl I für Psychologie (Prof. Dr. J. Brandtstädter) der Universität Erlangen-Nürnberg betraut. 1980 promovierte er an der Philosophischen Fakultät dieser Universität. Seit dem 1.4.1981 ist er wissenschaftlicher Mitarbeiter in der Abteilung Psychologie der Universität Trier.

Veröffentlichungen: Instrumentalitätstheoretische Vorhersage pädagogischer Handlungspräferenzen (1978, zusammen mit J. Brandtstädter), Zur subjektiven Handlungsfreiheit von Alkoholikern (1978, zusammen mit L. Nispel), Hoffnungslosigkeit bei stationären Patienten (1979), Generalisierte Kontrollüberzeugungen von Kurpatienten mit Herz-Kreislauferkrankungen (1979, zusammen mit D. Ohm), Generalized expectations of alcoholics (1980), Instrumentelle Überzeugungen und Werthaltungen in der Psychotherapie (1980), IPC-Fragebogen zu Kontrollüberzeugungen (1981), sowie weitere Zeitschriftenaufsätze und Tagungsbeiträge zu Problemen der pädagogischen, klinischen und medizinischen Psychologie.

© by Verlag für Psychologie · Dr. C. J. Hogrefe, Göttingen 1982
Alle Rechte, insbesondere das der Übersetzung in fremde Sprachen vorbehalten.

Printed in Germany
ISBN 3 8017 0180 8

Gesamtherstellung: Druckerei Gerhard Münch, Inh. Wolfgang Rasch, 3400 Göttingen

Für Grete und Heinz

"Life is what happens to you
While you're busy
Making other plans"

(John Lennon 1980)

Inhaltsverzeichnis

1	Einführung	1
1.1	*Begriffsklärung*	1
1.2	*Entwicklung der Forschung*	2
1.3	*Forschungsschwerpunkte*	5
2	Kontrollüberzeugungen und verwandte Konstrukte	7
2.1	*Kontrollüberzeugungen und ihre theoretische Basis*	7
2.1.1	Der theoretische Hintergrund	9
2.1.1.1	Die Soziale Lerntheorie	9
2.1.1.1.1	Axiome	10
2.1.1.1.2	Zentrale Konzepte	14
2.1.1.1.3	Bewertung	20
2.1.1.1.4	Eine Weiterentwicklung	23
2.1.1.2	Erwartungs-Wert-Theorien	25
2.1.1.2.1	Darstellung von Erwartungs-Wert-Theorien	26
2.1.1.2.2	Einige Probleme von Erwartungs-Wert-Theorien	37
2.1.2	Kontrollüberzeugungen	43
2.1.2.1	Konstruktdifferenzierungen	44
2.1.2.2	Erwartungen und ihre Generalisierung	47
2.2	*Verwandte Konstrukte*	51
2.2.1	Kausalattributionen	52
2.2.2	Das Konzept der persönlichen Verursachung	53
2.2.3	Innen- versus Außenorientierung und internalisierte Verhaltenskontrolle	54
2.2.4	Selbstverantwortlichkeit	55
2.2.5	Anomie und Anomia	56
2.2.6	Entfremdung	57
2.2.7	Machtmotiv, Machtlosigkeit und Machiavellismus	59
2.2.8	Selbstbestimmung versus Fremdbestimmung	61
2.2.9	Perzipierte Freiheit	63
2.2.10	Gelernte Hilflosigkeit	64
2.2.11	Hoffnungslosigkeit	68
2.2.12	Selbst- versus Fremdkontrolle	69
2.2.13	Handlungskontrolle	71
2.2.14	Selbstaufmerksamkeit	73
2.2.15	Selbst-Wirksamkeit	73
2.3	*Konstrukte generalisierter Erwartungshaltungen*	75
2.4	*Zusammenfassung*	77
3	Situationsorientierte Forschung: Kontrollierbarkeit von Umwelten	78
3.1	*Experimentalpsychologische Befunde zur Kontrollierbarkeit von Situationen*	79

3.2	Kontrollierbarkeit als Merkmal natürlicher Handlungssituationen	85
3.2.1	Handlungstheorie	87
3.2.2	Streßforschung	88
3.2.3	Ökologische Psychologie	90
3.3	*Interaktion von Situationsmerkmalen und Kontrollüberzeugungen*	91
3.4	*Zusammenfassung*	93
4	Differentialpsychologische Forschung: Kontrollüberzeugungen als Persönlichkeitskonstrukt	95
4.1	*Zur Bestimmung von Persönlichkeitskonstrukten*	95
4.2	*Messung von Kontrollüberzeugungen*	98
4.2.1	Fragebogenverfahren zur Erfassung von Kontrollüberzeugungen	99
4.2.1.1	Englischsprachige Verfahren	100
4.2.1.1.1	Fragebogen für Erwachsene	100
4.2.1.1.2	Fragebogen für Kinder und Jugendliche	109
4.2.1.2	Deutschsprachige Verfahren	113
4.2.1.2.1	Fragebogen für Erwachsene	113
4.2.1.2.2	Fragebogen für Kinder und Jugendliche	117
4.2.2	Meßprobleme und Meßfehler	119
4.2.2.1	Antworttendenzen	121
4.2.2.2	Einfluß momentaner psychischer Zustände	123
4.2.2.3	Subjektive Iteminterpretationen	124
4.2.3	Andere Datenerhebungsmethoden zur Erfassung von Kontrollüberzeugungen	125
4.3	*Differentialpsychologische Korrelate von Kontrollüberzeugungen*	129
4.4	*Entwicklung von Kontrollüberzeugungen*	135
4.4.1	Familiäre Sozialisation	138
4.4.2	Schulische Sozialisation	142
4.4.3	Berufliche und institutionelle Sozialisation	143
4.4.4	Massenmedienkonsum und Kontrollüberzeugungen	147
4.4.5	Politisch-kulturelle Systemzugehörigkeit	151
4.5	*Zusammenfassung*	154
5	Angewandte Forschung zu Kontrollüberzeugungen	157
5.1	*Pädagogische Psychologie*	157
5.1.1	Kontrollüberzeugungen, Lernen und Leistungsverhalten	157
5.1.2	Kontrollüberzeugungen und Leistungsmotivation	161
5.1.3	Kontrollüberzeugungen und ausbildungsbezogene Einstellungen	164
5.1.4	Kontrollüberzeugungen in der Erziehungsstilforschung	166
5.2	*Angewandte Sozialpsychologie*	167
5.3	*Klinische Psychologie*	170
5.3.1	Normproblematik	171
5.3.2	Kontrollüberzeugungen, Psychopathologie und Ätiopathogenese	173
5.3.3	Kontrollüberzeugungen und Indikation	177
5.3.4	Modifikation von Kontrollüberzeugungen	178
5.4	*Zusammenfassung*	180
	Literatur	183
	Autorenregister	212
	Sachregister	223

1 Einführung

1.1 Begriffsklärung

Das Konstrukt „locus of control of reinforcement" wurde von Rotter (1966) einer breiten psychologischen Öffentlichkeit vorgestellt. Im Rahmen der Sozialen Lerntheorie entwickelt (Rotter 1954, 1955, 1972), bezeichnet dieses Konstrukt auf differentialpsychologischer Ebene *generalisierte Erwartungshaltungen* eines Individuums darüber, ob es durch eigenes Verhalten Verstärker und wichtige Ereignisse in seinem Leben beeinflussen kann (internale Kontrolle) oder nicht (externale Kontrolle). Darüber hinaus liegt mit diesem Konstrukt auch eine Variable vor, durch die Handlungssituationen beschrieben und analysiert werden können. Dieser zweite, situative Aspekt läßt sich mit dem Begriff der *Kontrollierbarkeit* von Situationen bezeichnen. Während durch diesen Terminus der situative Aspekt des „locus of control" recht gut bezeichnet wird, gestaltet sich das Übersetzungsproblem beim Begriff des „locus of control reinforcement" als differentialpsychologische Variable schwieriger, was sich auch an der im deutschen Sprachraum herrschenden Begriffsvielfalt zeigt. Mehr oder weniger nah an der Wortfolge der englischen Konstruktbezeichnung orientiert, wurde etwa von Osselmann (1976) die Übersetzung „Verstärkungskontrolle", von Keller (1977) „internale versus externale Kontrolle der Verhaltensverstärkungen", von Schneewind (1976) „Kontrollüberzeugungen", von Schenk (1979) „internale versus externale Kontrolle", von Lerch (1979) „Selbstverantwortlichkeit", von Baumann-Frankenberger (in Übersetzung des Buches von Rotter & Hochreich 1979) „Selbst- versus Fremdkontrolle der Verstärkung", von Haas (1980) „Ort der Steuerung", von Heckhausen (1980a) „internale versus externale Kontrolle der Bekräftigung" und von Herkner (1980) „Ort der Kontrolle" bzw. „Kontrollwahrnehmung" vorgeschlagen.

In der vorliegenden Arbeit wird durchgängig – wie es schon aus dem Titel deutlich wird – für „locus of control of reinforcement" als differentialpsychologisches Konstrukt der Begriff *„Kontrollüberzeugungen"* verwendet. Schon daraus, daß im Untertitel des Buches der englischsprachige Begriff mitaufgeführt wird, ist erkennbar, daß damit nicht behauptet werden soll, daß diese Adaption ins Deutsche eine inhaltlich optimale ist. Im Gegensatz zu den anderen Übersetzungsvorschlägen verfügt dieser Begriff jedoch über die folgenden Vorteile: (1) Der Begriff Kontrollüberzeugungen fokussiert nicht nur eine der möglichen Ausprägungen von „locus of control", wie es etwa im Begriff der „Selbstverantwortlichkeit" geschieht. (2) Der Begriff Kontrollüberzeugungen verweist darauf, daß mit ihm subjektive Haltungen eines Individuums, die als „Überzeugungen" relativ weit generalisiert sind, gemeint sind. (3) Die situative Komponente der Kontrollierbarkeit ist in diesem Begriff – im Gegensatz etwa zum Begriff der „Kontrollwahrnehmung" — weitgehend ausgeschaltet. (4) Im Gegensatz zu den Übersetzungen, die sich an die relativ lange Begriffsbezeichnung Rotters (1966, 1975) „internal versus external locus of control of reinforcement" anlehnen, ist der Begriff „Kontrollüberzeugungen" sprachlich griffiger und leichter kommunizierbar. Auch im englischen Sprachraum hat sich weitgehend das Kürzel „locus of control" durchgesetzt. (5) Der Begriff Kontrollüberzeugungen vermeidet normative Implikationen, wie sie etwa bei den Termini „Selbstverantwortlichkeit" oder „Selbstkontrolle" vorhanden sind. (6) Der gewählte Begriff vermeidet schließlich technische oder technologische Assoziationen wie etwa die Übersetzungsvorschläge „Ort der Steuerung" und „Ort der Kontrolle".

1.2 Entwicklung der Forschung

Rein quantitativ nahm die Forschung zu Kontrollüberzeugungen nach der Publikation der Arbeit von Rotter (1966), in der zugleich ein Meßinstrument zur Erfassung individueller Kontrollüberzeugungen vorgelegt wurde, einen starken Aufschwung. Throop & MacDonald (1971) führen in einer Bibliographie etwa 150 Arbeiten auf, die sich empirisch mit diesem Konstrukt beschäftigen; Rotter (1979) schätzt die Zahl der publizierten Arbeiten, die interindividuelle Unterschiede in Kontrollüberzeugungen thematisieren, auf über 1000. Die Quantität empirischer Arbeiten in diesem Bereich bildet sich u.a. auch in den Sammelreferaten und Bibliographien von Lefcourt (1972), Throop & MacDonald (1971), Joe (1971), Prociuk & Lussier (1975) und Thornhill, Thornhill & Youngman (1975) sowie in zwei Monographien, die — ähnlich wie das vorliegende Buch — der differentialpsychologischen Variable Kontrollüberzeugungen gewidmet sind (Lefcourt 1976a; Phares 1976), ab. In jüngster Zeit ist schließlich noch ein Tagungsbericht (Perlmuter & Monty 1979) erschienen, der sich jedoch schon breiter mit diesem Persönlichkeitsbereich beschäftigt als die früheren Arbeiten.

Die quantitative Zunahme der publizierten Arbeiten zu Kontrollüberzeugungen läßt sich am eindrucksvollsten an den Häufigkeiten ablesen, mit denen das Stichwort „control internal/external" für die Jahre 1971 und 1972 bzw. „internal external locus of control" für die Jahre 1973 folgende in den Psychological Abstracts verzeichnet ist. In den Jahren vor 1971 waren diese Stichworte zusammen mit Stichworten wie „self-control" (Selbstkontrolle), „alienation" (Entfremdung) und „anomy" (Anomie) unter dem Begriff „control" zusammengefaßt, so daß für diesen Zeitraum an Hand der Psychological Abstracts keine sicheren Quantitätsangaben gemacht werden können. Für den Zeitraum 1971 bis 1979 (Band 45 bis 62 der Psychological Abstracts) sind die Stichworte „control internal/external" bzw. „internal external locus of control" insgesamt 2307 mal aufgeführt. Besondere Zunahmen sind in den Jahren 1973 und 1976 zu verzeichnen. Diese Zunahmen können hypothetisch auf die um 1972 verstärkt einsetzenden Bemühungen zur Differenzierung des Operationalisierungsansatzes von Rotter (1966) und auf die Vorlage der oben erwähnten Sammelreferate und Monographien zurückgeführt werden. Diese Zahlen sind auch auf dem Hintergrund der Tatsache, daß in der Psychologie allgemein eine quantitative Zunahme der Publikationen zu verzeichnen ist, als außergewöhnlich zu beurteilen. Stellt man nämlich die Häufigkeit, mit der diese Stichworte in den einzelnen Jahrgängen der Psychological Abstracts verzeichnet sind, in Beziehung zu den insgesamt in einem Jahr in den Psychological Abstracts registrierten psychologischen Veröffentlichungen, so kann die quantitative Zunahme der Publikationen in Prozentwerten angegeben werden. Für das Jahr 1971 ergibt sich dabei, daß 0,68 % der in der Psychological Abstracts verzeichneten Publikationen u.a. mit dem Stichwort „control internal/external" versehen sind. Für die folgenden Jahre zeigen sich deutliche Steigerungen dieser Rate (1972: 0,7 %, 1973: 0,9 %, 1974: 0,6 %, 1975: 0,7 %, 1976: 1,3 %, 1977: 1,4 %, 1978: 1,1 %, 1979: 1,6 %). Betrachtet man den Jahrgang 1980 der Psychological Abstracts, so ist überdies kein Rückgang der Publikationen, sondern eher eine weitere Zunahme zu beobachten. Die Quantität der Forschungsarbeiten zu einem Gegenstandsbereich muß nun jedoch nicht auch Qualität implizieren, kann jedoch dafür eine Voraussetzung sein.

Phares (1976) stellt die Entwicklung des Konstrukts der Kontrollüberzeugungen im Rahmen der Entwicklung der Sozialen Lerntheorie anschaulich dar. Es wird deutlich, daß dieses Konzept im Zusammenhang mit der psychotherapeutischen Arbeit am Einzelfall entstanden ist (siehe Phares 1976, S. 1ff: „The case of Karl S."). Diese Parallele zur Entwicklung der Psychoanalyse wird differenziert, wenn bedacht wird, daß die Einzelfallarbeit auf dem Hintergrund der sich entwickelnden Sozialen Lerntheorie (vgl. Rotter 1954, 1955) reflektiert wurde. Klinisch-psychologische Arbeit einerseits und experimentelle Arbeiten zur subjektiven Kontrollierbarkeit von Situationen andererseits (vgl. etwa Worrel 1956) bildeten die Grundlage der Sozialen Lerntheorie, die in Kapitel 2.1 in ihren Bezügen zu anderen theoretischen Entwürfen der Psychologie dargestellt wird, und in der das Konstrukt der Kontrollüberzeugungen ein integraler Bestandteil ist. Es muß jedoch hervorgehoben werden, daß Kontrollüberzeugungen kein zentrales Konstrukt der Sozialen Lerntheorie sind. Subjektive Bekräftigungswerte (Valenzen), situationsspezifische Erwartungen und die Wahrnehmung der Handlungssituation bilden vielmehr die zentralen Konzepte. Kontrollüberzeugungen werden nur unter bestimmten Umständen, nämlich dann, wenn eine für das Handlungssubjekt neue und/oder mehrdeutige Situation vorliegt, direkt handlungsrelevant. D.h., daß der Vorhersagewert generalisierter Erwartungen (wie sie Kontrollüberzeugungen sind) über die zentralen Variablen der Sozialen Lerntheorie moderiert wird. Dieser theoretischen Aussage haben sehr wenige der empirischen Arbeiten zu Kontrollüberzeugungen Rechnung getragen. Insbesondere durch die Publikation des Forschungsfragebogens zur Erfassung von Kontrollüberzeugungen von Rotter (1966), der meist als „ROT-IE-Fragebogen" bezeichnet wird, und zu dem inzwischen eine Vielzahl von Versionen vorliegt, ist eine Fülle empirischer Arbeiten angeregt worden, die Kontrollüberzeugungen neben anderen Variablen losgelöst vom theoretischen Hintergrund der Sozialen Lerntheorie untersuchten.

Nicht zuletzt dieser Umstand führte zu widersprüchlichen Befunden in verschiedensten Forschungsbereichen, die theoretisch nicht integriert werden konnten. Pointiert schreibt dazu Phares (1976), daß „das geistlose Vertrauen in Kontrollüberzeugungen in jeder Situation eine Zeitverschwendung ist und eine simplifizierende Sichtweise impliziert, nach der Verhalten durch ein oder zwei Konzepte vorhergesagt werden kann." (S. 23; Übersetzung vom Verfasser). Die Verfügbarkeit eines Forschungsfragebogens (des ROT-IE) und der Reiz eines „neuen" psychologischen Konzepts haben sicherlich häufiger zur mehr oder weniger unreflektierten Erhebung von Kontrollüberzeugungen geführt. Produziert wurden so z.T. Einzelbefunde, die jede Kontinuität und Anbindung an den theoretischen Hintergrund vermissen lassen, und widersprüchliche Ergebnisse, die zwar enttäuschten, jedoch theoretisch nicht aufgearbeitet werden konnten. Diese für die Theorienbildung und -prüfung ungesunde Entwicklung in weiten Bereichen der Empirie zu Kontrollüberzeugungen kann als ein Beispiel für eine „Methodenmode" in der Psychologie (Herrmann 1976) bezeichnet werden, in der die Verfügbarkeit eines Erhebungsverfahrens ein wesentliches Motiv für die Beachtung einer Variable ist.

Es stellt sich heute die Frage, ob schon davon gesprochen werden kann, daß die Forschungsquantität zu Kontrollüberzeugungen in Forschungsqualität umgeschlagen ist. Dieser Frage ist die vorliegende Arbeit in weiten Teilen gewidmet. Es soll versucht werden, das in einer Vielzahl von verstreuten Publikationen angesammelte Material zu Kontrollüberzeugungen zu ordnen und nach seinem wissenschaftlichen und praktischen Wert abzuklopfen. Insbesondere wird dabei auf die Querverbindungen dieses Konstrukts zu ähnlichen geachtet, die in den letzten Jahren entwickelt wurden. Es wird dabei der Frage nachgegangen, ob Kontrollüberzeugungen und verwandte Konzepte wie etwa „Entfremdung" (Seeman 1959), „Machtlosigkeit" (Minton 1967), „Selbst- versus Fremdbestimmung" (Fend 1971) etc. einen gemeinsamen Persönlichkeitsbereich ausmachen, der von den klassischen Ansätzen der Persönlichkeitspsychologie weitgehend vernachlässigt wurde. Die Konzeptualisierung und verstärkte Beachtung dieser Konstrukte steht in Zusammenhang mit der Abkehr der Psychologie vom Behaviorismus, die oftmals als „kognitive Wende" der Psychologie oder als Paradigmenwechsel bezeichnet wird. Generalisierte Erwartungshaltungen von Individuen sind Variablen, deren kognitiver Status lange vor kognitivistischen Rekonzeptualisierungen von Begriffen wie Motivation (Heckhausen 1977, 1980a) oder Angst (Krohne 1980) in handlungsorientierten Entwürfen erkannt und beschrieben worden ist. Von daher stellen Kontrollüberzeugungen und die verwandten Konstrukte einen wesentlichen Aspekt der Rekognitivierung der Psychologie dar. Dies zeigt sich auch in den Unterschieden zwischen den Menschenbildern des Behaviorismus und der kognitiven Psychologie. Im Gegensatz zum behavioristischen Begriff der Kontrolle des Subjekts durch die Umwelt ist im epistemologischen Ansatz die „kognitive Kontrolle der Umwelt durch das Subjekt" (Groeben & Scheele 1977, S. 100) der zentrale Punkt; von daher kann der Behaviorismus als ein eher external orientiertes Paradigma, die kognitive Psychologie als ein eher internal orientiertes bezeichnet werden.

1.3 Forschungsschwerpunkte

Rotter (1966) nennt vier Typen von Kriterien für die Prüfung des prädiktiven Wertes von Kontrollüberzeugungen, die zugleich frühe Forschungslinien in diesem Bereich darstellen: (1) Leistungen in Laboraufgaben: Hier geht es zum einen um die situative Komponente der Kontrollierbarkeit, zum zweiten um deren Interaktion mit dem Persönlichkeitsmerkmal Kontrollüberzeugungen. Forschungsbereiche sind hier Wahrnehmungsleistungen, motorische und intellektuelle Leistungen. (2) Versuche von Individuen, ihre Umwelt zu kontrollieren: Kontrollüberzeugungen werden hier als Determinanten von Informationsaufnahmeverhalten, persönlicher Effektivität in der Umweltbeeinflussung, Risikoverhalten etc. untersucht (mastery-over-the-environment-research). (3) Leistungssituationen: Ähnlich wie (1), nur daß es sich nicht um Laborexperimente, sondern um Feldexperimente oder Feldstudien – etwa im schulischen, universitären oder beruflichen Leistungsbereich – handelt. (4) Reaktionen auf soziale Einflußnahme: Kontrollüberzeugungen als Determinanten von Konformität, Reaktanz, Einstellungsänderungen etc.

Die aktuelle Forschungslage zu Kontrollüberzeugungen ist breiter gefächert als dieser Forschungskatalog von Rotter (1966). Die Literaturdurchsicht führte zur Identifikation von fünf Forschungsschwerpunkten, denen in der vorliegenden Arbeit getrennte Kapitel gewidmet sind. Im einzelnen handelt es sich dabei um die folgenden Forschungslinien oder -bereiche:

(1) *Differentialpsychologischer Schwerpunkt:* Neben konstruktbildenden und konstrukterhellenden Arbeiten (Kapitel 2.2, 2.3 und 4.3) sind vor allem Überlegungen und Untersuchungsbefunde aufzuführen, die die Messung (Kapitel 4.2) und die Entwicklungsbedingungen (Kapitel 4.4) von Kontrollüberzeugungen zum Thema haben. In der entwicklungspsychologischen Sicht haben Kontrollüberzeugungen auf der Sozialisandenseite den Status einer abhängigen Variablen. Hierzu zählen auch die Befunde zu intra- und interkulturellen Unterschieden in Kontrollüberzeugungen, da sie u.U. Aufschluß über gesellschaftliche Antezedensbedingungen geben können.

(2) *Pädagogisch-psychologischer Forschungsschwerpunkt:* Untersuchungsschwerpunkte sind die Bedeutung von Kontrollüberzeugungen für Leistungsverhalten und für verschiedene Aspekte der Leistungsmotivation wie etwa Belohnungsaufschub, Selbstkonzept eigener Fähigkeiten und Attributionsverhalten. Wegen der engen Beziehung zwischen Kontrollüberzeugungen und Klassifikationsgesichtspunkten für Kausalfaktoren hat die Attributionsforschung hier eine herausragende Stelle inne (Kapitel 5.1).

(3) *Sozialpsychologischer Forschungsschwerpunkt:* Kontrollüberzeugungen werden hier als Determinanten von sozialen Einstellungen, der Beziehung von Einstellungen und Verhalten, Konformität, interpersonaler Anziehung, Wertorientierungen, Altruismus, sozialem und politischem Engagement etc. untersucht (Kapitel 5.2).

(4) *Klinisch-psychologischer Forschungsschwerpunkt:* Themen sind die Bedeutung von Kontrollüberzeugungen für die Ätiopathogenese, Diagnose und Therapie von psychischen Krankheiten. Die Forschung beschäftigt sich u. a. damit, ob bestimmte klinische Zustandsbilder in Kontrollüberzeugungen Besonderheiten aufweisen, wie diese Besonderheiten bedingt sein können, und ob sie durch unterschiedliche psychologische Interventionsmethoden (Training, Beratung, Psychotherapie) beseitigt werden können (Kapitel 5.3).

(5) *Situationsorientierter Forschungsschwerpunkt:* Hier steht die Kontrollierbarkeit von Umwelten und Situationen und deren Bedeutung für das Verhalten und Erleben von Individuen im Vordergrund des Interesses. Neben experimentalpsychologischer Forschung, die inhaltliche Überschneidungen mit allen anderen Forschungsschwerpunkten aufweist, sind Beiträge zu nennen, die sich im Rahmen der Handlungstheorie, der Ökologischen Psychologie und der klinischen Stressforschung mit der Kontrollierbarkeit von Handlungsumwelten beschäftigen (Kapitel 3).

Diese Forschungsschwerpunkte sind mit ihren Querverbindungen in Abbildung 1 graphisch dargestellt.

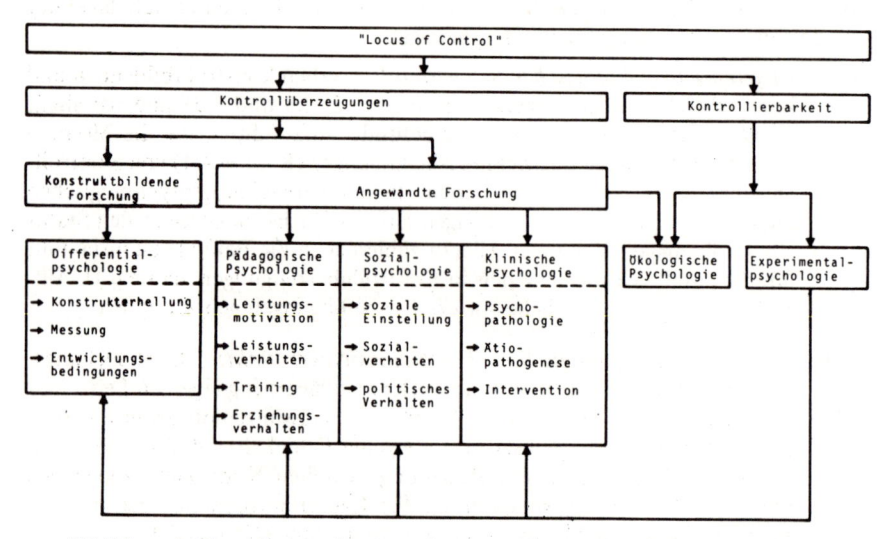

Abbildung 1: Forschungsschwerpunkte zum Konstrukt „locus of control"

2 Kontrollüberzeugungen und verwandte Konstrukte

Wie in dem einführenden Kapitel schon betont wurde, sind Kontrollüberzeugungen ein integraler Bestandteil der Sozialen Lerntheorie Rotters (1955, 1972). Da die Soziale Lerntheorie zur Familie der Erwartungs-Wert-Theorien gehört, haben Kontrollüberzeugungen implizit auch in einer Vielzahl anderer theoretischer Entwürfe der Psychologie eine Bedeutung, die auf strukturellen und inhaltlichen Parallelitäten der Ansätze beruht. Daneben finden sich in der Psychologie und Soziologie eine Reihe von Begriffen und Konstrukten, die dem Konstrukt der Kontrollüberzeugungen inhaltlich ähnlich sind. Das relativ große Interesse an Kontrollüberzeugungen in psychologischer und soziologischer Forschung und Praxis kann sicherlich nicht zuletzt auf diese über den Ansatz der Sozialen Lerntheorie hinausreichenden Aspekte zurückgeführt werden.

Das vorliegende Kapitel dient zum einen der Einführung in die Soziale Lerntheorie, dem Hintergrund des Konstruktes der Kontrollüberzeugungen; zum zweiten der Explikation der Bedeutung von Kontrollüberzeugungen in anderen theoretischen Ansätzen und zum dritten der Analyse der inhaltlichen Parallelitäten zu anderen, offenbar verwandten Konzepten. Ziel ist somit eine theoriengeleitete Konstrukterhellung.

2.1 Kontrollüberzeugungen und ihre theoretische Basis

Herrmann (1976, S. 9) bezeichnet die Wissenschaft Psychologie als ein „Flechtwerk sich wandelnder wissenschaftlicher *Problemlösungsprozesse* (Forschungsprogramme)" (Hervorhebung im Original), bei dem in der triadischen Beziehung von Theorie, Empirie und Problemstellung idealisierend zwischen zwei Typen psychologischer Forschungsprogramme unterschieden werden kann. Als „Typ a-Forschungsprogramm" gelten solche Bereiche, in denen eine Serie von theoretischen Entwürfen einem invarianten empirischen (problematisierten) Sachverhalt („domain" im Sinne von Shapere 1974) gegenüberstehen. Beispiele dafür liegen etwa in den Forschungsinhalten optische Täuschungen, Leistungsmotivation, Erziehungsstilforschung etc., in denen verschiedene theoretische Ansätze konkurrieren oder in der Wissenschaftsgeschichte konkurriert haben. In „Typ b-Forschungsprogrammen" werden dagegen quasi-paradigmatische Theorienkonzeptionen auf eine Vielzahl von empirischen Problemstellungen angewandt. Es handelt sich bei ihnen somit um den variablen Einsatz eines mehr oder weniger fixierten theoretischen Modells auf inhaltlich unterschiedliche Tatbestände. Als Beispiele dafür nennt Herrmann (1976) etwa die Berliner Gestalttheorie, die Verhaltenstheorie sensu Skinner und den kybernetisch-systemtheoretischen Ansatz.

Die Soziale Lerntheorie kann nun, auch durch ihre Einbettung in die Familie der Erwartungs-Wert-Theorien, als ein Typ b-Forschungsprogramm bezeichnet werden. Heterogene Anwendungsfelder der Sozialen Lerntheorie (und anderer Erwartungs-Wert-Theorien) sind etwa verschiedene Aspekte von sozialem Verhalten, Leistungsverhalten, erzieherisches Verhalten, Verhalten in Institutionen und Organisationen, therapeutisches Verhalten etc. (vgl. etwa Schneewind 1975a, 1979; Sadava & Forsyth 1977; Mitchell 1979; Krampen 1980a). Inwieweit hier tatsächlich für eine quasiparadigmatische Theorienkonzeption (die Soziale Lerntheorie) unterschiedliche Anwendungsbereiche gesucht und semantisch-theoretische Interpretationen der formalen Kalküle vorgelegt werden, wird an späterer Stelle zu untersuchen sein. Herrmann (1976; S. 30) betont nämlich in diesem Zusammenhang die Gefahr, daß häufig lediglich für „invariante *mathematische Strukturen* die beliebigsten Datenzusammenhänge (gesucht werden), für die die jeweilige mathematische Struktur ad hoc als 'Modell' dienen soll" (Hervorhebung im Original), daß es also häufig nur „um die statistische Anpassung nicht (oder allenfalls ad hoc und methodisch naiv) interpretierter Daten an nicht interpretierte mathematische Strukturen" geht. Hier sei also nur gesagt, daß mit der Sozialen Lerntheorie und − allgemeiner − mit den Erwartungs-Wert-Theorien potentiell ein Typ b-Forschungsprogramm vorliegt, auf das sich Kriterien zur Beurteilung theoretischer Entwürfe wie formale Widerspruchsfreiheit, externe Konsistenz (Vereinbarkeit mit anderen „bewährten" Theorien), Unabhängigkeit hinsichtlich der Grundbegriffe und Axiome, Geltungsbereich, empirische Validität und Nützlichkeit, Überprüfbarkeit und Brauchbarkeit (vgl. etwa Bunge 1967) anwenden lassen.

Kontrollüberzeugungen sind nun ein Teil dieses Typ b-Programms (als modellspezifische Prädiktor- und Moderatorvariable) und stellen zugleich einen Aspekt eines Typ a-Forschungsprogramms dar. Dieses Typ a-Programm kann als der Problembereich „generalisierte Erwartungshaltungen von Individuen", der ebenso wie Angst, Leistungsmotivation etc. einen Persönlichkeitsbereich ausmacht, bezeichnet werden. Alternative theoretische Ansätze (siehe Kapitel 2.2 und 2.3) konkurrieren hier bei der Beantwortung der Forschungsfragen nach der Konzeption sowie der handlungsleitenden Relevanz dieses Persönlichkeitsaspekts. Es muß freilich bemerkt werden, daß die konkurrierenden Ansätze in diesem Bereich weniger gut zu klassifizieren sind als etwa im Bereich der Analyse optischer Täuschungen (Herrmann 1976) oder im Bereich der Erziehungsstilforschung (Krampen 1980a, b; Krampen & Brandtstädter 1981), da der wissenschaftshistorische Gliederungsaspekt wegen der Einbettung fast aller Ansätze in die kognitiv orientierte Psychologie weitgehend entfällt. Kontrollüberzeugungen sind aber durch ihre theoretische Basis in der Sozialen Lerntheorie (Typ b-Programm) und ihre Bedeutung für den Problembereich „generalisierte Erwartungshaltungen von Individuen" (Typ a-Programm) ein sehr gutes Beispiel für die „flechtwerkartige Kombination von Programmtypen" (Herrmann 1976, S. 37), die Herrmann für die gegenwärtige Lage der Psychologie allgemein konstatiert und als positiv bewertet.

2.1.1 Der theoretische Hintergrund

Neben einer Einführung in das Typ b-Forschungsprogramm Soziale Lerntheorie (Kapitel 2.1.1.1) wird hier auf inhaltlich und strukturell ähnliche theoretische Entwürfe (Erwartungs-Wert-Theorien; Kapitel 2.1.1.2) eingegangen. Dies veranschaulicht die Einbettung der Sozialen Lerntheorie (und implizit des Konstruktes der Kontrollüberzeugungen) in weite Bereiche des theoretischen Netzwerkes der Psychologie.

2.1.1.1 Die Soziale Lerntheorie

Als Soziale Lerntheorie soll hier nur der Ansatz Rotters (1954, 1955, 1972) bezeichnet werden, obwohl manchmal auch andere theoretische Ansätze als „soziale Lerntheorien" bezeichnet werden, weil sie sich auf soziale Lernprozesse beziehen (etwa von Schneewind 1979). Dazu gehören z.B. die Modellierungstheorie (Theorie des Modell-Lernens) von Bandura (1977a), das kognitive Modell der Selbstkontrolle von Thoresen & Mahoney (1974) und die kognitiv-soziale Lerntheorie von Mischel (1973). Ausschließlich die kognitiv-soziale Lerntheorie Mischels gründet sich auf den Ansatz von Rotter und entwickelt ihn – durch Einbezug weiterer kognitiver Konstrukte – fort. Die wesentliche Gemeinsamkeit der Arbeiten von Rotter und Mischel besteht darin, daß sie sich *nicht* auf die Erklärung mehr oder weniger isolierter (sozialer) Lernprozesse beschränken und von daher auch über relativ isolierte Anwendungsbereich verfügen, sondern Entwürfe für umfassende Persönlichkeitstheorien vorlegen. Die Soziale Lerntheorie ist von daher eine molare Theorie, die sich mit Verhalten in komplexen, sozialen Situationen beschäftigt und dabei insbesondere die Persönlichkeitsentwicklung in den Mittelpunkt der Betrachtung stellt.

Rotter (1954, 1955) kommt, z.T. im Anschluß an Arbeiten von Tolman (1938, 1951) und Lewin (1963), das Verdienst zu, die Ablösung des behavioristischen Paradigmas und der behavioristischen Terminologie in der Psychologie durch die Verknüpfung behavioristischer und kognitiver (wissenschaftshistorisch exakter: gestaltpsychologischer) Überlegungen eingeleitet zu haben. Bereits hier können die Wurzeln der sogenannten kognitiven Wende in der Psychologieentwicklung gesehen werden, die häufig erst auf das Erscheinen der Monographie „Plans and structure of human behavior" von Miller, Galanter & Pribram (1960) datiert wird. Zwar verwenden Tolman, Lewin und Rotter in ihren Arbeiten noch weitaus häufiger behavioristische Termini wie „Reiz", „Verstärker" etc., auf die Miller et al. (1960) weitgehend verzichten, interpretieren sie jedoch durch den Bezug zur subjektiven Verarbeitung dieser Variablen kognitiv so um, daß aus den objektivistischen Begriffen des Behaviorismus subjektivistische werden. Hier kann also eine Kontinuität in der wissenschaftlichen Entwicklung der Psychologie vom Behaviorismus hin zu kognitiven Ansätzen festgestellt werden, was übrigens gegen die Behauptung einer „wissenschaftlichen Revolution" sensu Kuhn (1967) in diesem Entwicklungsabschnitt der Psychologie spricht. Es dürfte vielmehr ein langsamer Übergang stattgefunden haben, der natürlich dann, wenn man etwa die Überlegungen Skinners (1938) direkt mit denen von Miller et al. (1960) oder gar mit denen von Groeben & Scheele (1977) vergleicht, als abrupter Paradigmenwechsel erscheint. Da dabei jedoch wesentliche Zeitabschnitte und Inhalte der Psychologieentwicklung überschlagen werden, muß dies als unredlich und als der Versuch, reale Wissenschaftsentwicklung in eine (auch für die Psychologie wohl recht attraktive) wissenschaftstheoretische Modellvorstellung zum Wissenschaftsfortschritt hineinzupressen, bezeichnet werden. Es hieße halt auch, daß die wegweisenden Arbeiten Tolmans, Lewins und Rotters zur Weiterentwicklung behavioristischer Ansätze durch gestaltpsychologische Überlegungen übergangen würden. Kennzeichen dieser Arbeiten ist die Tatsache, daß nicht mehr behauptet wird, daß die Verhaltensfolgen (negative und positive Verstärker, Bestrafungen) das Verhalten von Individuen direkt beeinflussen, sondern daß deren Wirkung auf das Verhalten intern (d.h. kognitiv) moderiert wird. Nicht relativ unspezifische Reiz-Reaktions-Verbindungen, die etwa dem Prinzip des klassischen oder operanten Konditionierens folgend gelernt werden, bestimmen das Verhalten, sondern subjektinterne Informationsaufnahme- und Informationsverarbeitungsmechanismen. Diese subjekt-internen Mechanismen werden in ihrem Einfluß auf die Reiz- und Handlungsauswahl in einer gegebenen Situation analysiert. Hier deutet sich eine zweite, für die Psychologie bedeutsame Entwicklung an. Die genannten Autoren, die als Bindeglied zwischen behavioristischer und kognitiver Psychologie bezeichnet werden können, verbindet eine interaktionistische Sichtweise. Es wird also behauptet, daß die Wechselwirkung von Individuum und personspezifischer (d.h. individuell bedeutungshaltiger) Umwelt das Verhalten bestimmt und die Analyseeinheit der Persönlichkeitsforschung (und auch der Lernforschung) ist. Die Notwendigkeit einer Ergänzung differential- und lernpsychologischer Überlegungen durch sozialpsychologische Bedingungsvariablen des Verhaltens wurde deutlich erkannt und explizit berücksichtigt. Auch diese interaktionistische Sichtweise, die freilich mit der kognitionspsychologischen Orientierung in Beziehung steht, hat die Psychologieentwicklung stark beeinflußt und spielt in der aktuellen psychologischen Forschung eine herausragende Rolle (vgl. im Überblick Lantermann 1980).

2.1.1.1.1 Axiome

Die grundlegenden Axiome oder Postulate der Sozialen Lerntheorie verdeutlichen diese wissenschaftliche Position Rotters. Axiome sind im Rahmen einer Theorie stehende, nicht weiter begründete Aussagen, die in sich widerspruchsfrei sein müssen. Die Nützlichkeit dieser Annahmen kann jedoch a posteriori durch die Empirie gestützt werden. Rotter (1955, 1972; siehe auch Phares 1976) führt die folgenden Axiome der Sozialen Lerntheorie auf:

→ *Axiom 1:* Die Einheit der Persönlichkeitsforschung ist die Interaktion von Individuum und seiner bedeutungshaltigen Umwelt.

Im Anschluß an Lewin (1963), der Verhalten als Funktion von Person- und Umweltmerkmalen betrachtet (V = f (P, U)), wird also behauptet, daß personspezifische Merkmale zur Erklärung und Vorhersage von Verhalten nicht ausreichen. Wichtig ist als ein zweiter Bedingungskomplex die Handlungssituation, in der ein Individuum steht. Phänomenologisch wird jedoch nicht das Insgesamt der Umwelt- bzw. Situationsmerkmale als für Verhalten wichtig bezeichnet, sondern nur der Ausschnitt der Umwelt, der für das Individuum „bedeutungshaltig" ist. Das impliziert etwa, daß Verhaltenskonsequenzen nicht im behavioristischen Sinne stets das Verhalten und somit Lernprozesse beeinflussen, sondern daß neben der Wahrnehmung der Verhaltenskonsequenzen auch deren subjektiver Wert und ihre subjektive Auftrittswahrscheinlichkeit von Wichtigkeit sind. In frühen Ansätzen zur Ökologischen Psychologie finden sich ähnliche Überlegungen, die sich etwa in Begriffen wie „beta press" (Murray 1938), „subjective environment" (Chein 1954) oder „Lebensraum" (Lewin 1963) identifizieren lassen. Dieses erste Axiom der Sozialen Lerntheorie verbindet somit feldtheoretische Einsichten mit dem Prinzip der „begrenzten Rationalität" (bounded rationality), das Simon (1957) für die menschliche Kapazität der Informationsaufnahme aus der Umwelt und für die menschliche Kapazität der Informationsverarbeitung formulierte.

→ *Axiom 2:* Persönlichkeitskonstrukte müssen nicht durch andere Konstrukte (etwa physiologische, biologische oder neurologische) erklärt werden; ihr Erklärungswert ist von solchen Konstrukten auf anderen Ebenen prinzipiell unabhängig.

Wissenschaftliche Konstrukte für einen Problembereich („domain", Typ a-Forschungsprogramm) aus verschiedenen Wissenschaften sollten zwar konsistent sein, sie stehen jedoch nicht in einer hierarchischen Beziehung. Jeder Reduktionismus psychologischer Konstrukte auf organische Konstrukte wird also abgelehnt (vgl. hierzu etwa auch die sogenannte „Reduktionismus-Debatte" in der Soziologie, bei der es um die Frage ging, ob sich soziologische Problemstellungen und Konstrukte prinzipiell auf psychologische Problemstellungen und Konstrukte „reduzieren" lassen; vgl. etwa Hummell & Opp 1971). Im Gegensatz zu den anderen Axiomen der Sozialen Lerntheorie findet dieses relativ selten Beachtung (vgl. etwa Heckhausen 1980a; Lantermann 1980). Ursprünglich mag es eventuell vor allem wegen den im Behaviorismus z. T. inhärenten Reduktionismusversuchen formuliert worden sein. Es besitzt aber auch heute noch Aktualität, da in weiten Bereichen der Psychophysiologie und der Neurologie z.T. reduktionistisch nach organischen Substraten menschlichen Verhaltens und menschlicher Persönlichkeitsmerkmale gesucht wird. Dies geschieht z.T. implizit, wie etwa in der Meinung Freuds, daß die Psychoanalyse nur solange (quasi als „Lückenbüßer") Geltung habe, wie keine organischen Substrate für Persönlichkeitsstörungen etc. gefunden seien, z.T. auch explizit, wie etwa in dem differentialpsychologischen Ansatz von Eysenck (1967), der (die seinem Modell nach) Hauptfaktoren der Persönlichkeit (Neurotizismus und Extraversion/Introversion) auf genetisch determinierte Merkmale des zentralen Nervensystems und des autonomen Nervensystems zurückführt, oder wie in den neurologischen Versuchen, im Großhirn Regionen zu finden, die für bestimmte psychopathologische Erscheinungen ursächlich verantwortlich sind. Das zweite Axiom der Sozialen Lerntheorie wendet sich dagegen, daß es notwendig sei, für psychologische Konstrukte Begründungen auf anderen wissenschaftlichen bzw. begrifflichen Ebenen zu suchen. Psychologischen Konstrukten kommt alleine durch ihre Nützlichkeit für die Erklärung und Vorhersage von Verhalten eine wissenschaftliche Bedeutung zu, die nicht organisch „untermauert" werden muß. Die psychophysiologische Suche nach Korrelaten ist damit freilich nicht ausgeschlossen; ihr kommt aber insoweit eine beschränkte Bedeutung zu, als nur verlangt wird, daß die Konstrukte verschiedener wissenschaftlicher Bereiche keine Widersprüche aufweisen. Ähnliches gilt übrigens auch für die oben kurz angesprochenen Beziehungen zwischen soziologischen und psychologischen Konstrukten und Problemstellungen.

→ *Axiom 3:* Durch Persönlichkeitskonstrukte beschriebenes Verhalten findet in Raum und Zeit statt. Obwohl alle Verhaltensereignisse durch psychologische Konstrukte beschrieben werden können, wird angenommen, daß solche Beschreibungen prinzipiell auch durch physikalische Konstrukte möglich sind. Jede Konzeption jedoch, die solche Ereignisse selbst (und nicht deren Beschreibungen) als unterschiedlich auffaßt, wird als dualistisch abgelehnt.

Dieses dritte Axiom steht in Beziehung zum zweiten Axiom. Es wird davon ausgegangen, daß die Realität nur begrifflich erfaßt werden kann. Je nach Betrachtungsebene können zwar die bei der Beschreibung verwendeten Konstrukte unterschiedlich sein, die beschriebenen Sachverhalte weisen jedoch eine Einheit auf. Jeder Dualismus, in dem eine Beschreibung durch eine andere Beschreibung (auf „anderer" begrifflicher Ebene) erklärt werden soll, wird abgelehnt. Als Prototyp dualistischen Denkens wird von Rotter (1972) die Psychosomatik bezeichnet, in der häufig ein Sachverhalt (eine psychosomatische Erkrankung) auf dem Hintergrund zweier Wissenschaften und deren Begriffsinventare dualistisch beschrieben wird (etwa im Sinne organischer und psychischer Symptome oder Probleme) und dann (dies ist der eigentliche Kritikpunkt) eine Beschreibungsebene als ursächlich für die zweite interpretiert wird.

→ *Axiom 4:* Persönlichkeitskonstrukte sind erst ab einer bestimmten phylogenetischen und ab einer bestimmten ontogenetischen Entwicklungsstufe für die Verhaltensbeschreibung nützlich.

Hiermit soll betont werden, daß es nicht sinnvoll ist, zu versuchen, alle Ereignisse durch Persönlichkeitskonstrukte zu beschreiben. Zum einen ergeben sich phylogenetische Schranken, zum anderen eventuell auch ontogenetische. Rotter (1972) hebt hervor, daß heute nicht gesagt werden kann, ab welcher phylo-

bzw. ontogenetischen Stufe Persönlichkeitskonstrukte sinnvoll und nützlich sind. Mit diesem vierten Axiom ist gemeint, daß Verhalten auf Reflex- und Instinktebene auch ohne Persönlichkeitskonstrukte hinreichend präzise beschrieben werden kann. Es muß jedoch beachtet werden, daß es dann, wenn bestimmte Persönlichkeitsvariablen konsistent physiologische Korrelate aufweisen (wie etwa nach der Theorie Eysencks 1967), dazu führen kann, daß eine Persönlichkeitsvariable die Reflextätigkeit moderiert. Axiom 4 ist somit in engem Zusammenhang mit den Axiomen 2 und 3 zu sehen.

→ *Axiom 5:* Die Persönlichkeit weist eine Einheit („unity") auf. Die Erfahrungen einer Person (also ihre Interaktionen mit der bedeutungshaltigen Umwelt) beeinflussen sich wechselseitig.

Gestaltpsychologisch wird davon ausgegangen, daß die Persönlichkeit des Menschen Stabilität und Konsistenz aufweist, die mit neuen Lernerfahrungen stetig zunimmt. Die neuen Erfahrungen werden in das akkumulierte „Wissen" aus früheren Erfahrungen integriert und es findet — bei der psychisch gesunden Persönlichkeit — eine Entwicklung hin auf zunehmende Stabilität und Konsistenz des Verhaltens statt (hin zu einer „guten Gestalt"). Ähnliche Annahmen finden sich etwa auch in der Psychoanalyse, in den Ansätzen der Humanistischen Psychologie (vgl. etwa Maslow 1954; Rogers 1959) und in Ansätzen, die der Systemtheorie folgen (vgl. etwa Watzlawik, Beavin & Jackson 1979[4]; Ackoff & Emery 1975). Mit diesem Axiom wird jedoch nicht unterstellt, daß die Persönlichkeit (im Sinne von Strukturmodellen der Differentialpsychologie) eine relativ geschlossene Einheit ist. Diese reduktionistische Sichtweise der Persönlichkeit und der Motivation wird abgelehnt.

→*Axiom 6:* Verhalten, das durch Persönlichkeitskonstrukte beschrieben werden kann (siehe Axiom 4), ist zielgerichtet. Die gerichtete Qualität des Verhaltens wird aus den Verstärkungseffekten erschlossen.

Die restriktive Sichtweise in der Motivationspsychologie, nach der Verhalten primär durch das Bedürfnis nach Triebreduktion bestimmbar ist, wird abgelehnt. Es wird dem von Thorndike (1933) formulierten *empirischen* Effektgesetz gefolgt; entscheidend ist also nicht allein das Auftreten von Verstärkern, sondern deren Wirkung, die aus dem späteren Verhalten der Person erschlossen wird (zur Problematik dieser Definition von Verstärkern siehe etwa Groeben & Scheele 1977). Ziel ist dabei die Maximierung der positiven Effekte, was jedoch planvolles Verhalten (etwa im Sinne von Belohnungsaufschub) nicht ausschließt. Rotter (1972) unterscheidet begrifflich zwischen Bedürfnissen („needs") einer Person und Zielen („goals") in der Umwelt. Werden bei der Handlungsanalyse die Umweltbedingungen fokussiert, so geben die in der Umwelt subjektiv verfügbaren Verstärker und Ziele die Richtung des Verhaltens an; wird dagegen die handelnde Person fokussiert, so werden die gleichen (richtungsgebenden) Sachverhalte als Bedürfnisse bezeichnet. Subjektive Ziele und Bedürfnisse stellen somit zwei Aspekte eines Sachverhalts dar. Beides wird nach Rotter (1972) durch operantes Konditionieren, klassisches Konditionieren und Modellernen auf der Basis primärer Triebe gelernt (vgl. hierzu auch die Bedürfnishierarchie bei Maslow 1954).

→*Axiom 7:* Das Verhalten einer Person wird nicht nur durch die Art und Wichtigkeit von Zielen oder Verstärkern bestimmt, sondern auch durch Antizipationen oder Erwartungen der Person darüber, ob diese Ziele erreicht werden. Diese Erwartungen sind durch frühere Erfahrungen determiniert und können quantifiziert werden.

Der von Tolman (1938) entwickelte Begriff der „Verstärkungserwartung" — ein essentiell kognitives psychologisches Konstrukt, das ähnlich auch bei Lewin (1963) und in einer Vielzahl späterer Ansätze auftaucht (siehe Kapitel 2.1.1.2) — wird hier von Rotter aufgegriffen und neben dem Verstärkerwert als die zweite zentrale Determinante des Verhaltens bezeichnet. Diese siebte Annahme der Sozialen Lerntheorie stellt nun auch ihre zentrale theoretische Annahme dar.

2.1.1.1.2 Zentrale Konzepte

Die Soziale Lerntheorie liegt formalisiert und begrifflich auf zwei Ebenen vor. In ihrer molekularen Form ist sie primär auf die experimentelle Psychologie ausgerichtet, in der unabhängige, abhängige Variablen und Moderatorvariablen präzise identifizierbar sein müssen. In ihrer generalisierten, molaren Form stellt sie eine allgemeine Verhaltenstheorie dar, die für den klinischen Gebrauch bzw. für Feldstudien geeignet ist. Der Komplexität der menschlichen Persönlichkeit und des menschlichen Verhaltens wird hier vermehrt Rechnung getragen, wobei allerdings die Ableitbarkeit der molekularen Variante aus der molaren bzw. (umgekehrt) die Generalisierung der molaren Variante aus der molekularen gewahrt ist. Zunächst soll hier die molekulare Form der Sozialen Lerntheorie dargestellt werden, da die Erläuterung der relevanten Konzepte hierbei leichter ist.

Formalisiert läßt sich die Kernaussage der Sozialen Lerntheorie folgendermaßen darstellen:

$$BP_{x, s_1, B_a} = f\ (E_{x, s_1, B_a}\ \&\ RV_{a, s_1}). \tag{1}$$

Darin sind:

BP_{x, s_1, B_a} = Wahrscheinlichkeit für das Auftreten des Verhaltens x in der Situation s_1 bei Vorliegen der Verstärkung B_a („behavior potential"; Verhaltenspotential);

E_{x, s_1, B_a} = subjektive Erwartung (Antizipation) der Verstärkung B_a in s_1 nach der Handlung x („expectancy"; Erwartung);

RV_{a, s_1} = subjektiver Wert des Verstärkers a in Situation s_1 („reinforcement value").

Verbal bedeutet Formel (1) also, daß die Wahrscheinlichkeit für ein bestimmtes Verhalten in einer gegebenen Handlungssituation (a) von dem subjektiven Wert der möglichen Verstärker und (b) von der subjektiven Erwartung des Handlungssubjekts abhängt, ob in der gegebenen Situation durch das in Frage kommende Verhalten der Verstärker erreicht wird. Da Formel (1) in ihrem Erklärungswert beschränkt ist, weil nur eine Verhaltensalternative, eine Handlungssituation und ein möglicher Verstärker berücksichtigt werden, legte Rotter (1955, 1972) zusätzlich die oben schon angesprochene molare Version der Sozialen Lerntheorie vor.

Zentrale Konzepte der Sozialen Lerntheorie sind somit — ableitbar aus Formel (1) — das Verhaltenspotential, die Erwartung, der Verstärkungswert und die psychologische Situation.

Das *Verhaltenspotential* („behavior potential") bezeichnet die Eintrittswahrscheinlichkeit für ein bestimmtes Verhalten in einer gegebenen Situation, die u.a. durch verfügbare Ziele bzw. vorliegende Bedürfnisse gekennzeichnet ist. Es wird betont, daß es sich bei diesem Konzept um ein relatives handelt, das stets in seinem Bezug zu möglichen Verhaltensalternativen (und somit auch zur Handlungskompetenz des Individuums) gesehen werden muß. Formel (1) verdeutlicht dies jedoch nicht. Selbst in experimentellen Überprüfungen der Sozialen Lerntheorie muß also prinzipiell mit wenigstens zwei inhaltlich unterschiedlichen Vorhersagegleichungen vom Typ der Formel (1) gearbeitet werden. Das Verhalten kann nicht nur (im behavioristischen Sinne) durch die direkte Verhaltensbeobachtung erfaßt werden, sondern auch indirekt im Sinne der Erfragung kognitiver und motivationaler Aktivitäten des Individuums. Das Verhaltenspotential wird als ein dynamisches Konzept bezeichnet, das sich durch Erfahrungen verändert.

Erwartungen („expectancies") sind subjektive Wahrscheinlichkeitsannahmen einer Person, daß in einer gegebenen Situation bestimmte Verstärker (neutraler: Ereignisse) als Handlungsfolge auftreten (siehe Axiom 7). Es handelt sich somit um Handlungs-Ergebnis-Erwartungen. Es wird behauptet, daß Erwartungen systematisch von dem Verstärkungswert unabhängig sind. Allerdings wird schon von Rotter (1954) konzidiert, daß empirisch Interdependenzen zwischen subjektiven Erwartungen und subjektiven Verstärkungswerten auftreten können, die allerdings nicht zu Lasten logischer Abhängigkeiten (vgl. Werbik 1978), sondern zu Lasten der mangelnden Differenzierung einer Person zwischen „true expectancies" und „wishes" (Rotter 1954, S. 164) geht. Phares (1976) formuliert dies neutraler, indem er schreibt, daß gelernte Beziehungen zwischen subjektiven Erwartungen und subjektiven Verstärkungswerten möglich sind. Die wechselseitige Abhängigkeit von Erwartungen und subjektiven Werten sind vor allem auch im Bereich anderer Erwartungs-Wert-Theorien häufig untersucht worden. Wichtig ist, daß beide Variablen logisch unabhängig erfaßt werden. Schon Lewin (1944) zeigte, daß das individuelle Anspruchsniveau von subjektiven Erfolgswahrscheinlichkeiten abhängig ist. Im Rahmen der Leistungsmotivationsforschung belegte etwa Atkinson (1957, 1964) die Interdependenzen dieser beiden Variablen. Die empirische Abhängigkeit ist sowohl experimentell (vgl. etwa Scheibe 1964) als auch mit Fragebogendaten (vgl. etwa Scheibe 1970; Conolly & Vines 1977; Sevon 1977) nachgewiesen worden. Bei Crozier (1979) sind die empirisch möglichen Interaktionen von Erwartungen und subjektiven Verstärkungswerten (Valenzen) zusammenfassend dargestellt. Er kommt nach einem Literaturüberblick zu der Folgerung, daß die Mehrheit der empirischen Befunde bis heute entweder für eine „optimistische" Beziehung beider Variablenkomplexe (d.h., daß die subjektive Erwartung mit dem subjektiven Wert des erwarteten Ereignisses ansteigt) oder für deren Unabhängigkeit sprechen. Von besonderem Interesse sind die empirischen Befunde, die dafür sprechen, daß individuelle Kontrollüberzeugungen die Interdependenz von subjektiven Erwartungen und subjektiven Verstärkungswerten moderieren. Sowohl die Ergebnisse von Scheibe (1954) als auch die von Harvey & Harris (1975) weisen darauf hin, daß Personen mit internalen Kontrollüberzeugungen eher zu „optimistischen" Verbindungen beider Variablen neigen als Personen mit externalen Kontrollüberzeugungen. Es soll noch einmal betont werden, daß die Forderung nach Unabhängigkeit von Erwartungen und subjektiven Verstärkungswerten empirisch nicht gelten kann; allenfalls in normativen Entscheidungsmodellen, die dem Erwartungs-Wert-Modell folgen, wäre diese Forderung angebracht. Es muß jedoch gewährleistet sein, daß die explanativen bzw. prädiktiven Modellvariablen logisch voneinander unabhängig sind und auch unabhängig voneinander erfaßt werden.

Nach der Sozialen Lerntheorie werden subjektive Erwartungen gelernt, sind potentiell änderbar und können an Hand der folgenden Funktion analysiert werden:

$$E_{s_1} = f(E'_{s_1} \ \& \ \frac{GE}{N_{s_1}}). \tag{2}$$

Darin sind:

E_{s_1} = subjektive Erwartungen in Situation s_1 (situationsspezifische Erwartung);

E'_{s_1} = Erfahrungen des Individuums mit der Situation s_1;

GE = Erwartungen, die aufgrund von Erfahrungen in anderen Situationen generalisiert (gelernt) wurden („generalized expectancies", generalisierte Erwartungen);

N_{s_1} = Anzahl der Erfahrungen mit der Situation s_1.

Verbal bedeutet Formel (2), daß situationsspezifische subjektive Erwartungen eine Funktion von (a) den Erfahrungen des Handlungssubjektes mit der gegebenen Situation und (b) dem Verhältnis generalisierter Erwartungshaltungen und der Anzahl der Erfahrungen mit der gegebenen Situation sind. Die prognostische Bedeutung generalisierter Erwartungen ist danach bei für das Handlungssubjekt neuen und/oder mehrdeutigen Situationen hoch (geringe Erfahrung mit der Situation s_1 bzw. mit ähnlichen = geringes N_{s_1}). Generalisierte Erwartungen kommen durch Lernprozesse zustande, wobei inhaltlich zwei Generalisierungsaspekte unterschieden werden. Zum einen kann auf der Basis von Situationen mit identischen oder ähnlichen Verstärkern (Zielen, Bedürfnissen) generalisiert werden. Es resultieren generalisierte Verstärkererwartungen. Der zweite Aspekt betrifft Erwartungen, die sich aus strukturellen Ähnlichkeiten von Situationen mit unterschiedlichen Verstärkern generalisieren; hieraus resultieren generalisierte Erwartungen mit Bezug auf Problemlöse-Strategien. Formel (2) kann demnach folgendermaßen differenziert werden:

$$E_{s_1} = f \left\{ E'_{s_1}\ \&\ \frac{(GE_r\ \&\ GE_{PS_1}\ \&\ GE_{PS_2}\ \&\ \ldots\ \&\ GE_{PS_n})}{f(N_{s_1})} \right\}. \quad (3)$$

Darin sind:

GE_r = generalisierte Erwartungen, die inhaltliche Verstärkererwartungen implizieren und aufgrund von situativen Ähnlichkeiten in den Verstärkungen/Ereignissen gelernt werden (r = related situations);

GE_{PS} = generalisierte Erwartungen, die Problemlösestrategien PS_j (j = 1,2,...,n) beinhalten und aufgrund von strukturellen Situationsähnlichkeiten gelernt werden (PS = problem solving);

andere Terme wie bei Formel (2).

Rotter und seine Mitarbeiter haben mehrere dieser generalisierten Erwartungen inhaltlich spezifiziert. Die prominentesten unter ihnen sind die Kontrollüberzeugungen eines Individuums. Der Stellenwert von Kontrollüberzeugungen (und generalisierten Erwartungshaltungen überhaupt) für die Verhaltenserklärung und -vorhersage wird aus den dargestellten formalisierten Modellen deutlich; es ist der von Moderatorvariablen, die unter bestimmten Bedingungen (nämlich bei für das Handlungssubjekt neuen und/oder ambiguiden Situationen) handlungsrelevant werden.

Das dritte zentrale Konzept der Sozialen Lerntheorie ist der *subjektive Verstärkungswert* (siehe auch Axiom 6). Als Verstärker wird alles bezeichnet, was einen Effekt auf das Auftreten, die Richtung oder die Art von Verhalten hat. Der subjektive Verstärkungswert ist definiert als die persönliche Präferenz eines Verstärkers in einer gegebenen Situation aus einer Reihe anderer, deren Auftrittswahrscheinlichkeit gleich ist. Somit liegt mit diesem Begriff ebenfalls ein relatives Konzept vor, das vom subjektiven Wert aller potentiell möglichen, antizipierten Verstärkungen abhängig ist. Es wird davon ausgegangen, daß subjektive Verstärkungswerte durch die Assoziation zu primären Bedürfnissen (siehe oben) und durch die Relation zu anderen Verstärkern gelernt werden. Im Vergleich zu Erwartungen werden subjektive Verstärkungswerte als relativ stabile Variablen bezeichnet, die vor allem kultur- und subkulturabhängig sind. Durch die Interdependenzen von subjektiven Verstärkungswerten läßt sich der subjektive Wert eines Verstärkers durch die folgende Funktion bestimmen:

$$RV_{a, s_1} = f(E_{R_a} \rightarrow R_{(b-n)}, s_1 \ \& \ RV_{(b-n)}, s_1). \tag{4}$$

Darin sind:

RV_{a, s_1} = subjektiver Wert des Verstärkers a in Situation 1;

$E_{R_a} \rightarrow R_{(b-n)}, s_1$ = Erwartung, daß die Verstärkung a in Situation 1 zu den funktional verbundenen Verstärkern b bis n führt;

$RV_{(b-n)}, s_1$ = subjektiver Wert der Verstärker b bis n in Situation 1.

Verbal bedeutet Formel (4), daß der subjektive Wert des Verstärkers a in Situation 1 eine Funktion von (a) der Erwartung, daß das Auftreten von a in s_1 zum Auftreten der Verstärker b bis n führt, und (b) dem subjektiven Wert der Verstärker b bis n ist. Dieser Aspekt von Erwartungen wird in neueren Ansätzen der Erwartungs-Wert-Theorien als Ergebnis-Folge-Erwartungen oder Instrumentalität bezeichnet.

Das vierte zentrale Konzept der Sozialen Lerntheorie schließlich ist die *psychologische Situation* (siehe Axiom 1), die für die drei bislang vorgestellten Konzepte ein wesentliches Bestimmungsstück ist. Die subjektive Situations- und Umweltwahrnehmung bestimmt sowohl den subjektiven Verstärkungswert als auch die subjektiven Erwartungen, die wiederum als Determinanten situationsbezogenen Handelns betrachtet werden. Rotter (1955) hebt dabei insbesondere die Notwendigkeit von Arbeiten zur Kategorisierung oder Klassifikation subjektiver Situationsauffassungen hervor, die parallel zu einer Klassifikation der Bedürfnisse durchgeführt werden sollten; es ist allerdings zu konstatieren, daß die Fortschritte, die in diesem Bereich seit 1955 gemacht worden sind, als äußerst gering bezeichnet werden müssen.

Bevor auf die Generalisierungen dieser zentralen Konzepte der Sozialen Lerntheorie (ihre molare Form) eingegangen wird, soll hier kurz auf eine Parallele der Arbeiten Rotters zum „need-press model" von Murray (1938) hingewiesen werden. Ebenso wie Rotter geht Murray davon aus, daß Person- und Umweltvariablen in der Verhaltensdetermination interagieren. Ähnlich wie Rotter verwendet Murray auf der Personseite den Begriff des Bedürfnisses („needs") zur Kennzeichnung organisierter Tendenzen, die dem Verhalten Richtung und Einheitlichkeit geben. Bedürfnisse sind als intervenierende Variablen nicht direkt beobachtbar; sie müssen erschlossen werden. Auch er geht von einer (allerdings differenzierteren) Klassifikation menschlicher Bedürfnisse aus, die etwa bei Heckhausen (1980a, S. 102) wiedergegeben ist. Als externes Gegenstück der Situation zu den subjektinternen Bedürfnissen wählt Murray den Begriff „press" (Druck). Als „alpha press" werden quasi-objektive Verhaltensrestriktionen bezeichnet, die direkt beobachtbar sind. „Beta press" bezeichnet dagegen die subjektive Wahrnehmung des „alpha press" durch ein Handlungssubjekt („individual beta press") oder durch mehrere Handlungssubjekte („consensual beta press"). Ähnlich wie Rotter sieht auch Murray das Verhältnis von „needs" und „presses" (bzw. bei Rotter: „goals") komplementär und isomorph. Erwartungen können nun in beiden Modellen als eine Variablengruppe bezeichnet werden, die zwischen individuellen Bedürfnissen und den subjektiv wahrgenommenen Umweltgegebenheiten eine Brücke schlagen. In der Sozialen Lerntheorie wird dies dadurch verdeutlicht (dies geht freilich über Murray hinaus), daß Verhalten nicht nur als Funktion individueller Bedürfnisse einer Person, sondern auch als Funktion der Erwartung, daß die Situation („press") im Sinne der eigenen Ziele beeinflußt werden kann, betrachtet wird. Dieser inhaltliche Erwartungstyp, der die Beziehung zwischen Bedürfnissen, situativen Möglichkeiten („goals" oder „beta press") und Verhalten stiftet, ist in seiner generalisierten Form die Kontrollüberzeugung des Individuums.

Die Soziale Lerntheorie liegt auch in einer molaren Form vor, die der Komplexität menschlichen Verhaltens gerechter wird. Formel (1) läßt sich danach auf die Beachtung vieler (alternativer) Handlungen, vieler Verstärker und vieler Handlungssituationen verallgemeinern:

$$BP_{(x-n)}, s_{(1-m)}, R_{(a-k)} = f\ (E_{(x-n)}, s_{(1-m)}, R_{(a-k)}\ \&\ RV_{(a-k)}, s_{(1-m)}). \qquad (5)$$

Bedeutung der Terme wie bei Formel (1).

Die Ausweitung besteht darin, daß nicht mehr nur eine Handlungssituation, sondern m Handlungssituationen, nicht nur eine Handlung, sondern n Handlungsalternativen und nicht nur ein Verstärker, sondern k Verstärker berücksichtigt werden. Da diese Formel wenig übersichtlich ist, hat Rotter (1955, 1972) die folgende Vereinfachung vorgeschlagen, in der sich für die Generalisierung der Konzepte auch neue Termini finden:

$$NP = f\ (FM\ \&\ NV). \qquad (6)$$

Darin sind:

NP = Bedürfnispotential („need potential");

FM = Bewegungsfreiheit („freedom of movement");

NV = Bedürfniswert („need value").

Als *Bedürfnispotential* wird die Auftrittswahrscheinlichkeit einer Gruppe von funktional verbundenen Verhaltensweisen in einer Situation bezeichnet. Es wird also beachtet, daß unterschiedliche Verhaltensweisen zur Erreichung gleicher Verstärker eingesetzt werden können. Das Bedürfnispotential ist eine Verallgemeinerung des Begriffs Verhaltenspotential. *Bedürfniswert* ist als die subjektive Präferenz einer Gruppe funktional verbundener Verstärker (etwa im Sinne der Funktionsgleichung-Nr. 4, also unter Einschluß von Ergebnis-Folge-Erwartungen) definiert. Rotter (1954) stellte auch – ähnlich wie Murray (1938) – eigenschaftsorientiert eine Taxonomie von Bedürfnissen nach dem Aspekt der Person-Umwelt-Bezüge zusammen (als gelernte Bedürfnisse: „recognition-status, protection-dependency, dominance, independence, love and affection, physical comfort"), mit denen sich jedoch die bisherige Forschung zur Sozialen Lerntheorie — ebenso wie mit dem gesamten Bereich subjektiver Verstärkungswerte — nur am Rande beschäftigt hat (seltene Ausnahmen sind hier die Arbeiten von Carman 1974; Courtney 1978). Mit *Bewegungsfreiheit* wird schließlich eine Gruppe von funktional verbundenen Erwartungen gekennzeichnet. Dadurch, daß in dieser molaren Version der Sozialen Lerntheorie neben mehreren Handlungen und mehreren Verstärkern auch mehrere Situationen eingeschlossen sind, wird eine Komplizierung vorgenommen, die in anderen Erwartungs-Wert-Theorien so nicht zu finden ist. Dort beschränkt man sich meist auf die Analyse *einer* Handlungssituation, für die alternative Handlungen in ihrem Bezug zu einer Reihe von möglichen Handlungsergebnissen und eventuell auch Ergebnis-Folgen untersucht werden.

2.1.1.1.3 Bewertung

In der Sozialen Lerntheorie werden relativ allgemeine und relativ spezifische Determinanten des menschlichen Verhaltens beachtet, wobei zwischen beidem keine Polarität besteht. Sie kann daher als eine dynamisch-interaktionistische Theorie bezeichnet werden, die in einigen Bereichen der „klassischen" Persönlichkeitsforschung („trait-approach" vor allem bei generalisierten Erwartungen und bei subjektiven Verstärkungswerten bzw. Bedürfniswerten), in anderen Bereichen der situationsorientierten Forschung („situationalism" bei spezifischen Erwartungen und dem Konzept der psychologischen Situation) folgt, bzw. beide Ansätze systematisch integriert. Gegenüber einem mechanistischen Interaktionismus, in dem statistisch Varianzanteile auf Personmerkmale, Situationsmerkmale und Person-Situations-Interaktionen aufgeteilt werden (vgl. etwa die Kritik bei Buxbaum 1981), verfügt die Soziale Lerntheorie zudem über den wesentlichen Vorteil, daß Aussagen über den relativen Beitrag von beiden Variablenkomplexen für die Verhaltensvorhersage gemacht werden. Persönlichkeitsmerkmale (etwa generalisierte Erwartungen) werden so einerseits als Moderatorvariablen für situationsspezifisches Verhalten bestimmt; andererseits ist durch die Möglichkeit der funktionalen Äquivalenz verschiedener Handlungen einer Person die Integration situationsspezifischer Verhaltensweisen in eine konsistente Persönlichkeit möglich. Diese Abhängigkeiten und Interdependenzen liegen zudem in formalisierter Form vor, so daß im Sinne der „nonstatement view of theories (NSV)" von Sneed (1971) von einem mathematischen Annahmekern oder Strukturkern in der Sozialen Lerntheorie gesprochen werden kann. Es bleibt hier jedoch die Frage offen, ob die bislang formulierten funktionalen Abhängigkeiten hinreichend präzise formuliert sind, um empirisch überprüfbar zu sein. Insbesondere steht hier auch die additive Verknüpfung der jeweiligen Prädiktorvariablen in Frage, die zwar im Vergleich zur feldtheoretischen „Verhaltensformel" von

Lewin (1963), der zwischen die Bestimmungsstücke „Person" und „Umwelt" lediglich ein Komma setzte, einen Fortschritt darstellt, jedoch logisch kaum nachvollziehbar ist. Warum sollen sich etwa subjektive Bekräftigungswerte oder Verstärkungswerte additiv mit Erwartungshaltungen verbinden, um Verhaltensvorhersagen machen zu können. Logischer erscheint hier — ähnlich wie bei der Verhältnisbildung zwischen generalisierten Erwartungen und der Anzahl früherer Erfahrungen mit ähnlichen Situationen — eine wichtende Verknüpfung, wie sie schon Hull (1943) in seinem „drive-habit-approach" zum Lernen und auch fast alle Erwartungs-Wert-Theoretiker vornehmen. Phares (1976) berücksichtigt diese Argumente jedoch nicht und glaubt, daß die Art der Variablenverknüpfung eine nur empirisch zu bestimmende Frage ist. Selbst dann, wenn man die Empirie als Entscheidungskriterium heranziehen will (was allerdings nicht in Einklang mit der „nonstatement view" nach Sneed 1971 und der Bestimmung von Typ b-Forschungsprogrammen von Herrmann 1976 steht), ergeben sich bei einer übergreifenden Betrachtung der Erwartungs-Wert-Theorien eine Reihe von Hinweisen auf die Überlegenheit multiplikativer Modelle. Conolly & Vines (1977) stellten etwa in einer Vergleichsanalyse die höhere prognostische Kraft des multiplikativen instrumentatilitätstheoretischen Modells gegenüber einem additiven für das Wahlverhalten von Studenten fest. Ähnliche Befunde sind für Instrumentalitätstheorien bei Mitchell (1974) zusammengestellt. Auf die Implementationsprobleme dieser Modellvarianten wird im folgenden Kapitel zu Erwartungs-Wert-Theorien ausführlicher eingegangen werden, da nach meinem Wissen bislang keine empirischen Studien vorliegen, die diese Problematik in engerem Zusammenhang mit der Sozialen Lerntheorie thematisieren. Hier ist sicherlich eine wesentliche Lücke der Forschungsarbeiten zur Sozialen Lerntheorie zu sehen.

Sowohl von Rotter (1955, 1972) als auch von seinen Mitarbeitern und Schülern (vgl. etwa Lefcourt 1976, Phares 1976) wird die Nützlichkeit einer Theorie als das entscheidenste Kriterium zu ihrer Beurteilung und Bewertung bezeichnet. Die Nützlichkeit von Theorien kann sich nun in ihrem empirischen Gehalt, also ihrer Erklärungs- und Vorhersagekraft, und in ihrem heuristischen Wert zeigen. Der heuristische Wert der Sozialen Lerntheorie kann kaum bezweifelt werden. Einerseits bildet sie einen wesentlichen Teil des Fundaments aller Erwartungs-Wert-Modelle, zum zweiten liegen eine Reihe fruchtbarer Vorschläge für ihre Anwendung auf verschiedenste Inhaltsbereiche vor, was sich etwa auch in den Forschungsschwerpunkten zu Kontrollüberzeugungen (siehe Kapitel 1.3) abbildet. Für das Gesamt der Sozialen Lerntheorie seien hier nur die Arbeiten von Carman (1974) und Sadava & Forsyth (1977), die die Soziale Lerntheorie explizit auf die Analyse des Drogenkonsumverhaltens von Studenten anwenden, und die Arbeiten von Schneewind (1975a, 1979) erwähnt, der den Erklärungsbeitrag der Sozialen Lerntheorie für die Erziehungsstilforschung herausarbeitet. Quantitav etwas schlechter sieht es bei dem zweiten Aspekt der Nützlichkeit von Theorien, ihrem empirischen Gehalt, aus. Der Grund dafür liegt nun nicht darin, daß die Soziale Lerntheorie keinen Erklärungs- bzw. Vorhersagewert für Verhalten hat, sondern daß es bislang zu wenige empirische Arbeiten gibt, die den Erklärungs- und Vorhersagewert dieser Theorie umfassend (d.h. unter Berücksichtigung aller zentraler Variablen) überprüft haben. Die meisten empirischen Studien beschränken sich auf die Beachtung einiger weniger Variablen, wobei Kontrollüberzeugungen als die Variablen, die vermeintlich am leichtesten und ökonomischsten zu operationalisieren sind, am häufigsten vertreten sind. Wie später noch zu zeigen sein wird, erzielen aber selbst diese (auf dem Hintergrund der Sozialen Lerntheorie allenfalls als bivariat zu bezeichnenden) Studien bei Beachtung bestimmter Randbedingungen erstaunlich gute Befunde. Davis & Phares (1967) konnten etwa die Vorhersage aus der Sozialen Lerntheorie experimentell bestätigen, daß Personen mit internalen Kontrollüberzeugungen in mehrdeutigen Situationen (experimentalpsychologische Situationen ohne Instruktion) mehr informationssuchendes Verhalten zeigen als Personen mit externalen Kontrollüberzeugungen. Lagen dagegen Instruktionen vor, die die Verhaltenswirkungen external deuteten, zeigte sich kein Unterschied zwischen Versuchspersonen mit externalen versus internalen Kontrollüberzeugungen. Die Bedeutung generalisierter Erwartungen nimmt also ab, wenn explizit situative Umweltreize (Instruktionen) über die Kontingenz von Verhalten und Verhaltensfolgen vorliegen; dies entspricht einer aus Formel (2) leicht abzuleitenden Hypothese.

Nur sehr wenige Arbeiten beachteten dagegen mehrere oder gar alle zentralen Konzepte der Sozialen Lerntheorie. Feldstudien von Carman (1974) und Courtney (1978) erbrachten — unter Beachtung der Variablen Bedürfniswert, Bewegungsfreiheit, generalisierte Erwartungen und Wahrnehmung der Situation — recht gute Befunde in den Bereichen Gesundheitsverhalten von Infarktpatienten (in der Rehabilitationsphase) und Drogenkonsumverhalten von Studenten. Dies verweist darauf, daß auch umfassendere Untersuchungen möglich sind, die semantische Ableitungen aus dem Annahmekern der Sozialen Lerntheorie empirisch prüfen. Die Befunde dieser wenigen umfassenderen Studien sind recht ermutigend.

Bezieht man empirische Arbeiten zur Nützlichkeit anderer Erwartungs-Wert-Theorien für die Vorhersage von Verhalten und Verhaltensintentionen in die Betrachtung ein, so ergibt sich das Bild, daß mit dieser Theorienfamilie ein Typ b-Forschungsprogramm vorliegt, dessen empirische Nützlichkeit im Sinne der externen Validität durch relativ viele Untersuchungen belegt ist (vgl. etwa Mitchell 1974, 1979; Wofford 1971; Sheridan, Richards & Slocum 1975; Krampen 1980b), wobei natürlich nicht bestritten werden kann, daß auch sie mit einer Reihe theoretischer und methodologischer Probleme zu kämpfen haben (siehe dazu Kapitel 2.1.1.2). Von besonderem Interesse sind hier freilich Arbeiten, die Erwartungs-Wert-Theorien anderer Herkunft explizit mit Variablen der Sozialen Lerntheorie verbunden haben. Reichelt (1975), Henson (1976) sowie Lied & Pritchard (1976) konnten in ihren empirischen Studien zur Prüfung von Erwartungs-Wert-Ansätzen zeigen, daß individuelle Kontrollüberzeugungen wesentliche Interdependenzen mit den Erwartungskomponenten aufweisen und Moderatorvariablen für die Vorhersagen sind. Ähnliche Befunde liegen zur Gruppe der Instrumentalitätstheorien mit den Arbeiten von Mitchell & Nebeker (1973), Sims, Szilagyi & McKemey (1976), Batlis (1978) und Krampen (1979a) vor. Auch diese Ergebnisse bestätigen die empirische Nützlichkeit der Sozialen Lerntheorie und ihrer Aussagen, die hier sogar — durch ihre Beziehung zu anderen theoretischen Modellen — über ihre eigentlichen zentralen Konzepte und Ableitungen hinausreicht.

Zur Beurteilung von Theorien sollten freilich neben dem Kriterium ihrer Nützlichkeit noch weitere Kriterien herangezogen werden. Beschränkt man sich auf die von Bunge (1967) aufgeführten Kriterien, so kann festgestellt werden, daß die Aussagen der Sozialen Lerntheorie formal widerspruchsfrei (also intern konsistent) sind, daß sie mit einer Vielzahl anderer psychologischer Theorien (den Erwartungs-Wert-Ansätzen) relativ gut vereinbar ist (externe Konsistenz), und daß ihre Grundbegriffe zumindest logisch voneinander unabhängig sind. Daß die Unabhängigkeit der Grundbegriffe z.T. allerdings nur logisch und nicht empirisch gewährleistet ist, wurde oben angezeigt. Dies ist jedoch kein Einwand gegen das theoretische Netzwerk. Etwas anders sieht es mit der verlangten Unabhängigkeit der Axiome aus. Schon bei der Interpretation der Axiome wurde darauf verwiesen, daß einige bedeutsame Zusammenhänge aufweisen. Diese auf dem Hintergrund eines normativen Theorienbegriffs zu Tage tretende Problematik könnte evtl. durch die Vereinigung einiger Axiome gelöst werden. Als Beispiel dafür seien die Axiome 2 und 3 genannt, die sich zum einen gegen einen Reduktionismus, zum anderen gegen einen Dualismus wenden. In der Darstellung Rotters (1972) werden beide Axiome schon in engem Zusammenhang diskutiert, der zwar nicht a priori bestehen muß, der aber axiomatisch hergestellt werden kann.

2.1.1.1.4 Eine Weiterentwicklung

Die dargestellte Soziale Lerntheorie hat nun schon eine für die Psychologie erstaunlich lange „Geschichte", in der — mit einer Ausnahme — keinerlei Veränderungen in ihren zentralen Variablen, Axiomen und Aussagen vorgenommen worden sind (vgl. etwa die Darstellungen von Rotter 1954, 1955, 1972, 1979; Rotter & Hochreich 1979). Die Ausnahme bezieht sich auf die Arbeit Mischels (1973) zum Entwurf einer kognitiven sozialen Lerntheorie, in der der Ansatz Rotters um einige kognitive Variablen ausgeweitet bzw. differenziert wird. Die wesentliche Ausweitung besteht darin, daß Reiz- (Verstärker-) und Verhaltenserwartungen in ihrem Zusammenhang mit der individuellen Kompetenz gesehen werden. Dies mag zwar in den Arbeiten Rotters implizit mitbedacht sein, wird hier jedoch erstmalig spezifiziert. Mischel (1973) geht in seiner kognitiven Differenzierung der Sozialen Lerntheorie auf die folgenden fünf Personvariablen ein:

→ *Kognitive und behaviorale Konstruktionskompetenzen:* Damit werden die kognitiven und behavioralen Fähigkeiten einer Person bezeichnet, subjektinterne und subjektexterne Informationen aufzunehmen, zu verarbeiten und in Handlungspläne umzusetzen. Diese individuellen Kompetenzen sind gelernt, werden durch die Merkmale der jeweiligen Handlungssituationen moderiert und können Veränderungen unterliegen. Die relative Stabilität dieser Konstruktionskompetenzen wird von Mischel als eine wesentliche Determinante der Persönlichkeits-Konsistenz bezeichnet.

⟶ *Kodierungsstrategien und persönliche Konstrukte:* Im Anschluß an Überlegungen von Kelly (1955) wird angenommen, daß externe Ereignisse und Selbstbeschreibungen in ein persönliches Konstruktsystem kategorisiert werden. Neue Informationen werden kognitiv so transformiert, daß sie mit dem bereits bestehenden System persönlicher Konstrukte übereinstimmen. Kodierungsstrategien und persönliche Konstrukte bieten zum einen Gewähr für die Kontinuität und Konsistenz menschlichen Verhaltens und Erlebens, zum anderen sind sie aber auch durch neue Erfahrungen veränderbar.

⟶ *Handlungs-Ergebnis-Erwartungen und Ergebnis-Folge-Erwartungen:* Ähnlich wie in einigen Ansätzen der Instrumentalitätstheorie (vgl. etwa Mitchell & Biglan 1971) und wie bei Bolles (1972) wird die Erwartungskomponente der Sozialen Lerntheorie in zwei Aspekte spezifiziert. Mit Handlungs-Ergebnis-Erwartungen werden subjektive Annahmen einer Person darüber bezeichnet, inwieweit sie glaubt, durch eine bestimmte Handlung in einer gegebenen Situation ein bestimmtes Ereignis (Verstärker) zu erreichen. Dies entspricht dem zentralen Erwartungskonstrukt im Rotter'schen Ansatz, der etwa von Bolles (1972) als R-S-Erwartung bezeichnet wird. Ergebnis-Folge-Erwartungen sind als Annahmen einer Person darüber definiert, daß als Folge des Handlungsergebnisses (S) weitere Ereignisse (Verstärker; S^+) auftreten. Bei Rotter ist dieser Erwartungstyp etwa in der Ableitung subjektiver Verstärkungswerte (Formel 5) impliziert; Bolles (1972) bezeichnet ihn als $S\text{-}S^+$-Erwartung, bei Vroom (1964) und anderen Autoren (vgl. im Überblick Mitchell & Biglan 1971) wird dieser Erwartungstyp als Instrumentalität bezeichnet. Beide Erwartungen beeinflussen das individuelle Verhalten wesentlich, wobei gleichgültig ist, ob sie als subjektive Schätzungen mit der Realität übereinstimmen oder nicht.

⟶ *Subjektive Reizwerte:* Subjektive Reizwerte sind als subjektive Präferenzen von Ereignissen, die als Verhaltensfolgen auftreten können, ähnlich wie bei Rotter ein weiteres zentrales Konzept für die Verhaltensvorhersage. Sie beziehen sich sowohl auf die Ereignis- als auch auf die Folgen-Komponente der Erwartungen.

⟶ *Selbstregulative Systeme und Pläne:* Neben externen Bedingungen, die nach den oben beschriebenen kognitiven Schemata verarbeitet werden, ist die Selbststeuerung eine weitere zentrale Determinante des Verhaltens. In der Sozialen Lerntheorie beschränkt man sich hier eigenschaftstheoretisch auf das Lernen und die Existenz von Bedürfnissen („needs").

Dies wird von Mischel (1973) dahingehend spezifiziert, daß Verhalten u.a. auch von selbstgesetzten Zielen (im Sinne von „minimal goal levels" oder von Anspruchsniveaus) und von Selbstverstärkungen abhängig ist.

Mit dieser kognitiven Differenzierung der Sozialen Lerntheorie durch Mischel liegt bis heute die einzige Weiterentwicklung vor, die zum einen die zentralen Konzepte der Sozialen Lerntheorie spezifiziert (etwa die Konzepte der „psychologischen Situation" und das „Erwartungkonzept"), zum anderen neue kognitive Variablen einführt, die sich in anderen Ansätzen der kognitiven Psychologie für die Verhaltenserklärung als wesentlich herausgestellt haben. Mischel (1973) selbst bemüht sich zwar, seine Aussagen durch empirisches Material zu belegen, umfassende Untersuchungen fehlen bislang allerdings. Die empirische Prüfung des Mischel'schen Ansatzes dürfte im übrigen noch schwerer sein als die des Rotter'schen Ansatzes, weil die von ihm neu eingeführten Variablenklassen mit den vorliegenden Methoden nur relativ schwer zu erfassen sind. Zu recht wird diesem Ansatz daher von Schneewind (1979, S. 160) vorläufig der „Status eines heuristischen Konzepts mit forschungsleitender Bedeutung" zugeschrieben, in dem überdies auf einen formalisierten theoretischen Annahmekern, der die Interdependenzen der Konzepte abklärt, verzichtet wird. Von daher kann die kognitive soziale Lerntheorie Mischels allenfalls als Vorstufe auf dem Weg zur Entwicklung einer umfassenderen Theorie als es die Soziale Lerntheorie Rotters ist, bezeichnet werden, in der man sich zunächst auf die Sammlung oder Auflistung von für bedeutsam gehaltenen Variablenklassen oder Konzepten beschränkt.

2.1.1.2 Erwartungs-Wert-Theorien

Die Erwartungs-Wert-Theorien, z.T. auch als „Erwartungs-mal-Wert-Theorien" (Heckhausen 1980a) oder als „Aussichten-mal-Wert-Theorien" (Werbik 1978) bezeichnet, bilden eine Theoriengruppe in der Psychologie, die spätestens seit den 50er Jahren dieses Jahrhunderts weite Bereiche der Motivationspsychologie und der Handlungstheorie geprägt haben. Ihre gemeinsame Grundaussage ist, daß subjektive Valenzen (Werthaltungen, Zielpräferenzen, subjektive Verstärkungswerte) und subjektive Erwartungen (Instrumentalitäten, instrumentelle Überzeugungen) als die wesentlichen handlungssteuernden Variablen betrachtet werden: Das, was eine Person tut, hängt also ab von (a) dem, was sie wünscht (ihren Handlungszielen) und (b) dem, was sie in der gegebenen Handlungssituation erwartet (ihren Vermutungen oder Annahmen über Handlungs-Ergebnis-Zusammenhänge; im englischen wird dies häufig als „beliefs" bezeichnet). Scheibe (1970) sieht die wissenschaftshistorischen Wurzeln dieser Annahme in so unterschiedlichen Auffassungen wie dem britischen Empirismus sensu Locke und James Mill, im amerikanischen Funktionalismus, in der Psychoanalyse und in der Gestaltpsychologie. Konkretisiert wurde sie jedoch erstmalig in der Theorie des zielgerichteten Verhaltens von Tolman (1938, 1951), in der Feldtheorie

Lewins (1963), in der Sozialen Lerntheorie Rotters (1955) und in der Weiterentwicklung der ökonomischen Werttheorie hin zu einer subjektiven Entscheidungstheorie durch Savage (1954). Das Menschenbild der Erwartungs-Wert-Theorien wird häufig als ein rationalistisches bezeichnet, da der Mensch in ihnen als ein aktiv auf seine Umwelt einwirkendes, zukunftsbezogenes Wesen betrachtet wird, das sich Ziele setzt und Hypothesen (= Erwartungen) über seine Umwelt hat (vgl. Werbik 1978). Es muß dabei jedoch beachtet werden, daß dem Ansatz der subjektiven Rationalität (Simon 1957) gefolgt wird, da die Kernvariablen dieser Theorien als subjektive Variablen formuliert sind. Dies wendet sich zum einen gegen objektivistische Ansätze (etwa den Behaviorismus und ökonomisch orientierte Ansätze), zum anderen gegen jede Art des Elementarismus, der die Zielgerichtetheit und subjektive Rationalität von Handeln negiert.

2.1.1.2.1 Darstellung verschiedener Erwartungs-Wert-Theorien

In Tabelle 1 ist die Terminologie verschiedenster Erwartungs-Wert-Modelle im Überblick aufgeführt (ähnliche, jedoch kürzere Zusammenstellungen finden sich etwa bei Feather 1959, Atkinson 1964, Kirsch 1977[2] und Werbik 1978).

Als *Wertkomponente* werden jene Prädiktorvariablen bezeichnet, die sich auf den subjektiven Verstärkungswert (im Sinne der Sozialen Lerntheorie) beziehen.

Tabelle 1
Terminologie verschiedener Erwartungs-Wert-Modelle

Autor(en)	Modellkomponenten		
	Wertkomponente	Erwartungskomponente	Explanandum
LEWIN (1944, 1963)	valence	subjective probability	force (weighted valence)
TOLMAN (1951, 1959)	valence need push	expectation, means-ends-readiness	performance vector
SAVAGE (1954)	utility	subjective probabiltiy	subjective expected utility
ROTTER (1955, 1972)	reinforcement value, need value	subjective probability, freedom of movement	behavior potential, need potential

Tabelle 1 — Fortsetzung

Autor(en)	Modellkomponenten		
	Wert-komponente	Erwartungs-komponente	Explanandum
PEAK (1960)	intensity, affect	instrumentality	affective orientation, behavior
EDWARDS (1961)	utility	subjective probability	subjective expected utility
ATKINSON (1964)	valence	expectancy	resultant motivation
VROOM (1964)	valence	subjective expectancy	force
FISHBEIN (1967)	evaluation	probability	attitude toward an act
GALBRAITH & CUMMINGS (1967)	valence	instrumentality, expectancy	effort
DULANY (1968)	subjective value	hypothesis of the distribution of reinforcement	behavior
ATKINSON & BIRCH (1970)	value, valence	subjective expectancy	action tendency, action
CAMPBELL et al. (1970)	valence	instrumentality, expectancy	behavior force
SCHEIBE (1970)	value	belief	behavior
STEINER (1970)	valence	subjective probability	satisfaction
BEHLING & STARKE (1973)	desirability	expectancy	performance

Tabelle 1 — Fortsetzung

Autor(en)	Modellkomponenten		
	Wert-komponente	Erwartungs-komponente	Explanandum
MISCHEL (1973)	subjective stimulus value	expectancy	behavior potential
MITCHELL & POLLARD (1973)	valence	expectancy	behavior
ACKOFF & EMERY (1975)	relativer Wert	Effizienz	Handlung
HECKHAUSEN (1977)	Anreiz-komponenten	Erwartungen	resultierende Handlungs-tendenz

Es handelt sich dabei also um die subjektiven Bewertungen von Handlungsergebnissen oder -zielen durch ein Handlungssubjekt. Bei der *Erwartungskomponente* (als zweiter Prädiktorvariable) wird zunächst nicht zwischen Handlungs-Ergebnis- und Ergebnis-Folge-Erwartungen unterschieden, da diese Differenzierung nicht in allen Modellen enthalten ist. Gemeint sind daher allgemein subjektive Erwartungen eines Handlungssubjektes darüber, daß durch eine Handlungsalternative bestimmte Zielsetzungen oder Ereignisse erreicht bzw. nicht erreicht werden. Beim *Explanandum* handelt es sich meist entweder um eine motivationale Variable (im Sinne von Handlungsintention oder Verhaltenspotential) oder um Verhalten. Die in Tabelle 1 erwähnten Ansätze werden im folgenden kursorisch abgehandelt.

Insbesondere von der Gestalttheorie Wertheimers und Koffkas beeinflußt, entwickelte Lewin (1944, 1963) die dynamische Feldtheorie. Lewin formulierte das Konzept des Lebensraumes, der aus personalen (P) und materiellen Komponenten (U) besteht, und der das Verhalten des in ihm stehenden Individuums bestimmt. Die verschiedenen Regionen dieses Lebensraumes sind mit Valenzen ausgestattet, die Vektoren konstituieren, mit denen das Ausmaß beschrieben wird, in dem Individuen zu bestimmten Objekten streben. Subjektive Wahrscheinlichkeiten werden die Zustände der Unsicherheit genannt, die Ausdruck davon sind, wie stark ein Individuum seine Möglichkeiten zur Erreichung eines bestimmten Objektes in einer Region des Lebensraumes einschätzt. Mit diesem Erwartungs-Wert-Ansatz analysierte Lewin vor allem die Dynamik komplexer psychischer Situationen (etwa Konfliktsituationen) und das individuelle Aspirationsniveau.

Ausgangspunkt der Erwartungs-Wert-Theorie Tolmans (1951, 1959) waren lernpsychologische Tierexperimente (vgl. etwa Tolman 1938), in denen er u.a. feststellte, daß Verhaltensentscheidungen von Ratten (z.B. in einem T-Labyrinth) sowohl von „environmental variables" als auch von „individual difference variables" abhängen. Erfahrungsdifferenzen mit ähnlichen Situationen und die aktuelle Ausstattung der Entscheidungssituation konstituieren subjektive kognitive Repräsentationen der Umwelt („cognitive maps"), die Erwartungen darüber beinhalten, inwieweit bestimmte Handlungen zu bestimmten Zielen führen („means-ends-readinesses"). Hinzu tritt als Vorhersagevariable die Valenz oder Wertigkeit der Zielobjekte. Diese Überlegungen formulierte Tolman (1951, 1959) später differenzierter in seiner Theorie des zielgerichteten Verhaltens, die u.a. auch formalisiert als Erwartungs-Wert-Theorie vorliegt.

Da die Ansätze der Entscheidungs- und Handlungstheorien zusammen abgehandelt werden sollen, wenden wir uns zunächst kurz den motivationspsychologischen Modellen von Atkinson, Atkinson & Birch und Heckhausen zu. Mit Atkinson (1964) können in der Motivationspsychologie zwei Hauptströmungen unterschieden werden: (1) Trieb-Habit-Theorien und (2) Erwartungs-Wert-Theorien. Trieb-Habit-Theorien zeichnen sich dadurch aus, daß die Wahrscheinlichkeit und Intensität einer Handlung durch die Verknüpfung von Triebstärke (etwa „drive") und der Gewohnheitsstärke (etwa „habit") behavioristisch orientiert vorhergesagt wird. Prototyp eines solchen ausformulierten Ansatzes ist die systematische Theorie des Verhaltens von Hull (1943). Trieb-Habit-Theorien können als ein Spezialfall der allgemeineren Erwartungs-Wert-Theorien betrachtet werden, in denen Trieb- und Anreizwerte als eine spezifische Form von Werten, Gewohnheiten als eine spezielle Art von Erwartungen konzipiert sind. Erwartungs-Wert-Theorien, wie die von Atkinson (1964), Atkinson & Birch (1970) und Heckhausen (1977), beschränken sich nun aber nicht nur *nicht* auf biologisch determinierte „Werte", deren Abhängigkeit von Verstärkungsmerkmalen und von früheren Erfahrungen und auf operant gelernte „Erwartungen" im Sinne von Gewohnheiten, sondern nehmen zudem die bereits oben erwähnte subjektivistische Neudefinition der Konstrukte vor. Zentrale Konzepte der Erwartungs-Wert-Theorie zur Leistungsmotivation von Atkinson (1964) sind subjektive Erfolgs- und Mißerfolgswerte sowie subjektive Erfolgs- und Mißerfolgserwartungen des Individuums. Die „Annäherungstendenz" (= Hoffnung auf Erfolg) eines Individuums in einer Leistungssituation ergibt sich aus der multiplikativen Verknüpfung von subjektivem Erfolgsmotiv, der subjektiv perzipierten Erfolgswahrscheinlichkeit (Erwartung) und dem subjektiven Anreizwert einer Aufgabe. Parallel dazu ist die „Vermeidungstendenz" (= Furcht vor Mißerfolg) als multiplikative Verknüpfung subjektiver Mißerfolgsvermeidungsmotive, subjektiver Mißerfolgserwartungen und subjektiver Mißerfolgswerte bestimmt. Die resultierende Leistungsmotivation in einer gegebenen Situation erhält man, wenn die Vermeidungstendenz von der (in der Theorieerweiterung um eine

Trägheitstendenz bereinigte) Annäherungstendenz subtrahiert wird. Diese Erwartungs-Wert-Theorie der Leistungsmotivation liegt auch formalisiert vor. Ihre Konzepte werden bei Atkinson & Birch (1970) generalisiert, so daß das Ergebnis eine allgemeine Theorie motivierten Verhaltens ist, die mit dem Erwartungs-Wert-Konzept in Einklang steht.

Heckhausen (1978) verzichtet im Gegensatz zu Atkinson auf die mathematische Formalisierung seines Ansatzes einer kognitionspsychologischen Motivationstheorie. Der Motivationsprozess und die Handlungsentscheidung wird auch von ihm als ein Abwägen von Anreizen (Ergebnisfolgen mit subjektivem Wert) und von Erwartungen betrachtet. Auf der Erwartungsseite werden jedoch — ähnlich wie in den Instrumentalitätstheorien (siehe unten) — die folgenden Aspekte unterschieden:

(1) Situations-Ergebnis-Erwartungen als subjektive, bedingte Wahrscheinlichkeiten, daß ohne Handlung ein Ergebnis auftritt;

(2) Handlungs-Ergebnis-Erwartungen als subjektive Wahrscheinlichkeiten darüber, ob einer eigenen Handlung ein Ergebnis folgt;

(3) Handlungs-bei-Situations-Erwartungen als Vermutungen darüber, ob äußere Umstände zur Ergebniserreichung bzw. -verhinderung beitragen;

(4) Ergebnis-Folge-Erwartungen als subjektive Wahrscheinlichkeiten darüber, ob ein Handlungsergebnis der Erreichung oder Verhinderung einer Folge zuträglich ist (Instrumentalität).

Die resultierende Handlungstendenz läßt sich nach Heckhausen (1978) nun durch die folgenden Operationen bestimmen:

(1) die Produktsumme aus Anreizwerten und Ergebnis-Folge-Erwartungen ergibt die Ergebnisvalenz (entspricht Formel 4 der Sozialen Lerntheorie);

(2) die Produktsumme aus Ergebnisvalenzen und Situations-Ergebnis-Erwartungen ergibt die Situationsvalenz;

(3) die Produktsumme aus Ergebnisvalenzen und Handlungs-Ergebnis-Erwartungen ergibt die Handlungsvalenz (entspricht der Kernaussage der Sozialen Lerntheorie) und

(4) die Handlungstendenz ergibt sich durch die Subtraktion der Situationsvalenz von der Handlungsvalenz.

Heckhausen (1977, 1978, 1980a) führt neben diesen Wert- und Erwartungskomponenten eine Reihe anderer person- und situationsspezifischer Determinanten des Motivationsprozesses auf und nimmt auch in den späteren Arbeiten von der Annahme einer multiplikativen Verknüpfung der Variablen Abstand, behält jedoch Anreize und Erwartungsaspekte als zentrale Determinanten des Motivationsprozesses im Sinne der Erwartungs-Wert-Theorien bei.

Die Entscheidungstheorie ist im Rahmen der Ökonomie und Mathematik entstanden und wird heute von zahlreichen wissenschaftlichen Disziplinen eingesetzt. Entscheidungstheoretische Analysen werden — je nach Interesse und Fragestellung — unter deskriptiven oder normativen Aspekten durchgeführt.

Der Begriff Entscheidungstheorien umfaßt somit eine sehr heterogene Klasse von Theorien, die hier nicht umfassend dargestellt werden können (vgl. etwa Krause 1977; Lee 1977; Slovic, Fischhoff & Lichtenstein 1977). Das gemeinsame konzeptuelle Gerüst aller Entwürfe kann jedoch in einer einfachen Matrix-Form dargestellt werden: ausgehend von bestimmten Zuständen der Welt (Situationen) wird die Auswahl einer Handlung aus einer Menge von wenigstens zwei Handlungsalternativen bei mehr oder weniger, objektiv oder subjektiv festgelegten Konsequenzen der Entscheidung untersucht. Das SEU-Modell („subjective expected utility-model") kann als das grundlegende entscheidungstheoretische Modell bezeichnet werden. Für seine Entwicklung aus den objektivistischen Ansätzen der Ökonomie sind vor allem die Arbeiten von Savage (1954) und Edwards (1954, 1961) von entscheidender Bedeutung gewesen. Formalisiert läßt sich das SEU-Modell wie folgt darstellen:

$$SEU = \sum_i \Psi_i \, u_i.$$

Darin sind:

SEU = subjektiv erwarteter Nutzen einer Handlungsalternative;

Ψ_i = subjektive Wahrscheinlichkeit, daß auf die Handlung das Ereignis i (i = 1, 2, ..., n) folgt;

u_i = subjektive Bewertung des Ereignisses i.

Im Anschluß an die Überlegungen von Simon (1957) und somit abweichend von den objektivistischen Wahrscheinlichkeits- und Werttheorien (vgl. im Überblick Edwards 1954), wird der subjektiv von einer Person erwartete Nutzen einer Handlungsalternative als Determinante von Entscheidungen betrachtet. Relevant ist dieses Modell bei Handlungsentscheidungen unter Risiko oder unter Unsicherheit; bei einer Entscheidung unter Sicherheit nimmt Ψ_i den Wert 1,00 an, so daß die Handlungsentscheidungen alleine von den subjektiven Folgeereignisbewertungen abhängt. Um den subjektiven Nutzen einer Handlungsalternative zu bestimmen, muß über die jeweiligen Produkte von u_i und Ψ_i summiert werden, da jede Handlung meist mehrere Folgeereignisse hat, die simultan und/oder sukzessive auftreten. Die grundlegende Hypothese lautet ereignisbewertungen abhängen. Um den subjektiven Nutzen einer Handlungsalternative zu bestimmen, muß über die jeweiligen Produkte von u_i und Ψ_i summiert werden, da jede Handlung miest mehrere Folgeereignisse hat, die gen der handelnden Person sind, kann gefolgert werden, daß sich ein Individuum dann rational verhält, wenn seine Handlungswahl mit der angenommenen Entscheidungsregel kongruent ist. Werbik (1978) spricht daher dem modellkonform handelnden Individuum eine formale Rationalität zu. Durch die subjektivistische Variablendefinition ergibt sich für deskriptive Analysen der Vorteil, daß keine Beschränkungen des Geltungsbereichs der Theorie auf Handlungssubjekte mit bestimmten Wert- oder Erwartungssystemen vorgenommen wird, und daß auch nicht gefordert wird, daß ein Subjekt bei einer Entscheidung stets sein ganzes Wissen und seine ganze Erfahrung verwertet. Erwähnt sei hier nur am Rande, daß Grundgedanken des SEU-Modells in einer Reihe normativer Entscheidungsmodelle verwertet wurden. Erwähnt seien hier etwa nur die multiattribute Nutzentheorie (Edwards & Guttentag 1975) und andere Methoden der Nutzwertanalyse (vgl. etwa Böhret 1975; Bechmann 1979).

Die im folgenden aufgeführten instrumentalitätstheoretischen Ansätze gründen im wesentlichen auf der inhaltlichen Aussage des SEU-Modells und bilden heute eine der größten Subgruppen innerhalb der Familie der Erwartungs-Wert-Theorien (vgl. auch Krampen 1980b). Instrumentalitätstheoretische Überlegungen wurden relativ früh von Peak (1955) und Rosenberg (1956) zur Konzeptualisierung des Einstellungsbegriffs in der Psychologie verwendet. Nach Peak (1955) hängen die Einstellungen gegenüber einem Objekt von (a) der Instrumentalität des Objekts für die Erreichung bzw. Verhinderung von Zielzuständen und (b) dem Grad der erlebten Befriedigung bzw. Frustration bei der Erreichung bzw. Verhinderung dieser Ziele ab. Rosenberg (1956) formalisierte diesen Ansatz durch eine Funktionsgleichung, die im wesentlichen dem SEU-Modell entspricht. Er konnte auch den empirischen Gehalt dieser Einstellungstheorie durch Fragebogenuntersuchungen zu Einstellungen gegenüber Mitgliedern der Kommunistischen Partei und deren öffentlichem Rederecht sowie zu Einstellungen gegenüber Negern in den USA bestätigen. Interessant ist hier u.a. der Befund, daß Einstellungen auf einer numerisch relativ kleinen Anzahl von individuell vertretenen Zielzuständen beruhen. Diese frühen Anwendungen instrumentalitätstheoretischer Überlegungen auf den Einstellungsbegriff wurden von Fishbein (1967) aufgegriffen und weiterentwickelt. Fishbein geht es nicht mehr alleine um die Konzeptualisierung des Einstellungsbegriffs, sondern zudem um die Beziehungen zwischen Einstellungen und Verhalten. Sein Ansatz ist eine um soziale Komponenten erweiterte Version der grundlegenden Instrumentalitätshypothese (vgl. auch Fishbein & Ajzen 1975). In Form einer multiplen Regressionsgleichung werden drei Modellkomponenten (Variablenkombinationen) als Prädiktoren für Handlungsintentionen und Handlungswahlen postuliert. In der ersten Modellkomponente wird das instrumentalitätstheoretische Grundmodell (Erwartungs-Wert-Komponente) thematisiert. Die zweite Modellkomponente faßt Variablen der Selbstwahrnehmung und der Selbstbewertung zusammen und die dritte Komponente umfaßt sozialpsychologische Variablen der Bezugsgruppenwahrnehmung und der Konformität. In neueren empirischen Studien — Fishbein experimentiert mit unterschiedlichen Prädiktorsätzen — reduzieren Fishbein & Ajzen (1975) dieses Modell um die zweite Prädiktorkomponente, da diese neben den beiden anderen nur geringe Varianzbeiträge zur Verhaltensvorhersage erbrachte. Somit handelt es sich um eine durch Variablen der subjektiv perzipierten Verhaltens- oder Rollenerwartungen erweiterte Variante der Erwartungs-Wert-Theorie, wobei die Erweiterung analog zum Erwartungs-Wert-Modell aufgebaut ist. Ihre Bestandteile sind (a) subjektiv perzipierte Erwartungen sozialer Bezugsgruppen an das eigene Verhalten („Erwartungskomponente") und (b) subjektive Bewertungen der persönlichen Wichtigkeit dieser Bezugsgruppen bzw. die Konformitätstendenz des Handlungssubjekts

(„Wertkomponente"). Handlungsentscheidungen unterliegen nicht mehr alleine dem Kriterium formal-subjektiver Rationalität, sondern zudem auch dem Kriterium der formal-sozialen Rationalität (vgl. auch Kirsch 1977). Der Geltungsbereich der Theorie ist als unabhängig von der Realitätsangemessenheit der sozialen Kognitionen des Handlungssubjektes konzipiert. Bei der formal-sozialen Rationalität handelt es sich daher im Grunde um einen Unteraspekt der formal-subjektiven Rationalität. Der im Rahmen der „theory of propositional control" von Dulany (1968) vorgelegte Ansatz zum verbalen Konditionieren und Konzeptlernen ist ebenfalls eine um soziale Komponenten erweiterte Version der fundamentalen Instrumentalitäts- oder Erwartungs-Wert-Hypothese. Ähnlich wie bei Fishbein werden auch hier zwei Modellkomponenten (Erwartungs-Wert-Komponente und soziale Modellkomponente) regressionsanalytisch verknüpft, wobei die Wichtungen beider Komponenten empirisch bestimmt werden. In Untersuchungen zum verbalen Konditionieren, in denen sich experimentalpsychologisches Vorgehen mit Fragebogenerhebungen kognitiver Variablen verband, konnte Dulany die Tauglichkeit dieser erweiterten Erwartungs-Wert-Theorie belegen.

Vroom (1964) legte im Rahmen der Forschung zur Arbeitsmotivation und zum beruflichen Verhalten ein zweistufiges instrumentalitätstheoretisches Modell vor, in dem explizit zwischen Motivation („force") und Handlungen bzw. Handlungsintentionen („effort") unterschieden wird. Im Valenzmodell wird die Valenz eines Ereignisses als Funktion der Produktsumme von den Valenzen der Folgeereignisse und der subjektiven Instrumentalitäten konzipiert. Dieses Modell wendet Vroom etwa auf die Vorhersage der Arbeitszufriedenheit (Valenz der Arbeitssituation) an. Im zweiten Modell, dem „Anstrengungsmodell" („force model"), werden die Beziehungen zwischen Valenzen und Erwartungen zu Verhaltensintentionen bzw. Verhalten abgebildet. Die Stärke der Intention für eine Handlung ist danach eine Funktion der Produktsumme aus den Valenzen aller Ereignisse und den subjektiven Erwartungen, daß diese Ereignisse auf die Handlung folgen. Dieses Modell wendet Vroom auf die Vorhersage des Arbeitsverhaltens („job performance") und auf die Vorhersage von Berufsentscheidungen an. Beiden Modellfunktionen von Vroom liegt das instrumentalitätstheoretische Kernmodell zugrunde. Die bedeutsame Erweiterung des Ansatzes liegt darin, daß zwischen zwei unterschiedlichen Aspekten instrumenteller Erwartungen unterschieden wird: in das Valenzmodell gehen Instrumentalitätsschätzungen des Individuums über Ergebnis-Ergebnis- oder Ergebnis-Folge-Kontingenzen ein, in das Anstrengungsmodell dagegen subjektive Erwartungen über Handlungs-Ergebnis-Kontingenzen. Das Anstrengungsmodell verfügt unter anderem über eine Komponente, die mit dem Valenzmodell identisch ist. Durch einfaches Einsetzen erhält man das vollständige instrumentalitätstheoretische Modell Vrooms zur Vorhersage von Verhalten. Im Vorgriff sei jedoch gleich angemerkt, daß in empirischen Untersuchungen häufig ein vereinfachtes Modell verwendet wird, in dem die beiden Arten von instrumentellen Erwartungen zusammengefaßt operationalisiert werden. Dies geschieht auf Grund der meßpraktischen Überlegung und Erfahrung, daß Individuen in Fragebogenerhebungen nicht zwischen den beiden Erwartungstypen ohne weiteres unterscheiden können.

Modellvarianten zum instrumentalitätstheoretischen Grundmodell wurden im Anschluß an die Arbeiten Vrooms (1964) im Rahmen organisations- und arbeitspsychologischer Forschungen vorgelegt. Dabei blieb das Valenzmodell als Bestandteil des Anstrengungs- bzw. Verhaltensmodells weitgehend von Modifikationen unberührt. Das Anstrengungs- bzw. Verhaltensmodell erfuhr dagegen in anderen Komponenten z.T. erhebliche Erweiterungen durch verschiedene Autoren. Zu nennen sind hier zunächst Lawler & Porter (1967; siehe auch Lawler 1973), die die von Vroom (1964) getroffene Differenzierung der Erwartungskomponente aufgreifen. Das erweiterte Modell dieser Autoren umfaßt ferner das Konstrukt der Kontrollüberzeugungen und die Selbsteinschätzung des Handlungssubjektes. Dabei wird angenommen, daß die Kontrollüberzeugung des Individuums seine Valenzschätzungen, also die subjektive Bewertung von Handlungsfolge-Ereignissen, und die Selbsteinschätzung die erste Erwartungskomponente, also die Anstrengungs-Handlungs-Erwartung beeinflußt. Inhaltlich ähnliche Modellvarianten legten auch Galbraith & Cummings (1967) sowie Campbell et al. (1970) vor. Sie reservieren die Begriffe Erwartung bzw. Instrumentalität für die beiden unterschiedlichen Aspekte der Erwartungsschätzungen. Mit Erwartungen bezeichnen sie die Beziehungen zwischen motivationalen Zuständen und dem Entscheidungsverhalten, das vorhergesagt werden soll („first-level outcome"); mit Instrumentalität werden dagegen Relationen zwischen Handlungsentscheidungen bzw. der Ausführung einer Handlung („first-level outcome") und den durch die Valenzschätzungen bewerteten Handlungs-Folge-Ereignissen („second-level outcome") benannt.

Die bislang dargestellten Erweiterungen des instrumentalitätstheoretischen Modells konzentrieren sich also auf eine Differenzierung der Modellfunktion im Bereich der Variablen zu subjektiven Erwartungen von Handlungen. Eine zweite Gruppe von Arbeiten, die den Ansatz Vrooms (1964) differenziert, konzentriert sich ähnlich wie Fishbein (1967) und Dulany (1968) auf soziale Modellkomponenten. Graen (1969) greift dabei die Unterscheidung von „first-" und „second-level outcomes" auf. Als „first-level outcome" bezeichnet er die Arbeitsrolle, die durch die Verhaltenserwartungen an einen Positionsinhaber in einer Organisation definiert wird. „Second-level outcomes" sind Ergebnisse, die ein Individuum beim Ausfüllen einer Arbeitsrolle erreichen kann (Gehalt, Leistungsrückmeldung, Verantwortung, Arbeitsbedingungen etc.). Dieses Modell für berufliches Verhalten knüpft also an die Theorieentwürfe von Dulany (1968) und Fishbein (1967) in zweifacher Weise an. Zum ersten werden sozialpsychologische Variablen der subjektiv perzipierten Rollenerwartungen und des Rollendrucks einbezogen, zum zweiten liegt auch dieses Modell in Form einer linearen, multiplen Regressionsgleichung vor. Die erste, genuin instrumentalitätstheoretische Modellkomponente wird von Graen (1969) als „path-goal utility" bezeichnet, die zweite als Variablen des „external pressure" und die dritte als Variablen des „internal pressure". Experimentalpsychologisch konnte Graen den Vorhersagewert dieses komplexen instrumentalitätstheoretischen Modells für Arbeitszufriedenheit und Arbeitsverhalten nachweisen. Auch das instrumentalitätstheoretische Modell von Mitchell und Mitarbeitern (siehe Mitchell & Knudsen 1973; Mitchell & Nebeker 1973; Mitchell & Pollart 1973) knüpft sowohl an die Überlegungen Vrooms (1964) als auch an die von Dulany (1968) und Fishbein (1967) an. Additiv werden in diesem Modell, das von Mitchell & Pollart (1973) zur Vorhersage des beruflichen Verhaltens von Universitätsdozenten verwendet wird, das instrumentalitätstheoretische Grundmodell und Komponenten der Bezugsgruppenwahrnehmung verbunden. Strukturell ebenso wird dies in den Arbeiten von Mitchell & Knudson (1973) zur Vorhersage von Berufsentscheidungen von Studenten und von Mitchell & Nebeker (1973) zur Vorhersage von Leistungsverhalten von Studenten gemacht, wobei nur die beachteten Bezugsgruppen des Handlungssubjektes je nach Fragestellung variiert wurden. Eine weitere Modelldifferenzierung, die an die regressions-analytischen Funktionsgleichungen von Fishbein (1967), Dulany (1968) und Graen (1969) anschließt, wurde durch Anregungen aus dem methodologischen Beitrag von Arnold & Evans (1979) von Krampen (1980b) verwendet. In einem gewichteten, multiplikativen Vorhersagemodell wird die a priori Annahme der Gleichgewichtigkeit der multiplikativen Komponenten in der additiven Aggregation (wie sie etwa in den Modellen von Fishbein, Dulany und Graen steckt) fallengelassen. Diese Annahme bedeutet ja nichts anderes, als daß alle regressionsanalytischen Gewichte der einzelnen multiplikativen Modellkomponenten ähnlich (oder gar identisch) sein müßten. Dies ist jedoch eine Frage, deren Beantwortung nicht a priori, sondern empirisch erfolgen sollte. Die empirische Prüfung bei Krampen (1980b) bestätigt die Überlegenheit eines solchen Wichtungsmodells der Erwartungs-Wert-Theorie gegenüber dem Produktsummen-Modell.

In Anlehnung an Überlegungen Rotters (1955, 1972) zur Sozialen Lerntheorie entwarf Steiner (1970) ein instrumentalitätstheoretisches Modell zur Vorhersage der Zufriedenheit, das sich durch den Einbezug einer zusätzlichen Variable und eine Verrechnungsvariante auszeichnet. Zufriedenheit wird dabei als Funktion des Verhältnisses von erwartetem Nutzen (instrumentalitätstheoretische Modellkomponente) und insgesamt erwünschtem und möglichem Nutzen bestimmt (Ratio-Modell). Experimentalpsychologisch konnte Sobel (1971) nachweisen, daß dieses Modell dem einfachen Valenzmodell Vrooms (1964) darin überlegen ist, daß es die Vorhersage einer geringen Zufriedenheit nicht nur bei dem Vorliegen niedriger Valenz- und Instrumentalitätswerte, sondern auch beim Vorliegen hoher Valenzwerte ermöglicht.

Explizit als Erwartungs-Wert-Theorie benannt, jedoch nicht mathematisch-formalisiert vorgelegt, stellt auch der Beitrag von Kraak (1976; siehe auch Kraak & Lindenlaub 1975) eine Variation des instrumentalitätstheoretischen Grundmodells dar, das wegen seiner sprachlichen Differenziertheit hier erwähnt werden soll. Mit dem für die Bilanz handlungsabhängiger Ereignisse vorgeschlagenen Berechnungsverfahren wird das instrumentalitätstheoretische Grundmodell verbal beschrieben:

„Der Skalenwert für die subjektive Bedeutsamkeit jedes handlungsabhängigen Ereignisses wird multipliziert mit dem Skalenwert für die subjektive Handlungsabhängigkeit dieses Ereignisses. Die Produkte werden addiert." (Kraak 1976, p. 510).

Der Vorschlag einer „verbesserten Handlungs-Entscheidungs-Theorie" von Kraak & Lindenlaub (1975) enthält die folgenden Begriffe (es wird hier der Darstellung von Kraak 1976, p. 310 gefolgt):

⟶ Bilanz handlungsabhängiger Ereignisse = die Gesamtbewertung der erwarteten Ergebnisse einer Handlung;
⟶ subjektive Handlungsabhängigkeit = der vom Handlungssubjekt geschätzte Beitrag einer erwogenen Handlung zur Erreichung eines Ereignisses;
⟶ subjektive Bedeutsamkeit = die positive oder negative Bewertung der handlungsabhängigen Ereignisse;
⟶ subjektive Verfügbarkeit von Handlungen = die Annahme eines Handlungssubjekts, daß es eine bestimmte Handlung realisieren kann;
⟶ handlungsabhängiges Ereignis = ein Ereignis, zu dessen Eintreten das Handlungssubjekt meint, durch eine eigene Handlung beitragen zu können.

Die subjektive Handlungsverfügbarkeit tritt als zusätzliche Modellvariable – ähnlich wie in den dargestellten Modellerweiterungen von Lawler (1973), Galbraith & Cummings (1967) und Campbell et al. (1970) – zu der Bilanz handlungsabhängiger Ereignisse hinzu.

Die kybernetische Theorie zielbewußter Systeme ist von Ackoff & Emery (1975) zum ersten Male zusammengefaßt dargestellt worden. Sie greifen die teleologischen Konzepte Ziel und Funktion auf und belegen die Fruchtbarkeit des Verstehens einiger weniger wesentlicher Systemmerkmale für die Analyse des menschlichen Verhaltens, das als System zielbewußter Vorgänge betrachtet wird. Die „Handlung eines Systems" wird als aktives Ereignis definiert, als eine aktive Änderung in einem oder mehreren strukturellen Merkmalen eines Elements, eines Systems, einer Systemumwelt oder der Beziehung zwischen ihnen. Diese Änderung führt zu einem „Ergebnis", dem Handlungsprodukt. „Instrumente" sind Mittel, die von funktionalen Systemen benutzt werden. Zielbewußte Systeme sind dazu fähig, ihre Ziele unter gegebenen Umständen zu ändern. Dies geschieht durch Neukalibrierungen, deren Basis positive Rückkopplungsmechanismen sind. Zielbewußte Systeme wählen also die Ziele ebenso wie die Instrumente, mit denen diese Ziele erreicht werden sollen, selbst. Ein essentielles Merkmal solcher Systeme ist das „Vorhandensein von choice" (Ackoff & Emery 1975, p. 35). Eine Entscheidung ist die Auswahl einer oder sukzessiv folgender strukturell unterschiedlicher, jedoch funktional ähnlicher Verhaltensweisen in einer bestimmten Umgebung, die von Ackoff & Emery (1975) durch eine Modellfunktion abgebildet wird, in der die Wahrscheinlichkeit für das Ausführen einer Handlung als abhängig von (a) der Effizienz einer

Handlung für die Erreichung eines Ergebnisses und (b) dem relativen Wert des Ergebnisses bezeichnet wird. Dieses „konzeptuelle Modell des Choice-Prozesses" von Ackoff & Emery (1975) liegt somit ebenfalls als Erwartungs-Wert-Theorie vor.

2.1.1.2.2 Einige Probleme von Erwartungs-Wert-Theorien

In empirischen Überprüfungen von Erwartungs-Wert-Theorien müssen u.a. *Meßwerte für die subjektive Bewertung von Handlungszielen* erhoben werden. Es ist nur dann zu erwarten, daß die Handlungsvorhersagen Erfolg haben, wenn die Zielorientierungen eines Handlungssubjektes möglichst präzise und umfassend abgebildet werden können. Dazu stehen prinzipiell zwei Möglichkeiten offen. Zum einen kann eine freie Erhebungsmethode gewählt werden (siehe etwa Brim et al. 1962; Invancevich 1976). Interindividuell orientierte Modellprüfungen sind wegen der mangelnden Vergleichbarkeit der befragten Personen dann aber kaum mehr möglich, da sich Variablen wie interindividuell variierende Assoziationsflüssigkeit, kognitives Reflexionsniveau etc. bei den befragten Personen verzerrend auswirken können. Forschungstechnisch günstiger ist die gebundene Antwortform. Die Handlungsziel-Liste wird dabei a priori vom Untersucher erstellt, und die Informanden werden um die subjektive Bewertung aller vorgegebenen Handlungsziele gebeten. Hier besteht nun die Gefahr, daß für einzelne Personen subjektiv relevante Zielsetzungen vernachlässigt werden, und daß eventuell Zielsetzungen berücksichtigt werden, die für einige Personen irrelevant sind. Reduzieren individuell bedeutsame, jedoch bei der Datenerhebung vernachlässigte Zielsetzungen die Vorhersagekraft, so dürfen subjektiv irrelevante, jedoch erhobene Zielsetzungen auf die Vorhersagekraft des Modells nach seiner Logik keinen Einfluß haben, da sie bei einer Valenzschätzung von 0 mit dem Produkt 0 in die Vorhersage der Handlungsintention eingehen. Es zeigte sich aber, daß auch durch das Vorkommen subjektiv irrelevanter Zielsetzungen die prädiktive Präzision des Modells sinkt (siehe Connolly & Vines 1977). Sieht man vom experimentalpsychologischen Vorgehen (wie etwa in Untersuchungen der Spieltheorie) ab, so kann die Konstruktion von Handlungsziel-Listen in Einklang mit Mitchell (1974) und Connolly & Vines (1977) als ein Dilemma bezeichnet werden, zu dessen Lösung nur eine approximative Strategie zur Verbesserung des Ansatzes und der Datenerhebungsmethoden verfolgt werden kann. Eine partielle Lösungsmöglichkeit bietet sich mit der post hoc Reduktion von Zielkatalogen an, wie sie etwa durch Dimensionsanalysen von Zielbewertungen durchführbar ist (vgl. Krampen 1979b; Brandtstädter, Krampen & Schwab 1979). Auf diese Weise können zudem auch sprachlich-semantische und subjektiv-kausale Zielinterdependenzen, die zur Übergewichtung einzelner Zielbereiche in der Vorhersagefunktion führen können, minimiert werden. Dies gilt natürlich nur für Zielinterdependenzen, die konsensuell bei einer größeren Anzahl von Individuen vorhanden sind, nicht jedoch für idiosynkratisch kognizierte Zielinterdependenzen. Diese können ebenso wenig wie mögliche

Hierarchiebeziehungen zwischen Handlungszielen (siehe hierzu etwa Süllwold 1977) durch Erwartungs-Wert-Modelle abgebildet werden. Bei der Vorgabe geschlossener Handlungsziel-Kataloge muß zudem noch die Reaktivität der Meßmethode in Rechnung gestellt werden. Es ist zu bedenken, daß in solchen Ziellisten durchaus Handlungsfolge-Ereignisse enthalten sein können, die das Handlungssubjekt bislang nicht bedacht hat. Für psychologische Interventionen bei Entscheidungsoptimierungen ist dies sicherlich ein wesentlicher Beitrag dieser Ansätze, für die Deskription und Vorhersage von Verhalten ist dies jedoch ein störender Faktor, der besonders dann wirksam werden dürfte, wenn Handlungssubjekte nur über verschwommene Zielvorstellungen verfügen (siehe hierzu Fischhoff, Slovic & Lichtenstein 1980).

Ein weiteres methodologisches Problem der Erwartungs-Wert-Theorien ist die *skalierungstechnische Operationalisierung* von Valenzen, Instrumentalitäten bzw. Erwartungen und des Vorhersagekriteriums. Die Art der Operationalisierung ist bei den meisten empirischen Untersuchungen unterschiedlich. Einen Überblick zu den wesentlichsten Methoden, die meist Schätzskalen verschiedenster Art beinhalten, geben etwa Lee (1977) und Mitchell (1974). Grundlegende skalierungstechnische Probleme bei der Messung des subjektiven Nutzens auf Ordinal- und Intervallskalen-Niveau sind bei Werbik (1978, p. 73ff) dargestellt. Die in vielen Erwartungs-Wert-Theorien vorhandenen *mathematischen Annahmen* der multiplikativen Verknüpfung von Valenz- und Erwartungswerten und der additiven Verknüpfung von Valenz-Erwartungs-Produkten für eine Handlungsalternative implizieren bestimmte Modellvoraussetzungen. Zunächst ist hier das in der multiattributen Nutzentheorie explizit formulierte Postulat der wechselseitigen Bewertungsunabhängigkeit von Handlungsalternativen zu nennen (vgl. etwa Edwards & Guttentag 1975). Danach muß die Bevorzugung einer Handlungsalternative h_1 vor der Handlungsalternative h_2 auf einer bestimmten Nutzen- oder Zieldimension unabhängig sein von den Bewertungen, die diese Handlungsalternativen auf anderen Nutzen- oder Zieldimensionen des Vorhersagemodells erhalten. Verschiedene Autoren (siehe Campbell et al. 1970; Schmidt 1973; Mitchell 1974) weisen ferner darauf hin, daß die multiplikative Verrechnungsform mathematisch solange nicht gerechtfertigt ist, bis bei der Operationalisierung der Modellvariablen ein Rationalskalen-Niveau erreicht wird. Für die Verwendung von Produktsummenwerten in der Forschung schließt Mitchell (1974, p. 1066), „. . daß solche Produktsummen wohl für prädiktive Zwecke benutzt werden können, nicht jedoch als Validierungsmittel für eine dahinterliegende multiplikative Beziehung der Variablen." (Übersetzung vom Autor).

Behling & Starke (1973) haben sieben Postulate und zwei logische Erweiterungen dieser Postulate, die für das mathematisch ausformulierte SEU-Modell aus der Entscheidungstheorie von Savage (1954) und Edwards (1954, 1961) gelten, zusammengestellt. Es stellt sich die Frage, inwieweit in Erwartungs-Wert-Theorien diese z.T. restriktiven Annahmen beachtet werden müssen. Während einige Postulate mit den bisherigen Anwendungen in Einklang stehen (etwa die Postulate der Komparabilität von Präferenzwerten, der – freilich subjektiv rationalen – Optimierung von Handlungsentscheidungen, der Irrelevanz identischer Handlungsfolge-Ereignisse und der Ambiguität; siehe Behling & Starke 1973), so liegen für andere widersprechende Befunde vor. Erwähnt sei etwa nur die oben schon diskutierte Annahme der Unabhängigkeit zwischen der Valenz eines Handlungsfolge-Ereignisses und der Erwartung, daß einer Handlung dieses Ereignis folgt (Kapitel 2.1.1.1).

Zu Erwartungs-Wert-Theorien liegen eine Reihe verschiedener mathematischer *Verrechnungsvarianten* vor. Zunächst taucht in der Literatur an einigen Stellen ein einfaches, nicht durch Valenzschätzungen gewichtetes Modell mit Summenbildung über Erwartungswerte auf, das eigentlich nicht als Erwartungs-Wert-Modell bezeichnet werden darf (richtig: additives Erwartungsmodell). In dieses einfache Modell geht lediglich die Additivitätsannahme ein, die eine Gleichgewichtung aller Prädiktoren, also aller Erwartungsschätzungen, impliziert. Empirische Befunde zu diesem Modell hat Mitchell (1974) zusammengestellt. Im Vergleich zum multiplikativen Modell mit Summenbildung erreicht dieses Modell nach dieser Übersicht erstaunlich gute Vorhersagewerte. Dies kann jedoch u.a. darauf zurückgeführt werden, daß die Varianzen zwischen den Valenzschätzungen in den aufgeführten Arbeiten sehr gering sind (vgl. etwa Lawler & Porter 1967; Mitchell & Knudson 1973). Dies führt dazu, daß die multiplikative Verknüpfung der Erwartungsschätzungen mit den Valenzschätzungen praktisch einer Multiplikation mit einer Konstanten gleichkommt. Neben diesem sehr einfachen Erwartungsmodell finden sich in der Literatur vor allem (a) ein einfaches additives Modell mit Summenbildung und (b) ein einfaches multiplikatives Modell mit Summenbildung, die analog zur Erwartungs-Wert-Theorie Valenz- und Erwartungsschätzungen implizieren. Connolly & Vines (1977) verglichen den Vorhersagewert beider Modelle für die Wahl von Ausbildungsplätzen bei Studenten und stellten eine deutliche Überlegenheit des multiplikativen Modells fest (siehe auch Mitchell 1974). Das multiplikative Modell kann als das „Standardmodell" bezeichnet werden, das von den meisten Autoren verwendet wird. Eine weitere Verrechnungsvariante ist das von Krampen (1980b) verwendete multiplikative Wichtungsmodell, in dem auf die a priori Wichtung der Prädiktorkombinationen verzichtet wird. Erst bei diesen multiplikativen Modellen geht zusätzlich zur Additivitätsannahme die Multiplikationsannahme ein, die zur Forderung von Rationalskalen-Niveau bei den Prädiktorvariablen auf Grund von mathematischen Überlegungen führt. Nun relativierten schon Hackman & Porter (1968) diese Forderung, indem sie im Anschluß an Comfrey (1951) zwischen „praktischen Validitäts-Kriterien" und „fundamentalen meßtheoretischen Kriterien" unterscheiden. Es ist danach also nicht legitim, dem multiplikativen Modell psychometrisch, d.h. auf mathematisch-meßtheoretischer Basis, Validität zuzusprechen; solche Verrechnungsarten sind jedoch auf der Basis extramathematischer Begründungen, also der Tatsache, daß sie dazu geeignet sind, Kriterienvariablen vorherzusagen, erlaubt (vgl. hierzu auch Hays 1953). Die prädiktive Potenz des multiplikativen Modells wurde nun von Schmidt

(1973) dadurch kritisiert, daß er aufzeigte, daß durch die lineare Transformation von Valenz- und Instrumentalitätsskalen die korrelativen Interdependenzen dieser Variablen und so der Vorhersagewert des Modells erheblich beeinflußt wird. Dies widerspricht nun auch dem von Hackman & Porter (1968) angeführten Argument der praktischen Validitätskriterien, da dann, je nach Lage der Skalennullpunkte, die Beziehung zwischen Vorhersage und Kriterium variiert. Mitchell (1974) gelingt es zwar, die Argumente und die Befunde Schmidts (1973) abzuschwächen, indem er nachweist, daß Schmidt z.T. psychologisch irrelevante bzw. unkorrekte Transformationen der Skalenwerte durchgeführt hat, jedoch bleibt die von Schmidt erneut in den Vordergrund gestellte Forderung nach einer Optimierung der Skalierung von Valenzen und subjektiven Erwartungen, die für eine echte Prüfung der multiplikativen Modellfunktion Voraussetzung ist, bestehen. Auf mögliche Skalierungsalternativen wird von Schmidt (1973) und Mitchell (1974) verwiesen.

In Übereinstimmung mit den Modellentwürfen von Dulany (1968), Fishbein (1967) und Graen (1969) wurden die meisten der empirischen Untersuchungen zur Vorhersage *interindividueller Präferenzunterschiede* bei einzelnen Handlungsalternativen durchgeführt („across-subject analysis"). Für jedes Individuum werden dabei theoretisch abgeleitete Vorhersagewerte und Kriterienwerte bestimmt, die dann korrelationsstatistisch für eine Stichprobe von Individuen analysiert werden. Neben der Berechnung einfacher Produkt-Moment-Korrelations-Koeffizienten werden im Anschluß an die regressionsstatistischen Modelle auch multiple Korrelationsanalysen durchgeführt. Die Mehrzahl der empirischen Untersuchungen zu Erwartungs-Wert-Modellen geht diesen Weg interindividueller Modellprüfungen. Dies ist sicherlich auch forschungspraktisch und -ökonomisch dadurch motiviert, daß dabei mit relativ kleinen Variablensätzen (sowohl auf der Prädiktoren- als auch auf der Kriterienseite) operiert werden kann. Interindividuelle Modellprüfungen sind selbst bei der Vorhersage von nur einem Kriterium möglich; hierzu werden etwa auch die Modellansätze Vrooms (1964) vor allem eingesetzt. In empirischen Untersuchungen wird die Berufszufriedenheit, die Berufswahl, die Berufspräferenz, die Valenz effektiver Leistung *oder* die Arbeitsanstrengung häufig als Einzel-Kriterium vorhergesagt, so daß keine Aussagen über Wahlentscheidungen möglich sind (siehe etwa die Literaturübersicht bei Mitchell 1974). Mitchell & Biglan (1971) beklagen daher ebenso wie auch Mitchell (1974) die bis dato auf den Einsatz der Regressions- und Korrelationsanalyse eingeschränkte Prüfung von Erwartungs-Wert-Modellen und fordern zusätzliche *intraindividuell orientierte* Modellprüfungen („within-subject analysis"), bei denen der Entscheidungsprozeß eines Handlungssubjekts für eine gegebene Situation analysiert wird. Unabdingbare Voraussetzung ist dabei die Beachtung verschiedener Kriterienvariablen, um Handlungspräferenzen oder Handlungen vorhersagen zu können. Es müssen also für verschiedene Kriterien (Handlungsalternativen in einer gegebenen Situation) Vorhersagen ermittelt werden, die dann mit direkt ermittelten Handlungspräferenzen oder realen Handlungsweisen verglichen werden können. Es findet also intraindividuell ein Vergleich verschiedener subjektiver Nutzenwerte für verschiedene Handlungsalternativen statt. Dann wird überprüft, ob Individuen die Handlungsalternativen bevorzugen, bei denen der subjektiv erwartete Nutzenwert hoch liegt. Trotz des erheblich größeren Forschungsaufwands (nicht nur für den Untersucher, sondern auch und vor allem für die Informanden) ist in jüngster Zeit eine Zunahme intraindividueller Modellprüfungen neben der traditionellen interindividuellen Prüfung festzustellen. Neben der wegweisenden Studie von Brim et al. (1962) zur intraindividuellen Prüfung des SEU-Modells im Bereich der Erziehungsstilforschung sind hier die Arbeiten von Parker & Dyer (1976), Connolly & Vines (1977), Kopelman (1977) und Krampen & Brandtstädter (1978) zu nennen. Die Arbeiten von Kopelman (1977) und Krampen (1980b) weisen im übrigen daraufhin, daß die Vorhersagen häufig intraindividuell präziser gelingen als interindividuell.

Das mit den Erwartungs-Wert-Theorien verbundene *Kausalitätsproblem* ist ein zweifaches. Zunächst geht es um die Frage, inwieweit Handlungsintentionen, auf deren Vorhersage man sich meist beschränkt, zur Ausführung realer Handlungen führen. Anders als bei der häufig diskutierten Frage um den Zusammenhang von Einstellungen und Verhalten (siehe etwa Six 1975) wird durch die Spezifität der Handlungssituation und der jeweiligen Handlungsalternativen meist eine hohe Übereinstimmung erzielt (siehe hierzu Fishbein 1967; Mitchell 1974). Zudem können partiell Randbedingungen angegeben werden, unter denen eine Konkordanz von Handlungsintentionen und Handlungen eher vorliegt. So ist etwa der Grad der subjektiv von einem Handlungssubjekt perzipierten Kontrollmöglichkeiten in einer Handlungssituation bzw. die Art der wahrgenommenen Handlungsfreiheit eng mit der Relation von Intentionen und Handlungen verbunden. Die meist korrelationsstatistisch durchgeführte Überprüfung von Erwartungs-Wert-Vorhersagen bedingen ein *zweites Kausalitätsproblem*. Korrelative Zusammenhänge können nicht kausal interpretiert werden. Genau dies wird aber bei der Interpretation der meisten Untersuchungsbefunde gemacht: subjektive Nutzenwerte werden als Antezedensbedingungen von Handlungspräferenzen bzw. -entscheidungen aufgefaßt. Dissonanztheoretisch kann eingewendet werden, daß solche Interdependenzbefunde auch im Sinne einer post hoc Angleichung (und zwar nach der Handlungsentscheidung oder -ausführung) von Zielorientierungen, Instrumentalitätsschätzungen etc. an gegebene Reaktionstendenzen oder erlebte Handlungsentscheidungen interpretiert werden können (vgl. Behling & Starke 1973; Krampen & Brandtstädter 1981). Die Prüfung dieser Alternativdeutung kann nur in experimentellen Laboruntersuchungen durchgeführt werden (siehe hierzu Mitchell 1974). Der Einwand wendet sich also gegen den handlungstheoretischen Erklärungswert der Erwartungs-Wert-Theorien, ihr prognostischer Wert wird dabei jedoch nicht in Frage gestellt, da post-aktive kognitive Prozesse, die Folgen von Handlungspräferenzen oder Handlungsrealisationen sind, dann (bei späteren Handlungsentscheidungen) prä-aktiven Charakter einnehmen. Eine solche Entwicklung der genannten Variablen durch Lernen ist ohnehin anzunehmen (siehe hierzu auch Mitchell 1979). Bei der explanativ orientierten Interpretation wird aber in jedem Fall davon ausgegangen, daß die kognitiven Vorhersagevariablen logisch unabhängig von den Kriterien, also den Handlungspräferenzen, bestimmt werden können. Diese Voraussetzung ist unter Bezug auf den Stand der Grundlagendiskussion in der Handlungstheorie nicht unproblematisch (vgl. Werbik 1978).

Ein theoretisches Problem der Erwartungs-Wert-Theorien ist die Frage, ob es für sie *Geltungsbereichseinschränkungen oder Grenzbedingungen* gibt, die die Präzision des Modells inter- und/oder intraindividuell beeinträchtigen. Unter Geltungsbereichseinschränkungen sind person- und situationsspezifische Bedingungen zu verstehen, die die Vorhersagekraft des Modells einschränken. Es wurde weiter oben schon hervorgehoben, daß durch den subjektiv-formalen Rationalitätsbegriff prinzipiell keine Beschränkungen des Geltungsbereichs dieser Ansätze entstehen, die in Richtung von „optimalen" Handlungsentscheidungen gehen. Es handelt sich bei den hier zur Diskussion stehenden möglichen Randbedingungen um Variablen, die mit der subjektiven Rationalität, also der deskriptiven Vorhersagegenauigkeit des Modells, in Beziehung stehen. Ansatzpunkte für solche einschränkenden Faktoren sind neben der Beziehung von subjektiven Nutzenwerten, Handlungsintentionen und Handlungen (siehe oben) auch die Valenz- und Erwartungsschätzungen und deren Relationen. Allgemein kann man zwischen persönlichkeitsspezifischen und situations- und/oder reaktionsspezifischen Einflußfaktoren unterscheiden. Im Bereich *personenspezifischer Moderatorvariablen* für Erwartungs-Wert-Theorien liegen zunächst differentialpsychologische Variablen nahe, die einen Bezug zu den Konstrukten der Erwartungs-Wert-Theorien aufweisen bzw. ein integraler Bestandteil *einer* Erwartungs-Wert-Theorie sind. So kann etwa mit Bezug zur Sozialen Lerntheorie die individuelle Kontrollüberzeugung als wichtiges Merkmal genannt werden, da mit ihr die generalisierten Erwartungshaltungen des Individuums, ob es durch sein Handeln seine Umwelt und wichtige Ereignisse in seiner Umwelt beeinflussen kann oder nicht, thematisiert werden. Ähnliches dürfte für andere differentialpsychologische Konstrukte gelten, die ebenso wie die Kontrollüberzeugungen durch die Generalisierung spezifischer Erwartungen und Instrumentalitäten gelernt werden. Dazu gehören etwa Machiavellismus als eine Variable generalisierter sozialer Interaktionserwartungen (siehe Christie & Geis 1970), Hoffnungslosigkeit als generalisierte Erwartungen eines Individuums über seine persönliche Zukunft (siehe etwa Stotland 1969; Beck et al. 1974), normative Geschlechtsrollen-Orientierungen als Variablen der sozialen Erwartungen an Frauen und Männer (vgl. Krampen 1979e) und Variablen des Selbstkonzepts wie etwa die Selbsteinschätzung als generalisierte Erwartungshaltungen gegenüber der eigenen Person (vgl. etwa Motowidlo 1979). Systematische Untersuchungen zu solchen das Modell einschränkenden Faktoren liegen bislang nur spärlich vor. Es gibt lediglich einige Hinweise dafür, daß Erwartungs-Wert-Theorien bei internal orientierten Personen bessere Vorhersagen liefern als bei external orientierten (siehe etwa Lawler & Porter 1967; Reichelt 1975; Henson 1976; Lied & Pritchard 1976; Giles 1977; Krampen 1979a). Bei external orientierten Handlungssubjekten hängen Handlungspräferenzen nicht nur von den Valenz- und Erwartungsschätzungen ab. Zusätzlich werden von ihnen Glück, Pech, Zufall, Schicksal, die Abhängigkeit von anderen Personen oder die Komplexität und Unvorhersagbarkeit der Handlungssituation als Antezedensbedingungen von Verstärkungen und Ereignissen kogniziert. Die relative Bedeutung generalisierter Erwartungshaltungen (wie etwa Kontrollüberzeugungen, Machiavellismus, Hoffnungslosigkeit etc.) ist in neuen und/oder mehrdeutigen Situationen hoch, also bei Entscheidungen unter Risiko oder unter Unsicherheit (siehe auch Kirsch 1977). *Situations- und reaktionsspezifische Geltungsbereichseinschränkungen* von Erwartungs-Wert-Modellen stehen z.T. mit verschiedenen differentialpsychologischen Variablen in Zusammenhang, da sie über individuumspezifische Selektions- und Wichtungsprozesse in der Wahrnehmung von Situationen durch ein Handlungssubjekt wirksam werden. In einer empirischen Studie zum Postulat der Unabhängigkeit von Valenzen und Erwartungen im SEU-Modell stellte Scheibe (1964) fest, daß die subjektive Wahrnehmung, ob Handlungsergebnisse von den eigenen Fähigkeiten oder vom Zufall abhängen (Kontrollierbarkeit der Situation), bedeutsam die Beziehung von Valenzen und Erwartungen beeinflußt. Individuen, die Ereignisse auf die eigene Fähigkeit attribuieren, zeigen bei den Erwartungsschätzungen andere Muster als die, die die Handlungsfolge-Ereignisse auf Zufall attribuieren. Werden die Handlungsergebnisse auf Zufall zurückgeführt, so sind Valenz- und Erwartungsschätzungen relativ unabhängig, d.h. die subjektiven Erwartungswerte bleiben bei steigenden Valenzwerten ähnlich; werden dagegen die Handlungsergebnisse mit der eigenen Fähigkeit begründet, so steigen die Erwartungsschätzungen an, wenn die Valenzen höhere Werte annahmen. Die Handlungssubjekte sind dann optimistischer in bezug auf die Zielerreichung. In dieser Studie wurde die „skill-chance" Dimension experimentell variiert; es liegen also situationsspezifische Einflußfaktoren vor (vgl. Scheibe 1964). Auch eine Reihe anderer Arbeiten weist auf die Bedeutung situativer Parameter wie Kontrollierbarkeit und Vorsehbarkeit für handlungstheoretische Vorhersagen (siehe Kapitel 3.2.1).

2.1.2 Kontrollüberzeugungen

Nachdem die Einbettung der Persönlichkeitsvariablen Kontrollüberzeugungen in der Sozialen Lerntheorie und — allgemeiner — in anderen Erwartungs-Wert-Modellen dargelegt worden ist, können wir uns dieser Variablen selbst genauer zuwenden. Ausgangspunkt ist die Überlegung, daß Individuen in der Interaktion mit ihrer Umwelt Erfahrungen darüber machen, ob Verstärker und Ereignisse als Folge eigener Handlungen oder eigener Charakteristika auftreten oder nicht. Diese Erfahrungen können zu allgemeineren Erwartungshaltungen generalisiert werden, deren Inhalt eine stärker innengeleitete Orientierung und Ursachenzuschreibung oder eine stärker außengeleitete Orientierung und Ursachenzuschreibung ist. Diese Aspekte der kognitiven Orientierungsregulation bezeichnet Rotter (1966) schwerpunktmäßig als internale bzw. externale Kontrollüberzeugungen:

—▶ *Externale Kontrollüberzeugungen* liegen vor, wenn eine Person Verstärkungen und Ereignisse, die eigenen Handlungen folgen, als *nicht* kontingent zum eigenen Handeln oder zu eigenen Charakteristika wahrnimmt, sondern sie als das Ergebnis von Glück, Zufall, Schicksal, als von anderen mächtigeren Personen kontrolliert oder als unvorhersehbar (aufgrund der hohen Komplexität der Umweltkräfte) perzipiert.

—▶ *Internale Kontrollüberzeugungen* liegen dagegen vor, wenn eine Person Verstärkungen und Ereignisse in der persönlichen Umwelt, die eigenen Handlungen folgen, als kontingent zum eigenen Verhalten oder zu eigenen Persönlichkeitscharakteristika wahrnimmt.

Diese Definitionen Rotters (1966) haben häufiger zu der Vermutung geführt, daß mit Kontrollüberzeugungen ein typologisches Persönlichkeitsmerkmal vorliegt, das im Sinne einer bimodalen Verteilung durch die Typen des „Externalen" und des „Internalen" gekennzeichnet ist. Wie jedoch schon aus der relativ komplexen Definition von externalen Kontrollüberzeugungen, die auf so unterschiedliche Kausalfaktoren wie Zufall, Schicksal, Komplexität der Umwelt und subjektiv erlebte Machtlosigkeit gegenüber anderen Menschen zurückgehen können, deutlich wird, muß der Ansatz eines typologischen Konstrukts als falsch abgelehnt werden (zur Problematik differentialpsychologischer Typologien vgl. auch Herrmann 1972[2]). Empirische Studien haben darüber hinaus auch die Eindimensionalität des Konstrukts Kontrollüberzeugungen in Frage gestellt. Ohne schon auf die Vielzahl der Arbeiten zur Dimensionalität unterschiedlicher Meßinstrumente zur Erfassung von Kontrollüberzeugungen einzugehen (siehe hierzu Kapitel 4.2), sollen hier zunächst fünf wesentliche Ansätze zur inhaltlichen Aufgliederung des Konstrukts aufgeführt werden.

2.1.2.1 Konstruktdifferenzierungen

Im Zusammenhang mit einem zweiten Konstrukt generalisierter Erwartungshaltungen (interpersonales Vertrauen; vgl. Rotter 1967), diskutiert Rotter (1975) die Möglichkeit, external orientierte Personen mit Bezug zu ihren Werten auf der „Interpersonal Trust Scale" als „defensiv-externale" (niedrige Werte auf der Trust-Scale) und als „passiv-kogruent-externale" (hohe Werte auf der Trust-Scale) zu charakterisieren. *Passiv-externale* Personen können als fatalistisch orientiert bezeichnet werden; sie führen bedeutsame Ereignisse in ihrem Leben vor allem auf Zufall und Schicksalskräfte zurück und verfügen gleichzeitig über ein relativ hohes Maß an interpersonalem Vertrauen. *Defensiv-externale* Personen schützen sich durch ihre Externalität gegen Mißerfolgserlebnisse. Ihre Externalität ist schwerpunktmäßig auf Gefühle der Abhängigkeit von mächtigeren anderen Personen begründet; ihr interpersonales Vertrauen ist eher gering. Erfolge und Mißerfolge werden von ihnen häufig auf andere Menschen projiziert. Defensivexternale Personen können als aggressiv, ehrgeizig und leistungsmotiviert beschrieben werden, ihre subjektiven Erfolgserwartungen sind jedoch relativ niedrig. Passiv-externale Personen sind dagegen weniger wettbewerbsorientiert und weniger ehrgeizig (vgl. hierzu auch Hochreich 1975, 1978; Phares 1979). Obwohl etwa in der amerikanischen Kultur beide Personengruppen ermittelt werden können, was von Rotter (1975) zum einen auf den Einfluß der protestantischen Ethik (defensiv-externale), zum anderen auf den Einfluß eher fatalistischer Lebensauffassungen wie der des Islams oder die fernöstlicher Religionen (passiv-externale) zurückgeführt wird, schlugen Versuche der empirischen Trennung bislang fehl.

Eine inhaltlich z.T. ähnliche Differenzierung des Konstruktes der Kontrollüberzeugungen nahm Levenson (1972, 1974) bei der Entwicklung der IPC-Scales zur Erfassung von drei Aspekten von Kontrollüberzeugungen vor (vgl. auch Krampen 1979c, 1981a). Ausgehend von einer Kritik des ROT-IE-Fragebogens (siehe Kapitel 4.2) erstellte sie drei auswertungstechnisch unabhängige Skalen zur Operationalisierung der folgenden Aspekte von Kontrollüberzeugungen:

(1) *Internalität*, d.h. die subjektiv bei der eigenen Person wahrgenommene Kontrolle über das eigene Leben und über Ereignisse in der personspezifischen Umwelt (I):

(2) *Externale Kontrollüberzeugungen*, die durch *Gefühle der Machtlosigkeit*, der Abhängigkeit von mächtigen anderen Personen bedingt sind (P);

(3) *Fatalistische externale Kontrollüberzeugungen*, die auf der Erwartung basieren, daß das Leben und Ereignisse in ihm von Schicksal, Glück, Pech und Zufall abhängen (C).

Eine Reihe von empirischen Untersuchungen bestätigen bislang den Sinn dieser dreidimensionalen Konzeption (siehe Kapitel 4.2), wenngleich stets erhebliche Korrelationen zwischen den beiden Externalitäts-Skalen festgestellt werden. Es ist jedoch interessant zu vermerken, daß diese beiden Skalen von der Internalitätsskala weitgehend unabhängig sind.

Ein dritter Ansatz zur Differenzierung des Konstrukts Kontrollüberzeugungen liegt mit der Arbeit von Crandall, Katkovsky & Crandall (1965) vor. In dem von ihnen entwickelten „Intellectual Achievement Responsibility Questionnaire" (IAR) zur Erfassung bereichsspezifischer Kontrollüberzeugungen in intellektuellen Leistungssituationen bei Kindern (siehe Kapitel 4.2) unterscheiden sie zwischen Kontrollüberzeugungen für positive und negative Ereignisse. Neben dem Gesamtwert liefert der IAR also getrennte Subskalenwerte für *Kontrollüberzeugungen bei Erfolgserlebnissen* und für *Kontrollüberzeugungen bei Mißerfolgserlebnissen*. Hier werden Kontrollüberzeugungen also nicht nur anhand von Ursachenfaktoren, sondern zudem anhand der Wertigkeit von Ereignissen und Verstärkern differenziert.

Zwei Aspekte von Kontrollüberzeugungen wurden im Anschluß an die Arbeit Mirels (1970) bei Faktorisierungen des ROT-IE-Fragebogens sehr häufig unterschieden (vgl. z.B. O'Leary, Donovan & Hague 1974; Campbell et al. 1977; Little 1977): neben einem Faktor, der Items der *persönlichen Kontrollorientierung* zusammenfaßt, zeigt sich ein Faktor, der Items *soziopolitischer Kontroll-*

orientierungen bündelt. Gurin, Gurin & Morrison (1978) entwickelten diese inhaltliche Unterscheidung weiter und differenzieren *persönliche Kontrollorientierungen* von *perzipierter Kontrollideologie*. Persönliche Kontrollorientierungen („personal control") beziehen sich auf die Erwartungen einer Person, in ihrem eigenen Leben Kontrolle ausüben zu können. Perzipierte Kontrollideologie umfaßt dagegen Erwartungen darüber, wie internale und externale Kräfte durchschnittlich auf die Verteilung von Verstärkern oder das Auftreten von Ereignissen in der Gesellschaft Einfluß nehmen. Hier wird also das Objekt variiert, auf das sich Kontrollüberzeugungen beziehen. Einmal ist dieses Objekt die eigene Person (persönliche Kontrolle), einmal die Gesellschaft allgemein (Kontrollideologie). Persönliche Kontrollüberzeugungen und Kontrollideologie können unabhängig voneinander variieren. Dies ist dann der Fall, wenn eine Person Unterschiede zwischen der eigenen Situation und der Situation anderer Personen oder der durchschnittlichen gesellschaftlichen Situation schlechthin wahrnimmt. Im Falle hoher Internalität in persönlichen Kontrollüberzeugungen und geringerer in der Kontrollideologie, nimmt sich das Individuum als sozial bevorteilt wahr; im umgekehrten Falle dürften dagegen soziale bzw. gesellschaftliche Benachteiligungen perzipiert werden. Insbesondere bei der Vorhersage politischen Engagements hat sich diese Differenzierung als sinnvoll erwiesen. Gurin et al. (1978) stellten fest, daß persönliche Kontrollorientierungen nicht mit politischem Verhalten in Beziehung stehen; eine externale Kontrollideologie weist dagegen Interdependenzen mit politischem Engagement auf.

Der fünfte Ansatz zur Differenzierung des Konstrukts Kontrollüberzeugungen, der hier kurz geschildert werden soll, bezieht sich auf die häufig nicht einheitliche Unterscheidung von *perzipierter Kontrolle* (Kontrollüberzeugungen) und *erlebter Kontrolle* (Kontrollierbarkeit, Kontrollmöglichkeiten). Die perzipierte Kontrolle bezieht sich auf die wahrgenommenen Möglichkeiten, wichtige Ereignisse im eigenen Leben zu steuern und zu kontrollieren. Tiffany (1967; vgl. auch Tiffany, Schontz & Woll 1969; Donovan & O'Leary 1975) reserviert dagegen den Begriff der erlebten Kontrolle („experienced control") für das Ausmaß an Kontrollmöglichkeiten, die ein Individuum in verschiedenen sozialen Situationen erlebt. Es muß aber beachtet werden, daß der Begriff der erlebten Kontrolle in der Literatur nicht einheitlich verwendet wird, sondern daß er z.T. synonym mit dem Begriff der perzipierten Kontrolle verwendet wird (vgl. etwa Coan, Fairchild & Dobyns 1973). Erlebte Kontrolle bezieht nach der Begriffsverwendung von Tiffany (1967) stärker den situativen Aspekt des „locus of control", die subjektive Kontrollierbarkeit von Umwelten und Handlungssituationen, mit ein als der Begriff der perzipierten Kontrolle.

Von diesen Ansätzen, das Konstrukt der Kontrollüberzeugungen inhaltlich nach verschiedenen Aspekten oder Dimensionen zu differenzieren, müssen die Versuche, generelle versus bereichsspezifische Konzeptionen und Meßinstrumente zu entwickeln, unterschieden werden. Während sich die bislang dargestellten Überlegungen auf die Konstrukterhellung beziehen, wenden sich Arbeiten zur Bereichsspezifität von Kontrollüberzeugungen der Frage des Maßes ihrer Generalisierung über verschiedene Situationen und verschiedene Umwelten zu. Mit Bezug zu den Kernpostulaten der Sozialen Lerntheorie kann zunächst festgestellt werden, daß der Vorhersagewert generalisierter Kontrollüberzeugungen (allgemeiner: generalisierter Erwartungen) mit der Neuheit oder Ambiguität einer Handlungssituation für die Person zunimmt. Spezifische Erwartungen (d.h. auch bereichsspezifische Kontrollüberzeugungen) sind dagegen bei dem Handlungssubjekt bekannten und eindeutig interpretierbaren Situationen zur Verhaltensvorhersage besser geeignet. Auf Möglichkeiten der bereichsspezifischen Erhebung von Kontrollüberzeugungen wird in Kapitel 4.2 ausführlich eingegangen.

2.1.2.2 Erwartungen und ihre Generalisierung

Das Konzept der Erwartung basierte zunächst in der Ökonomie und in der Mathematik auf einer objektivistischen Theorie, nach der Erwartungsaussagen objektive und durch die objektive Logik prüfbare Wahrscheinlichkeitsaussagen sind. Dieser im Rahmen eines mathematischen Kalküls stehende Erwartungsbegriff erwies sich jedoch recht schnell für die Analyse menschlichen Verhaltens als wenig tauglich (vgl. Kirsch 1977[2]). In der subjektivistischen Theorie werden nun solche Aussagen als subjektive, gelernte Überzeugungen aufgefaßt. Es wird nur noch eine „quasi-logische" Beziehung zwischen einer Klasse von Sätzen für den Grad der Überzeugung oder der Bestätigung von Hypothesen in bezug auf die Erfahrungsbasis des Subjekts postuliert. Das Problem, inwieweit objektive und subjektive Wahrscheinlichkeiten situativ übereinstimmen bzw. voneinander abweichen, wird etwa von Kirsch (1977[2]) ausführlich behandelt. Im übrigen läßt sich hier auch − ähnlich wie bei Entscheidungstheorien allgemein − zwischen einem normativen und einem deskriptiven Konzept unterscheiden, deren Einsatz von der jeweiligen Fragestellung abhängt. Bei der Analyse menschlichen Verhaltens muß aber auf jeden Fall dem subjektiven Erwartungsbegriff der Vorrang gegeben werden. Subjektive Erwartungen sind dabei prädiktive Überzeugungen, die subjektive Wahrscheinlichkeitsaussagen darüber beinhalten, was zu welchen Ereignissen führt. Im Gegensatz zu der Wertkomponente in Erwartungs-Wert-Theorien werden spezifische Erwartungen als zeitlich und räumlich kontingenter, also als situationsabhängiger bezeichnet. Tabelle 2 gibt nun einen Überblick zur Verwendung unterschiedlicher Erwartungskonstrukte in verschiedenen Erwartungs-Wert-Theorien und in zwei Ansätzen der Lernpsychologie. Bolles (1972) weist nach einer Kritik des in der Theorie des klassischen und operanten Konditionierens angenommenen Verstärkungsprozesses auf die Alternative, daß in Lernexperimenten nicht verstärkte Verhaltensweisen, sondern Erwartungen gelernt werden (vgl. auch Tolman 1938). In mehreren Lerngesetzen unterscheidet er unter anderem zwischen $S-S^+$-Erwartungen und $R-S^+$-Erwartungen. $S-S^+$-Erwartungen können in der Terminologie von Heckhausen (1978) als Ereignis-Folge-Erwartungen, $R-S^+$-Erwartungen als Handlungs-Ergebnis-Erwartungen bezeichnet werden. In den meisten empirischen Untersuchungen zu Erwartungs-Wert-Theorien wird jedoch ein vereinfachtes Modell verwendet, in dem diese beiden in vielen theoretischen Entwürfen differenzierten Erwartungskomponenten nicht getrennt erhoben werden. Begründet wird dies etwa dadurch, daß Individuen in Fragebogenuntersuchungen nicht ohne weiteres zwischen den beiden Erwartungstypen unterscheiden können (siehe etwa Heckhausen 1980b). Aus Tabelle 2 wird auch deutlich, daß die Unterscheidung zweier Erwartungsarten nicht in allen Erwartungs-Wert-Theorien vorgenommen wird. In der Sozialen Lerntheorie Rotters (1955, 1972) ist sie jedoch – wie in Kapitel 2.1.1.1 deutlich wurde – enthalten; der Schwerpunkt der Analysen liegt jedoch auf Handlungs-Ergebnis-Erwartungen. Diese können auch als Oberbegriff, der u.a. Ergebnis-Folge-Erwartungen subsummiert, aufgefaßt werden, da in einem sukzessiven Handlungsmodell „Folgen" nach „Ereignissen" auftreten, die wiederum Konsequenzen von „Handlungen" darstellen. Impliziert wird hier freilich, daß sowohl Ereignisse als auch Folgen vom Individuum subjektiv bewertet werden und über Anreizcharakter verfügen.

Werbik (1978) stellt Erwartungen als Vorhersagen subjektiver Art in Analogie zum wissenschaftlichen Begriff der bedingten Prognose. Aufgrund der Strukturidentitätsthese von Erklärung und Prognose, auf deren Probleme hier nicht eingegangen werden kann (vgl. etwa Prim & Tilmann 1975), ergibt sich nach dem axiomatisch-deduktiven Modell aus (a) einem wissenschaftlichen Gesetz oder einer empirischen Allgemeinaussage und (b) vorliegenden Rand- oder Antezedensbedingungen (überprüfte Beobachtungssätze) die bedingte Prognose (= Folgen). Subjektive Erwartungen oder subjektive Prognosen können analog dazu aufgeschlüsselt werden (vgl. etwa Krampen & Lehmann 1981). Den Platz des wissenschaftlichen Gesetzes nimmt hier das subjektive Wissen einer Person ein, der Platz der Rand- oder Antezedensbedingungen wird durch die subjektive Ansicht der Handlungssituation durch das Subjekt gefüllt. Wissenschaftliche Prognosen und subjektive Prognosen unterscheiden sich also darin, daß beim zweiten methodische Regeln zugunsten der Subjektivität des Individuums entfallen.

Die zeitliche und räumliche Kontingenz subjektiver Erwartungen kann durch ihre Generalisierung z.T. aufgehoben werden. Ähnlich wie in der Theorie persönlicher Konstrukte von Kelly (1955), der von Konzeptbilden spricht, geht Rotter (1955, 1972) in der Sozialen Lerntheorie davon aus, daß Erwartungen aufgrund von Ähnlichkeiten (1) der Verstärker, (2) der Handlungssituationen, (3) der Struktur von zu lösenden Problemen und (4) der Intensität und Vorzeichen der Verstärker im Laufe der Umwelterfahrungen eines Individuums generalisiert werden. Subjektive Situations- und Verstärkerähnlichkeiten führen zu mehr oder weniger stark generalisierten Erwartungshaltungen in bezug auf das Auftreten bestimmter Verstärker. Subjektive Klassifikationen von Situationen anhand von Problemlöse-Strategien („coping strategies") führen dagegen zu einer Vielzahl unterschiedlicher generalisierter Erwartungen, die die Art des Problemlöseverhaltens betreffen. Diese generalisierten Erwartungshaltungen basieren auf strukturellen Ähnlichkeiten von Situationen, die jedoch unterschiedliche Ver-

Tabelle 2
Terminologie zu instrumentellen Überzeugungen in verschiedenen theoretischen Ansätzen

Autor(en)	Erwartungskomponenten	
	$S\text{-}S^+$-Erwartung	$R\text{-}S^+$-Erwartung
SAVAGE (1954)	-/-	subjective probability
EDWARDS (1961)	-/-	subjective probability
VROOM (1964)	outcome-outcome-association	action-outcome-association (expectancy)
GALBRAITH & CUMMINS (1967)	(effort-performance-expectancy)	performance-outcome-instrumentality
ESTES (1969)	cues-outcome linkage	response-outcome linkage
CAMPBELL et al. (1970)	goal-rewards-expectancy	behavior-goal-expectancy
SCHEIBE (1970)	-/-	belief
STEINER (1970)	-/-	subjective probability
BOLLES (1972)	stimulus-outcome-contingence	response-outcome-contingence
BEHLING & STARKE (1973)	(effort-performance-expectancy)	performance-outcome-expectancy
LAWLER (1973)	(effort-performance-expectancy)	performance-outcome-expectancy
MITCHELL & POLLARD (1973)	(effort-performance-expectancy)	performance-outcome-expectancy
	effort-outcome-expectancy	
KRAAK & LINDENLAUB (1975)	-/-	subjektive Handlungsabhängigkeit
HECKHAUSEN (1977)	Ergebnis-Folge-Erwartung	Handlungs-Ergebnis-Erwartung

stärker und Ereignisse beinhalten können. Diese Art generalisierter Erwartungshaltungen können mit Phares (1976) als „learning sets" oder als „higher level learning skills" beschrieben werden, da sie (gelernte) Einstellungen und Überzeugungen beinhalten, mit denen eine Person an neue Aufgaben herangeht. Das bislang prominenteste Beispiel für eine solche generalisierte Erwartungshaltung sind die individuellen Kontrollüberzeugungen. Ein anderes ist etwa das Ausmaß des interpersonalen Vertrauens (vgl. Rotter 1967; Hamsher, Geller & Rotter 1968). Damit soll die generalisierte Erwartungshaltung gekennzeichnet werden, daß es in sozialen Situationen nützlich ist, die Frage nach dem Ausmaß des Vertrauens gegenüber anderen Personen zu stellen und zu lösen. Ein weiteres Beispiel für eine generalisierte Erwartungshaltung im Bereich des Problemlöse-Verhaltens wäre etwa die generalisierte Erwartung einer Person, daß in Problemsituationen die Suche nach alternativen Lösungsmöglichkeiten sinnvoll ist..

Nach der Sozialen Lerntheorie – und implizit auch in den anderen Erwartungs-Wert-Theorien – sind generalisierte Erwartungshaltungen von Individuen eine der unabhängigen Variablen zur Erklärung und Vorhersage des Verhaltens. Als eine Variablenklasse, die durch Generalisierungen gekennzeichnet ist, ist sie eine wesentliche Bestimmungsgröße der relativen Stabilität und Kontinuität der Persönlichkeit; ferner hat sie den Status einer Moderatorvariablen, die den Geltungsbereich der Theorien ausdehnt. Generalisierte Erwartungen werden da für die Verhaltenserklärung und -vorhersage besonders relevant, wo situationsspezifische Erwartungen und Valenzwerte wegen der mangelnden Situationserfahrung des Individuums nicht ausreichen. Hier erlauben generalisierte Erwartungshaltungen relativ weite Prädiktionen aufgrund von relativ wenigen empirischen Daten.

Die theoretisch postulierten Beziehungen generalisierter Erwartungshaltungen zu spezifischen subjektiven Erwartungen von Individuen sind in einer Reihe empirischer Arbeiten, die über den engen Bereich der Sozialen Lerntheorie hinausreichen, bestätigt worden. Lao, Chuang & Yang (1977) und Lao (1978) stellten etwa statistisch bedeutsame Beziehungen zwischen den Kontrollüberzeugungen von Studenten aus verschiedenen Kulturen und einer Reihe von singulären Erwartungsindikatoren (wie etwa die subjektive Erwartung, die College-Ausbildung zu beenden, nach der Ausbildung eine Stelle zu finden etc.) fest. Auch in den instrumentalitätstheoretischen Analysen von Lied & Pritchard (1976) und Batlis (1978) weisen Kontrollüberzeugungen wesentliche Beziehungen zu den verwendeten Erwartungskomponenten auf. Batlis (1978) stellte darüberhinaus fest, daß die Kontrollüberzeugung die Beziehung zwischen instrumentalitätstheoretischen Prädiktoren und dem Vorhersagekriterium (Studienleistung) moderiert, was mit dem Ansatz der Sozialen Lerntheorie kohärent ist.

2.2 Verwandte Konstrukte

Kontrollüberzeugungen weisen nicht nur dadurch, daß die Soziale Lerntheorie Rotters der Gruppe der Erwartungs-Wert-Theorien angehört, Bezüge zu verschiedensten Theorien und Konstrukten der Psychologie auf, sondern auch dadurch, daß sowohl innerhalb als auch außerhalb der Psychologie Begriffe vorliegen, die dem der Kontrollüberzeugung inhaltlich ähnlich oder verwandt sind. Es handelt sich um Termini, die in anderen Zusammenhängen als dem der Sozialen Lerntheorie von unterschiedlichen Autoren entworfen worden sind; sie dürfen also nicht unter die Rubrik der Übersetzungsprobleme des Begriffs „locus of control of reinforcement", die in Kapitel 1.1 diskutiert worden sind, gezählt werden. Es handelt sich erstens um soziologische oder sozialpsychologische Konstrukte wie Entfremdung, Anomie, Machtlosigkeit etc., zweitens um verschiedene Ansätze in der Attributionstheorie, drittens um selbstbezogene Kognitionen wie etwa Selbstwirksamkeit oder Selbstaufmerksamkeit und viertens um Begriffe wie Selbstkontrolle und Handlungskontrolle.

Bevor jedoch auf diese verschiedenen Konstrukte eingegangen wird, soll noch der Versuch von Arnkoff & Mahoney (1979), unterschiedliche Bedeutungen des Begriffs „Kontrolle" zu analysieren, dargestellt werden. Die Autoren unterscheiden vier Bedeutungen, in denen dieser Begriff verwendet wird. Der Begriff Kontrolle wird zunächst im Sinne einer Fertigkeit gebraucht. Gemeint ist damit die internale Kapazität eines Individuums, etwas zu steuern oder zu kontrollieren. Kontrolle als Fertigkeit entwickelt sich im Laufe der Sozialisation; wie andere Fertigkeiten wird auch sie gelernt. Zu dieser Begriffsverwendung kann etwa der Ansatz Banduras (1977b; siehe Kapitel 2.2.15) gezählt werden. Eine zweite Verwendung des Begriffs Kontrolle betrifft die individuelle Kapazität, externale Variablen zu kontrollieren. Kontrolle wird also als Machtausübung verstanden. Subjektiv perzipierte Macht wird von Arnkoff & Mahoney (1979) mit dem Begriff der Kontrollüberzeugung gleichgesetzt. Eine dritte Verwendungsart des Begriffs Kontrolle faßt sie inhaltlich als ein Regulativ. Während sich Kontrolle als Fertigkeit und als Machtausübung auf Handlungswahlen beziehen, wird hier mit dem gleichen Begriff die Regulation, Richtungsgebung und Koordination der Handlungswahlen bezeichnet. Handlungsentscheidungen implizieren regulatives und koordinierendes Verhalten in der Phase der Handlungsplanung (etwa um neben kurzfristigen auch längerfristige Zielsetzungen zu erreichen oder um unerwünschte Nebeneffekte von Handlungen zu minimieren). Kontrolle wird also als Kapazität des Individuums, Fertigkeiten und Machtausübungen zu regulieren, verstanden. Die vierte Verwendungsart des Begriffs Kontrolle bezieht sich schließlich auf Zwänge oder Einschränkungen. Selbstkontrolle im einfachen Sinne der Willensstärke fällt unter diese Art der Begriffsverwendung. Arnkoff & Mahoney (1979) sprechen hier auch von Kontrolle im Sinne von Verantwortlichkeit.

2.2.1 Kausalattributionen

Die frühen Arbeiten Rotters zum Konstrukt der Kontrollüberzeugungen werden zurecht von Herkner (1980) und von Heckhausen (1980a) als erster empirisch prüfbarer attributionstheoretischer Ansatz bezeichnet, wenngleich Rotter (1954, 1955) den Begriff Attribution noch nicht verwendet. Grundlegend für die Attributionstheorie und die Attributionsforschung sind jedoch bis heute die Begriffe der internalen (personenbezogenen) und der externalen (umweltbezogenen) Ursachenzuschreibung (vgl. Heider 1958). Ohne auf die einzelnen Ansätze der Attributionstheorie im einzelnen einzugehen (vgl. etwa die umfassenden Darstellungen bei Heckhausen 1980a und Herkner 1980), kann allgemein gesagt werden, daß sich die Attributionstheorie mit der Frage beschäftigt, wie Menschen Informationen über eigenes Verhalten (vor allem in Leistungsbereichen, vgl. Kapitel 5.1) und über das Verhalten anderer Menschen (sozialpsychologische Attribuierungsforschung) interpretieren, um Urteile über die wahrgenommenen Gründe von Ereignissen fällen zu können. Es wird davon ausgegangen, daß Individuen Kausalattributionen explizit oder implizit permanent vornehmen, und daß diese Ursachenzuschreibungen dafür, wie Umweltfaktoren verstanden werden, wie Ereignisse vorhergesagt werden, wie auf Ereignisse reagiert wird und in welcher Art eigene Handlungen geplant werden, zentral sind. Sowohl bei Heider (1958), der allgemein als Urheber der Attributionstheorie gilt, als auch bei allen Fortschreibungen (vgl. etwa Jones & Davis 1965; Kelley 1971; Weiner 1976), ist die Einteilung von Kausalfaktoren nach internalen und externalen vorzufinden. Wesentlich ist, daß in diesen Ansätzen sowohl die postaktive als auch die präaktive Funktion von Kausalattributionen deutlich wird. In der Phase der Handlungsplanung haben sie wesentlichen Einfluß auf affektive Antizipationen und auf Erfolgs- bzw. Mißerfolgserwartungen, postaktiv bestimmen sie u. a. die Art der Selbstbewertung (bzw. Fremdbewertung) und die der Erfolgs- bzw. Mißerfolgserwartungen für künftige Aufgaben. Internale und externale Attribuierungen stehen mit diesen motivationalen Variablen in bedeutsamen Beziehungen, was insbesondere für den Bereich der Leistungsmotivation und den des Leistungshandelns belegt ist (vgl. Kapitel 5.1). Andere empirisch relevante Klassifikationsgesichtspunkte für Kausalfaktoren bzw. Kausalattribuierungen treten zwar in den meisten Ansätzen der Attribuierungstheorie hinzu (etwa die Unterscheidung zeitlich variabler und zeitlich stabiler Ursachenfaktoren; vgl. Heider 1958 und Weiner 1976; oder die Unterscheidung situationsspezifischer und generalisierter Attribuierungstendenzen; vgl. etwa Seligman & Miller 1979); die Frage, ob Ursachen für Ereignisse in der eigenen Person (eigene Handlungen oder Charakteristika) oder in anderen, externen Faktoren gesucht werden, bleibt aber in allen Ansätzen zentral.

Situationsspezifische Kausalattributionen können als ein Aspekt situationsspezifischer Erwartungen im Sinne Rotters betrachtet werden. Kontrollüberzeugungen stellen nun jedoch generalisierte Attributionstendenzen von Individuen dar, die über eine relativ hohe zeitliche Stabilität und Globalität (d.h. sie betreffen unterschiedliche Verhaltensbereiche) verfügen. Zeitlich spezifische oder verhaltensspezifische Kausalattributionen können dabei den (generalisierten) Kontrollüberzeugungen einer Person widersprechen. Ein einfaches Beispiel mag dies verdeutlichen: Eine Person, die allgemein über eher internale Kontrollorientierungen verfügt, kann durchaus bei Glücksspielen oder in Leistungssituationen, in denen Publikum anwesend ist, external attribuieren. Ebenso werden wohl viele Personen mit eher externalen Kontrollüberzeugungen häufig motorische Leistungsergebnisse internal attribuieren. Mit dem Begriff der Kontrollüberzeugung werden also mehr oder weniger stark generalisierte Kausalattribuierungen bezeichnet, die nach dem Ausmaß ihrer Internalität versus Externalität klassifiziert werden.

2.2.2 Das Konzept der persönlichen Verursachung

Das von DeCharms (1968) entwickelte Konzept der persönlichen Verursachung („personal causation"), in dem idealtypisch zwischen der Persönlichkeit des „Verursachers" („origins"; „Täter") und des „Abhängigen" („pawns"; „Opfer", Bauernfiguren im Schachspiel) unterschieden wird, wird von vielen Autoren als zum Konzept der internalen versus externalen Kontrollüberzeugung parallel bezeichnet (vgl. etwa Schneewind 1976; Keller 1977; Heckhausen 1980a). Die Begriffsverwendung von DeCharms (1968) legt dies auch nahe. Als „Verursacher" werden dort solche Individuen bezeichnet, die ihr Handeln vor allem von eigenen Entscheidungen determiniert wahrnehmen; sie fühlen sich – je nach gegebenen äußeren Möglichkeiten – relativ frei und selbstbestimmt und werden auch so von Fremdbeobachtern beschrieben. „Abhängige" („pawns") dagegen sind eher fremdbestimmt, erleben also ihr Verhalten als durch externe Kräfte determiniert. In neueren Arbeiten (Koenigs, Fiedler & DeCharms 1977; DeCharms 1979) macht DeCharms jedoch deutlich, daß sich das Konzept der persönlichen Verursachung in einem Aspekt deutlich vom Konzept der Kontrollüberzeugung unterscheidet. Während die Kontrollüberzeugung vor allem subjektiv perzipierte Kontrolle beinhaltet und von daher ihren Schwerpunkt – ähnlich wie auch die Attribuierungsforschung – in der Analyse individueller Wahrnehmungsprozesse (Selbst- und Fremdwahrnehmungen) hat, wendet sich das Konzept der persönlichen Verursachung primär den persönlichen Erfahrungen, zu kontrollieren und kontrolliert zu werden, zu: „Personal causation attemps to tap the experience of controlling and being controlled." (DeCharms 1979, S. 39). Folgerichtig beschäftigen sich die Untersuchungen zur Unterscheidung von „pawns" und „origins" vor allem mit Personen, die Handlungsobjekte physisch aktiv manipulieren und kontrollieren, wobei tatsächliche Produktionen der Versuchspersonen bzw. deren tatsächliches Verhalten quantitativ erhoben werden. Ein einfaches Beispiel für die Unterschiedlichkeit von Kausalattribuierungen und dem Konzept der persönlichen Verursachung geben etwa Seligman & Miller (1979): wenn eine Person aufgefordert wird, ihren linken Zeigefinger zu heben, so sieht sie sich sicher selbst als Verursacher dieser Handlung. Da dies jedoch eine sehr einfache Aufgabe ist, wird die Person den „Erfolg" mit hoher Wahrscheinlichkeit external (geringe Aufgabenschwierigkeit) attribuieren. Internale Kausalattributionen und personale Verursachung ist also nicht dasselbe. Mit dem „Origin Climate Questionnaire" (Koenigs et al. 1977), der das vom Lehrer in einer Schulklasse initiierte und geprägte Klima der persönlichen Verursachung erhebt, belegte DeCharms (1979) auch in einer Feldstudie die partielle Unabhängigkeit des „origin-versus-pawn-climate" in Schulklassen und der Kontrollüberzeugungen der Klassenlehrer selbst. Beide Variablen tragen unabhängig voneinander zur Vorhersage der Leistungen der Schüler bei. Obwohl an dieser Arbeit zu kritisieren ist, daß ein bereichsspezifisches Maß für die erlebte Kontrolle („Origin Climate Questionnaire" für das Klima in Schulklassen) mit einem sehr generellen Maß für die perzipierte Kontrolle oder Kontrollüberzeugungen der Lehrer (ROT-IE-Fragebogen) verglichen wurde, bleibt festzuhalten, daß trotz der begrifflichen Ähnlichkeit mit dem Konzept der persönlichen Verursachung und dem der Kontrollüberzeugung partiell unterschiedliche Ansätze vorliegen, deren Beziehungen in späteren Untersuchungen weiter abgeklärt werden müssen. Die Differenzierung stimmt im Ansatz mit der schon in Kapitel 2.1.2.1 dargestellten Unterscheidung von perzipierter und erlebter Kontrolle (vgl. Tiffany 1967) überein.

2.2.3 Innen- versus Außenorientierung und internalisierte Verhaltenskontrolle

Im Rahmen der Sozialisationsforschung sind zwei inhaltlich zu Kontrollüberzeugungen ähnliche Begriffe entwickelt worden. Riesman, Glanzer & Denney (1950) unterscheiden in ihrer Analyse der „einsamen Masse", die sich in den modernen Großstädten gebildet hat, zwischen den modalen Persönlichkeitstypen der Innen- und Außenorientierung. In Übereinstimmung mit der Kultur-Persönlichkeits-Schule (vgl. etwa Kardiner 1945) postulieren sie für eine Gesellschaft typische modale Persönlichkeiten oder soziale Charaktere (auch als „basic personalities" benannt). Im Unterschied zu früheren, rein statistischen Konzeptionen modaler Persönlichkeiten verwenden Riesman et al. (1950) diesen Begriff nicht für Besonderheiten im offenen Verhalten, sondern für die grundlegenden Orientierungen, die der Persönlichkeit unterliegen und die hinter dem Verhalten stehen. Die innengeleitete Persönlichkeit („inner-directed") ist dadurch gekennzeichnet, daß allgemeine Prinzipien und Verhaltensregeln in der familiären Sozialisation recht früh gelernt werden. Innerhalb bestimmter Grenzen ist selbstbestimmt nonkonformes Verhalten möglich, das jedoch bei Überschreiten dieser Grenzen (ganz im psychoanalytischen Sinne) zu Schuldgefühlen führt. Der Lebensstil dieser Persönlichkeiten wird als sozial und politisch verantwortungsbewußt und als produktionsorientiert bezeichnet. Bei außengeleiteten Persönlichkeiten unterscheiden Riesman et al. (1950) zwei Varianten. Traditionsgeleitete Personen sind in ihren Orientierungen von größeren sozialen Einheiten abhängig; recht detaillierte Verhaltensnormen werden durch direkte Beobachtungsprozesse gelernt und aufgrund von sozialen Zwängen eingehalten. Ihr Lebensstil wird als sozial und politisch indifferent und als auf Existenzsicherung hin orientiert beschrieben. Neben diesem Typ der Außenorientierung gibt es einen weiteren, der als „other-directed" bezeichnet wird. Als bedeutsame Sozialisationsinstanzen werden hier vor allem die Gleichaltrigen („peers") genannt. Das Verhalten ist von aktuellen Umweltgegebenheiten abhängig, wobei Angst das wesentliche Verhaltensmotiv ist. Der Lebensstil wird als sozial und politisch manipulierbar und als konsumorientiert beschrieben.

Ein weiterer Begriff aus der Sozialisationsforschung, der etwa in der Verwendung von Aronfreed (1968) inhaltliche Parallelen zu Kontrollüberzeugungen aufweist, ist der Begriff der Internalisation. Soziales Verhalten und das Gewissen als verhaltensleitende, moralische Instanz des Individuums ist danach vom Lernen internalisierter Verhaltenskontrollen („internalized control over behavior") anhängig. Aronfreed (1968) verzichtet auf die Beschreibung des anderen Pols und konzentriert sich in seinen Analysen alleine auf diesen Aspekt der Internalisierung von Normen zur Verhaltenskontrolle, der in der dynamischen Perspektive der Sozialsation mit dem Begriff der internalen Kontrollüberzeugung weitgehend übereinstimmt.

2.2.4 Selbstverantwortlichkeit

Der Begriff der Selbstverantwortlichkeit (im englischen auch „locus of responsibility") wird häufiger mit dem Begriff internaler Kontrollüberzeugungen (bzw. dem Begriff des „locus of control") gleichgesetzt (vgl. etwa Wilson 1972; Andrews 1978). Schneewind & Pfeiffer (1978) verwenden ihn ebenso, um neben der Bedeutung, die Kontrollüberzeugungen für die Vorhersage spezifischer Verhaltensweisen haben, auch ihre breitere, gesellschaftspolitische Bedeutung klar zu machen. Hohe Selbstverantwortlichkeit steht hier also für internale Kontrollüberzeugungen, ein geringes Maß an Selbstverantwortlichkeit für externale Kontrollüberzeugungen. Es muß jedoch bedacht werden, daß der Begriff der Selbstverantwortlichkeit anders als der Begriff Kontrollüberzeugungen neben der Frage nach der Internalität bzw. Externalität in der Handlungskontrolle eine weitreichende Dimension beinhaltet, die bei Heider (1958) schon als Dimension moralischer Urteile deutlich wird. In der Unterscheidung von fünf Ebenen der Verantwortlichkeit, die Heider (1958) vornimmt und die ähnlich in den Stufen des moralischen Urteils bei Kohlberg (1964) aufzufinden sind, wird der normative Aspekt dieses Begriffs deutlich. Problematisch ist nun, daß diese normative Frage bei Kontrollüberzeugungen nicht einfach im Sinne einer solchen Steigerung über qualitativ unterschiedliche Ebenen oder durch eine einfache Aussage zu ihrer Ausprägung auf einer Dimension gelöst werden kann (siehe hierzu Kapitel 5.3). Hinzu treten noch eine Reihe philosophischer Probleme der Begriffsbestimmung von Verantwortlichkeit oder Verantwortung, für die hier nur exemplarisch auf die Arbeit von Richman (1969) verwiesen sei. Das von Streufert & Streufert (1978) gegebene, einfache Beispiel kann aber die Unterschiede der Begriffe Verantwortlichkeit und Verursachung verdeutlichen: Ein Mann putzt die Fenster seiner Wohnung im vierten Stock, stößt gegen das Fensterglas, das dadurch auf den Bürgersteig fällt und einen Passanten verletzt. Dieser Mann hat den Unfall auf jeden Fall verursacht, ob er auch für ihn verantwortlich ist, hängt davon ab, ob er etwa fahrlässig gehandelt hatte oder um die Schadhaftigkeit des Fensterglases wußte (in diesen Fällen trägt er auch die Verantwortung für den Unfall), oder ob er davon ausgehen konnte, daß das Fenster — eventuell aufgrund einer kürzlich vorausgegangenen Reparatur — in Ordnung ist. Handlungsfolgen, die beabsichtigt oder vorhersagbar sind, werden also von der handelnden Person sowohl verursacht als auch verantwortet. Wenn dagegen nicht von der Person erwartet werden kann, daß sie die Handlungsfolgen vorhersagen konnte, liegt zwar eine Verursachung durch die Person vor, sie ist dafür aber nicht verantwortlich. Es bleibt also festzuhalten, daß Selbstverantwortlichkeit im allgemeinen Sinne und internale Kontrollüberzeugungen begrifflich nicht gleichgesetzt werden können, wenngleich beide Konzepte Beziehungen aufweisen, die in einigen Studien empirisch bestätigt werden konnten. Tucker (1978) wies etwa in einer Untersuchung zum ökologischen Bewußtsein von Stadtbewohnern nach, daß sowohl soziales als auch ökologisches Verantwortungsbewußtsein mit den individuellen Kontrollüberzeugungen der Informanden korreliert sind.

2.2.5 Anomie und Anomia

Das Konzept „Anomie" wurde 1897 von Durkheim eingeführt und insbesondere von Merton (1957) im Rahmen der Soziologie weiter ausdifferenziert. Es bezeichnet den Zustand der Desregulation oder der relativen Normlosigkeit in einer sozialen Gruppe und wurde von Durkheim (1897) als wesentliche Determinante der Selbstmordrate in der Industriegesellschaft („anomischer Suizid") bezeichnet. Der anomische soziale Zustand ist dadurch gekennzeichnet, daß soziale Normen fehlen, und daß ein hohes Maß an sozialer Desorganisation vorliegt. Heute ist das Anomie-Konzept in der Soziologie relativ weit verbreitet, wobei sich allerdings unterschiedliche Begriffsbestimmungen herausgeschält haben. Die wesentlichste konzeptuelle Unterscheidung, die jedoch leider nicht konsistent in der Literatur anzufinden ist, betrifft die zwischen „Anomie" und „Anomia". Nach Srole (1956) ist Anomia ein psychologisches (oder sozialpsychologisches) Konzept, das sich auf die subjektive Normlosigkeit des Individuums bezieht, während sich Anomie als soziologisches Konzept auf eine soziale Gruppe oder eine Gesellschaft bezieht. McClosky & Schaar (1965) werfen jedoch Srole (1956) vor, daß er bei der Entwicklung des häufig verwendeten „Srole Index of Anomy" ähnlich wie Merton (1957) im traditionellen soziologischen Ansatz bleibt, nach dem Anomie vor allem ökonomische und soziale Bedingungen widerspiegelt, was etwa durch die Arbeit von Leonard (1977) bestätigt wird, der einen höheren Vorhersagewert soziologischer Variablen für den Srole Index im Vergleich zu psychologischen Variablen feststellte. McClosky & Schaar (1965) definieren dagegen Anomia ausschließlich durch personspezifische Variablen, die sich in drei Kategorien (kognitive Faktoren, emotionale Faktoren sowie substantielle Überzeugungen und Einstellungen) unterteilen lassen, und die zusammengefaßt durch das „McClosky-Schaar Measure of Anomy" (= Anomia) erfaßt werden sollen. Anomia als Normlosigkeit des Subjekts wird als Ergebnis einer unzureichenden Sozialisation betrachtet, in der die Welt als instabil und ohne gültige soziale Normen erlebt wird. Die Parallele zur Entstehung externaler Kontrollüberzeugungen ist hier deutlich.

Verschiedene Studien (vgl. etwa Wolfe 1972, 1976) konnten empirisch bedeutsame Beziehungen zwischen dem ROT-IE-Fragebogen zur Messung von Kontrollüberzeugungen und der „Srole Index of Anomy" derart ermitteln, daß Externalität mit hoher Anomie zusammenhängt. Untersuchungen, die die Konzepte Anomia und Kontrollüberzeugungen empirisch vergleichen, liegen m. W. bislang noch nicht vor (auch Schenk 1979, der beide Variablen erfaßte, macht leider keine Angaben zu ihrer Interdependenz). Der Sinn einer konzeptuellen Trennung von Anomie und Anomia steht heute aber außer Frage (vgl. etwa Wilkins 1977; Kytle 1979). Untersuchungen zur Anomie und Anomia in verschiedenen Inhaltsbereichen wie etwa Drogenkonsum (vgl. etwa Kinsey & Phillips 1968; Albas et al. 1978; Johnson & Matre 1978; Schenk 1979), Suizidneigung und Suizidrate (vgl. etwa Wenz 1976, 1978), beruflichem Rollenstreß (vgl. Dornstein 1977) und Religiosität (Gladding 1977) ergaben durchweg Ergebnisse, die auch mit dem Konzept der Kontrollüberzeugung in Einklang gebracht werden können.

2.2.6 Entfremdung

Entfremdung ist ein weiterer zentraler Begriff in der Soziologie, der in seinen verschiedenen Aspekten mit Kontrollüberzeugungen in Beziehung steht. Seeman (1959) unterscheidet die fünf folgenden unabhängigen, in der Soziologie klassischen Bedeutungen des Begriffs Entfremdung, die alle mehr oder weniger stark normative Implikationen aufweisen: (1) Machtlosigkeit („powerlessness"; siehe auch Kapitel 2.2.7) im Sinne von Karl Marx und Max Weber, die durch ökonomische und soziale Faktoren bedingte Erwartungen des Individuums beinhaltet, daß durch eigenes Verhalten subjektiv hoch bewertete und angestrebte Ziele oder Ereignisse nicht erreicht werden können (vgl. auch Clark 1959). Entfremdung als subjektive Machtlosigkeit wird von Seeman (1959) mit externalen Kontrollüberzeugungen gleichgesetzt. (2) Bedeutungslosigkeit („meaninglessness") im Sinne Theodor Adornos oder Karl Mannheims. Entfremdung in Form von subjektiver Bedeutungslosigkeit liegt vor, wenn einem Individuum die Tätigkeiten, die es ausführt, nicht transparent sind; das Individuum weiß nicht, was es glauben soll, minimale Standards für Entscheidungsverhalten liegen nicht vor, fremd koordinierte Aktivitäten und Handlungsziele werden in ihrer Bedeutung nicht verstanden. Seeman (1959) kennzeichnet Bedeutungslosigkeit in instrumentalitätstheoretischen Termini als „geringe Erwartung darüber, daß zufriedenstellende Vorhersagen über Handlungsfolge-Ereignisse gemacht werden können" (S. 786; Übersetzung vom Autor). (3) Normlosigkeit („normlessness") im Sinne der Durkheim'schen Verwendung des Begriffs Anomie (exakter: Anomia; siehe Kapitel 2.2.5). (4) Isolation als Terminus für die Entfremdung einer Person aus der Gesellschaft. Ein typisches Merkmal von in diesem Sinne entfremdeten Individuen ist die geringe subjektive Bewertung von Zielen oder Überzeugungen, die in der jeweiligen Gesellschaft allgemein hoch bewertet werden. (5) Entfremdung als Selbst-Entfremdung („self-estrangement") im Sinne Erich Fromms. Selbst-Entfremdung liegt dann vor, wenn das offene Verhalten mit den subjektiven Selbstkonzept-Definitionen nicht konsistent ist. Seeman (1959) faßt Selbst-Entfremdung als Ausmaß der fremdbestimmten Abhängigkeit zwischen einem gegebenen Verhalten und den antizipierten, künftigen Verstärkern. Das Individuum macht sich selbst zu einem Mittel der Zielerreichung und entfremdet sich so von sich selbst. Diese Bedeutung von Entfremdung ist wegen der dahinterstehenden Idee von intrinsisch bedeutungshaltigem, „nicht entfremdetem" Verhalten, das durch die Sozialisation des Individuums weitgehend verdeckt sein kann, am schwierigsten zu spezifizieren (vgl. auch die korrespondierende Unterscheidung von „wahren" und „falschen" Bedürfnissen bei Marcuse 1970).

Browning et al. (1961) gehen in ihrer Begriffsdifferenzierung weiter als Seeman (1959), da sie subjektive Machtlosigkeit, subjektive Bedeutungslosigkeit und Anomia als prädispositionelle Faktoren für Entfremdung, Isolation und Selbst-Entfremdung dagegen als subjektive emotionale Indikatoren der Entfremdung — also als Produkte — bezeichnen. Blauner (1964) spezifiziert die Beziehungen zwischen den verschiedenen Aspekten der Entfremdung in seiner multidimensionalen Analyse der Arbeitssituation von Industriearbeitern etwas anders. Seine grundlegende These lautet, daß mangelnde Freiheit und Kontrolle bei der Arbeit (Machtlosigkeit), eine hohe Spezialisierung im Arbeitsprozeß, der damit undurchschaubar wird (Bedeutungslosigkeit) und die soziale Isolierung am Arbeitsplatz (Isolation) als unabhängige Variablen für die abhängige Variable der Selbst-Entfremdung konzipiert werden müssen. Die empirischen Untersuchungen von Blauner (1964) und Kirsch & Lengermann (1972) bestätigen diese These. Entfremdung wird in der Soziologie damit als Oberbegriff für eine Reihe subjektiver Zustände und Prozesse verwendet, die mit individuellen Kontrollüberzeugungen in Beziehung stehen. So konzentriert sich auch Yoder (1977) in ihren Überlegungen zur Entwicklung und Sozialisation dieser unterschiedlichen Aspekte von Entfremdung auf den Erwerb von Erwartungshaltungen (interpersonales Vertrauen und Handlungs-Ergebnis-Erwartungen) in der frühkindlichen Sozialisation. Mit Bezug zu den oben angedeuteten normativen Implikationen der Entfremdungsbegriffe muß hier aber der Einwand Maslows (1954) bedacht werden, daß (selbst für ein „fully functioning individuum") zumindest in unserer Gesellschaft ein gewisses Maß an Selbst-Entfremdung unabdingbar ist, da sonst soziale Anforderungen nicht in ausreichendem Maße berücksichtigt werden können, die Voraussetzung für soziale Interaktion und Kommunikation sind.

Forschungsarbeiten zu diesen unterschiedlichen Aspekten der Entfremdung beschäftigen sich etwa mit den Effekten der Entfremdung (etwa durch Automatisierung, Isolation und Anonymisierung) auf berufliches Verhalten (vgl. etwa Blauner 1964; Kirsch & Lengermann 1972; Susman 1972; Mitchell, Symser & Weed 1975), auf die Lern- und Leistungsmotivation (im Sinne des Schlagwortes „entfremdetes Lernen"; vgl. etwa Quiett 1977; Edelstein 1980), auf politisches Engagement (vgl. etwa Ghaem-Maghami 1973) und auf delinquentes Verhalten (vgl. etwa Taylor 1968). In diesen und anderen Arbeiten kann man zwei Tendenzen feststellen. In einem Großteil der vorliegenden empirischen Studien wird der Begriff der Entfremdung (meist im Sinne subjektiver Machtlosigkeit) nicht nur begrifflich, sondern auch meßpraktisch mit dem Begriff Kontrollüberzeugungen direkt gleichgesetzt (vgl. etwa Seeman & Evans 1962; Gillis & Jessor 1970; Schneider 1971; Mitchell, Symser & Weed 1975; Schwebel & Kaemmerer 1977). Begrifflich und methodisch sauberer ist eine zweite Gruppe empirischer Untersuchungen, in denen verschiedene Aspekte von Entfremdung (meist subjektive Machtlosigkeit, Normlosigkeit und soziale Isolation) und Kontrollüberzeugungen (meist mit einer Variante des ROT-IE-Fragebogens) getrennt erfaßt werden. Eine Vielzahl von Untersuchungsbefunden bestätigt, daß die Beziehungen zwischen Entfremdung und externalen Kontrollüberzeugungen stark ausgeprägt sind (vgl. etwa Tolor & Leblanc 1971; Leblanc & Tolor 1972; Tolor 1974; Tolor & Murphy 1975; Bulhan 1978; Lombardo & Fantasia 1978).

2.2.7 Machtmotiv, Machtlosigkeit und Machiavellismus

Auf Machtlosigkeit als ein Bedeutungsaspekt von Entfremdung und die häufig anzutreffende parallele Begriffsverwendung mit Kontrollüberzeugungen wurde im letzten Kapitel schon eingegangen. Seltener ist dagegen der Vorschlag anzutreffen, subjektive Machtlosigkeit als einen Aspekt von Anomia zu konzipieren (vgl. etwa Schenk 1979). Der über den Oberbegriff Entfremdung bestehende Zusammenhang von Anomia und subjektiver Machtlosigkeit konnte freilich von Schenk (1979) faktorenanalytisch insofern bestätigt werden, als Normlosigkeit zusammen mit Skalen, die politische Distanz und Passivität messen, eine Dimension der unpolitischen, anomischen Haltung ausmacht.

Zum Konstrukt Machtlosigkeit liegen nun aber nicht nur diese soziologischen Konzeptionen, sondern auch genuin psychologische vor, die sich u. a. mit den Quellen von Machtverhalten, mit Machtmotiven und deren Messung beschäftigen. Nach einer Durchsicht unterschiedlicher Definitionen des Begriffs Macht kommt Heckhausen (1980a, S. 296) zu dem Schluß, daß „von Macht (...) demnach offenbar immer dann zu sprechen (ist), wenn es darum geht, daß jemänd in der Lage sei, einen anderen zu veranlassen, etwas zu tun, was er sonst nicht tun würde." Machtstreben (oder auch Dominanzstreben) wird in diesem Sinne etwa von Minton (1967) als ein Persönlichkeitskonstrukt gefaßt, das am besten als Einstellung oder Erwartungshaltung konzipiert werden kann. Die unterschiedlichen psychologischen Theorien zu Machtverhalten und zum Machtmotiv (Instinkttheorie, Austauschtheorie, psychoanalytischer Ansatz Adlers, Heiders attributionstheoretischer Ansatz, Konzept der Kontrollüberzeugungen) sind etwa bei Minton (1967), Keller (1977) und Heckhausen (1980a) dargestellt. Der Bezug von Machtstreben bzw. subjektiver Machtlosigkeit zu Kontrollüberzeugungen wird in McClellands (1975) Klassifikation der Machtorientierung in vier Entwicklungsstadien besonders deutlich. McClelland setzt zur Beschreibung dieser Stadien „Quellen der Macht" (Andere versus Selbst) und „Objekte der Macht" (Selbst versus Andere) in Beziehung. Verkürzt läßt sich das Stadium I als Phase des „In-sich-Aufnehmens" beschreiben, in dem das Selbst durch andere Macht erhält. Stadium II betrifft das „Unabhängig sein": sowohl Quelle als auch Objekt der Macht ist das Selbst. Diese beiden Stadien betonen den Erwerb von Machtquellen. Stadium III ist durch das „Sich-Durchsetzen" charakterisiert (Machtquelle ist das Selbst, Machtobjekt sind Andere), Stadium IV durch „Hervorbringen" (Machtquelle und -objekt sind Andere). Die Stadien III und IV betreffen also Machthandeln, wobei Stadium III die Selbstdienlichkeit (personalisierte Machtmotivation; Internalität), Stadium IV die Fremddienlichkeit (sozialisierte Machtmotivation; Externalität) des Machthandelns fokussieren. Auf die unterschiedlichen Ansätze zur Messung des Machtmotivs und zur Differenzierung von Machtquellen kann hier nicht eingegangen werden (vgl. im Überblick Heckhausen 1980a). Es sei nur angemerkt, daß etwa der Verfahrensvorschlag von Good, Good & Golden (1977) zur Messung des Motivs, Machtlosigkeit zu vermeiden, in den Items vor allem generalisierte Erwartungshaltungen beinhaltet, die eine gewisse inhaltliche Parallelität zu Items in Fragebogen zur Messung von Kontrollüberzeugungen aufweisen. Darauf, daß externale Kontrollüberzeugungen wesentliche Beziehungen zu subjektiver Machtlosigkeit aufweisen, machen insbesondere die Arbeiten von Minton (1967), Simmermon (1977) und Arnkoff & Mahoney (1979) aufmerksam. Goodstadt & Hjelle (1973) untersuchten darüber hinaus experimentell die Präferenz qualitativ unterschiedlicher Machtmittel bei external und internal orientierten Personen. Extremgruppen, die nach dem ROT-IE-Fragebogen gebildet worden waren, hatten die Aufgabe, auf einen Arbeiter einzuwirken, der wenig produzierte und negative Arbeitseinstellungen hatte. Personen mit internalen Kontrollüberzeugungen verließen sich vor allem auf die Mittel des Überredens und des „Gut-Zuredens", wogegen Personen mit externalen Kontrollüberzeugungen weit häufiger Strafandrohungen und Zwänge (etwa Entlassung) einsetzten. Internal orientierte Versuchspersonen setzten in diesem Experiment also eher auf eigene Fertigkeiten und Fähigkeiten, wogegen external orientierte zu schärferen Formen des Machthandelns griffen, da sie ihren eigenen Fähigkeiten weniger trauten und eventuell ihre eigene Externalität auf den Arbeiter projizierten. Das Konzept des Machthandelns bzw. der subjektiven Machtlosigkeit wird heute explizit in so unterschiedlichen Themenbereichen wie Erziehungsprozessen (vgl. etwa Knight 1974; Wagner 1980), Drogenabusus (vgl. etwa Deardorff et al. 1975), beruflichem Verhalten (vgl. etwa Shearer & Steger 1975) und Psychotherapie (vgl. etwa Simmermon 1977; Houtman 1978) verwendet.

Eine Variable, die dem Augenschein nach mit Machthandeln und Kontrollüberzeugungen in inhaltlichen Beziehungen steht, ist Machiavellismus. Christie & Geis (1970) bezeichnen solche Personen als hoch machiavellistisch, die andere Menschen aus persönlichen Zielen heraus manipulieren; sie sind daneben durch einen relativen Gefühlsmangel in zwischenmenschlichen Beziehungen, eine geringe Beachtung der üblichen Moralvorstellungen und eine geringe ideologische und religiöse Bindung gekennzeichnet. Relativ gewissenlose, ausschließlich eigenen Zielsetzungen folgende Machtausübung in sozialen Interaktionen ist also das Hauptmerkmal von hohem Machiavellismus. Sowohl die Arbeiten von Christie & Geis (1970) als auch die Überlegungen von Minton (1967) verdeutlichen aber, daß Machiavellismus nicht mit dem Begriff des Machthandelns gleichgesetzt werden kann. Eine Verknüpfung beider Persönlichkeitsdispositionen ist aber mit Heckhausen (1980a) anzunehmen. Ähnliches gilt für die Beziehung zwischen Machiavellismus und Kontrollüberzeugungen. Verschiedene Untersuchungen bestätigen zwar, daß machiavellistische Personen mehr Kontrolle in ihrer personspezifischen Umwelt ausüben als Personen mit geringem Machiavellismus (vgl. etwa Rim 1966; Christie & Geis 1970), was zu der Vermutung führen mußte, daß Machiavellismus mit Internalität zusammenhängt. Untersuchungen, in denen Machiavellismus und Kontrollüberzeugungen parallel erhoben und korreliert wurden, zeigen jedoch, daß hoher Machiavellismus mit externalen Kontrollüberzeugungen korrespondiert (vgl. Solar & Bruehl 1971; Krampen 1980c); eine inhaltliche Gleichsetzung beider Konzepte ist also nicht möglich. Die Arbeit von Prociuk & Breen (1976) verdeutlicht zudem, daß (zumindest bei Männern) Machiavellismus nur mit *dem* Externalitätsbereich korreliert ist, der durch Gefühle der Abhängigkeit von anderen (mächtigeren) Personen gekennzeichnet ist. Machiavellismus weist dagegen zu Internalität und zur durch Fatalismus bedingten Externalität keine statistisch bedeutsamen Beziehungen auf (vgl. auch Minton 1967). Machiavellismus und Kontrollüberzeugungen können demnach als zwei unterschiedliche Aspekte interpersonaler Macht konzipiert werden (Solar & Bruehl 1971), wobei Externalität in den Kontrollüberzeugungen augenscheinlich mit hohem Machiavellismus (eventuell in Form einer Projektion zumindest im Bereich sozialer Interaktionen) verbunden sind. Ein wesentlicher Unterschied beider Konstrukte liegt darin, daß Kontrollüberzeugungen im Gegensatz zu Machiavellismus nicht direkt mit moralischen Werthaltungen und religiösen oder ideologischen Überzeugungen verbunden ist. Inhaltlich neutraler kann daher die Beziehung dadurch beschrieben und theoretisch erklärt werden, daß sie qualitativ unterschiedliche Aspekte generalisierter Erwartungshaltungen (im Sinne der Sozialen Lerntheorie) sind (Krampen 1980c). Es konnte festgestellt werden, daß Machiavellismus und Kontrollüberzeugungen zwar relativ hoch korreliert sind, daß sie sich aber prädiktiv wesentlich unterscheiden. Nach den bei Krampen (1980c) dargestellten multivariaten Befunden aus zwei getrennten Untersuchungen kann Machiavellismus etwa besser durch Variablen wie direktive Einstellung, Konservatismus in den normativen Geschlechtsrollen-Orientierungen und Faschismus vorhergesagt werden; individuelle Kontrollüberzeugungen stehen dagegen in engeren Beziehungen zu Variablen wie Hoffnungslosigkeit und Extraversion.

2.2.8 Selbstbestimmung versus Fremdbestimmung

Internal orientierte Personen sehen sich in ihrem Verhalten selbstbestimmt, external orientierte Personen sehen sich dagegen eher (durch mächtige andere Personen, aufgrund fatalistischer Einstellungen o. ä.) fremdbestimmt. Rein begrifflich liegt also eine inhaltliche Parallelität der Konstrukte Kontrollüberzeugungen und Selbst- versus Fremdbestimmung vor. Es muß aber beachtet werden, daß der Begriff Selbstbestimmung in unterschiedlichen Zusammenhängen z. T. mit weiteren Bedeutungen verbunden ist. Man begegnet diesem Begriff im Bereich normativ-pädagogischer Überlegungen (vgl. etwa von Hentig 1970³), in der Konformitätsforschung (vgl. etwa Fend 1971), in der Motivationspsychologie (vgl. etwa White 1959) und in Ansätzen, die Ziele psychotherapeutischer Interventionen zum Thema haben (vgl. etwa Schwesinger 1980).

Von Hentig (1970³) beschreibt etwa die Erziehung zur „wirklichen Selbstbestimmung" (S. 79), die die Emanzipation und Humanisierung unter Beachtung der Anforderungen der modernen Gesellschaften beinhalten soll, als den Leitwert für 13 allgemeine Lernziele einer alternativen, „neuen" Schule. Bei diesen Lernzielen, die unter Beachtung logischer und sachlicher Restriktionen zum einen durch die Kritik des bestehenden Schulsystems und dessen Folgen, zum anderen durch quasi-logische Ableitungen (in Form von Wenn-Dann-Sätzen) begründet werden, handelt es sich z. T. um Zielsetzungen, die über formale Bildungsinhalte hinausgehen und die Persönlichkeitsentwicklung der Schüler betreffen (etwa Lernziel 5 „Fähigkeit, auszuwählen, Ziele zu setzen, Spielraum zu nutzen/Toleranz und Kritik der anderen Positionen" oder Lernziel 8 „Selbstbestimmung und Fremdbestimmung des eigenen Konsums/Gebrauch der Massenmedien etc."). Die normative Komponente des Begriffs Selbstbestimmung wird hier ebenso deutlich wie in den Überlegungen Schwesingers (1980) zu Zielsetzungen psychologischer und psychotherapeutischer Interventionen. Unter Einbeziehung von Konzepten wie Ich-Findung, Selbstbewußtsein, Selbstvertrauen, Befreiung, Selbstverantwortlichkeit, Selbstkontrolle, Selbstentfaltung etc. postuliert sie Selbstbestimmung als das wesentliche Kennzeichen des psychisch stabilen Individuums. Selbstbestimmung wird als ein normativer Oberbegriff für eine Serie psychologischer Variablen oder Konzepte verwendet, die aus unterschiedlichen psychologischen Traditionen bzw. Theorien stammen. Die Konzeptionen von intrinsischer und extrinsischer Motivation bei White (1959) und bei DeCharms (1968; siehe Kapitel 2.2.2) gehen in eine ähnliche Richtung. Nach White (1959) liegt selbstbestimmtem Handeln eine „Wirksamkeitsmotivation" zugrunde, deren Motivbasis Gefühle der Wirksamkeit und Kompetenz sind. Sich selbst als wirksam in seinen Handlungen zu erleben, wird als eine primäre, intrinsische Motivation des Menschen aufgefaßt. Das Streben nach Selbstbestimmung ist dabei „kein Eigenmotiv, sondern ein Leitprinzip, das die verschiedenen Motive durchdringen soll" (Heckhausen 1980a, S. 609). Insbesondere DeCharms (1968) hat sich mit den Effekten externaler Verstärkungen, die die Basis extrinsischer Motivation und somit fremdbestimmten Handelns sind, beschäftigt.

Mit fremdbestimmtem Handeln hat sich auch die Konformitätsforschung beschäftigt. Insbesondere der Begriff der Anpassungskonformität, die anders als die Einstellungskonformität dadurch gekennzeichnet ist, daß eine Person ihr Verhalten entsprechend den perzipierten Gruppennormen verändert, ohne diese zu akzeptieren und ihre Einstellungen zu ändern (im englischen „compliance"), wird ähnlich wie der Begriff des Opportunismus häufig als Gegenpol zum Begriff Selbstbestimmung genannt (vgl. Fend 1971). Wichtig ist jedoch, daß selbstbestimmtes Verhalten nicht mit antikonformem Verhalten gleichgesetzt werden kann, da ein Verhalten nur dann als antikonform bezeichnet wird, wenn es bewußt von einer perzipierten Norm abweicht. Selbstbestimmung kann dagegen mit Unabhängigkeit in Analogie gebracht werden, die vorliegt, wenn sich eine Person unter Gruppendruck ebenso verhält wie ohne Gruppendruck. Auf die Beziehung von Kontrollüberzeugungen und Konformität wird in Kapitel 5.2 eingegangen.

2.2.9 Perzipierte Freiheit

Ein weiterer Begriff, der in der Literatur häufig zu perzipierter Kontrolle, Selbstbestimmung, Autonomie oder Machtlosigkeit parallel verwendet wird (vgl. etwa Proshansky, Ittelson & Rivlin 1970; Fend 1971; Kirsch & Legermann 1972) ist der der perzipierten Freiheit. Sowohl Phares (1976) als auch Harvey, Harris & Lightner (1979) wenden sich jedoch mit Recht gegen diese einfachen Gleichsetzungen. Die Konzepte der perzipierten Kontrolle und der perzipierten Freiheit überlappen sich zwar, bezeichnen aber inhaltlich nicht dasselbe. Perzipierte Freiheit bezieht sich auf individuelle Erlebnisse, die mit dem Prozeß, Alternativen für Handlungen zu suchen, verbunden sind; als Emotion begleitet perzipierte Freiheit die Prüfung von und Entscheidung für bestimmte Handlungsoptionen. Perzipierte Kontrolle bezieht sich dagegen nicht direkt auf den Entscheidungsprozeß, sondern ist eine kontinuierliche Erwartung des Individuums darüber, daß Ereignisse vorhergesagt und so kognitiv kontrolliert werden können. So ist etwa auch in einem totalitären Staat oder einer autokratisch geführten Gruppe mit minimaler persönlicher Freiheit ein Minimum von Kontrolle vorhanden. Die Vorhersagbarkeit von (allerdings fremdbestimmten) Ereignissen kann sogar sehr hoch sein. Mangelnde Freiheit und mangelnde Kontrolle korrespondieren in diesem Beispiel nur dann, wenn neben der totalitären/autokratischen Führung zusätzlich ein Führungsverhalten vorliegt, das nicht vorhersagbar ist. Sowohl die perzipierte Freiheit als auch die perzipierte Kontrolle ist dann durch externale Faktoren eingeschränkt. Nach dieser Begriffsunterscheidung kann gefolgert werden, daß sich internale Kontrollüberzeugungen im Sinne von „personal control" (vgl. Gurin et al. 1978) auf eine hohe perzipierte Freiheit, perzipierte Kontrolle eher im Sinne von „ideological control" (Gurin et al. 1978) sowohl auf internale als auch auf externale Kontrollfaktoren beziehen kann, da bei beiden die Vorhersagbarkeit von Ereignissen hoch ist. Wird dagegen auf die Vorhersagbarkeit von Ereignissen als einem notwendigen Bestimmungsstück perzipierter Kontrolle verzichtet und werden die perzipierten Ursachenquellen fokussiert, so korrespondiert dieser Begriff ebenfalls mit Internalität. Harvey et al. (1979) bestätigen dies durch Erfahrungen in experimentellen Untersuchungen, in denen Personen — befragt nach ihrer Handlungsfreiheit — bei hoher Handlungsfreiheit als experimentalpsychologischer Bedingung sowohl eine hohe Freiheit als auch eine hohe Kontrolle (im Sinne der Internalität) angeben.

Perzipierte Freiheit wird von Harvey et al. (1979) in ihrem ausgezeichneten Übersichtsreferat zur Verwendung dieses Konstrukts in der Psychologie als ein zentrales Konzept psychologischer Theorie und psychologischer Forschung bezeichnet. Perzipierte Freiheit ist ein grundlegendes Konstrukt in sozialpsychologischen Ansätzen wie der Reaktanz-Theorie (Brehm 1966) und der Attributionsforschung (Heider 1958; Jones & Davis 1965), in der Ökologischen Psychologie (Proshansky et al. 1970; Altman 1975), in neueren Untersuchungen zur Lernpsychologie (Perlmutter & Monty 1977), die in Beziehung stehen zum Konzept der intrinsischen „Wirksamkeitsmotivation" von White (1959), und in den verschiedenen Modellen zur Entscheidungs- und Handlungstheorie (vgl. etwa Slovic, Fischhoff & Lichtenstein 1977; Krampen 1980b). Inhaltlich unterschiedliche Aspekte perzipierter Freiheit werden in ihrem Bezug zu den Wahlmöglichkeiten von Handlungssubjekten ausführlich in der grundlegenden Arbeit von Steiner (1970) diskutiert. Hohe perzipierte Freiheit ist mit der Kontrollierbarkeit situativer Parameter assoziiert (ohne in allen Fällen mit ihr identisch zu sein; siehe oben). Internale Kontrollüberzeugungen stehen als generalisierte Erwartungshaltungen ebenfalls mit ihr in einer positiven Beziehung, die zum einen auf Entwicklungsbedingungen von Kontrollüberzeugungen, zum anderen auf die Art der (generalisierten) Ursachenzuschreibung verweist.

2.2.10 Gelernte Hilflosigkeit

Sowohl in theoretischen als auch in empirischen Beziehungen zu individuellen Kontrollüberzeugungen und zur Kontrollierbarkeit von Handlungssituationen steht die von Overmier & Seligman (1967; vgl. zusammenfassend Seligman 1975) entwickelte Theorie der Gelernten Hilflosigkeit. Ähnlich wie schon in früheren tierexperimentellen Untersuchungen (vgl. etwa Mowrer & Viek 1958) stellten Overmier & Seligman (1967) fest, daß Hunde, die in einer ersten experimentellen Phase keine Kontrollmöglichkeiten über Elektroschocks haben, im Gegensatz zu denen, die in dieser ersten Phase über solche verfügen, in einer zweiten experimentellen Phase („Testphase"), in der objektiv Kontrollmöglichkeiten (durch Kopfdrehung o. ä.) bestehen, diese nicht wahrnehmen, sondern Furchtreaktionen zeigen, sich mit zunehmender Zeit passiv verhalten und augenscheinlich resignieren. Dieses Verhalten wird von den Autoren als Gelernte Hilflosigkeit bezeichnet. In dem ersten Entwurf der Theorie zur Gelernten Hilflosigkeit wurde rein lernpsychologisch die folgende Variablenbeziehung postuliert: objektive Nonkontingenz von Verhalten und Verstärkern (in der ersten experimentellen Phase) führt zu der Erwartung von Nonkontingenzen in der Zukunft, was (in der zweiten experimentellen Phase) zu den Symptomen der Hilflosigkeit führt. Die Übertragung dieser Theorie auf menschliches Verhalten – insbesondere auf die Ätiopathogenese depressiven Verhaltens (Seligman 1975; Hiroto & Seligman 1975; Miller & Seligman 1975) – regte eine Vielzahl empirischer Untersuchungen an, die z. T. Befunde ergaben, die zu der ersten Version der Theorie der Gelernten Hilflosigkeit in Widerspruch standen (vgl. im Überblick etwa Abramson, Seligman & Teasdale 1978). Dies führte zu kognitiven Reformulierungen des ursprünglichen Ansatzes, die attributionstheoretisch orientiert sind (vgl. etwa Abramson et al. 1978; Roth 1980). Die reformulierte Theorie der Gelernten Hilflosigkeit geht davon aus, daß objektive Nonkontingenzen von Handlungen und Ereignissen zunächst subjektiv wahrgenommen werden müssen, wobei die aktuell perzipierten Nonkontingenzen in Beziehung zu früher erlebten Nonkontingenzen gesetzt werden (erste Ergänzung); die perzipierten Nonkontingenzen werden dann kausal attribuiert (zweite Ergänzung), woraus Erwartungen über Nonkontingenzen von Handlungen und Ereignissen in der Zukunft resultieren, die zu den Symptomen der Hilflosigkeit führen. Die Basis hilflosen Verhaltens sind also gelernte Erwartungen darüber, daß das eigene Verhalten keine Effekte hat, daß subjektiv bedeutsame Ereignisse in der personspezifischen Umwelt nicht kontrolliert werden können. Symptome der Hilflosigkeit umfassen Effekte auf motivationale („Willenlosigkeit", herabgesetzte Aggressivität etc.), emotionale (Furcht, Hoffnungslosigkeit, resignative Tendenzen), behaviorale (Passivität, Langsamkeit, Rigidität) und kognitive Variablen (reduzierte Lernfähigkeit, Unfähigkeit auf veränderte situative Randbedingungen durch Veränderung von Erwartungshaltungen zu reagieren), die in ihrer Art den Symptomen depressiven Verhaltens ähnlich sind.

Eine zentrale Stellung in der reformulierten Theorie der Gelernten Hilflosigkeit nehmen die Kausalattributionen ein, deren formale Charakteristika in den Kontinua (1) internal versus external, (2) zeitlich stabil versus zeitlich instabil und (3) global (für alle Situationen und Verhaltensbereiche) versus spezifisch (situations- und/oder verhaltensspezifisch) gesehen werden (vgl. etwa Seligman & Miller 1979). Das in Kapitel 2.2.1 erwähnte zweidimensionale Klassifikationssystem für Kausalfaktoren von Weiner (1976) wird also um eine dritte Variable erweitert, die das Ausmaß der Generalisierung attributiver Kognitionen betrifft und in ihrem globalen Pol mit dem Konstrukt der Kontrollüberzeugungen korrespondiert. Weniger globale Attributionen und Erwartungshaltungen finden ihre Entsprechung in bereichsspezifischen Kontrollüberzeugungen, hoch spezifische stehen in Analogie zu situationsspezifischen Attributionen und den resultierenden situativen Erwartungen. Der Unterschied zwischen „persönlicher" und „universeller" Hilflosigkeit verdeutlicht diese Differenzierung, wobei gleichzeitig Aussagen über die Unabhängigkeit der Begriffe internale versus externale Kausalattribution und hohe versus geringe perzipierte Kontrolle gemacht werden können (Seligman & Miller 1979). Persönliche Hilflosigkeit liegt vor, wenn eine Person ihre Hilflosigkeit internal attribuiert. Sie tut dies, wenn sie erwartet, daß Ereignisse von eigenen Verhaltensweisen nicht beeinflußt werden können (keine Kontrolle; Nonkontingenz in bezug auf das eigene Verhalten und Ereignisse), diese jedoch zum Verhalten anderer Personen in ihrer Umwelt kontingent wahrnimmt. Universelle Hilflosigkeit wird dagegen external attribuiert, da sowohl für eigenes Verhalten als auch für das Verhalten anderer Personen keine Zusammenhänge mit dem Auftreten von Ereignissen festgestellt werden. Universelle Hilflosigkeit geht also auf Externalität, die durch Fatalismus begründet ist, zurück, persönliche Hilflosigkeit dagegen auf Externalität, die durch Gefühle der Abhängigkeit von anderen (mächtigeren) Personen begründet ist (was allerdings – und das ist wichtig – bei der Person zu internalen Attribuierungen ihrer Hilflosigkeit führt, weil sie sich in ihren Handlungen als unfähig erlebt). Zwar hat auch diese reformulierte Theorie der Gelernten Hilflosigkeit zu kritischen Arbeiten geführt, in denen vor allem experimentell und lernpsychologisch orientiert die zunehmende Kognitivierung der Theorie beklagt wird (vgl. etwa die Diskussion von Maier 1980; McReynolds 1980a, 1980b; Levis 1980), der Erklärungswert der Theorie für die Ätiopathogenese der Depression (vgl. etwa Seligman 1975; Miller & Seligman 1975; Gatchel & Proctor 1976; Klein, Fencil-Morse & Seligman 1976; Schneider 1979), für psychopathologische Erscheinungsbilder des institutionalisierten Individuums allgemein (vgl. etwa Engel 1968; Rosen, Floor & Baxter 1971) und für Lern- und Leistungsdefizite (vgl. Dweck & Bush 1976; Diener & Dweck 1978; Devellis & McCauley 1979) steht heute jedoch außer Frage. Dies wird in neueren Untersuchungen wie der von Devellis, Devellis & McCauley (1978) noch deutlicher, die experimentell feststellten, daß nicht nur selbst erlebte Nonkontingenzen von Verhalten und Ereignissen, sondern auch die Beobachtung von Nonkontingenzen zu gelernter Hilflosigkeit führen kann. Prozesse des Modell-Lernens verändern somit Erwartungshaltungen, wobei freilich die Art der sozialen Attributionen von besonderer Bedeutung sein wird. Bevor auf empirische Arbeiten eingegangen wird, die Kontrollüberzeugungen und Phänomene der Gelernten Hilflosigkeit im Zusammenhang analysieren, sei noch darauf verwiesen, daß hilfloses Verhalten nicht den Verzicht auf jede Art von Kontrolle der Umwelt bedeutet. Im sozialen Bereich kann eine hilflose Person u. U. eine Beziehung ebenso stark kontrollieren wie eine Person, die sich autoritär und direktiv verhält. Haley (1969) macht in seiner Arbeit zur Interaktion von Schizophrenen darauf aufmerksam, daß ein Individuum, das sich hilflos verhält, zwar einerseits durch andere kontrolliert und gesteuert wird, andererseits aber auch selbst durch sein Verhalten die interpersonale Beziehung so definiert, daß für es gesorgt wird. Die Person kontrolliert also selbst die Definition der Beziehung, in der sie selbst kontrolliert wird (bzw. kontrolliert werden will; dies nimmt Haley für Schizophrene an). Diese im Rahmen der pragmatischen Kommunikationstheorie stehende Perspektive geht freilich über den Ansatz der Theorie der Gelernten Hilflosigkeit hinaus.

Im Mittelpunkt der Theorie der Gelernten Hilflosigkeit steht ein ähnliches Konzept wie das der Kontrollüberzeugungen. Durch die Erfahrung objektiver (evtl. auch nur subjektiver) Nonkontingenz von eigenem Verhalten und Ereignissen in der personspezifischen Umwelt werden Erwartungen gelernt und mehr oder weniger stark generalisiert, die nach der Sozialen Lerntheorie zu externalen Kontrollüberzeugungen führen, deren Folge wiederum Hilflosigkeit sein kann. Experimentalpsychologische Studien, in denen internal orientierte Versuchspersonen mit external orientierten Versuchspersonen in ihren Reaktionen auf experimentelle Situationen, die zu gelernter Hilflosigkeit führen, verglichen wurden, zeigen, daß vor allem Externale die Symptome der Hilflosigkeit zeigen; internal orientierte Personen resignieren dagegen nicht so schnell und zeigen Verhaltensweisen, die dazu geeignet sind, der aversiven Situation zu entkommen (vgl. Hiroto 1974; Cohen, Rothbart & Phillips 1976; Logsdon, Bourgeois & Levenson 1976). Die differentialpsychologische Variable der Kontrollüberzeugungen wird in einigen Studien aber auch durch die situative Variable der Kontrollierbarkeit in ihrem Vorhersagewert für das Auftreten von hilflosem Verhalten zurückgedrängt (vgl. etwa Roth & Bootzin 1974; Confer 1978; siehe auch Kapitel 3).

In Feldstudien konnte der Zusammenhang von Depressivität (als einer Folge von Gelernter Hilflosigkeit) und Kontrollüberzeugungen nachgewiesen werden. O'Leary et al. (1977) stellten in einer Stichprobe von 58 männlichen Alkoholikern fest, daß Personen mit externalen Kontrollüberzeugungen und geringer erlebter Kontrolle (im Sinne Tiffanys 1967) die höchsten Werte auf der Skala D des MMPI und im „Depression Inventory" von Beck (1972) aufweisen und interpretieren dies nach der Theorie der Gelernten Hilflosigkeit (vgl. auch den Literaturüberblick dazu bei Rohsenow & O'Leary 1978). C. Herrmann (1980) konnte bei der Untersuchung von 152 Studenten, in der u. a. der dreidimensionale Fragebogen zu Kontrollüberzeugungen von Levenson (1972) eingesetzt wurde, die folgenden Hypothesen bestätigen: (1) Mit dem Ausmaß der Depression nimmt das Ausmaß internaler Kontrollüberzeugungen ab und das Ausmaß externaler Kontrollüberzeugungen zu; (2) Mit zunehmender Depressivität werden Mißerfolge in sozialen Interaktionen häufiger auf eigenes Verschulden (also internal) attribuiert, während deren Erklärung durch externale Faktoren abnimmt. Auch diese Befunde stimmen mit der Theorie der Gelernten Hilflosigkeit überein, wobei auch die Unterschiedlichkeit generalisierter Kontrollüberzeugungen und bereichsspezifischer Kausalattributionen deutlich wird. Die Arbeit von Evans & Dinning (1978) verdeutlicht allerdings auch, daß die Generalität mancher Meßinstrumente zur Erfassung von Kontrollüberzeugungen (etwa bei ROT-IE-Fragebogen) theoretisch zu erwartende Befunde zu den Beziehungen zwischen Kontrollüberzeugungen, Gelernter Hilflosigkeit und Depressivität verhindern kann. In einer Stichprobe von 104 stationären psychiatrischen Patienten konnten sie keine Beziehungen zwischen Kontrollüberzeugungen und Depressivität (gemessen mit dem Fragebogen von Beck 1972) feststellen. Evans & Dinning (1978) führen dies auf die Bereichsspezifität der Gelernten Hilflosigkeit bei vielen Depressiven zurück, die sich nicht in globalen Fragebogenverfahren zu Kontrollüberzeugungen abbilden muß. Die Notwendigkeit, bereichsspezifische Erhebungsmethoden einzusetzen, die etwa wie bei C. Herrmann (1980) konkrete Kausalattributionen umfassen können, oder die Kontrollierbarkeit situativer Parameter für die Person experimentell zu variieren (vgl. etwa Hiroto 1974), wird hier deutlich. Kontrollüberzeugungen sind im Vergleich zu den kognitiven Erwartungs-Komponenten der Theorie der Gelernten Hilflosigkeit (in ihrer reformulierten Form) nach den meisten bislang vorliegenden Operationalisierungsvorschlägen sehr globale oder stark generalisierte Variablen. Ihre Beziehungen zur Hilflosigkeit werden aber insbesondere bei der Unterscheidung zwischen persönlicher und universeller Hilflosigkeit und in der Unterscheidung der drei formalen Attributionscharakteristika deutlich.

2.2.11 Hoffnungslosigkeit

Hilflosigkeit und Hoffnungslosigkeit werden von Engel (1968) — ähnlich wie das allgemeine Adaptionssyndrom bei Streß (Selye 1957) — als ein allgemeines Paradigma für psychische Krankheiten aufgefaßt. In der Phase des „giving up" (des „Aufgebens") dominiert Hilflosigkeit als der subjektive Verlust von Kontrolle über die Umwelt und als die Erwartung, wichtige Verstärker nicht erreichen zu können (dies entspricht weitgehend den Überlegungen von Seligman und Mitarbeitern; siehe oben). Die Phase des „given up" (des „Aufgegebenhabens") kann sich daran anschließen. Sie ist durch Hoffnungslosigkeit gekennzeichnet und wird von Engel (1968) als subjektiv endgültiges Resultat vergeblicher Auseinandersetzungen mit der Umwelt bezeichnet (dies entspricht dem Erschöpfungsstadium bei Selye 1957). Das Individuum scheint willenlos zu sein, ist passiv, in Denken und Verhalten verlangsamt, niedergeschlagen, eigene Ziele werden als unrealistisch aufgegeben und die Einstellung herrscht vor, daß keine Hilfe mehr zu erwarten sei. Hoffnungslosigkeit als psychischer Zustand geht also dadurch, daß subjektiv hoch bewertete Ziele von der Person aufgegeben werden, über das Konzept der Hilflosigkeit hinaus, das sich weitgehend auf Kontingenzerwartungen und attributive Kognitionen beschränkt (vgl. dazu auch Sweeney, Tinling & Schmale 1970). Das Konzept der Hoffnungslosigkeit nimmt in den kognitiven Theorien zur Depression von Stotland (1969) und Beck (1972) eine zentrale Stellung ein. Depressivität ist nach Beck eine kognitive Störung, deren Ursache in kognitiven Schemata verfestigte negative Erfahrungen sind. Wesentliches Kennzeichen der Depression ist die „kognitive Triade", mit der die Tendenz Depressiver beschrieben wird, sich selbst, die Umwelt und die Zukunft negativ zu sehen. Die Gedanken kreisen in irrationaler Art um Themen, die die eigene Person entwerten und die pessimistisch sind. Emotionale, vegetative, motivationale und motorische Symptome sind nach Beck Folgen dieser kognitiven Störung, die er u. a. durch „Denkfehler", wie arbiträre Inferenz, selektive Abstraktion, Übergeneralisierung, Magnifizierung und Minimierung, ungenaues Benennen etc., beschreibt. Ähnlich wie in dem instrumentalitätstheoretischen Ansatz zur Depression von Stotland (1969), der in der Literatur erstaunlich wenig Beachtung fand, ist Hoffnungslosigkeit hier eine Kernvariable für die Ätiopathogenese, Symptomatik und Therapie der Depression. Hoffnungslosigkeit wird dabei definiert als negative Erwartungen eines Individuums über sich selbst und über sein zukünftiges Leben; es handelt sich somit um zukunftsbezogene, stark generalisierte Erwartungshaltungen, die herabgesetzte Zielvorstellungen implizieren. Die inhaltliche Verwandtschaft dieser für die kognitive Depressionsforschung zentralen Variable zu Kontrollüberzeugungen wird nicht nur in dieser Definition deutlich, sondern auch durch eine Reihe empirischer Untersuchungen belegt, in denen neben der von Beck et al. (1974) entwickelten Skala zur Messung von Hoffnungslosigkeit (H-Skala), die auch in einer erprobten deutschen Bearbeitung vorliegt (Krampen 1979 d), verschiedene Instrumente zur Erfassung von Kontrollüberzeugungen eingesetzt wurden. Für eindimensionale Meßinstrumente zu Kontrollüberzeugungen stellten etwa Prociuk, Breen & Lussier (1976) und Krampen (1979 d) statistisch bedeutsame Beziehungen zur H-Skala fest, die zeigen, daß externale Kontrollüberzeugungen mit erhöhter Hoffnungslosigkeit/ Pessimismus einhergehen. Für den drei-dimensionalen IPC-Fragenbogen zur Erfassung von Kontrollüberzeugungen konnten sowohl bei Caster & Parsons (1977) als auch bei Krampen (1979c, 1981a) in mehreren Stichproben ähnliche Befunde ermittelt werden: Hoffnungslosigkeit ist danach sowohl mit Externalität, die durch subjektive Abhängigkeit von anderen Personen bedingt ist, als auch mit fatalistischer Externalität korreliert, wobei die Koeffizientenwerte zwischen der H-Skala und der durch Fatalismus bedingten Externalität stets etwas höher ausfallen.

Hoffnungslosigkeit ist in der Psychologie nicht nur in diesen kognitiven Ansätzen zur Depression von Bedeutung, sondern auch in anderen Ansätzen, die sich mit Variablen wie individuelle Zeitperspektive oder Zeitorientierung beschäftigen. Keller (1977) gibt einen Überblick zu den verschiedenen Ansätzen, die sich etwa auf die zeitliche Erstreckung des Lebensraumes (im Sinne Lewins), auf die Differenziertheit, Realitätsangemessenheit und Weite der Zeitperspektive sowie auf die Gewichtung von Vergangenheit, Gegenwart und Zukunft beziehen. Auch das Konzept des Belohnungsaufschubs, auf das in Kapitel 5.1 noch eingegangen wird, ist eine zeitbezogene Variable. Empirische Studien, die sich mit der Zukunftsorientierung und den Kontrollüberzeugungen von Individuen beschäftigten (vgl. etwa Shybut 1968; Evans & Dinning 1977), fanden übereinstimmend Interdependenzen zwischen beiden Variablen der Art, daß externale Kontrollüberzeugungen mit verringerter Zukunftsorientierung kovariieren. Von besonderem Interesse dürfte für die weitere Forschung hier der Ansatz von Füchsle, Trommsdorff & Burger (1980) sein, in dem bei der Operationalisierung der Zukunftsorientierung fünf Komponenten unterschieden werden (kognitive Strukturiertheit; Kausalattribuierung; Optimismus/Pessimismus; Erwünschtheit sowie Wichtigkeit von Zukunftsereignissen), die sowohl zum Konzept der Hoffnungslosigkeit (Optimismus/Pessimismus) als auch zum Konzept der Kontrollüberzeugungen (Kausalattribuierungen) wesentliche Beziehungen aufweisen.

2.2.12 Selbstkontrolle versus Fremdkontrolle

Bossong & Sturzebecher (1979) verwenden die Begriffe Selbst- und Fremdkontrolle zur Bezeichnung von Subskalen zur Erfassung internaler versus externaler Kontrollüberzeugungen. Auch Schlegel & Crawford (1976) geben einer von drei faktorenanalytisch gewonnenen Subskalen des ROT-IE-Fragebogens den Namen „Selbstkontrolle". Schon bei der Darlegung der begriffsanalytischen Überlegungen von Arnkoff & Mahoney (1979; siehe Kapitel 2.1.2) wurde deutlich, daß der Begriff Selbstkontrolle (bzw. Fremdkontrolle) zunächst in lernpsychologischen, später auch in motivationspsychologischen Theorien für komplexe Phänomene der Verhaltenssteuerung verwendet wird. Nach Kanfer (1975) ist die Selbstkontrolle ein Sonderfall selbstregulatorischen Verhaltens, das in Abwesenheit externer Verstärker und somit externer Verhaltenskontrolle (= Fremdkontrolle) auftritt. Schon Skinner (1953) hat die Notwendigkeit erkannt, für Lernprozesse, die ohne Fremdverstärkungen auftreten, ein Erklärungsprinzip zu formulieren. Verhaltens- und lerntheoretisch orientiert, führte er den Begriff der Selbstbekräftigung als Grundlage der Selbstkontrolle ein. Wesentliche Bestimmungsstücke solcher Selbstbekräftigungsprozesse sind: (1) das Individuum ist sein eigener Bekräftigungsagent; (2) die Bekräftiger stehen dem Individuum frei zur Verfügung; (3) eine Selbstbekräftigung wird erst dann verabreicht, wenn das eigene Verhalten selbstgesetzten Anforderungen genügt hat. Während die ersten beiden Bestimmungsstücke die Kontrollierbarkeit und die Verfügbarkeit von Verstärkern betreffen und somit einen direkten Bezug zu Kontrollüberzeugungen aufweisen, geht das dritte Bestimmungsstück über das Konzept der Kontrollüberzeugungen hinaus. Kanfer & Phillips (1970; Kanfer 1975) differenzieren diesen handlungsorientierten Ansatz Skinners, indem sie zwischen den Phasen der Selbstbeobachtung („self-monitoring"), der Selbstbewertung (die Standardsetzung und Vergleichsprozesse impliziert; „self-evaluation") und der Selbstbekräftigung („self-reinforcement") unterscheiden. Die Thematisierung von Selbstkontroll- und Selbstbekräftigungsmechanismen wird von Groeben & Scheele (1977) als ein „unbewußter" Beitrag des Behaviorismus zum Paradigma-Wechsel in der Psychologie (hin zur kognitiven Psychologie) bezeichnet. Verstärkt werden hier kognitive Variablen, wie Selbstbeobachtung und subjektinterne Vergleichsprozesse, als verhaltenssteuernde und -regulierende Variablen beachtet. Noch deutlicher wird dies in den attributions- und motivationspsychologischen Weiterentwicklungen des Selbstkontroll-Ansatzes (vgl. etwa Weiner 1976), in denen vor allem die Beziehungen zwischen selbstbelohnendem sowie selbstbestrafendem Verhalten und internalen versus externalen Kausalattributionen herausgearbeitet wurden, und im Systemmodell der Selbstkontrolle von Mahoney & Thoreson (1974), die schon im Titel verdeutlichen, daß sie Selbstkontrolle als ein wesentliches Merkmal individueller Macht konzipieren.

Selbstkontrolltechniken werden im Rahmen verhaltenstherapeutischer Interventionen (aber auch beim Einsatz anderer Methoden; siehe im Überblick Fengler 1980) sowohl im klinisch- als auch im pädagogisch-psychologischen Bereich eingesetzt (vgl. etwa Kanfer 1975; Wätzig 1980). Individuelle Kontrollüberzeugungen sind dabei, nach vorliegenden Befunden, bei der Klärung der Frage, in welchen Fällen Selbstkontrolltechniken indiziert sind, hilfreich (vgl. Balch & Ross 1975; Constantino 1979; Karmann & Seidenstücker 1979). Die Befunde verweisen darauf, daß Selbstkontrolltechniken bei Personen mit internalen Kontrollüberzeugungen effektiver eingesetzt werden können. External orientierte Personen müssen dagegen erst die Erwartung lernen, daß sie selbst Kontrolle über Verhaltensfolgen und über Ereignisse ausüben. Personen mit internalen Kontrollüberzeugungen bringen Voraussetzungen mit, die eine schnellere und effektivere Therapie ermöglichen.

2.2.13 Handlungskontrolle

Im Rahmen einer empirischen Untersuchung zu Interdependenzen ausgewählter Persönlichkeitsmerkmale und Delinquenz bei Jugendlichen verwendet Lösel (1975) Handlungskontrolle als zentralen Begriff bei der Beschreibung individueller Entscheidungsstile. Auf dem Hintergrund von Analysen delinquenten Verhaltens, die Vorstellungen aus der Erwartungs-Wert-Theorie folgen, wird Handlungskontrolle als ein entscheidendes differentialpsychologisches Merkmal für delinquentes Verhalten betrachtet. Hohe Handlungskontrolle liegt vor, wenn ein Individuum „sorgfältig Kosten-Nutzen abwägendes Verhalten" (Lösel 1975, S. 42) zeigt, sich also nach dem zugrundeliegenden Entscheidungsmodell nicht nur subjektiv „rational", sondern auch reflektiert verhält, was die differenzierte Beachtung möglicher Handlungsziele und Folgen sowie verschiedener Handlungsalternativen impliziert. Es wird also die rein deskriptive Verwendung entscheidungstheoretischer Modellvorstellungen verlassen. Ähnlich wie bei normativen Ansätzen in der Entscheidungstheorie, die der Optimierung von Handlungsentscheidungen dienen, werden Aussagen darüber formuliert, wie Handlungsentscheidungen „optimal" ablaufen sollten. Eine hohe Handlungskontrolle ist dabei ein wesentliches Merkmal solcher „optimalen" Handlungsentscheidungen. Von Delinquenten wird eine geringere Handlungskontrolle, also ein weniger reflektierter Entscheidungsstil erwartet. Lösel (1975) verwendet den Begriff „Handlungskontrolle" nun als eine übergreifende Bezeichnung für heterogene Variablen wie etwa Selbstkontrolle, Impulskontrolle, Ich-Kontrolle, Belohnungsaufschub, kognitive Strukturiertheit etc., die er durch unterschiedlichste Meßinstrumente (etwa Labyrinth-Test nach Chapuis, Impulsivitätsfragebogen, projektives Maß zum Belohnungsaufschub sowie reale Wahlen zum Belohnungsaufschub, „Motor Inhibition Test" etc.) zu operationalisieren versucht. Individuelle Kontrollüberzeugungen sind dabei zwar in der Datenerhebung nicht eingeschlossen, es wird aber die Erwartung geäußert, daß „unkontrolliertes" Handeln im Sinne Lösels (1975) häufiger und stärker bei Personen mit externalen Kontrollüberzeugungen auftritt als bei solchen mit internalen Kontrollüberzeugungen. Es bleibt jedoch festzuhalten, daß der von Lösel (1975) konzipierte Begriff der Handlungskontrolle dadurch, daß er relativ umfassende, präskriptive Aussagen über den Prozeß der Handlungsentscheidung beinhaltet, weit über den Begriff der Kontrollüberzeugung hinausgeht. Es muß auch beachtet werden, daß die Befunde Lösels (1975) klar zeigen, daß Handlungskontrolle in diesem Sinne ein sehr heterogenes Konstrukt ist, was bei den Interdependenzanalysen der verschiedenen Maße zur Erfassung einzelner Aspekte von Handlungskontrolle deutlich wird. Es konnten bedeutsame Beziehungen zwischen den unterschiedlichen Variablen der Handlungskontrolle und der Delinquenzbelastung von Jugendlichen festgestellt werden, was sich etwa in einem multiplen Korrelationskoeffizienten von R = .63 zwischen diesen Variablenkomplexen zeigt.

Eine etwas andere Verwendung des Begriffs Handlungskontrolle wurde unlängst von Kuhl (1980) vorgeschlagen. Handlungskontrolle wird bei ihm als eine dritte Variable in die Erwartungs-Wert-Theorie eingeführt, die Auskunft darüber geben soll, ob eine intendierte Handlung auch tatsächlich ausgeführt wird. In den originären Erwartungs-Wert-Theorien wird ja davon ausgegangen, daß Individuen das tun, was sie wünschen bzw. von dem sie den subjektiv höchsten Nutzen erwarten. Diskrepanzen zwischen Handlungsintentionen und beobachtbarem Verhalten sind allenfalls durch zusätzliche Variablen, wie subjektive Handlungsfreiheit, subjektive Handlungsverfügbarkeit etc. (vgl. etwa Kraak 1976; Slovic, Fischhoff & Lichtenstein 1977; Krampen 1980b), erklärbar. Von Kuhl (1980) wird Handlungskontrolle als eine Variable konzipiert, die das Ausmaß, in dem intendierte Handlungen realisiert werden, kontrolliert bzw. moderiert. Im Sinne Flavells (1979) wird Handlungskontrolle als metakognitive Variable betrachtet, da durch sie (1) kognitive Operationen, wie selektive Aufmerksamkeit und Informationsverarbeitung, organisiert und kontrolliert werden, und da sie (2) auf Wissen darüber beruht, wie effektiv bestimmte kognitive Operationen für bestimmte Zielerreichungen sind. Extremausprägungen dieser Variablen kennzeichnet Kuhl (1980) mit den Begriffen „Handlungsorientierung" versus „Lageorientierung". Handlungsorientierung liegt bei einem Individuum vor, wenn es sukzessiv oder simultan den folgenden Aspekten einer Handlungssituation Aufmerksamkeit schenkt: (1) dem momentanen Zustand, (2) möglichen Zuständen in der Zukunft, (3) der Diskrepanz zwischen (1) und (2) sowie (4) möglichen Handlungsalternativen, die (1) in (2) transformieren könnten. Lageorientierung ist dagegen vorhanden, wenn ein Handlungssubjekt einen (oder gar mehrere) dieser Aspekte nicht beachtet. Ähnlich wie bei Lösel (1975) sind auch hier präskriptive entscheidungstheoretische Vorstellungen erkennbar. Kuhl (1980) wählt jedoch in seinen ersten empirischen Arbeiten zur Operationalisierung dieses Konstrukts einen einfacheren Weg (ausschließlich Fragebogenmedium), der die von Lösel (1975) festgestellte Konstruktheterogenität von vornherein vermeidet. Erste Ergebnisse, u. a. auch zur Bedeutung des Konzepts in der Theorie der Gelernten Hilflosigkeit, sprechen für die Tauglichkeit und Validität des eingesetzten Fragebogens.

Es muß konstatiert werden, daß der Begriff Handlungskontrolle sowohl in der Verwendung Lösels (1975) als auch in der von Kuhl (1980) inhaltlich breiter ist als der Begriff Kontrollüberzeugungen. Es sind zwar empirische Relationen zwischen beiden Variablen zu erwarten (Untersuchungsbefunde dazu liegen m. W. aber noch nicht vor), eine inhaltliche Gleichsetzung ist jedoch auf keinen Fall möglich, was u. a. auch durch den deutlich normativen Charakter des Begriffs Handlungskontrolle zum Ausdruck kommt.

2.2.14 Selbstaufmerksamkeit

Von Heckhausen (1980a, S. 593) wird die zunächst im Rahmen der Sozialpsychologie entwickelte „Theorie der objektiven Selbstaufmerksamkeit" von Duval & Wicklund (1972; siehe auch Frey, Wicklund & Scheier 1978) als der „gegenwärtig fruchtbarste Forschungsansatz zur Klärung der Bedingungen für das Auftreten selbstbezogener Kognitionen und deren Wirkungen auf das Verhalten" bezeichnet. In dieser Theorie wird davon ausgegangen, daß die Aufmerksamkeit eines Individuums in einer bestimmten Situation entweder eher auf das Selbst oder eher auf externe Ereignisse gerichtet ist. „Objektiv" meint im Rahmen der Theorie nicht Neutralität oder Sachlichkeit, sondern die Objektbezogenheit individueller Aufmerksamkeit. Im Normalfall ist die Aufmerksamkeit einer Person auf die Umwelt gerichtet, das Selbst ist dabei das Subjekt der nach außen gerichteten Aufmerksamkeit. Richtet ein Individuum dagegen seine Aufmerksamkeit auf das eigene Selbst, so wird das Selbst zum Objekt, zum Gegenstand der Aufmerksamkeit. Objektive Selbstaufmerksamkeit in diesem Sinne, die auf unterschiedliche Weise auch experimentell hergestellt werden kann (vgl. im Überblick Frey et al. 1978), bewirkt (1) die Aktualisierung und Intensivierung von Aspekten des Selbst (etwa in Selbstbeschreibungen, Selbstattributionen, Emotionen und Affekten, Selbstbewertungen), (2) die Motivation, Diskrepanzen zwischen tatsächlichem Verhalten und Intentionen oder Ideal-Vorstellungen (Ideal-Selbst) zu reduzieren und (3) — bei aversiven Zuständen — die Meidung der Selbstaufmerksamkeit erzeugenden Reize bzw. Situationen. Die Beziehungen zwischen individuellen Dispositionen zur Selbstaufmerksamkeit oder Selbstzentrierung und Kontrollüberzeugungen sind m. W. bislang nicht untersucht worden. Vorliegende Befunde zu Unterschieden in den kausalen Attributionen auf Erfolgs- und Mißerfolgserlebnisse bei experimentell induzierter bzw. nicht induzierter Selbstaufmerksamkeit deuten aber darauf, daß das Ausmaß der Selbstzentrierung für Attributionsverhalten und die Bildung von Erwartungshaltungen von wesentlicher Bedeutung ist (vgl. etwa Frey et al. 1978). Es ist auch zu erwarten, daß zumindest ein Minimum von Selbstaufmerksamkeit bei einer Person vorhanden sein muß, wenn sie internale Kontrollüberzeugungen hat. External orientierte Personen mögen sich dagegen verstärkt mit der Beobachtung externer Ereignisse und anderer Personen begnügen. Selbstaufmerksamkeit wäre danach also als eine Antezedensbedingung für internale Kontrollüberzeugungen zu betrachten. Die Prüfung dieser These muß empirischen Arbeiten, die sowohl experimentell als auch nicht-experimentell durchgeführt werden können, vorbehalten bleiben.

2.2.15 Selbst-Wirksamkeit

Bandura (1977a, 1977b) hat in der revidierten Version seiner Theorie des sozialen Lernens (die von ihm als „Social Learning Theory" bezeichnet wird) der kognitiven Variable „Selbst-Wirksamkeit" („self-efficacy") eine zentrale Stelle zugewiesen. Ähnlich wie bei der schon diskutierten Konzeption von DeCharms

(1968) und wie auch bei Kontrollüberzeugungen handelt es sich hierbei um selbstbezogene Kognitionen, die subjektive Wirksamkeitserwartungen darüber beinhalten, daß verschiedenartige Aufgaben und Situationen erfolgreich bewältigt werden können. Solche Selbst-Wirksamkeitserwartungen unterscheiden sich von Handlungs-Ergebnis- und Handlungs-Folge-Erwartungen darin, daß sie nicht Erwartungen über Zielerreichungen implizieren, sondern daß sie subjektive Erwartungen über die Fähigkeit beinhalten, mit gegebenen Problemsituationen fertig zu werden. Bandura (1977b) weist dieser Variablen eine zentrale Rolle für den Erfolg. unterschiedlicher psychotherapeutischer Maßnahmen zu. Gelingt es, durch eine bestimmte therapeutische Maßnahme subjektive Wirksamkeits-Erwartungen zu verändern, so führt dies am ehesten zu therapeutischem Erfolg. Selbst-Wirksamkeit wird daher als eine Variable bezeichnet, die die Integration verschiedener psychotherapeutischer Ansätze ermöglicht. Dies wird vor allem in der programmatischen Arbeit mit dem Titel „Self-efficacy: Toward a unifying theory of behavior change" (Bandura 1977b) deutlich. Die Veränderung von Selbst-Wirksamkeitserwartungen ist danach das gemeinsame Ziel unterschiedlicher therapeutischer Methoden. Durch externe Bedingungen erreichte Verhaltensänderungen reichen für überdauernde therapeutische Effekte nicht aus. Entscheidend ist vielmehr, daß sich das Individuum selbst als kompetent und wirksam in seinem Verhalten bei der Lösung von Problemsituationen erlebt. Vorliegende Befunde von Bandura und seinen Mitarbeitern (vgl. Bandura 1977a, 1977b; Bandura, Adams & Beyer 1977) belegen die prognostische Bedeutung von Selbst-Wirksamkeitsvariablen für den Therapieerfolg bei Phobikern. Mielke & Brackwede (1980a, 1980b) konnten dagegen die theoretischen Annahmen der Selbst-Wirksamkeitstheorie nicht durchgehend bestätigen, was freilich — wie die Autoren selbst schreiben — z. T. auf Operationalisierungsprobleme zurückgeführt werden kann. Interessant ist aber an dieser Stelle, daß bei verschiedenen Methoden der sozialen Verhaltensmodifikation zur Veränderung des Durchsetzungsverhaltens in Gruppen (neben einer Kontrollgruppe: teilnehmendes Modellernen, stellvertretendes Modellernen, verbale Beeinflussung) einige signifikante Wechselwirkungen zwischen Kontrollüberzeugungen, Treatments und Selbst-Wirksamkeits-Änderungen bzw. Verhaltensänderungen auftreten (Mielke & Brackwede 1980b). Es wurde festgestellt, daß sich die beiden Modellernbedingungen bei Personen mit hoher internaler Kontrollüberzeugung eher mindernd auf die Selbst-Wirksamkeit auswirken, und daß nur Personen mit hoher Externalität, die durch subjektive Abhängigkeit von anderen Personen bedingt ist, unter den Modellernbedingungen deutliche Verhaltensverbesserungen zeigen. Weitere empirische Arbeiten zu den Relationen von Selbst-Wirksamkeits-Variablen und Kontrollüberzeugungen sind sicherlich nötig; allerdings weisen die schon in Kapitel 2.1.2.2 erwähnten Befunde von Lao et al. (1977) und Lao (1978) zu bedeutsamen Interdependenzen von Erwartungsindikatoren, die durchaus als Selbst-Wirksamkeits-Erwartungen bezeichnet werden können, und Kontrollüberzeugungen darauf, daß beide Variablenkomplexe zumindest teilweise korrespondieren. Ähnliches dürfte für das Konzept der „Selbst-Kompetenz" gelten, zu dessen Messung Motowidlo (1979) einen Fragebogen vorlegte. Bei Motowidlo (1979) werden auch die — durch die klinisch-psychologische Orientierung Banduras verdeckten — Beziehungen des Konzepts der Selbst-Wirksamkeit zu subjektiven Kompetenz- und Fähigkeitswahrnehmungen im pädagogisch-psychologischen Bereich und somit zur Leistungsmotivations-Forschung deutlich (siehe auch Kapitel 5.1).

2.3 Konstrukte generalisierter Erwartungshaltungen

Ein Großteil der im letzten Kapitel dargestellten und in ihren Beziehungen zu Kontrollüberzeugungen diskutierten Konzepte weisen eine wesentliche Gemeinsamkeit auf. Es handelt sich bei ihnen — ebenso wie bei Kontrollüberzeugungen — um mehr oder weniger stark generalisierte Erwartungshaltungen von Individuen. Das gemeinsame Bestimmungsstück dieser Variablen ist also das Erwartungskonstrukt (in seinen Varianten), das z. T. inhaltlich unterschiedlich gefüllt ist. So handelt es sich etwa bei Kontrollüberzeugungen um generalisierte Erwartungen, die die subjektive Beeinflußbarkeit des Auftretens von Verstärkern und Ereignissen betreffen; ähnliches gilt für das Konzept der Machtlosigkeit. Mit Hoffnungslosigkeit werden dagegen (negative) generalisierte Erwartungen über die eigene Person und die persönliche Zukunft bezeichnet. Machiavellismus steht für generalisierte Erwartungen, die soziale Interaktionen und deren Kontrolle betreffen („Interaktionserwartungen"). Ähnliches gilt auch etwa für normative Geschlechtsrollen-Orientierungen (vgl. Krampen 1979e, 1980d) und für das von Rotter (1967) entwickelte Konzept des interpersonalen Vertrauens (siehe auch Hamsher, Geller & Rotter 1968; Hochreich & Rotter 1970; Rotter & Hochreich 1979). Rotter, Chance & Phares (1972) nennen in ihrem Überblick zu im Rahmen der Sozialen Lerntheorie bis zu diesem Zeitpunkt analysierten generalisierten Erwartungshaltungen die Variablen „Schuld", „Kontrollüberzeugungen", „Zeitperspektive", „Belohnungsaufschub", „Vorsicht" („cautiousness") und „interpersonales Vertrauen". Eine Vielzahl empirischer Untersuchungsbefunde belegt, daß diese Variablen generalisierter Erwartungshaltungen trotz ihrer z. T. enormen inhaltlichen Variabilität relativ hoch interkorreliert sind (vgl. etwa Solar & Bruehl 1971; Tolor & Leblanc 1971; Tolor 1974; Maroldo et al. 1976; Prociuk & Breen 1976; Prociuk, Breen & Lussier 1976; Evans & Dinning 1977; Krampen 1979c, 1979d, 1980c, 1981a). Dies führt zu der bei Krampen (1979c) formulierten Annahme, daß mit diesen Variablen ein Persönlichkeitsbereich vorliegt, dessen Bestimmungsstücke (1) das Erwartungskonstrukt und (2) Generalisierungslernen (im Bereich von Erwartungen) sind. Interessant ist dabei, daß dieser Persönlichkeitsbereich nicht nur von der „klassischen" Persönlichkeitsforschung weitgehend unbeachtet blieb, sondern daß die ihn konstituierenden Variablen nur geringe Interdependenzen zu klassischen Persönlichkeitsvariablen wie Extraversion/Introversion, kognitiver Stil etc. aufweisen (siehe hierzu Kapitel 4.3).

Um diesen Persönlichkeitsbereich generalisierter Erwartungshaltungen in seiner Struktur und in seiner konzeptuellen Entwicklung abzubilden, wurde von

Krampen (1979c) eine hypothetische Konzeption der hierarchischen Struktur instrumenteller Überzeugungen und Erwartungen formuliert, die in ihrer Struktur dem hierarchischen Faktormodell der Persönlichkeit von Eysenck (1953) folgt. Wählt man „Persönlichkeitsbereich generalisierter Erwartungshaltungen" als abstrakten Begriff für den gemeinsamen Nenner der genannten Konstrukte, so läßt sich die Beziehung zwischen spezifischen und generalisierten Erwartungen hierarchisch darstellen. Gleichzeitig liegt damit eine Konzeption für kognitives Generalisationslernen im Bereich instrumenteller Überzeugungen und Erwartungen vor, die auch Kausalattribuierungen und deren subjektive Generalisierung (etwa im Sinne der Theorie der Gelernten Hilflosigkeit) umschließt. Ausgehend von *situationsspezifischen Erwartungen* (Ebene I; dies entspricht den „spezifischen Verhaltensweisen" bei Eysenck) wird zunächst auf *situationsübergreifende, handlungsbezogene Erwartungen* (Ebene II; „habituelle Verhaltensweisen" bei Eysenck) generalisiert. Ebene I wäre also etwa durch die zentrale Erwartungs-Variable in der Sozialen Lerntheorie und in anderen Erwartungs-Wert-Theorien gekennzeichnet; spezifische Kausalattributionen sind ebenfalls ein Aspekt dieser Ebene I. Bei den Variablen auf Ebene II handelt es sich dagegen schon um über Situationen generalisierte Erwartungen, die jedoch auf einen Handlungsbereich bezogen bleiben. Bereichsspezifische Kontrollüberzeugungen — etwa in bezug auf Aktivitäten wie Alkoholkonsum (vgl. etwa Obitz & Swanson 1976), Autofahren (vgl. etwa Tesser & Grossman 1969) oder Problemlöseverhalten (vgl. etwa Krampen & Wieberg 1980), die in verschiedenen Situationen unter Bezug auf eine Handlungsklasse Bedeutung haben — wären hier etwa zu nennen. Diese situationsübergreifenden, jedoch auf bestimmte Verhaltensweisen orientierten Erwartungen finden eine weitere Generalisierung in den *molaren Konstrukten* Kontrollüberzeugungen, Machiavellismus, interpersonales Vertrauen, Hoffnungslosigkeit, Machtlosigkeit etc., die nicht mehr auf bestimmte Verhaltensbereiche oder Handlungsklassen beschränkt bleiben (Ebene III; „Primärfaktoren" bei Eysenck). Die Generalisierung bezieht sich hier also nicht mehr nur auf Situationen, sondern auch auf verschiedene Verhaltensbereiche. Die Interdependenzen dieser molaren Konstrukte gehen auf ihre gemeinsame Zugehörigkeit zum System oder *Persönlichkeitsbereich generalisierter Erwartungshaltungen* (Ebene IV; „Faktoren 2. Ordnung" bei Eysenck) zurück. Der Bezug dieser hypothetischen Konzeption zur Sozialen Lerntheorie und zu anderen Erwartungs-Wert-Theorien wird deutlich, wenn beachtet wird, daß mit zunehmender Abstraktion die Vorhersagekraft der Erwartungs-Variablen bei Handlungen unter relativer Sicherheit (Handlungssituationen, die dem Subjekt in irgendeiner Form bekannt sind) abnimmt. Hier haben situationsspezifische Erwartungen im Zusammenhang mit Valenzen und der subjektiven Wahrnehmung der Handlungsalternativen einen höheren prognostischen Wert. Bei Handlungsentscheidungen unter Risiko oder unter Unsicherheit dagegen, also in für das Handlungssubjekt neuen und/oder mehrdeutigen Situationen, nimmt dagegen die Bedeutung generalisierter Erwartungen zu. Hier sind dann auch Messungen auf den Ebenen II und III sinnvoll. Diese hypothetische Konzeption zum Persönlichkeitsbereich generalisierter Erwartungshaltungen ermöglicht eine klare Darstellung der Beziehung zwischen verschiedenen Abstraktionsebenen der Persönlichkeitsbeschreibung.

2.4 Zusammenfassung

Das vorliegende Kapitel diente zwei Zielsetzungen. Zum ersten wurde der theoretische Hintergrund des Konstrukts Kontrollüberzeugungen dargestellt und diskutiert. Es zeigte sich, daß diese Variable nicht nur in der Sozialen Lerntheorie Rotters, aus der sie zunächst abgeleitet wurde, von Bedeutung ist. Sie weist Beziehungen zu einer Vielzahl von theoretischen Entwürfen in der Psychologie auf, die mit dem Oberbegriff Erwartungs-Wert-Theorien gekennzeichnet werden können. Dazu gehören Ansätze der Entscheidungs- und Handlungstheorie, der kognitiven Motivationsforschung, der Organisationspsychologie und der Kybernetik. Individuelle Kontrollüberzeugungen sind für diese Ansätze zur Erklärung und Vorhersage von Verhalten ein explikatives Konstrukt, dessen Wert unter bestimmten Voraussetzungen besonders hoch ist. Von daher können sie als Moderatorvariable bezeichnet werden, die den Geltungsbereich der Theorien durch den Einbezug einer differentialpsychologischen Antezedensvariable ausweitet. Kontrollüberzeugungen haben in Erwartungs-Wert-Theorien also eine zweifache Funktion: (1) Liegen für das Handlungssubjekt neue und/oder mehrdeutige Situationen vor, die subjektiv schwer zu interpretieren sind, so führt die Beachtung von Kontrollüberzeugungen (und anderer generalisierter Erwartungshaltungen) zu einer Optimierung der Vorhersagen; (2) Kontrollüberzeugungen sind ebenso wie andere generalisierte Erwartungshaltungen Variablen, denen eine relative Stabilität unterstellt wird. Es handelt sich somit um Persönlichkeitskonstrukte. Dies steht im Gegensatz zu den anderen Variablen der Erwartungs-Wert-Theorie (Valenz- und Erwartungsschätzungen des Individuums), da diese als situationsspezifisch definiert sind.

Neben dieser Bedeutung von Kontrollüberzeugungen für verschiedene theoretische Ansätze in der Psychologie gibt es in der Literatur eine Reihe inhaltlich verwandter Konstrukte. Auf die Darstellung solcher zu Kontrollüberzeugungen verwandter Konstrukte und deren Gemeinsamkeiten bzw. Unterschiedlichkeiten zu Kontrollüberzeugungen konzentrierte sich der zweite Teil des vorliegenden Kapitels. Es wurde dabei deutlich, daß eine Vielzahl verschiedener psychologischer und soziologischer Termini, die heute relativ häufig in der Literatur anzutreffen sind, bedeutsame Beziehungen zu Kontrollüberzeugungen aufweisen, wobei allerdings beachtet werden muß, daß begriffliche Gleichsetzungen nur in sehr wenigen Fällen möglich sind. Die Tatsache, daß es sich bei vielen der diskutierten Konzepte um generalisierte Erwartungshaltungen handelt, führte zu der Identifizierung eines Persönlichkeitsbereichs, der durch Variablen konstituiert wird, die durch die Generalisierung von Erwartungen zustandekommen. Hierfür wurde eine hypothetische Konzeption vorgestellt, die in ihrer Struktur hierarchisch ist und vier Ebenen der Spezifität versus Generalität von Erwartungen unterscheidet.

3 Situationsorientierte Forschung: Kontrollierbarkeit von Umwelten

Obwohl die vorliegende Arbeit primär auf das differentialpsychologische Konstrukt der Kontrollüberzeugungen ausgerichtet ist, sind situationsorientierte Ansätze und Forschungsarbeiten hier aus wenigstens drei Gründen von Interesse. Zum *ersten* wird ja davon ausgegangen, daß generalisierte Erwartungshaltungen – wie etwa Kontrollüberzeugungen – aufgrund situativer Erfahrungen durch Generalisierungslernen zustandekommen. Hierzu liegen sowohl experimentalpsychologische Arbeiten vor als auch solche, die sich allgemeiner mit Möglichkeiten zur Beschreibung und Klassifikation/Taxonomie von Situationen beschäftigen. Situative Merkmale, die für die Genese von Kontrollüberzeugungen von besonderer Wichtigkeit sind, können in der Kontrollierbarkeit situativer Parameter (also dem situativen Aspekt von „locus of control") und in der Vorhersehbarkeit situativer Veränderungen gesehen werden. Sowohl frühe Arbeiten zur Sozialen Lerntheorie als auch neuere Arbeiten, die zusammenfassend am besten durch das Stichwort experimentelle Attribuierungsforschung gekennzeichnet werden können (etwa Studien zur Gelernten Hilflosigkeit oder zum Attributionsverhalten nach Erfolg- bzw. Mißerfolgserlebnissen), fallen unter diesen experimentalpsychologischen Forschungsstrang (siehe Kapitel 3.1). Allgemeinere Überlegungen zur Klassifikation von Situationen und Handlungsumwelten finden sich in der Handlungstheorie, der Streßforschung und der Ökologischen Psychologie (siehe Kapitel 3.2). Das *zweite* Argument für die Beachtung situationsorientierter Arbeiten besteht darin, daß – auf der Basis der Sozialen Lerntheorie und anderer Erwartungs-Wert-Theorien – Wechselwirkungen zwischen Kontrollüberzeugungen und situativen Merkmalen wie etwa „Kontrollierbarkeit" oder „Ambiguität" zu erwarten sind. Vorliegende Studien, die in Kapitel 3.3 diskutiert werden, bestätigen diese theoretische Ableitung. Dies führt schließlich noch zu einem *dritten* Argument für den Einbezug situationsorientierter Arbeiten in die vorliegende Darstellung: Erwartungs-Wert-Theorien sind interaktionistische Theorien, die bei der Verhaltenserklärung und -vorhersage von Wechselwirkungen zwischen Person- und Umweltmerkmalen ausgehen. Durch die in Kapitel 2.3 dargestellte hierarchische Konzeption von Persönlichkeitskonstrukten wird jedoch kein „mechanistischer Interaktionismus" verfolgt, wie er in einigen Ansätzen der aktuellen Differentiellen Psychologie zu finden ist, sondern ein dynamischer Interaktionismus, mit dem der Prozeß bezeichnet wird, „der aufgrund der gegenseitigen Beeinflussung von Person und Umwelt abläuft." (Buxbaum 1981, S. 16; siehe hierzu auch Kapitel 4.1).

3.1 Experimentalpsychologische Befunde zur Kontrollierbarkeit von Situationen

Während mit Kontrollüberzeugungen allgemeine Dispositionen bezeichnet werden, die das Verhalten von Individuen in vielen Situationen beeinflussen, handelt es sich bei der perzipierten (oder erlebten) Kontrollierbarkeit um situationsspezifische Erwartungen (oder Erfahrungen), die stark von situativen Merkmalen und Hinweisreizen abhängen. Analog zum Konzept internaler versus externaler Kontrollüberzeugungen wurden im Rahmen von Arbeiten zur Sozialen Lerntheorie schon früh experimentelle Paradigmen entwickelt, um die Effekte geringer versus hoher (objektiver oder subjektiver perzipierter) Kontrollierbarkeit situativer Parameter auf Verhalten und kognitive Variablen zu analysieren. Experimentelle Situationen, in denen die Versuchspersonen Kontrolle ausüben können, werden allgemein als „Geschicklichkeitssituationen" („skill situations"), solche, in denen die Kontrollierbarkeit und Vorhersehbarkeit gering oder nicht vorhanden ist, als „Zufallssituationen" („chance situations") bezeichnet. In Geschicklichkeitssituationen kann das Handlungssubjekt davon ausgehen, daß der Erfolg seiner Handlungen nicht nur von Zufallsfaktoren, sondern auch von seiner eigenen Geschicklichkeit (Fertigkeit oder Fähigkeit) oder der anderer Personen abhängig ist. Unter Bezug auf die von Rotter (1966) gegebenen Definitionen internaler und externaler Kontrollüberzeugungen und deren Differenzierung in dem Operationalisierungsansatz von Levenson (1972; Krampen 1981a) können Zufallssituationen in Analogie zu externalen Kontrollüberzeugungen, die durch fatalistische Einstellungen bedingt sind, gestellt werden. Geschicklichkeitssituationen, in denen Handlungsfolgen subjektiv von eigenen Fähigkeiten oder Fertigkeiten abhängen, stehen in Analogie zu internalen Kontrollüberzeugungen, während Geschicklichkeitssituationen, in denen Handlungsfolgen als abhängig von der „Geschicklichkeit" anderer Personen betrachtet werden, zu externalen Kontrollüberzeugungen in Analogie stehen, die durch Gefühle der Abhängigkeit von anderen (mächtigeren) Personen bedingt sind. Diese Unterschiedlichkeit von Geschicklichkeitssituationen wurde in der Forschung bislang wenig beachtet. Die meisten empirischen Untersuchungen vergleichen das Verhalten von Versuchspersonen in Zufallssituationen und in selbstbestimmten Geschicklichkeitssituationen. Nur in den Studien zur Gelernten Hilflosigkeit wird Verhalten in selbst- und fremdbestimmten Geschicklichkeitssituationen miteinander verglichen.

Zufallssituationen und (selbstbestimmte) Geschicklichkeitssituationen werden experimentalpsychologisch entweder dadurch hergestellt, daß Individuen klar erkennbare Kontrollmöglichkeiten über Verstärker gegeben werden (Geschicklichkeitssituation) oder nicht (Zufallssituation), oder daß experimentelle Situationen bzw. Aufgaben ausgewählt werden, die aufgrund kultureller Übereinkunft als Geschicklichkeits- oder Zufallssituationen wahrgenommen werden. Ein Beispiel für den zuletzt genannten Ansatz ist die Arbeit von Rotter, Liverant & Crowne (1961). Sie wählten als Zufallssituation eine außersinnliche Wahrnehmungsaufgabe, als (selbstbestimmte) Geschicklichkeitssituation einen motorischen Leistungstest („hand steadiness task"). Bei experimenteller Variation positiver und negativer Verstärkungen untersuchten sie die verbalisierten Erfolgserwartungen der Versuchspersonen. Es zeigte sich, daß sowohl positive als auch negative Verstärkungen bei der Geschicklichkeitsaufgabe zu flexibleren Veränderungen in den Erfolgserwartungen für spätere Versuchsdurchgänge führten als die bei der Zufallsaufgabe. Die Personen passen ihre Erfolgs- bzw. Mißerfolgserwartungen also in Situationen, die sie als kontrollierbar erleben, in stärkerem Maße den persönlichen Erfahrungen an als in Situationen, die als nicht kontrollierbar erlebt werden. Ferner zeigte sich, daß die Extinktion von Erwartungen durch kontinuierliche, negative Verstärkungen in Zufalls- und Geschicklichkeitssituationen unterschiedlich abläuft. Die experimentelle Gruppe, die die Zufallsaufgaben zu bearbeiten hatte, zeigte bei 50prozentiger kontinuierlicher, negativer Verstärkung einen höheren Extinktionswiderstand als bei 100prozentiger kontinuierlicher, negativer Verstärkung. In der Gruppe, die die Geschicklichkeitsaufgabe zu bewältigen hatte, ergab sich das umgekehrte Ergebnis: 100prozentige kontinuierliche, negative Verstärkung führte zu einem höheren Extinktionswiderstand als 50prozentige. Obwohl diese Ergebnisse mit einer Vielzahl „echt" experimenteller Untersuchungen, in denen also die Geschicklichkeits-Zufalls-Unterscheidung nicht nur aufgrund kultureller Übereinkünfte vorausgesetzt wurde, sondern experimentell real hergestellt wurde, in Einklang stehen (vgl. etwa Phares 1957; Scheibe 1964; Walls & Cox 1971), sollte in Folgearbeiten darauf geachtet werden, daß Daten zur Einschätzung der Situationen bei den einzelnen Versuchspersonen erhoben werden, damit evtl. vorliegende idiosynkratische Situationswahrnehmungen beachtet werden können.

Häufiger in der Literatur ist das zweite experimentelle Paradigma anzutreffen. Hier werden Laborsituationen hergestellt, in denen eine erkennbare Beziehung zwischen Handlungen der Individuen und deren Folgen besteht (Geschicklichkeitssituation) bzw. nicht besteht (Zufallssituation). Erreicht wird dies durch (1) entsprechende Instruktionen (vgl. etwa Phares 1957; Johnson 1974), (2) durch die Vergabe zufälliger oder gezielter Verstärkungen (vgl. etwa Phares 1962; Roth & Brootzin 1974) oder (3) durch Schaffung von Möglichkeiten, aversive Reize zu kontrollieren (selbstbestimmte Geschicklichkeitssituationen) bzw. nicht zu kontrollieren (fremdbestimmte Geschicklichkeitssituation; vgl. etwa Hiroto 1974; Miller & Seligman 1975).

Phares (1957) verwendete die erste dieser experimentellen Varianten in einer Studie zur Frage, ob sich Erfolgserwartungen in Zufalls- und selbstbestimmten Geschicklichkeitssituationen unterscheiden. Eine experimentelle Gruppe erhielt die Instruktion, daß der Erfolg in zu bearbeitenden Wahrnehmungsaufgaben wegen der hohen Aufgabenschwierigkeit vor allem von zufälligen Faktoren bzw. vom Glück abhängt; der zweiten experimentellen Gruppe wurde dagegen vor Versuchsbeginn gesagt, daß es sich in früheren Experimenten mit ähnlichen Aufgaben erwiesen habe, daß der Erfolg vor allem von individuellen Fähigkeiten und Fertigkeiten abhängt. Ähnlich wie in den Studien von Rotter et al. (1961) und von Walls & Cox (1971) zeigte sich, (1) daß sich zukunftsbezogene Erfolgserwartungen zwischen verschiedenen Versuchsdurchgängen je nach erhaltener Rückmeldung unter der Geschicklichkeits-Instruktion häufiger veränderten, (2) daß die numerischen Veränderungen der Erfolgs-/Mißerfolgsschätzungen in der Geschicklichkeitssituation größer waren, und (3) daß abrupte, ungewöhnliche Veränderungen der Erwartungen unter der Zufalls-Instruktion bedeutend häufiger auftraten. Solche ungewöhnlichen Erwartungsänderungen betreffen zum ersten das Auftreten sehr hoher Erfolgsschätzungen nach Mißerfolgen, zum zweiten sehr niedrige Erfolgsschätzungen nach Erfolgen. In Zufallssituationen generalisieren Individuen also nicht von früheren Erfahrungen auf die Zukunft, sondern nehmen allenfalls rapide Erwartungsveränderungen vor, denen reine Zufallsüberlegungen — ähnlich denen beim Glücksspiel — zugrundeliegen. In Geschicklichkeitssituationen ist dagegen eine Basis für Generalisationslernen aus den Versuchserfahrungen vorhanden. Interessant ist an dieser Arbeit von Phares (1957) auch, daß die experimentellen Situationen objektiv für beide Gruppen gleich waren, daß somit alleine die subjektive Wahrnehmung der Situation, die durch die verschiedenen Instruktionen induziert war, zu diesen Effekten führte. Zu ähnlichen Befunden kam Johnson (1974), der ebenfalls die Wahrnehmung situativer Kontrollierbarkeit durch Instruktionen manipulierte. In einem Simulationsexperiment konnte er u. a. feststellen, daß Individuen, die aufgrund situativer Hinweisreize (Instruktion) eine hohe Kontrollierbarkeit der Situation wahrnehmen, objektiv kontrollierbare Ereignisse besser vorhersagen und kontrollieren als Versuchspersonen, die aufgrund der Instruktionen geringe Kontrollmöglichkeiten perzipieren. In subjektiven Geschicklichkeitssituationen nehmen daher auch die Erwartungen darüber, daß kontrollierbare Ereignisse auftreten — unabhängig davon, ob sie objektiv kontrollierbar sind oder nicht — zu. Weitere Studien, die einem ähnlichen experimentellen Vorgehen folgen, belegen auch die Bedeutung der Geschicklichkeits-Zufalls-Dimension für die empirische Interaktion von Valenz- und Erwartungsschätzungen. Scheibe (1964) stellte fest, daß in Geschicklichkeitssituationen die Erwartungsschätzungen der Versuchspersonen der Art in direkten Beziehungen zu den Valenzschätzungen stehen, daß ein „partieller Optimismus" konstatiert werden kann (vgl. auch Crozier 1979). In Zufallssituationen erweisen sich dagegen Valenz- oder Erwartungsschätzung empirisch als unabhängig voneinander. Die Arbeit von Harvey & Harris (1975) weist allerdings darauf, daß hier ein Wechselwirkungseffekt vorliegen könnte. Bei experimenteller Manipulation des Valenzwertes von Wahrnehmungsereignissen konnten sie zeigen, daß Handlungsentscheidungen, die positive Optionen beinhalten (also subjektiv hoch bewertete Ereignisse), zu höheren Einschätzungen der erlebten Handlungsfreiheit und der erlebten Kontrollierbarkeit führen als Handlungsentscheidungen, die negative Optionen beinhalten. Situative Kontrollierbarkeit, subjektive Bewertungen von Handlungsfolge-Ergebnissen und Erwartungen stehen nach diesen Ergebnissen also in einer komplexen Beziehung.

Die Vergabe zufälliger Verstärkungen wird in der Untersuchung von Roth & Brootzin (1974) als experimentelle Variante zur Herstellung der Wahrnehmung geringer situativer Kontrollierbarkeit bei den Versuchspersonen eingesetzt. In einem Lernexperiment wurden Verhaltensweisen unabhängig von ihrem Erfolg oder Mißerfolg (nach dem Zufallsprinzip) verstärkt. Das Individuum kann somit das Auftreten der Verstärker objektiv nicht kontrollieren. Mit Bezug zur ersten Version der Theorie der Gelernten Hilflosigkeit (Overmier & Seligman 1967), in der noch keine attributionstheoretischen Differenzierungen vorgenommen worden waren (siehe Kapitel 2.2.10), stellten die Autoren fest, daß die Versuchspersonen trotz der experimentellen Herstellung einer Situation, in der objektiv keine Kontingenzen zwischen Verhalten und Verstärkern vorhanden sind, kein hilfloses Verhalten, sondern — im Gegenteil — ein hohes Maß an Verhaltensweisen zeigen, die Versuche beinhalten, die Situation zu kontrollieren. Ihr Erklärungsansatz dafür, daß eine kurvenlineare Beziehung zwischen externalen situativen Erwartungen und behavioralen Manifestationen von Hilflosigkeit besteht, weist durch den Einbezug weiterer kognitiver Variablen in die Richtung der revidierten (attributionstheoretischen) Theorie der Gelernten Hilflosigkeit. Gleichzeitig wird die Notwendigkeit deutlich, experimentell hergestellte Situationen in ihrer subjektiven Abbildung bei den Versuchspersonen zu analysieren.

Verschiedene Untersuchungen zum sogenannten Hilflosigkeits-Effekt sind die besten Beispiele für die dritte experimentelle Variante zur Herstellung von selbst- und fremdbestimmten Geschicklichkeitssituationen. Selbstbestimmte Geschicklichkeitssituationen sind hier dadurch gekennzeichnet, daß das Individuum durch eigenes gelerntes Verhalten aversive Reize vermeiden kann. In Zufalls- oder (begrifflich richtiger) Machtlosigkeits-Situationen (= fremdbestimmte Geschicklichkeitssituationen) verfügt das Individuum dagegen zunächst objektiv über keine Kontrollmöglichkeiten. Es wird also der aversiven Reizung ausgesetzt, ohne daß es diese beeinflussen oder gar beenden kann. Schon Mowrer & Viek (1948) konnten zeigen, daß negative emotionale Reaktionen auf aversive Elektroschocks bei Ratten, die gelernt haben, dem Schock durch eine instrumentelle Reaktion zu entfliehen, erheblich schwächer sind als bei Ratten, die dem Elektroschock nicht entfliehen können. Overmier & Seligman (1967) weiteten diesen Untersuchungsansatz dadurch aus, daß sie die Versuchstiere nach dieser ersten Untersuchungsphase (Teilgruppe A lernte hier eine instrumentelle Reaktion; Teilgruppe B war dem aversiven Reiz ausgeliefert) in eine andere Reizumgebung brachten, in der nun für alle Tiere (also auch die aus Versuchsgruppe B) objektiv Kontrollmöglichkeiten vorhanden waren (zweite Versuchsphase). Während die Tiere aus Gruppe A zunächst Suchverhalten und dann Kontrollverhalten zeigten, verhielten sich die Tiere aus Gruppe B in dem oben beschriebenen Sinne hilflos. Ähnliche Untersuchungsbefunde liegen auch für den Humanbereich vor; als aversive Reize werden hier meist unangenehme Töne verwendet (vgl. etwa Hiroto 1974; Miller & Seligman 1975; Gatchel & Proctor 1976).

Eine Versuchsanordnung, die die zweite und dritte Variante zur Herstellung von Geschicklichkeits- und Zufalls-Situationen kombiniert, ist bei Phares (1962) zu finden. In der Geschicklichkeits-Situation konnten die Versuchspersonen durch Knopfdruck leichte Elektroschocks, die mit bestimmten projizierten sinnlosen Silben verbunden waren, kontrollieren. Der Zusammenhang zwischen sinnlosen Silben und dem Auftreten von Schocks mußte von der Person jedoch zunächst im Verlauf des Experiments gelernt werden, was — bei erfolgreichem Lernen — eine negative Verstärkung (Vermeiden von Schocks) nach sich zog. Auch in der Zufallssituation war durch Knopfdruck ein Vermeiden der Schocks möglich; da aber die Assoziationen von sinnlosen Silben und Schock nicht fixiert waren, sondern sich in jedem Versuchsdurchlauf änderten, war kein Lernen möglich und die Verstärkungen (Vermeiden des Schocks) konnten lediglich durch Zufall (richtiges Raten) erreicht werden. Die Ergebnisse dieser Arbeit zeigen deutlich, daß Lerneffekte nur dann auftreten, wenn von dem Individuum eine Kontingenz zwischen seinem Verhalten (Knopfdruck) und der Verstärkung (Vermeiden des Schocks) kontinuierlich wahrgenommen wird. In einem Nachversuch zeigte sich ferner, daß die Versuchspersonen aus der „Geschicklichkeitsgruppe" über eine im Vergleich zu der Kontrollgruppe und zu den Personen aus der „Zufallsgruppe" erheblich verringerte Wahrnehmungsschwelle für die verwendeten sinnlosen Silben (auf einem Tachistoskop) verfügten, daß also Wahrnehmungslernen stattgefunden hat.

Die (objektive oder auch nur subjektive) Nicht-Kontrollierbarkeit einer Handlungssituation führt also zu Defiziten in Lernprozessen und Leistungen und zu reduzierten Erfolgserwartungen. Phares (1976) führt eine Reihe weiterer, intrapersonaler Folgen nichtkontrollierbarer Situationen an, die vor allem Streßreaktionen und negative emotionale Reaktionen umfassen. Auch die nach dem Paradigma der Gelernten Hilflosigkeit erworbenen Verhaltensweisen sind hier einzuordnen. Daneben gibt es Hinweise darauf, daß die Aversivität noxischer Stimulierung mit der Kontrollierbarkeit und Vorhersehbarkeit dieser Reize variiert. So präferieren Personen — vor die Wahl gestellt — vorhersehbare Strafen im Vergleich zu nichtvorhersehbaren (D'Amato & Gumenik 1960); vorhersehbare Elektroschocks werden etwa als weniger streßvoll beschrieben als nicht vorhersehbare, die dann, wenn sie zudem selbst kontrolliert werden können, weiter an subjektiver Aversivität verlieren (vgl. Champion 1950; Pervin 1963). Hier wird freilich die von Lacey (1979) herausgestellte Unterschiedlichkeit von „agenda control" und „outcome control" deutlich. Versuchspersonen in Experimenten verfügen allenfalls über „outcome control", das heißt, ihre Kontrollmöglichkeiten beschränken sich darauf, durch eine bestimmte Aktivität die Wahrscheinlichkeit von bestimmten Folgeereignissen zu verändern. Über diese Art der Kontrolle können viele Personen simultan verfügen. Seligman & Miller (1979) bezeichnen dies als den Zwang für Versuchspersonen, in Experimenten Handlungswahlen zu treffen. Über „agenda control" kann zu einer bestimmten Zeit prinzipiell nur eine Person verfügen; im Laborexperiment ist dies der Versuchsleiter, der den Versuchsteilnehmern die Handlungsmöglichkeiten zur Wahl stellt.

Die subjektiv perzipierte oder objektiv gegebene Kontrollierbarkeit von Handlungssituationen steht mit einer Reihe weiterer Variablen in bedeutsamen Beziehungen. Erwähnt seien hier etwa nur (1) die reduzierte persönliche Verantwortung in Zufalls- und fremdbestimmten Geschicklichkeitssituationen, was selbst dann, wenn Handlungsintentionen von Handlungen diskrepant sind, kognitive

Dissonanzen reduzieren oder verhindern kann (vgl. dazu auch Phares 1976), (2) die Möglichkeit psychologischer Reaktanz in Zufalls- und fremdbestimmten Geschicklichkeitssituationen (vgl. Brehm 1966; Phares 1976) und (3) Unterschiede in Kausalattributionen bei Zufalls- und den zwei Typen von Geschicklichkeitssituationen (vgl. etwa Weiner 1976).

Weiter oben ist schon ausgeführt worden, daß die objektive Vorhersehbarkeit und Kontrollierbarkeit aversiver Faktoren bedeutsame emotionale Konsequenzen hat. Lefcourt (1973) und insbesondere Langer (1975) machen nun aber deutlich, daß alleine das Gefühl, Kontrolle über situative Parameter ausüben zu können, ähnliche Effekte nach sich ziehen kann. Vor allem Langer (1975, 1977) hat sich ausführlich mit den positiven psychologischen Effekten beschäftigt, die auftreten, wenn Individuen in Zufalls- oder fremdbestimmten Geschicklichkeitssituationen subjektiv den Eindruck erwerben, sie könnten Kontrolle ausüben. Dieser Effekt wird als *Kontrollillusion* („illusion of control") bezeichnet. Solche Kontrollillusionen können in experimentellen Zufallssituationen durch die Einführung zusätzlicher, jedoch nicht aufgabenrelevanter Fähigkeits- oder Fertigkeitsfaktoren (wie etwa Kompetition oder Wahlmöglichkeiten) erzeugt werden (vgl. Langer 1975). Auch in Feldexperimenten, die die Situation von Klinikpatienten vor operativen Eingriffen (Langer, Janis & Wolfer 1975) und die von älteren Menschen in Kliniken (Langer & Rodin 1976; Rodin & Langer 1980) betrafen, konnte der fördernde Effekt ähnlicher Interventionen festgestellt werden. Besonders interessant ist freilich die Frage, ob diese Kontrollillusionen lediglich emotional positive Effekte haben, oder ob sich daraus und den aus ihnen resultierenden Verhaltensänderungen evtl. mit der Zeit auch objektive Veränderungen der Kontrollmöglichkeiten ergeben, die zeitlich stabil sind (siehe Rodin & Langer 1980).

Wenn Individuen eine Situation oder eine Aufgabenstellung als nicht kontrollierbar wahrnehmen, generalisieren sie weniger aufgrund früherer Erfahrungen auf diese Aufgabe. Dabei ist es egal, ob diese Wahrnehmung durch eine experimentelle Instruktion oder durch Lernprozesse zustandekam, und ob diese Wahrnehmung objektiv falsch oder objektiv richtig ist. Folgen sind nach den dargestellten Befunden sowohl reduzierte Lernprozesse als auch veränderte Kognitionen, Emotionen und Verhaltensweisen. Dies kann erhebliche Konsequenzen für vorliegende Befunde aus der Experimentalpsychologie haben. Da die meisten Experimente unter einschränkenden Kontrollbedingungen durchgeführt werden, wobei der Versuchsleiter häufig nicht nur über die „agenda control", sondern auch über weite Teile der „outcome control" verfügt, ist es durchaus möglich, daß Versuchspersonen davon ausgehen, daß bei ihnen nur geringe Kontrollmöglichkeiten liegen, und daß sie aufgrund ihrer Fähigkeiten und Fertigkeiten allein kaum Erfolgschancen haben. Das würde bedeuten, daß die experimentelle Situation für die Versuchsperson eine Zufalls- oder eine fremdbestimmte Geschicklichkeitssituation ist. Dies würde — wie dargelegt — zu anderen Verhaltensweisen und anderen Leistungen als in selbstbestimmten Geschicklichkeitssituationen führen. Eine Vielzahl experimentalpsychologischer Befunde würde nach dieser von Rotter (1966) und Phares (1976) geäußerten These also nur für eine besondere Art von Handlungssituationen (solche, die subjektiv als nicht oder allenfalls in geringem Maße kontrollierbar wahrgenommen werden) gelten, die von den meisten Handlungssituationen in der realen Umwelt — hier insbesondere von Entscheidungssituationen unter Risiko (vgl. Kirsch 1977²) — sehr unterschiedlich sind. Dies kann — neben anderen Faktoren — die externe Validität der Untersuchungsbefunde erheblich beeinträchtigen. Für experimentalpsychologische Arbeiten wäre von daher zu fordern, daß im Sinne von Prozeßmessungen multiple Situationsanalysen durchgeführt werden müssen, in denen die Versuchspersonen über ihre Situationswahrnehmungen Auskunft geben.

3.2 Kontrollierbarkeit als Merkmal von natürlichen Handlungssituationen

Während sich die experimentalpsychologische Forschung vor allem mit Problemen der Operationalisierung situativer Parameter wie Kontrollierbarkeit und Vorhersehbarkeit sowie deren Manipulation und Kontrolle beschäftigt, muß sich die Forschung, die Verhalten in natürlichen Handlungsumwelten analysiert, zunächst den Problemen der Definition und Bestimmung des Begriffs Situation stellen. Eine der frühen Übereinstimmungen zwischen verschiedenen Autoren besteht dabei darin, daß sich die Psychologie vor allem mit der subjektiven Wahrnehmung oder der subjektiven Definition von Situationen beschäftigen sollte (vgl. etwa Murray 1938; Chein 1954; Rotter 1955; Spitznagel 1968). Exemplarisch sei hier der Definitionsvorschlag von Parsons & Shils (1951, S. 56; Übersetzung nach Spitznagel 1968) aufgeführt: „Situation ist der Teil der äußeren Welt, der dem Akteur etwas bedeutet, dessen Verhalten analysiert werden soll." Ähnlich breit wird auch der Phänomenbereich Situation von Kirsch (1977², S. 136) aufgefaßt, wenn er ihn als den „Inbegriff der als Entscheidungsprämissen akzeptierten Information" definiert. Hier wird noch deutlicher, daß auch Antizipationen von Objekten in die Begriffsbestimmung eingeschlossen sind.

Die theoretischen Ansätze, die bei Situationsanalysen verwendet werden, lassen sich grob in drei Gruppen einteilen (vgl. etwa Frederikson 1972; Becker, Schneider & Schumann 1975). Nach dem *situation-* (oder *Reiz-*) *orientierten Ansatz* werden verschiedene Situationen an Hand einer Reaktion (eines Attributs) von Probanden eingeschätzt, woraus Situationstaxonomien mit Bezug zu der ausgewählten Reaktion resultieren. Hierzu liegen eine Vielzahl empirischer Arbeiten vor, in denen Angst-, Furcht- oder Streßreaktionen für verschiedene Situationen erfaßt werden (vgl. etwa Becker et al. 1975; Ekkehammar, Schalling & Magnusson 1975). Durch Dimensionsanalysen der Reaktionseinschätzungen gelangt man dabei zu Situationsfaktoren oder -dimensionen, die eine empirische Taxonomie von subjektiven Situationsdefinitionen darstellen. Der zweite Ansatz situationsanalytischer Forschung kann als *reaktions-orientiert* bezeichnet werden. Für eine bestimmte Situation werden verschiedene Reaktionen (Attribute) beim Individuum abgefragt. Ergebnis ist also eine Taxonomie von Reaktionen bzw. Attributen. Frederikson (1972) unterscheidet dabei a priori kognitiv-erlebnismäßige, physiologische und behaviorale Untersuchungsmöglichkeiten auf der Reaktionsseite. Untersuchungsbeispiele für diesen Ansatz liegen etwa mit der Arbeit von Ekkehammar et al. (1975) zu Streßreaktionen und mit dem stimulationstheoretischen Ansatz der Ökologischen Psychologie von Mehrabian & Russell (1974) vor. Nach dem dritten Ansatz schließlich werden Eigenschaften als konsistente Muster von Reaktionen in einer Klasse von Situationen betrachtet. Dieser *Stimulus-Reaktions-Ansatz* (S-R-Ansatz), bei dem für viele Situationen jeweils viele Reaktionen (Attribute) erfragt werden, wurde bislang wohl am meisten eingesetzt und hat gleichzeitig zu erheblicher Kritik geführt, da auf ihm der sogenannte mechanistische Interaktionismus in der Persönlichkeitspsychologie beruht. Nach diesem Forschungsmodell konstruierte S-R-Inventare liegen etwa für Ängstlichkeit, Feindseligkeit, Wahlverhalten, interpersonales Verhalten, Angst, Aggressivität, Freizeitverhalten, Dominanz und Streßreaktionen vor (vgl. im Überblick Krampen 1980b). Kritik forderten diese Arbeiten vor allem deswegen heraus, weil in ihnen varianzanalytisch versucht wird, den Interaktionismus von Person- und Situationsvariablen empirisch zu belegen. Hier wurde von Golding (1975) auf die Überinterpretation varianzanalytischer Berechnungen (meist werden Omega^2-Werte zur Abschätzung der Varianzbeiträge verwendet) zur Bestimmung der Varianzanteile von Person, Situation, Reaktion und deren Interaktionen hingewiesen. Selbst bei Verwendung von Generalisierbarkeitskoeffizienten bleibt dieser Ansatz in einem mechanistischen Interaktionismus stecken, der dem — etwa auch von den Erwartungs-Wert-Modellen — theoretisch postulierten dynamischen Interaktionsmus von Person- und Situationsvariablen nicht gerecht wird (vgl. auch Herrmann 1980; Buxbaum 1981).

Bei der Planung und Durchführung situationsanalytischer Untersuchungen, die einem dieser drei Ansätze folgen, stellen sich nun — je nach Ansatz mit unterschiedlicher Wichtung — zumindest drei Probleme. Zunächst stellt sich — insbesondere bei dem ersten und dritten Ansatz — die Frage, welche Situationen für die Analyse selegiert werden sollen. Hier scheint es sinnvoll zu sein, a priori von einer Situationstaxonomie oder -klassifikation, die durch objektive oder subjektive Parameter bestimmt ist, auszugehen und diese dann empirisch zu überprüfen (vgl. etwa Becker et al. 1975; Prystav 1979; Krampen 1980b). Ein zweites Problem betrifft die Wahl der adäquaten Datenanalysemethode, wobei meist unterschiedliche statistische Modelle von Dimensions- oder Strukturanalysen (Faktorenanalysen, Clusteranalysen) zum Einsatz kommen (siehe Magnusson 1974). Die dritte, dem zweiten Problem vorgeschaltete Frage, betrifft die Auswahl von Datenerhebungsmethoden und von Reaktionen oder Attributen, die von den Probanden eingeschätzt werden sollen. Subjektive Ähnlichkeitsurteile für den Vergleich von je zwei Situationen werden, der multidimensionalen Skalierung folgend, häufig als Basis für empirische Situationstaxonomien verwendet. Neben solchen Ähnlichkeitsschätzungen werden aber auch eine Reihe anderer Attribute (oder Reaktionen) eingesetzt. In den dem S-R-Ansatz folgenden Arbeiten werden etwa spezifische Reaktionen für bestimmte Handlungsklassen oder Indikatoren für spezifische Persönlichkeitsvariablen, also z. B. unterschiedliche Streß-, Angst- oder Dominanzreaktionen, verwendet. Murray (1938) und Rotter (1955) machen den Vorschlag, Situationswahrnehmungen in Analogie zu individuellen Bedürfnissen zu stellen und parallel zu taxonomieren. Zum Einsatz kommen aber auch Skalen, die subjektiv perzipierte Situations*merkmale* direkt erfassen sollen. Umfassende Deskriptionssysteme dazu fehlen allerdings bisher. Begriffe wie Dauer, Einmaligkeit versus Wiederholbarkeit, Bekanntheitsgrad, Strukturiertheit versus Unstrukturiertheit, Komplexität, Ambiguität und Kontrollierbarkeit einer Situation sowie Vorhersehbarkeit situativer Folgen tauchen hier ebenso häufig in der Literatur auf wie dynamische Situationsmerkmale (also etwa der Stimulationswert einer Situation; vgl. Mehrabian & Russell 1974). Dabei nehmen die Situationsmerkmale Ambiguität (Mehrdeutigkeit; Kirsch 1977[2] bezeichnet die Endpunkte dieser Dimension als „wohldefinierte" versus „schlechtdefinierte" Situationen), Vorhersehbarkeit und Kontrollierbarkeit eine besondere Stellung ein, da sie als abstrakte und prinzipiell auf *alle* Situationstypen und -bereiche anwendbare Variablen die deutlichsten Bezüge zum Verhalten von Individuen aufweisen (vgl. etwa Scheibe 1964; Spitznagel 1968; Kirsch 1977[2]; Crozier 1979; Krampen 1980b).

3.2.1 Handlungstheorie

Kirsch (1977[2]) hebt hervor, daß Handlungs- und Entscheidungssituationen in der Realität sich von experimentell hergestellten Situationen erheblich unterscheiden. Der experimentalpsychologischen Unterscheidung folgend, kann gesagt werden, daß natürliche Handlungsumwelten zumeist eine Mischung von Zufallssituationen, selbst- und fremdbestimmten Geschicklichkeitssituationen sind, wobei die Wichtung dieser Komponenten mit der Situation (bzw. mit deren Wahrnehmung durch ein Handlungssubjekt) variiert. Dem Konzept der begrenzten menschlichen Kapazität zur Informationsaufnahme und zur Informationsverarbeitung (Simon 1957) folgend kann auch hier davon ausgegangen werden, daß nicht alle wahrgenommenen und aus dem Gedächtnis abgerufenen Informationen zu Prämissen einer Handlungswahl oder -entscheidung werden. Sie stellen vielmehr nur das Informationsrepertoire dar, auf der die subjektiven Situationsdefinitionen beruhen. In der Handlungs- und Entscheidungstheorie ist häufig die Unterscheidung subjektiv gut- versus schlechtdefinierter Situationswahrnehmungen anzutreffen (vgl. etwa Kirsch 1977[2]; Crozier 1979). Indikatoren dafür sind Variablen wie subjektiver Strukturiertheitsgrad, Ambiguität und Schwierigkeit von Situationen sowie die Vorhersehbarkeit und Kontrollierbarkeit von Handlungsfolgen. Diese situativen Komponenten machen die vom Handlungssubjekt erlebte „Unsicherheit" („uncertainty") im Prozeß der Handlungsplanung und -entscheidung aus (vgl. auch Slovic, Fischhoff & Lichtenstein 1977). Dies gilt für Handlungsentscheidungen unter Risiko und für solche unter Unsicherheit; bei Handlungsentscheidungen unter Sicherheit wird dagegen davon ausgegangen, daß die

Situation vorhersehbar, eindeutig, strukturiert und somit „wohldefiniert" ist. Dies bedeutet jedoch nicht zugleich, daß sie auch als kontrollierbar erlebt werden muß oder kontrollierbar ist. Kontrollierbare Situationen implizieren zwar, daß die Handlungsfolgen mit relativ hoher Wahrscheinlichkeit auch vorhergesehen werden können. Das Umgekehrte gilt jedoch nicht, da etwa fremdbestimmte Handlungssituationen zwar in ihren Folgen sehr gut vorhersehbar sein können, womit jedoch keine Kontrollierbarkeit der Situation durch das Handlungssubjekt einhergeht.

Eine Reihe handlungs- und entscheidungstheoretischer Studien beachtete die von den Probanden subjektiv wahrgenommenen situativen Einflußmöglichkeiten als eine Prädiktorvariable für Handlungswahlen. Extremgruppenvergleiche zeigen, daß Individuen, die glauben, daß sie ihr Verhalten und dessen Folgen in einer gegebenen Situation selbst kontrollieren, besser in ihren Wahlen und Präferenzen nach dem Erwartungs-Wert-Modell vorhergesagt werden können (vgl. Mitchell & Nebeker 1973; Mitchell & Pollard 1973). Vorliegende Arbeiten aus der Organisationspsychologie beschäftigen sich vorwiegend mit dieser Situationsvariablen. Insbesondere zu beobachtende Diskrepanzen von Handlungsintentionen und Handlungen werden in Zusammenhang gebracht mit externalen Zwängen, institutionellen Einschränkungen und restriktiven Aufgabencharakteristika (siehe etwa Cohen & Turney 1973; Dachler & Mobley 1973; Kopelman & Thomson 1976; Lied & Pritchard 1976; Parker & Dyer 1976). Eine wesentliche Variable handlungstheoretischer Analysen liegt daher in der objektiv gegebenen und in der subjektiv wahrgenommenen Handlungsfreiheit sowie in der damit in Beziehung stehenden Kontrollierbarkeit situativer Parameter durch ein Handlungssubjekt. Sowohl objektive Restriktionen, die die Handlungsfreiheit und die Kontrollierbarkeit einschränken, als auch deren subjektive Wahrnehmung sind für handlungstheoretische Analysen von hoher Bedeutung und werden in den neueren Arbeiten – zum Teil unter der Bezeichnung „Grenzbedingungen" für handlungstheoretische Vorhersagen, zum Teil als zusätzliche Modellvariablen – mitbeachtet. Auch normative entscheidungs- und handlungstheoretische Ansätze (vgl. im Überblick Slovic et al. 1977), die Individuen Entscheidungshilfen geben wollen, konzentrieren sich in weiten Bereichen auf die Reduktion subjektiver Unsicherheiten beim Handlungssubjekt, was u. a. durch die Klärung und Optimierung situativer Parameter (vor allem Kontrollierbarkeit und Vorhersehbarkeit) bzw. deren subjektiver Wahrnehmung erreicht werden soll.

3.2.2 Streßforschung

In Kapitel 3.1 wurden schon die experimentalpsychologischen Arbeiten zur Streßforschung sowohl im humanen als auch im infrahumanen Bereich erwähnt. Daneben gibt es auch Arbeiten, die sich mit Merkmalen natürlicher Handlungsumwelten und deren Effekten auf Streßreaktionen und Coping-Verhaltensweisen beschäftigen. Prystav (1979) kommt in seiner sorgfältigen Analyse der vorliegenden Literatur zur Klassifikation von Belastungssituationen zu dem Ergebnis, daß die Kontrollierbarkeit und die Vorhersehbarkeit aversiver Reize neben der zeitlichen Nähe der Bedrohung die bedeutsamsten taxonomischen Gesichtspunkte sind. Bei der zeitlichen Nähe der Bedrohung unterscheidet Prystav zwischen Antizipation und Konfrontation, die mit spezifischen (elementaren) Copingformen verbunden sind (Ausweich- und Vorbeugungsverhalten bei Antizipationen, Flucht- und Eliminationsverhalten bei Konfrontationen). Bei der Vorhersehbarkeit werden drei Arten unterschieden: generelle Vorhersehbarkeit bezieht sich darauf, ob ein Individuum weiß, *ob* ein belastendes Ereignis auftritt (Wahrscheinlichkeitsschätzung), inhaltliche Vorhersehbarkeit darauf, ob das Individuum weiß, um *welchen* Stressor es sich handelt und zeitliche Vorhersehbarkeit darauf, ob das Individuum weiß, *wann* ein Stressor auftreten wird. Diese drei Aspekte der Vorhersehbarkeit sind logisch voneinander unabhängig und können in der Antizipation belastender Ereignisse unabhängig voneinander variieren. Im Hinblick auf die Befunde zur Gelernten Hilflosigkeit wird auch die Dimension der Kontrollierbarkeit dreigeteilt. Objektive Kontrollierbarkeit bezieht sich auf real vorhandene Kontrollmöglichkeiten, die bei Wahrnehmung dieser Möglichkeiten auf Verhaltensebene bedeuten, „daß ein aversiver Stimulus durch entsprechende Verhaltensweisen beseitigt, in seiner Stärke reduziert, am Auftreten verhindert oder verzögert werden kann" (Prystav 1979, S. 290). Subjektive Kontrollmöglichkeiten können dagegen auch dann vorhanden sein, wenn das Individuum nur annimmt, über Kontrollmöglichkeiten zu verfügen (im Sinne von Kontrollillusionen; Langer 1975) oder wenn es durch Neubewertungen der Stimuli kognitive Kontrolle (Lazarus 1966) ausübt. Schließlich gibt es noch Belastungssituationen, die nicht kontrolliert werden können; fehlende Kontrollierbarkeit ist also der dritte Beschreibungsaspekt.

Nach seiner Literaturdurchsicht kommt Prystav (1979, S. 291) zu dem Ergebnis, daß vorliegende Untersuchungsbefunde zur Kontrollierbarkeit — mit wenigen Ausnahmen — folgendermaßen zusammengefaßt werden können: „aversive Situationen, die objektiv nicht kontrollierbar sind, können je nach Art und Ausmaß der Aversivität zu defizitären Beeinträchtigungen im *motivationalen, kognitiven* und *emotionalen* Bereich sowie im Selbstwerterleben führen." (Hervorhebung im Original). Die Kontrollierbarkeit und die Vorhersehbarkeit aversiver Reize und kritischer Lebensereignisse sind also Variablen, die für die Belastungs- und Streßwirkung dieser Ereignisse von hoher Bedeutung sind. Die negativen Wirkungen von Stressoren treten in Situationen, die als subjektiv kontrollierbar erlebt werden, in abgeschwächter Form auf (vgl. Lefcourt 1976b). Auch kritische Lebensereignisse haben insbesondere dann negative Auswirkungen, wenn sich das von ihnen betroffene Individuum nicht in der Lage sieht, diese zu kontrollieren bzw. in der Retrospektion nicht glaubt, diese mitverursacht zu haben (vgl. Johnson & Sarason 1978). Auf die Vielzahl der Arbeiten, die positive Beziehungen zwischen Streßerleben und externalen Kontrollüberzeugungen sowie zwischen Streßverarbeitung und internalen Kontrollüberzeugungen belegen, wird in Kapitel 4.3 eingegangen.

3.2.3 Ökologische Psychologie

In der Ökologischen Psychologie (oder Umweltpsychologie) lassen sich verschiedene Analyseebenen unterscheiden, in denen die Variable Kontrollierbarkeit von Bedeutung ist. Am allgemeinsten ist dabei das von Murray (1938) eingeführte und von Stern (1970) weiterentwickelte Konzept des „Umwelt-Drucks" („environmental press"), das alle restriktiven Momente, die sich in der Umwelt für das Individuum ergeben, enthält. Moos (1973) differenziert dieses sehr globale Konzept und gelangt u. a. zu den folgenden Beschreibungsebenen: (1) natürlich-physikalische Dimensionen (etwa geographische und metereologische, obwohl auch sie heute zunehmend durch den Menschen beeinflußt werden), (2) künstlich-physikalische Dimensionen (etwa architektonische), (3) Analyse von „Verhaltens-Settings", (4) organisations-strukturelle Dimensionen, (5) Dimensionen des psychosozialen Klimas (konsensuelle Umweltwahrnehmungen; vgl. etwa Moos 1974), (6) soziometrische und interaktionsanalytische Dimensionen und (7) Anreizdimensionen (etwa im stimulationstheoretischen Ansatz; vgl. Wohlwill 1966; Rapoport & Kantor 1967; Mehrabian & Russell 1974). Sowohl die objektiv gegebene als auch die subjektiv wahrgenommene Kontrollierbarkeit von Umwelten kann auf all diesen Analyseebenen variieren, wobei unterschiedliche Effekte auf Kognitionen und Verhalten auftreten. Bislang fehlt aber selbst für eine dieser Ebenen ein umfassender Ansatz für die Taxonomie der zugehörigen Umwelteigenschaften. Für die meisten der Ebenen liegen jedoch Hinweise auf die Bedeutung der Variablen Kontrollierbarkeit und Vorhersehbarkeit vor. Alutto & Belasco (1972) machen z. B. deutlich, in welcher Weise perzipierte (und dazu in Diskrepanz stehende präferierte) Beschränkungen des Handlungsfreiraums auf organisations-struktureller Ebene das berufliche Entscheidungsverhalten von Lehrern beeinflussen. Boutourline (1967) sowie Glass & Singer (1972) weisen unter Bezug auf die Analyse von Verhaltens-Settings und auf soziale Umweltdimensionen auf die mangelnde Kontrollierbarkeit und Vorhersehbarkeit von Reizen und Ereignissen in Großstädten hin. Glass & Singer (1972) ziehen zudem die Parallele zu den in Kapitel 3.2.2 diskutierten Effekten geringer Kontrollierbarkeit und Vorhersehbarkeit auf emotionale Reaktionen und auf Streßerleben, woraus bei ihnen der Begriff des „urban stress" resultiert. Unter Bezug auf diesen Ansatz hat Sherrod (1974) empirisch nachweisen können, daß soziale Dichte nur dann auf das Leistungsverhalten von Versuchspersonen nachteilige Effekte hat, wenn die Personen glauben, keine Kontrolle über die soziale Situation (also die Höhe der sozialen Dichte) zu haben. Insbesondere in den stimulationstheoretischen Ansätzen, die hauptsächlich auf die grundlegenden Arbeiten Berlynes (1960) zu den kollativen Variablen Neuheit, Komplexität, Intensität, Variabilität, Überraschungswert und Inkongruenz zurückgehen, wird die sensorische und kognitive Belastung von Individuen in komplexen Umwelten in ihren Extrempolen Hypostimulation (Unterbelastung, also Monotonie durch Isolation, Deprivation, Bewegungseinschränkung) und Hyperstimulation (Überbelastung durch hohe räumliche und soziale Dichte sowie sensorischen und informationsmäßigen „overload") thematisiert (vgl. etwa Wohlwill 1966; Rapoport & Kantor 1967;

Milgram 1970). Diese Variablen können unter den Begriff der Reiz-Ambiguität subsumiert werden, der mehrdeutige, variable Wahrnehmungsinhalte kennzeichnet, die die Suche nach alternativen Reaktionen nicht nur gestatten, sondern auch fördern und somit ein gewisses Maß an Handlungsfreiheit gewährleisten. Eine hohe Wahlfreiheit im Verhalten („freedom of choice") und situative Komplexität sowie situative Ambiguität werden daher auch von Proshansky et al. (1970) sowie Rapoport & Kantor (1967) normativ als Bestimmungsstücke optimaler Umwelten bezeichnet.

Es muß jedoch festgestellt werden, daß Umweltmerkmale wie Kontrollierbarkeit und Vorhersehbarkeit im Rahmen der Ökologischen Psychologie bislang zu wenig beachtet worden sind. Es liegen zwar eine Vielzahl alternativer Operationalisierungsansätze zu den oben aufgeführten ökologischen Analyseebenen vor (vgl. z. B. Stern 1970; Moos 1973, 1974; Mehrabian & Russell 1974), aber lediglich in einigen Fragenbogeninstrumenten zur Erfassung des psychosozialen Klimas in Institutionen von Moos (1974) existieren Subskalen, die diese Variablen thematisieren. Es handelt sich dabei um Skalen, die erlebte Autonomie in einer Institution (persönliche Unabhängigkeit und Einflußmöglichkeiten) und erlebte Kontrolle durch andere Personen in einer Institution erfassen. Untersuchungsbefunde zu diesen Skalen zeigen, daß hohe subjektive Kontroll- und Einflußwahrnehmungen mit Variablen wie psychischem Wohlbefinden, Optimismus, Leistungsmotivation und Leistungsniveau, therapeutischem Erfolg etc. positiv korreliert sind (vgl. Moos & Schwartz 1972; Krampen & von Delius 1981). Neben diesen Befunden gibt es eine Reihe weiterer, die statistisch bedeutsame Unterschiede in den Kontrollüberzeugungen zwischen Individuen, die in hoch strukturierten und wenig kontrollierbaren versus in geringer strukturierten und eher kontrollierbaren Umwelten leben, belegen (vgl. Seeman & Evans 1962; Levenson 1975; Queen & Freitag 1978; Krampen 1979c). Personen, die sich vor allem in hoch strukturierten (also auch gut vorhersehbaren) Umwelten aufhalten, in denen jedoch die objektiv gegebene und auch subjektiv so perzipierte Kontrollierbarkeit gering ist, verfügen danach meist über externale Kontrollüberzeugungen. Auf diese Arbeiten wird in Kapitel 4.4.3 ausführlicher eingegangen.

3.3 Interaktion von Situationsmerkmalen und Kontrollüberzeugungen

In der Sozialen Lerntheorie wird davon ausgegangen, daß generalisierte Erwartungshaltungen wie Kontrollüberzeugungen insbesondere in für das Handlungssubjekt neuen und/oder ambiguiden Situationen für die Erklärung und Vorhersage von Verhalten wichtig sind, da in solchen Situationen nicht auf vorliegende, spezifische Erfahrungen zurückgegriffen werden kann. Diese theoretisch postulierte Interaktion von Persönlichkeits- und Situationsmerkmalen konnte von Davis & Phares (1967) und von Dollinger & Taub (1977) empirisch für situative Ambiguität und Kontrollüberzeugungen, von Newman (1977) für die Neuheit einer Situation und Kontrollüberzeugungen bestätigt werden. Davis & Phares

(1967) stellten in einem Experiment zum Einfluß von Kontrollüberzeugungen auf informationssuchendes Verhalten (Informationen über Diskussionspartner sollten gesucht werden, bei denen die Versuchspersonen später die Einstellungen zum Vietnam-Krieg verändern sollten) fest, daß internale Personen dann, wenn in der experimentellen Instruktion die Erfolgswahrscheinlichkeiten als von den Fertigkeiten der Versuchsperson abhängig bezeichnet wurde, signifikant mehr Informationen suchten als Externale. Wurde dagegen in der Instruktion den Versuchspersonen suggeriert, daß ihr Erfolg alleine zufallsabhängig sei, so konnten keine Unterschiede zwischen Internalen und Externalen festgestellt werden. Bei ambiguiden Instruktionen, in denen also die Erfolgsmöglichkeit und -abhängigkeit nicht angesprochen wurden, suchten Internale aber wiederum signifikant mehr Informationen über den potentiellen Diskussionspartner. Dies belegt die theoretische Vorhersage, nach der zu erwarten ist, daß das Fehlen von situativen Hinweisen über die Kontingenz von Verhalten und Verhaltensfolgen dazu führt, daß Kontrollüberzeugungen für die Verhaltensvorhersage wichtig sind. Bei Instruktion I (Erfolg ist Fähigkeitsabhängig) ist ebenfalls ein Unterschied zwischen Internalen und Externalen zu erwarten, da Personen mit internalen Kontrollüberzeugungen eher dazu bereit sein dürften, eine solche Instruktion als richtig zu akzeptieren. Zu ähnlichen Ergebnissen bezüglich der Interaktion von situativer Ambiguität, hier manipuliert durch Vorgabe einer fiktiven, Aufgaben-bezogenen Zielsetzung versus Verzicht auf die Nennung einer Zielsetzung bei der Aufgabenbearbeitung, und Kontrollüberzeugungen kamen Dollinger & Taub (1977) in einer Stichprobe von 209 Schülern der vierten bis sechsten Jahrgangsstufe. Internal orientierte Kinder erreichten unter der Versuchsbedingung ohne explizite Zielsetzung bedeutend bessere Leistungen als external orientierte. Sie gaben auch ein höheres Maß an Interesse an der Aufgabe und an dem Experiment an. In der situativ eindeutigen Versuchsanordnung (mit Zielsetzung) konnten dagegen keine Unterschiede in den Leistungen und in den Angaben zum Interesse zwischen Internalen und Externalen festgestellt werden.

Eine Vielzahl von Untersuchungsbefunden zur Interaktion von situativer Kontrollierbarkeit und Kontrollüberzeugungen ist in der Literatur anzutreffen. Insbesondere experimentelle Arbeiten, in denen das Verhalten internal und external orientierter Personen in Zufalls- oder fremdbestimmten Situationen mit dem in (selbstbestimmten) Geschicklichkeitssituationen verglichen wurde, zeigen Wechselwirkungseffekte auf. So ist die Entscheidungszeit bei schwierigen intellektuellen Aufgaben unter Geschicklichkeits-Instruktionen bei Internalen höher, unter Zufalls-Instruktionen dagegen bei Externalen (Dixit & Singh 1975). Internale machen unter Geschicklichkeits-Instruktionen ebenso wie Externale unter Zufalls-Instruktionen in einem Experiment häufiger von der Möglichkeit, zu schwindeln oder zu lügen Gebrauch (falsche Angabe von Erfolg) als Internale unter Zufalls- und Externale unter Geschicklichkeits-Instruktionen (Srull & Karabenick 1975). Auch bei Risikoverhalten zeigen sich bedeutsame Interaktionen zwischen Kontrollüberzeugungen und Kontrollierbarkeit situativer Parameter (vgl. etwa El-Gazzar, Saleh & Conrath 1976). Fry (1975) hat in einer Studie zur psychologischen Berufsberatung in einem mehrdimensionalen Untersuchungsdesign u. a. die Möglichkeit der Probanden, den Verlauf des Beratungsgesprächs selbst zu kontrollieren, experimentell dadurch variiert, daß der Berater unterschiedliche Rollen spielte (gleichberechtigtes Verhältnis zwischen Proband und Berater; Experten-kontrollierte Beziehung; durch den Probanden kontrollierte Beziehung; Kontrollgruppe). Auch Fry stellte eine bedeutsame Interaktion dieser Situationsvariable mit den Kontrollüberzeugungen der Probanden fest. Internale Personen profitieren von dem Beratungsgespräch unter der Versuchsbedingung mit hohen persönlichen Kontrollmöglichkeiten am meisten; externale Personen profitieren dagegen am meisten unter der fremdbestimmten Versuchsbedingung. Die subjektive Zufriedenheit der Probanden mit dem Beratungsgespräch korrespondiert mit diesen Befunden.

Vorliegende empirische Arbeiten belegen also recht gut, daß individuelle Kontrollüberzeugungen mit der Wahrnehmung situativer Aspekte wie Ambiguität, Neuheit und Kontrollierbarkeit interagieren. Auf dem Hintergrund der in Kapitel 3.1 und 3.2 diskutierten anderen situativen Parameter wird jedoch die Notwendigkeit weiterer Untersuchungen deutlich, deren Ziele die Analyse der komplexen Beziehungen zwischen generalisierten Erwartungshaltungen und Situationswahrnehmungen sowie die Bestimmung des Erklärungswertes dieser Interaktionen für Handlungswahlen von Individuen sind.

3.4 Zusammenfassung

Sowohl Befunde aus Laborexperimenten als auch solche aus Feldexperimenten und Feldstudien belegen die Bedeutung situativer Parameter wie Kontrollierbarkeit, Ambiguität und Vorhersehbarkeit situativer Veränderungen für die Erklärung und Vorhersage von Verhalten und Erleben. Besondere Bedeutung kommt nach den vorliegenden Befunden der subjektiven Wahrnehmung dieser Situationsmerkmale zu: sind etwa objektiv Kontrollmöglichkeiten gegeben, werden sie jedoch aufgrund früherer Lernerfahrungen nicht wahrgenommen, so kann es zu Symptomen der Gelernten Hilflosigkeit („Illusion von Inkompetenz"; Langer 1979) kommen; liegen dagegen objektiv keine Kontrollmöglichkeiten vor und werden aufgrund von Erwartungen, Instruktionen oder Manipulationen subjektiv trotzdem Kontrollmöglichkeiten wahrgenommen („Kontrollillusion"), so kann dies ebenfalls zu bedeutsamen emotionalen und behavioralen Folgen − in diesem Falle freilich positiver Art − führen. Zusammenfassend kann gesagt werden, daß die subjektiv perzipierte Kontrollierbarkeit einer Situation oder Handlungsumwelt kognitive, motivationale, emotionale und behaviorale Variablen beeinflußt. Insbesondere liegen Befunde zu Unterschieden in subjektiven Erfolgserwartungen, in Lernprozessen, in Streß- und Furchtreaktionen, in der Zuschreibung persönlicher Verantwortung, im Sozialverhalten und in Kausalattributionen vor.

Im experimentalpsychologischen Bereich muß zwischen drei Situationstypen unterschieden werden: (1) Zufallssituationen, in denen Verhaltensfolgen von Glück, Pech, Zufall etc. abhängen (sie stehen in Analogie zu externalen Kontrollüberzeugungen, die durch Fatalismus bedingt sind); (2) fremdbestimmte Geschicklichkeitssituationen/Machtlosigkeitssituationen, in denen Verhaltensfolgen vor allem von anderen Personen (Versuchsleiter, Konföderant o. ä.) abhängen (sie stehen in Analogie zu externalen Kontrollüberzeugungen, die durch Gefühle der Abhängigkeit von anderen Personen bedingt sind); (3) selbstbestimmte Geschicklichkeitssituationen, in denen Verhaltensfolgen vom Verhalten oder von Persönlichkeitscharakteristika des Individuums abhängen (sie stehen in Analogie zu internalen Kontrollüberzeugungen). In natürlichen Handlungskontexten dürften viele Situationen durch alle drei Aspekte gekennzeichnet sein, wobei jedoch Wichtungsunterschiede bestehen werden. Weder in der Handlungstheorie, noch in der Streßforschung und in der Ökologischen Psychologie liegen bislang jedoch umfassende Ansätze zur Analyse natürlicher Handlungssituationen vor.

Die in der Sozialen Lerntheorie postulierte Interaktion situativer Merkmale und generalisierter Erwartungshaltungen konnte empirisch für situative Ambiguität sowie Neuheit und Kontrollüberzeugungen in einigen Arbeiten bestätigt werden. Kontrollüberzeugungen sind danach vor allem in subjektiv neuen und/oder mehrdeutigen Situationen für Verhaltensvorhersagen von Bedeutung. Darüber hinaus liegen Hinweise auf die Interaktion von Kontrollüberzeugungen und subjektiv perzipierter Kontrollierbarkeit von Situationen, die freilich sowohl mit situativer Neuheit als auch mit situativer Ambiguität in Beziehung steht, vor.

4 Differentialpsychologische Forschung: Kontrollüberzeugungen als Persönlichkeitskonstrukt

Die differentialpsychologische Forschung macht den Schwerpunkt bisheriger Forschungsarbeiten zu Kontrollüberzeugungen aus. Auf dem Hintergrund einer empirischen Persönlichkeitskonzeption (Kapitel 4.1) wurden vor allem Untersuchungen durchgeführt, die (1) die Messung dieses deskriptiven Persönlichkeitskonstrukts (Kapitel 4.2), (2) die Konstrukterhellung (Kapitel 4.3) und (3) – im entwicklungspsychologischen Sinne – seine Antezedensbedingungen (also explikative Konstrukte für Kontrollüberzeugungen) betreffen (Kapitel 4.4).

4.1 Zur Bestimmung von Persönlichkeitskonstrukten

In der empirischen Persönlichkeitspsychologie werden hypothetische Konstrukte zur Beschreibung und Erklärung von Persönlichkeitsaspekten entworfen, die kontinuierlich durch empirische Daten präzisiert und in ihrem Wert überprüft werden (vgl. etwa Herrmann 1972^2, 1973). Der Begriff Persönlichkeit macht dabei das allgemeinste hypothetische Konstrukt aus, das von der Mehrheit der Autoren übereinstimmend als „ein bei jedem Menschen einzigartiges, relativ stabiles und den Zeitablauf überdauerndes Verhaltenskorrelat." (Herrmann 1972^2, S. 29) definiert wird. Je nach theoretischer Orientierung treten zu dieser Minimaldefinition weitere Bestimmungsstücke, wie sie etwa von Rotter (1972) in Verstärkerwerten, Erwartungen etc. gesehen werden (siehe Kapitel 2.1.1). Eine Besonderheit der Sozialen Lerntheorie liegt hier darin, daß sie sich nicht darauf beschränkt, Persönlichkeit als ein (wie oben definiertes) Verhaltenskorrelat zu bestimmen, sondern daß mit ihr auch die Wechselwirkungen von interindividuellen Differenzen und spezifischen Situationsvariablen bezeichnet werden: „Persönlichkeit bezieht sich definitionsgemäß auf relativ breite, stabile Differenzen zwischen Personen und auf das Zusammenspiel dieser Differenzen und spezifischer situativer Variablen" (Phares 1976, S. 38; Übersetzung vom Autor). Persönlichkeitskonstrukte werden in der Sozialen Lerntheorie also als deskriptive Konstrukte und als Moderatorvariablen zur Explikation und Prognose von Handlungswahlen verwendet. So bestehen auch die vier wichtigsten Ziele einer Persönlichkeitstheorie nach Rotter & Hochreich (1979, S. 5) darin, „(1) Vorgehensweisen für eine möglichst zuverlässige und lebensnahe Beschreibung von Individuen zu liefern; (2) individuelle Unterschiede des menschlichen Verhaltens oder der Einstellungen in vergleichbaren Situationen verstehen und Vorhersagen darüber machen zu können; (3) zu verstehen und vorherzusagen, wie oder unter welchen Bedingungen Individuen ihre charakteristischen Verhaltensweisen und Einstellungen lernen oder erwerben und (4) zu verstehen, wie oder unter welchen Bedingungen sich solche Verhaltensweisen und Einstellungen ändern." Zur Beantwortung dieser Fragen werden deskriptive theoretische Konstrukte (zur Persönlichkeitsbeschreibung) und explikative theoretische Konstrukte (zur Persönlichkeitserklärung) entworfen. Deskriptive Konstrukte klassifizieren empirische Indikatoren und verleihen ihnen Bedeutung. Mit ihnen werden empirische Sachverhalte zusammenfassend beschrieben; ferner dienen sie der beschreibenden Unterscheidung von Individuen (Ziel 1 und 2 nach Rotter & Hochreich 1979; siehe auch Hermann 1972^2). Explikative Konstrukte werden dagegen zur Erklärung von Zusammenhängen zwischen den empirischen Sachverhalten, die durch ein deskriptives Konstrukt zusammengefaßt werden, und zur Erklärung und Veränderung individueller Differenzen in deskriptiven Konstrukten verwendet (Ziele 3 und 4). Die empirische Persönlichkeitsforschung sucht somit durch induktive Abstraktion, Ordnungsschemata für beobachtbare empirische Phänomene zu finden, und zeitlich späteres (deskriptive Persönlichkeitskonstrukte und interindividuelle Differenzen in ihnen) durch zeitlich früheres (explikative Konstrukte) zu erklären. Sie ist dabei nomothetisch ausgerichtet. Bei der Konstruktion und Prüfung dieser theoretischen Konstrukte wird der Methodenkanon der empirischen Psychologie verwendet: die empirischen Sachverhalte müssen also reliabel und objektiv gemessen werden; hypothetische Konstrukte werden (als Theorie) durch die Empirie überprüft und fortlaufend präzisiert; Widerspruchsfreiheit, logischer Zusammenhang und Explikation der Annahmen sind Vorbedingungen auf theoretischer Ebene (siehe Kapitel 2.1.1); die Nützlichkeit theoretischer Konstrukte für Persönlichkeitsbeschreibungen und -erklärungen muß sich empirisch bestätigen etc. (vgl. Herrmann 1972^2; Rotter & Hochreich 1979).

In der empirischen Persönlichkeitsforschung trat nun im letzten Jahrzehnt eine gefährliche begriffliche Entwicklung und Polarisierung auf. Autoren wie etwa Endler (1975) und Magnusson (1974) unterscheiden in der Persönlichkeitspsychologie ein „Eigenschaftsmodell" („trait-approach") und ein „situatives Modell" („situationism"). Während die sogenannte „Eigenschaftspsychologie" den „Organismus-Fehler" begehe, also situative Determinanten des Verhaltens und der Persönlichkeit vernachlässige, und die „Situationspsychologie" dem „Stimulus-Fehler" verfalle, also individuelle Merkmale vernachlässige, würde die Synthese beider Modelle zum „Interaktionismus" beide Fehler vermeiden und der optimale differentialpsychologische Ansatz sein (vgl. auch Magnusson & Endler 1977). Ohne auf die wissenschaftliche Diskussion zu diesem Thema ausführlich einzugehen (vgl. etwa dazu Spitznagel 1968; Golding 1975; Buss 1977; Lantermann 1980; Krauskopf 1980; Heckhausen 1980a; Herrmann 1980; Magnusson 1980; Buxbaum 1981), sollen hier nur zwei wichtige Diskussionsinhalte erwähnt werden. Zum einen zeigte sich, daß die am S-R-Modell orientierte Analyse von Persönlichkeitskonstrukten wie Angst oder Streß (vgl. etwa Endler & Hunt 1968) einen in der Anwendung der Statistik nicht haltbaren Weg (Varianzanalyse) zur Bestimmung der Varianzbeiträge von Person, Situation und deren Interaktion gegangen ist (vgl. Golding 1975; Buss 1977). Hier wird – und dies wird inzwischen auch von den „Interaktionisten" erkannt (vgl. etwa Magnusson 1980) – ein mechanistischer Interaktionismus vertreten, der *einseitige* Wechselwirkungen untersucht. Theoretisch angemessener ist dagegen der dynamische Interaktionismus, unter dem der Prozeß der gegenseitigen Beeinflussung von Person und Umwelt verstanden wird. Hier kommen wir schon zum zweiten bedeutsamen Argument in Bezug auf die Interaktionismus-Debatte: Es ist wissenschaftshistorisch falsch, der „Eigenschaftspsychologie" zu unterstellen, sie würde situative Einflüsse auf Verhalten und auf die Persönlichkeitsentwicklung *nicht* berücksichtigen. Nicht nur Autoren wie Lewin, Rotter, Murray und Stern betonen Wechselwirkungen zwischen Person- und Umweltvariablen, sondern auch die häufig als „reine" Vertreter eines „Eigenschaftsmodells" bezeichneten, faktorenanalytisch orientierten Autoren wie R. B. Cattell und Eysenck (vgl. hierzu vor allem Krauskopf 1978; Herrmann 1980). Nach Herrmann (1980) wird in der Diskussion die Geschichte differentialpsychologischer Forschung in ihrer Komplexität dadurch erheblich reduziert, daß von einigen modernen „Interaktionisten" in ihrem Heterostereotyp Eigenschaftsmodell wesentliche Kapitel auch jüngerer Psychologiegeschichte übersehen oder mißverstanden werden. Festzuhalten bleibt, daß die dynamische Interaktion von Person und Umwelt in fast allen modernen differentialpsychologischen Ansätzen eine der wesentlichen Kernannahmen ist. Buxbaum (1981) macht zudem darauf aufmerksam, daß auch der Ansatz des mechanistischen Interaktionismus (abgesehen von seinen aktuellen methodischen Problemen) keine Alternative zum konstruktivistischen Ansatz der empirisch fundierten Persönlichkeitspsychologie ist, sondern daß er lediglich „ein Abgehen auf ein niedriges Abstraktionsniveau bedeuten würde, also einer Betrachtungsweise entspricht, wie sie ohnehin immer wieder von Forschern diskutiert wird, die an sich die Bedeutung von situativ verallgemeinerungsfähigen Persönlichkeitsmerkmalen betonen (...)" (S. 18). Am deutlichsten wird dies in hierarchischen Persönlichkeitsmodellen (vgl. etwa Eysenck 1953), in denen klar die Relationen zwischen verschiedenen Abstraktions- oder Generalisierungsebenen der Persönlichkeitsbeschreibung dargestellt sind. Der mechanistische Interaktionismus bezieht sich auf sehr spezifische, allenfalls habituelle Reaktionsweisen, während die „Eigenschaftspsychologie" sich auf abstraktere, in der Hierarchie höher stehende Variablenkomplexe bezieht. Auch die in Kapitel 2.3 dargestellte Konzeption der hierarchischen Struktur von Erwartungen und generalisierter Erwartungshaltungen (wie etwa Kontrollüberzeugungen) von Krampen (1979c), die mit der Sozialen Lerntheorie in Einklang steht, beinhaltet diese unterschiedlichen Abstraktionsebenen. Übertragend kann gesagt werden, daß sich der mechanistische Interaktionismus bislang mit situationsspezifischen Erwartungen (Ebene I) beschäftigt hat. Situationsübergreifende, handlungsbezogene Erwartungen (Ebene II) und molare Konstrukte (Ebene III) generalisierter Erwartungshaltungen von Individuen stehen dazu in ableitbaren Beziehungen, die auf Generalisationslernen beruhen. Die Soziale Lerntheorie macht nun ferner Aussagen darüber, wann welche Beschreibungs- bzw. Abstraktionsebene zur Persönlichkeitsbeschreibung und zur Erklärung sowie Vorhersage interindividueller Handlungsunterschiede sinnvoll eingesetzt werden kann (siehe Kapitel 2.3). Diese Konzeption der hierarchischen Struktur von Erwartungshaltungen kann ohne weiteres in ein umfassenderes hierarchisches Modell der Persönlichkeitsbeschreibung integriert werden. Generalisierte Erwartungshaltungen machen dann *einen* Persönlichkeitsbereich neben anderen (etwa Extraversion und Neurotizismus bei Eysenck 1953; oder auch kognitive Differenziertheit, Leistungsmotivation etc.) aus, die gemeinsam die Ebene IV der in Kapitel 2.3 dargestellten Konzeption konstituieren und deren Interdependenzen im Rahmen der Konstrukterhellung zu untersuchen sind. Ebene V ist dann — im allgemeinsten Sinne — durch das theoretische Konstrukt „Persönlichkeit" zu kennzeichnen.

4.2 Messung von Kontrollüberzeugungen

Mit wenigen Ausnahmen werden in den meisten Arbeiten zur Erfassung von Kontrollüberzeugungen Fragebogenverfahren eingesetzt, die als divergent (es gibt keine objektiv richtigen Antworten), direkt oder offen (also durchschaubar) und strukturiert (Antwortkategorien sind vorgegeben) eingeordnet werden können. Im Gegensatz zu objektiven Leistungstests oder physiologischen Tests werden solche Fragebogenverfahren häufig als subjektive Persönlichkeitstests bezeichnet, in denen der Proband durch seine Reaktion auf die verbalen oder bildlichen Items des Tests Auskünfte über sich gibt (Q-Daten nach Cattell). Objektivität in Durchführung, Auswertung und Interpretation ist bei solchen Verfahren freilich meist in hohem Maße gewährleistet; das Adjektiv „subjektiv" bezieht sich auf die hohe Steuerbarkeit und Subjektivität der Antworten durch den Probanden, die bei objektiven Tests verringert ist. Alternative Methoden der Datenerhebung (etwa Interview, projektive Techniken, Verhaltensbeobachtung) bzw. alternative Datenquellen (etwa L-Daten aus Fremdbeurteilungen oder T-Daten aus objektiven Tests im Sinne Cattells, vgl. auch Herrmann 1972[2]) kommen dagegen sehr selten zum Einsatz. Daher muß in der folgenden Darstellung der Schwerpunkt auf die Diskussion der vorliegenden Fragebogenverfahren, die meist nach dem Vorgehen der klassischen Testtheorie konstruiert wurden, und deren Probleme gesetzt werden.

Vorab sollen noch zwei Probleme angesprochen werden, die sich im theoretischen Bereich auf die Überlegungen zur Konstruktdifferenzierung und zur Bereichsspezifität versus Generalität von Kontrollüberzeugungen beziehen. Den Prinzipien der empirischen Persönlichkeitspsychologie folgend besteht eine enge Wechselbeziehung zwischen der Empirie (also etwa den jeweiligen Fragebogenverfahren) und dem Stand der Konstruktentwicklung. In den ersten Ansätzen zur Messung von Kontrollüberzeugungen wurde implizit ein eindimensionales Modell von Kontrollüberzeugungen mit den Extrema „internal versus external" verwendet (Rotter 1966), auch wenn dies theoretisch nicht unbedingt beabsichtigt war (vgl. Rotter 1975). Eine Vielzahl empirischer Untersuchungen verweist nun auf die Multidimensionalität von Kontrollüberzeugungen (siehe Kapitel 4.2.1). Multidimensionalität des Konstrukts Kontrollüberzeugungen wird dabei aber häufig mit ihrer Bereichsspezifität konfundiert. Dies geschieht etwa dann, wenn inhaltlich homogene Items eines Fragebogens in Faktorenanalysen eine Dimension konstituieren, die sich auf *einen* Verhaltens- oder Situationsbereich bezieht. Solche Ergebnisse betreffen die Bereichsspezifität von Kontrollüberzeugungen, *nicht* jedoch deren Multidimensionalität auf Konstruktebene. Multidimensionalität bezieht sich vielmehr auf Versuche, das Konstrukt Kontrollüberzeugung auf einer gegebenen Ebene der Hierarchie generalisierter Erwartungshaltungen zu differenzieren. In Kapitel 2.1.2.1 wurden die wichtigsten Ansätze dazu dargestellt. Bereichsspezifische Kontrollüberzeugungen sind dagegen in der hierarchischen Struktur auf einer niedrigeren Ebene angesiedelt; solche Kontrollüberzeugungen beziehen sich auf einen bestimmten Lebensbereich. Durch die Kombination von Uni- versus Multidimensionalität und generalisierten versus bereichsspezifischen Kontrollüberzeugungen lassen sich also a priori die folgenden Meßmodelle unterscheiden:

(1) Verfahren zur Erhebung eindimensionaler, generalisierter Kontrollüberzeugungen (etwa der ROT-IE; Rotter 1966);
(2) Verfahren zur Erhebung multidimensionaler, generalisierter Kontrollüberzeugungen (etwa der IPC-Fragebogen; Krampen 1981a);
(3) Verfahren zur Erhebung eindimensionaler, bereichsspezifischer Kontrollüberzeugungen (etwa der FRD; Tesser & Grossmann 1969);
(4) Verfahren zur Erhebung multidimensionaler, bereichsspezifischer Kontrollüberzeugungen (etwa der DRIE von Donovan & O'Leary 1978 oder der IPC-PL-Fragebogen von Krampen & Wieberg 1980).

4.2.1 Fragebogenverfahren zur Messung von Kontrollüberzeugungen

Um dem potentiellen Anwender von Meßinstrumenten zur Erfassung von Kontrollüberzeugungen die Übersicht zu erleichtern, werden im folgenden zunächst fremdsprachige und danach deutschsprachige Instrumente im Überblick dargestellt. Die Behandlung der verschiedenen Verfahren muß aus Raumgründen kurz gehalten werden. Der Leser sei daher auf die jeweilige Originalliteratur verwiesen. Eine Binnengliederung in beiden Kapiteln bezieht sich auf Verfahren für Erwachsene und für Kinder, wobei allerdings z. T. fließende Übergänge (gerade bei Jugendlichen) bestehen. Wenn keine Altersangaben gemacht werden (weil sie häufig in der Literatur nicht vorliegen), wird empfohlen, den Einsatz eines Verfahrens von den Iteminhalten und -formulierungen, die in den angegebenen Quellen zu finden sind, abhängig zu machen. Der Anwender sollte sich auf jeden Fall über die theoretische Einbindung seiner Datenerhebung (in Forschung oder Diagnostik) in die Soziale Lerntheorie oder einen inhaltlich vergleichbaren Ansatz im klaren sein.

4.2.1.1 Englischsprachige Verfahren

4.2.1.1.1 Fragebogen für Erwachsene

Tabelle 3 gibt eine Übersicht zu englischsprachigen Fragebogeninstrumenten, die bislang zur Messung von Kontrollüberzeugungen bei Erwachsenen (ab ca. 16 Jahren) eingesetzt worden sind. Die Mehrzahl der aufgeführten Instrumente geht auf den von Rotter (1966) vorgelegten Fragebogen zu internalen versus externalen Kontrollüberzeugungen (ROT-IE) zurück, für den eine Reihe alternativer Versionen und Auswertungsmodi vorliegen, deren wichtigste in der Tabelle separat aufgeführt sind (ROT-IE-Varianten). Zusätzlich ist in Tabelle 3 die oben erläuterte Differenzierung nach Konstruktdimensionalität und Bereichsspezifität der Messung aufgenommen worden, so daß jedes Verfahren an Hand dieser beiden Merkmale in eine der genannten vier Gruppen klassifizierbar ist. Die mit dem Fragebogen angezielten Konstruktdimensionen und Lebensbereiche sind in verkürzter Form ebenfalls aufgeführt.

Tabelle 3
Übersicht zu englischsprachigen Fragebogen zur Erfassung von Kontrollüberzeugungen und verwandter Konstrukte bei Erwachsenen

Autor(en)	Kurzbezeichnung	Konstruktdimensionen	Lebensbereiche (Generalisierungsebene)
ROTTER (1966)	ROT-IE	eindimensional (internal vs. external)	heterogen
GILLIS & JESSOR (1970)	Jessor-Scale	eindimensional	heterogen
MACDONALD & TSENG (1971)	ROT-IE Kurzform	eindimensional	heterogen
VALECHA & OSTROM (1974)	ROT-IE Kurzform	eindimensional	heterogen (vor allem berufliches Verhalten)
ANDRISANI & NESTEL (1976)	ROT-IE Kurzform	eindimensional	heterogen (vor allem berufliches Verhalten)
SCHNEIDER & PARSONS (1970)	ROT-IE Variante	eindimensional	− general luck/fate − respect − politics − academics/leadership − success

Tabelle 3 — Fortsetzung

Autor(en)	Kurzbe-zeichnung	Konstrukt-dimensionen	Lebensbereiche (Generalisierungsebene)
COLLINS (1974)	ROT-IE Variante	eindimensional	— difficult world — just world — predictable world — political responsible world
MIRELS (1970)	ROT-IE Variante	— personal control — sociopolitical control	heterogen
GURIN et al. (1969, 1978)	ROT-IE Erweiterung	— personal control — control ideology	heterogen (u. a. politisches Verhalten, soziale Kontrolle)
NOWICKI & DUKE (1974a)	ANS-IE	eindimensional	heterogen
LEVENSON (1972, 1974)	IPC-Scales	— internality — powerful others externality — chance control	heterogen
FRIEDMAN & MANASTER (1973)	I-E-Proverb Scale	— internality — external behavioral control — external situational control	heterogen
COAN et al. (1973)	POS, POS-R	eindimensional	— achievement — confidence — supernatural power — planning — self control — socio-political — socio interaction
GREGORY (1978)	MBQ-Variante	— control for negative events — control for positive events	heterogen

Tabelle 3 — Fortsetzung

Autor(en)	Kurzbe-zeichnung	Konstrukt-dimensionen	Lebensbereiche (Generalisierungsebene)
REID & WARE (1974)	RW-Scale	— self-/impulse-control — fatalism — socio system control	heterogen
TIFFANY (1967)	E-C-Scale	— control over internal forces — control over external forces	heterogen
CROMWELL (1963) POWELL (1971)	ALOC	eindimensional	heterogen
GOOD et al. (1973)	Powerlessness-Scale	eindimensional	soziale Interaktion
DEAN (1961)	DAS	eindimensional	soziale Entfremdung
FRY (1975)	ACS	eindimensional	soziale Interaktion
MOTOWIDLO (1979)	ESL	eindimensional	Erfolgserwartungen
DeCHARMS (1976)	OCQ	eindimensional	Kontrollklima in Schulklassen
LEFCOURT (1979)	MMCS	— internal-stabil — internal-variabel — external-stabil — external-variabel	— Leistungsverhalten — Affiliation
KIRSCHT (1972)	CHS	eindimensional	Gesundheitsverhalten
WALLSTON et al. (1976)	HLC	eindimensional	Gesundheitsverhalten
HILL & BALE (1980)	MHLC	eindimensional	Gesundheitsverhalten
OZIEL et al. (1972)	LOC-DRUG	eindimensional	Drogenkonsum

Tabelle 3 — Fortsetzung

Autor(en)	Kurzbe-zeichnung	Konstrukt-dimensionen	Lebensbereiche (Generalisierungsebene)
DONOVAN & O'LEARY (1978)	DRIE	eindimensional	Alkoholkonsum — intrapersonal control — interpersonal control — general control
TESSER & GROSSMAN (1969)	FRD	eindimensional	Autofahren und Verkehrsverhalten
NEWMAN (1977)	LOC-RISK	eindimensional	Risikoverhalten
LEWIS et al. (1977)	LOC-IRQ	eindimensional	interpersonale Beziehungen
AUSTIN (1972)	ST-IE	eindimensional	Lehrerverhalten
COROSO (1978)	PCLCS	eindimensional	elterliches Erziehungsverhalten

Der von Rotter (1966) vorgelegte *ROT-IE-Fragebogen* geht auf Vorarbeiten (Itemanalysen, Validierungsstudien) zurück, die an der University of Ohio geleistet wurden (vgl. etwa Rotter, Liverant & Crowne 1961; Rotter, Seeman & Liverant 1962; Seeman & Evans 1962). Zielsetzung dieser Methodenentwicklung war ein möglichst breit gefächertes, allgemeines Meßinstrument, das Kontrollüberzeugungen in verschiedenen Lebensbereichen („need areas" nach der Sozialen Lerntheorie) erfaßt. Aufgrund von Plausibilitätsüberlegungen und aufgrund der experimentalpsychologischen Erfahrungen mit selbstbestimmten Geschicklichkeits- versus fremdbestimmten/zufallsbestimmten Situationen wurden für die erste Fragebogenversion 100 Items formuliert, bei denen der Proband jeweils nach dem Wahlzwang-Verfahren angeben soll, welche von zwei Aussagen für seine Person eher zutrifft. Eine der Alternativen beinhaltet dabei eine internale, die andere eine externale Kontrollorientierung. Itemanalytische Studien führten zu einer 2. Fragebogenversion, die aus 60 Items bestand. Diese Items ließen sich mehreren faktorenanalytisch gewonnenen Subskalen für Kontrollüberzeugungen in verschiedenen Lebensbereichen zuordnen, wobei sich allerdings relativ hohe

Interkorrelationen der Subskalenwerte ergaben (siehe Rotter 1966). Zum Teil lagen die Subskaleninterkorrelationen sogar höher als die Kennwerte für die interne Konsistenz der einzelnen Subskalen. Dies wies ebenso wie relativ starke Zusammenhänge der Skalenwerte zur Tendenz, in sozial erwünschter Weise zu antworten, darauf hin, daß die Trennung verschiedener Subskalen bei diesem Fragebogen nicht sinnvoll ist. Rotter (1966) reduzierte diesen Itemsatz weiter, so daß die (vorläufige) Endversion des ROT-IE aus 23 inhaltlichen Items und sechs Füllitems, die nicht ausgewertet werden, besteht. Das Wahlzwang-Format bei der Itembeantwortung wurde beibehalten. Am Rande sei erwähnt, daß andere Autoren (etwa Gillis & Jessor 1970; „Jessor-Scale" mit 35 Wahlzwang-Items; siehe auch Palmore & Luikart 1972) auf der Basis der gleichen Items (2. Version) zu einem anders gearteten Fragebogen gelangt sind. Die Kennwerte für die Reliabilität (interne Konsistenz und Test-Retest-Reliabilität) des ROT-IE bewegen sich im mittleren Bereich (um r_{tt} = .65), was durch eine Vielzahl empirischer Arbeiten bestätigt wurde (siehe im Überblick Phares 1976). Da es sich bei ROT-IE um ein situativ breit gefächertes Verfahren handelt, werden diese Werte allgemein als ausreichend bezeichnet (vgl. Rotter 1966, 1975; Phares 1976). Der ROT-IE erfaßt also eindimensional stark generalisierte Kontrollüberzeugungen von Individuen in verschiedensten Lebensbereichen, wobei wichtig ist, daß die Eindimensionalität des ROT-IE nicht a priori festgelegt worden war, sondern daß sie sich aufgrund empirischer Befunde zunächst als sinnvollste Lösung ergeben hat.

In der bisherigen Forschung zu Kontrollüberzeugungen hat der ROT-IE-Fragebogen eine herausragende Rolle gespielt, da er — zumindest in den ersten Jahren dieser Forschung — wohl am häufigsten zum Einsatz kam. Da dieser Fragebogen jedoch in einer Unzahl erhebungstechnischer Varianten existiert, ist bei dem Vergleich von Untersuchungsbefunden Vorsicht geboten. In den letzten Jahren wird der ROT-IE auch immer mehr zugunsten neuerer, z. T. mehrdimensionaler und/oder bereichsspezifischer Fragebogenverfahren zurückgedrängt.

Doch zunächst zu den *ROT-IE-Varianten,* die z. T. schon zu Konstruktdifferenzierungen und bereichsspezifischen Meßwerten geführt haben. Grob können hier fünf Ansätze der Veränderung des originalen ROT-IE unterschieden werden, die in einigen Studien auch kombiniert wurden: (1) Elimination der Füllitems und Entwicklung von Fragebogenkurzformen; (2) Formulierungsveränderungen bei den Items; (3) Änderung des Antwortformats (meist zugunsten von Likert-Skalen); (4) Berechnung von Subskalenwerten für eindimensionale, jedoch bereichsspezifische Kontrollüberzeugungen; (5) Berechnung von Subskalenwerten für verschiedene Konstruktdimensionen (z. T. auch bereichsspezifisch).

In den *Kurzversionen* des ROT-IE werden zunächst meist die Füllitems, die inhaltlich nicht ausgewertet werden, sondern vor allem der Verdeckung des diagnostischen Ziels dienen und der Tendenz, in sozial erwünschter Weise zu antworten, entgegentreten sollen, eliminiert. In der Studie von Kestenbaum & Hammersla (1976) wird deutlich, daß die Füllitems diese Funktion ohnehin kaum erfüllen. Sie stellten fest, daß diese Items unter verschiedenen experimentellen Instruktionen (Standardinstruktion; Instruktion, sich positiv darzustellen) keine Beziehungen zum Fragebogenwert aufweisen. Es konnten auch keine Unterschiede in der Beantwortung der Füllitems (und ihrer Beziehungen zum Fragebogenwert) bei Probanden festgestellt werden, die die diagnostische Zielsetzung der Untersuchung richtig bzw. falsch einschätzten. In den inhaltlich orientierten Kurzformen des ROT-IE von MacDonald & Tseng (1971; zitiert nach Zerega, Tseng & Greever 1976; 12 Items), Valecha & Ostrom (1974) und Andrisani & Nestel (1976; 11 Items) wird neben den Füllitems auf einige inhaltliche Items verzichtet, weil sie keinen Bezug zur jeweiligen Fragestellung aufweisen (etwa bei Valecha & Ostrom 1974 und Andrisani & Nestel 1976) oder weil sie sich aufgrund dimensionsanalytischer Arbeiten als homogen zu anderen erwiesen haben (MacDonald & Tseng 1971). Das erste Argument dürfte hier eine gewisse Problematik enthalten, vor allem, wenn — wie etwa bei Kimmons & Greenhaus (1976) — recht idiosynkratisch auf nur drei Items verzichtet wird. Dies vermindert die Vergleichbarkeit der Befunde aus verschiedenen Studien erheblich. Es muß allerdings festgestellt werden, daß alle genannten Autoren für die jeweilige Kurzform des ROT-IE Reliabilitätskoeffizienten berichten, die hinter denen des originalen ROT-IE nicht zurückstehen.

Die zweite relativ häufig anzutreffende Veränderung des ROT-IE-Fragebogens betrifft die Formulierung der Items. Hier werden zum ersten Veränderungen vorgenommen, die die Verständlichkeit der Iteminhalte, die zunächst in studentischen Stichproben verwendet wurden, für andere Gruppen zu erhöhen, zum zweiten werden teilweise auch die Items des ROT-IE, die unpersönlich formuliert sind, in die Ich-Form gebracht, um die Personbezogenheit der Aussagen zu erhöhen (vgl. etwa Lewis, Gottesman & Gutstein 1979). Solche Varianten des ROT-IE bedürfen natürlich ebenso wie alle anderen stets neuer itemanalytischer Prüfungen, die nicht nur Reliabilitäts-, sondern auch Validitätsprüfungen einbeziehen müssen. Dies wird jedoch nicht in allen Fällen getan.

Weitaus häufiger als Formulierungsveränderungen bei den Items ist jedoch die dritte Art der Fragebogenveränderung anzutreffen, von der man heute fast sagen kann, daß sie über die originale Form dominiert. Sehr viele Autoren (vgl. z. B. Collins 1974; Zuckerman, Gerbasi & Marion 1977) verwenden statt dem Wahlzwang-Format für die Beantwortung des ROT-IE Likert-Skalen, auf denen (meist 5stufig) die Zustimmung bzw. Ablehnung der Probanden zu nunmehr 46 (inhaltlichen) Items erhoben wird. Anstatt von 23 Konstrukt-bezogenen Entscheidungen für die internale oder externale Itemalternative werden hier also Antworten auf 46 Einzelaussagen gefordert. Diese Skalierungsvariante ermöglicht methodisch fundiertere Dimensionsanalysen des Fragebogens, was — wie in den nächsten zwei Absätzen zu zeigen sein wird — z. T. der Konstrukterhellung gedient hat. Ferner zeigte eine Reihe methodenvergleichender Studien (Wahlzwang-Format versus Likert-Skalen), daß die Fragebogensummenwerte beider Erhebungsvarianten sehr hoch korrelieren (z. B. Gatz & Good 1978), und daß die

Likert-Skalen (wie nicht anders zu erwarten ist) zu differenzierteren Faktorstrukturen führen (z. B. Joe & Jahn 1973).

Faktorenanalytische Arbeiten zum ROT-IE-Fragebogen führten in Abhängigkeit von (1) Itemauswahl, (2) Formulierungsveränderungen, (3) Erhebungsvariante, (4) Stichprobencharakteristika und (5) methodischem Vorgehen (Art des faktorenanalytischen Verfahrens, Abbruchkriterium, Art der Kommunalitätenschätzung und der Rotationsmethoden etc.) zu z. T. sehr unterschiedlichen Faktorstrukturen (vgl. etwa Kleiber, Veldman & Menaker 1973; Cherlin & Bourque 1974; Viney 1974; Klockars & Varnum 1975; Wolk & Hardy 1975; Garza & Widlak 1977; Prociuk 1977), denen lediglich die faktorielle Multidimensionalität gemeinsam ist. Faktorielle Multdimensionalität kann hier nun zweierlei bedeuten. Zum einen kann ein Faktor Items bündeln, die sich auf einen Lebensbereich beziehen; hieraus können Subskalen zur Erfassung (eindimensionaler) bereichsspezifischer Kontrollüberzeugungen entwickelt werden. Zwei Ansätze zur Subskalenbildung beim ROT-IE-Fragebogen müssen hier besonders erwähnt werden und sind daher auch in Tabelle 3 extra als ROT-IE-Varianten aufgeführt, da sich einige später durchgeführte Arbeiten auf sie beziehen. Es sind dies die Faktorlösungen von Schneider & Parsons (1970), die fünf bereichsspezifische Subskalen des ROT-IE vorschlagen, und von Collins (1974; siehe auch Zuckerman & Gerbasi 1977; Scaturo & Smalley 1980), der vier Subskalen für bereichsspezifische Kontrollüberzeugungen konzipiert (zu den inhaltlichen Bezeichnungen siehe Tabelle 3). Die zweite Bedeutung faktorieller Multidimensionalität geht über die Ermittlung bereichsspezifischer Kontrollüberzeugungen hinaus und betrifft die Konstruktdifferenzierung auf einer gegebenen Ebene der hierarchischen Struktur von Erwartungen. Deutet sich eine solche Konstruktdifferenzierung in den Arbeiten von Schneider & Parsons (1970) und Collins (1974) allenfalls an, so ist sie in denen von Mirels (1970) und von Gurin et al. (1978) klar festzustellen. Hier werden nicht mehr nur Lebensbereiche, auf die sich Kontrollüberzeugungen beziehen können, faktorenanalytisch unterschieden, es findet vielmehr eine Differenzierung des Begriffs Kontrollüberzeugungen statt. Gurin et al. (1978) erreichen dies freilich u. a. auch dadurch, daß sie bei der Analyse von Interdependenzen zwischen Kontrollüberzeugungen und sozio-politischem Engagement den ursprünglichen ROT-IE-Fragebogen um einige neue Items erweiterten. Ähnlich wie auch Mirels (1970) unterscheiden sie sowohl konzeptuell als auch empirisch zwischen persönlichen Kontrollüberzeugungen („personal control") und Kontrollideologien („control ideology"), die sich auf Wahrnehmungen von Kontrollmöglichkeiten in einer Gesellschaft beziehen. Eine Vielzahl unabhängiger empirischer Studien bestätigt den Sinn dieser Konstruktdifferenzierung sowohl durch Dimensionsanalysen als auch durch Belege für den differentiellen explikativen und prognostischen Wert dieser beiden Aspekte von Kontrollwahrnehmungen (vor allem im Bereich politischen Verhaltens; vgl. etwa Abrahamson et al. 1973; Campbell et al. 1977; Little 1977; Tobacyk 1978; Hayes & Page 1979).

Eine andere Form der Konstruktdifferenzierung nimmt Hochreich (1975, 1978; siehe auch Rotter 1975) durch die Kombination der Skalenwerte im ROT-

IE und in der „Interpersonal Trust Scale" (ITS) (Rotter 1967) vor (siehe auch Kapitel 2.1.2.1). Externale mit hohen Werten auf der ITS werden als passiv- oder kongruent-external bezeichnet; ihre Externalität ist hauptsächlich durch Fatalismus bedingt. Externale mit geringen Werten auf der ITS werden dagegen als defensiv-external charakterisiert; sie fühlen sich vor allem abhängig vom Einfluß mächtiger anderer Personen. Dieser Differenzierungs- und Operationalisierungsansatz auf der Basis von Wertekombinationen aus zwei Instrumenten zur Erfassung generalisierter Erwartungshaltungen ist sicherlich für künftige Arbeiten von Interesse. Eventuell sollte auch der internale Pol des ROT-IE in die Überlegungen einbezogen werden.

Aus der Kritik am ROT-IE, die u. a. Verständnisprobleme der Probanden durch das Wahlzwang-Format und die Konfundierung verschiedener Lebensbereiche in seinen Items betrifft, ist die „Adult Nowicki-Strickland-I-E-Scale" (ANS-IE) von Nowicki & Duke (1974a) entstanden. Sie besteht aus 40 Items, die mit ja/nein beantwortet werden müssen und generalisierte Kontrollüberzeugungen eindimensional erfassen. Der ANS-IE korreliert nach Nowicki & Duke (1974a) zu r = .68 mit dem ROT-IE, ist jedoch leichter zu bearbeiten und weist keine Beziehungen zur „sozialen Erwünschtheit" auf. Seine Reliabilitätskennwerte liegen im allgemeinen etwas höher als die des ROT-IE, was durch seine höhere Itemzahl mitbedingt sein wird. Die Validität des ANS-IE wird auch durch die Arbeiten von Duke & Nowicki (1973), Hjelle (1976) und Cash & Burn (1977) bestätigt. Weitere Studien beziehen sich − ähnlich wie beim ROT-IE − auf die faktorielle Mehrdimensionalität (Dixon, McKee & McRae 1976) und den Erhebungsmodus des ANS-IE (Chandler & Dugovics 1977). Der ANS-IE liegt in einer deutschsprachigen Bearbeitung vor (siehe Kapitel 4.2.1.2).

Ebenfalls aus der Kritik am ROT-IE sind die „IPC-Scales" von Levenson (1972, 1974a) entwickelt worden, die auch in deutscher (siehe Kapitel 4.2.1.2), japanischer (Mahler 1974) und chinesischer Sprache (Lao, Chuang & Yang 1977) vorliegen. 24 Items, die auf 6stufigen Likert-Skalen beantwortet werden müssen, sind drei Aspekten von Kontrollüberzeugungen zugeordnet (siehe Tabelle 3; Kapitel 2.1.2.1), die sehr allgemein (generalisiert) erfaßt werden. Sowohl die Reliabilität als auch die Validität dieser Skalen ist durch eine Vielzahl empirischer Studien belegt (vgl. etwa Levenson 1973a, 1973b, 1975; Mahler 1974; Garcia & Levenson 1975; Dowds et al. 1977; Lao 1977; Lao et al. 1977; Malikiosi & Ryckman 1977; Logsdon et al. 1978; Sosis et al. 1980).

Einen alternativen Ansatz zur Messung mehrdimensionaler, generalisierter Kontrollüberzeugungen haben Friedman & Manaster (1973) mit der „I-E-Proverbs Scale" vorgelegt. Diese Skala besteht aus 25 Stichworten und Aphorismen, die als internale oder externale Items klassifiziert werden können. Die Probanden müssen bei jedem Sprichwort ihre Zustimmung bzw. Ablehnung auf einer 6stufigen Likert-Skala vermerken. Eine Faktorisierung der Antworten von 488 Studenten ergab eine nach Varimax rotierte 9faktorielle Lösung, deren wesentlichstes Ergebnis ist, daß neben bereichsspezifischen Faktoren auch eine übergreifende

Konstruktdifferenzierung (Internalität, situative Externalität und behaviorale Externalität) aufgedeckt werden konnte. Fünf der neun Subskalen korrelieren in differentieller Weise mit dem ROT-IE-Fragebogenwert; die Koeffizienten liegen aber relativ niedrig. Die von Friedman & Manaster (1973) mitgeteilten Befunde zur differentiellen Validität der I-E-Proverb Scale sind für künftige Arbeiten ermutigend.

Coan, Fairchild & Dobyns (1973) legten mit dem „*Personal Opinion Survey*" (POS) und seiner empirisch revidierten Version (POS-R) Meßinstrumente zur Erfassung eindimensionaler, bereichsspezifischer Kontrollüberzeugungen („perceived control") vor. Faktorenanalysen ergaben bei 130 Items eine 7faktorielle Struktur. Die danach gebildeten Subskalen weisen keine essentiellen Interkorrelationen auf. Die Subskalen beziehen sich auf die Bereiche Leistungsverhalten, Selbstvertrauen, übernatürliche Mächte, planendes Verhalten, Selbstkontrolle interner Prozesse, sozio-politisches Verhalten und soziale Interaktionen. Der POS-R besteht aus 120 Items, wobei 12 bis 20 Items je einer Subskala zugeordnet sind.

Für den „*Malevolent-Benevolent Questionaire*" (MBQ), einem Fragebogen der ursprünglich zur Messung angenehmer und unangenehmer Umweltwahrnehmungen entwickelt wurde, schlägt Gregory (1978) einen Auswertungsschlüssel vor, nach dem generalisierte Kontrollüberzeugungen mehrdimensional (a) für positive Ereignisse, (b) für negative Ereignisse erfaßt werden können. Diese Auswertungsvariante des MBQ steht mit dem ROT-IE in differentiellen Beziehungen: die nach dem ROT-IE unterschiedenen internalen und externalen Personen unterscheiden sich im MBQ nur in Kontrollwahrnehmungen bei negativen Ereignissen, nicht jedoch in denen bei positiven. Danach scheint also der ROT-IE-Fragebogen Reaktionen auf negative Ereignisse besser vorherzusagen.

Die von Reid & Ware (1974) entwickelte „*Reid-Ware Three Factor Locus of Control Scale*" (RW-Scale) besteht aus 32 Items im Wahlzwang-Format. Es werden generalisierte Kontrollüberzeugungen für (1) Selbst- oder Impulskontrolle, (2) Fatalismus und (3) soziale Systemkontrolle erhoben. Die Folgestudien von Sadowski et al. (1978, 1979/80) bestätigen den deskriptiv-differentiellen Wert dieser Skala.

Tiffanys (1967) „*Experienced Control Scale*" (E-C-Scale) erfaßt mit vier Subskalen die Kontrollmöglichkeiten, die ein Individuum in unterschiedlichen sozialen Situationen *erlebt*. Es handelt sich somit um generalisierte Kontrollerfahrungen, die sich auf erlebte Kontrollmöglichkeiten bei intern versus extern bedingten Handlungszwängen und -einschränkungen beziehen. Die E-C-Skala erwies sich bislang vor allem bei der Analyse von Kontrollerfahrungen von Alkoholikern als brauchbar (vgl. Donovan & O'Leary 1975; Donovan, O'Leary & Schau 1975; O'Leary et al. 1976).

In Tabelle 3 sind ferner noch die folgenden, z. T. bereichsspezifischen Fragebogenverfahren zur Erfassung eindimensionaler Kontrollüberzeugungen (oder verwandter Konstrukte) aufgeführt: (1) Die „*Adult Locus of Control Scale*" (ALOC) von Cromwell (1963; siehe auch Powell 1971; Powell & Centa 1972), die recht hoch mit dem ROT-IE korreliert; (2) die von Good et al. (1973) entwickelte „*Powerlessness Scale*", die mit 27 Items das Motiv, soziale Machtlosigkeit zu vermeiden, messen soll; (3) die „*Dean Alienation Scale*" (DAS; Dean 1961; siehe auch Taylor 1974), die Items zur subjektiven Machtlosigkeit, Normlosigkeit (Anomia) und sozialen Isolation beinhaltet; (4) die „*Attitude toward Control Scale*" (ACS) von Fry (1975) zur Erhebung von Einstellungen gegenüber Selbst- versus Fremdkontrolle in sozialen Interaktionen; (5) die „*Estimate of Self-Competence Scale*" (ESC; Motowidlo 1979), die mit 12 Items generalisierte Erfolgserwartungen erfaßt; (6) der von DeCharms (1976; siehe auch Koenigs et al. 1977) entwickelten „*Orgin Climate Questionnaire*" (OCQ), der die „pawn"/ „origin"-Unterscheidung von DeCharms (siehe Kapitel 2.2) auf das Klima in Schulklassen überträgt und eindimensional erfassen soll.

Abschließend kommen wir zu den in jüngster Zeit zahlreicher entwickelten Verfahren zur Erfassung bereichsspezifischer Kontrollüberzeugungen (siehe Tabelle 3). Lefcourt (1979) berichtet über die Entwicklung paralleler Instrumente zur Erfassung multidimensionaler Kontrollüberzeugungen im Leistungsbereich und im Bereich sozialer Affiliation. Die „*Multidimensional-Multiattributional Causality Scales*" (MMCS) dazu bestehen aus jeweils 24 Likert-Items, die den vier Subskalen internal-stabile, internal-variable, external-stabile und external-variable Attributionen angehören (vgl. auch Weiner 1976). Kontrollüberzeugungen im Bereich des Gesundheitsverhaltens erfassen die Fragebogenentwürfe von Wallston et al. (1976; „*Health Locus of Control Scale*", HCL), Kirscht (1972; „*Control of Health Scale*") und Hill & Bale (1980; „*Mental Health Locus of Control Scale*", MHLC). Von Oziel et al. (1972; siehe auch Obitz et al. 1973 und Obitz & Swanson 1976) stammt ein eindimensionaler Fragebogen zur Erfassung von Kontrollüberzeugungen im Bereich des Drogenkonsumverhaltens. Zum gleichen Bereich legten Donovan & O'Leary (1978) die „*Drinking-Related Locus of Control Scale*" (DRIE) vor. Ferner existieren Fragebogenentwürfe zur Erfassung eindimensionaler Kontrollüberzeugungen in den Bereichen Autofahren und Verkehrsverhalten (Tesser & Grossman 1969; „*Fate orientation with Respect to Driving*", FRD), Risikoverhalten (Newman 1977), interpersonale Beziehungen (Lewis, Cheney & Dawes 1977) sowie Erziehungsverhalten von Lehrern (Austin 1972) und von Eltern (Coroso 1978). Ohne auf diese Fragebogen im einzelnen einzugehen, kann gesagt werden, daß es sich fast ausschließlich um erste Entwürfe handelt, die der weiteren empirischen Prüfung bedürfen. In der jeweiligen Originalliteratur sind Hinweise über die Reliabilität und Validität zu finden, die in den meisten Fällen für die meßpraktische Tauglichkeit der Instrumente sprechen. Der Einsatz dieser Verfahren sollte aber auf jeden Fall durch Voruntersuchungen zu ihrer Reliabilität und Validität abgesichert werden.

4.2.1.1.2 Fragebogen für Kinder und Jugendliche

Tabelle 4 gibt einen Überblick zu vorliegenden englischsprachigen Fragebogeninstrumenten zur Erfassung von Kontrollüberzeugungen bei Kindern und Ju-

Tabelle 4
Übersicht zu englischsprachigen Fragebogen und standardisierten Interviewverfahren zur Erfassung von Kontrollüberzeugungen bei Kindern und Jugendlichen

Autor(en)	Kurzbezeichnung	Konstruktdimensionen	Lebensbereiche (Generalisierungsebene)
BIALER (1961)	CLOC	eindimensional (internal vs. external)	heterogen
GOZALI & BIALER (1968)	CLOC-Variante	eindimensional	heterogen
BATTLE & ROTTER (1963)	CPI-IE (projektiv)	eindimensional	heterogen
CRANDALL et al. (1965)	IARQ	− control for success − control for failure	Leistungsverhalten
BRADLEY & CALDWELL (1979)	MIARQ	− control for success − control for failure	Leistungsverhalten
NOWICKI & STRICKLAND (1973)	CNS-IE	eindimensional	heterogen
NOWICKI & DUKE (1974b)	PNS-IE	eindimensional	heterogen
STEPHENS & DELYS (1973)	SDRCI	eindimensional	heterogen
GRUEN et al. (1974)	GKB-PIE	eindimensional	Leistungsverhalten
MISCHEL et al. (1974)	SPIESS	− control for success − control for failure	heterogen
MILGRAM & MILGRAM (1975)	Tel-Aviv-LOC-Scale	− control for success − control for failure	heterogen

gendlichen. Bialer (1961) entwickelte mit der „*Children's Locus of Control Scale*" (CLOC) den ersten Fragebogen zur Messung eindimensionaler, generalisierter Kontrollüberzeugungen im Altersbereich von 6 bis 14 Jahren. Ähnlich wie bei den meisten Fragebogen werden die 23 ja-nein-Items bei jüngeren Kindern verbal dargeboten. Gozali & Bialer (1968) entwickelten die CLOC-Skala vor allem unter dem Aspekt ihrer Anwendbarkeit bei geistig retardierten Kindern und dem der Erhöhung ihrer Reliabilität weiter. Die Arbeit von Gorsuch, Henighen & Bernard (1972) macht jedoch deutlich, daß die Reliabilität dieser Skalen besonders bei jüngeren Kindern und bei solchen mit geringeren verbalen Fähigkeiten erheblich zu wünschen übrig läßt.

Battle & Rotter (1963) verzichten im „*Children's Picture Test of Internal-External Control*" (CPI-IE), der für den Altersbereich von 11 bis 13 Jahren entwickelt wurde, auf verbale Items. Ähnlich zum Rosenzweig-Picture-Frustration-Test sollen die Probanden bei sechs projektiven Vorlagen angeben, was sie sagen würden, wenn sie in der dargestellten Situation wären. Die Cartoon-ähnlichen Vorlagen stimulieren zu Verantwortlichkeits-Attributionen, die nach einem Kodierungsplan ausgewertet werden. Der Testwert im CPI-IE korreliert nach den Angaben der Autoren mit der CLOC-Skala zu r = .42; Reimanis (1973) konnte zwischen beiden Verfahren jedoch keine signifikante Korrelation feststellen.

Crandall, Katkovsky & Crandall (1965) entwickelten mit dem „*Intellectual Achievement Responsibility Questionnaire*" (IARQ) einen Fragebogen, der zwei Dimensionen von Kontrollüberzeugungen im Bereich des Leistungsverhaltens bei Kindern und Jugendlichen (8 bis 18 Jahre) erfaßt. Bereichsspezifisch werden zum ersten vor allem Leistungssituationen angesprochen, zum zweiten wird auf die Erhebung fatalistisch bedingter Externalität weitgehend dadurch verzichtet, daß alle der 34 Wahlzwang-Items relevante Bezugspersonen von Kindern und Jugendlichen (Eltern, Lehrer, Gleichaltrige) involvieren. Dadurch wird der Schwerpunkt auf die Erhebung der Externalität, die durch Gefühle der sozialen Abhängigkeit bedingt ist, gesetzt. Konstruktdifferenzierend werden Kontrollüberzeugungen für (1) positive Ereignisse (I+) und (2) negative Ereignisse (I−) mit zwei Subskalen getrennt erhoben, die sich zu einem Gesamtskalenwert verknüpfen lassen. Für die Klassenstufen 3 bis 5 wird eine mündliche Testabnahme empfohlen, darüber ist die schriftliche Bearbeitung des IARQ möglich. Sowohl zur Reliabilität als auch zur konvergenten und prognostischen Validität des IARQ liegen eine Reihe positiver Befunde vor (vgl. etwa Reimanis 1973; Phares 1976; Fry & Preston 1979). Eine auf 24 Items verkürzte Version dieses Fragebogens (*MIARQ*) verwenden Bradley & Caldwell (1979).

Nowicki & Strickland (1973) entwickelten ähnlich zum ANS-IE (für Erwachsene; siehe oben) die „*Children Nowicki-Strickland I-E-Scale*" (CNS-IE), die im Altersbereich von 8 bis 17 Jahren eingesetzt werden kann. Die CNS-IE besteht aus 40 ja/nein-Items und erfaßt eindimensional Kontrollüberzeugungen in einem breiten Spektrum von Lebensbereichen. Sowohl die Befunde zu ihrer Reliabilität als auch die zu ihrer Validität bestätigen ihre meßpraktische Tauglichkeit (vgl.

Nowicki & Strickland 1973; Rupp & Nowicki 1978; Mindingall et al. 1980). Mehrere Studien verweisen allerdings — ähnlich wie bei der ANS-IE-Skala — auf ihre inhaltliche Mehrfaktorialität (Nowicki 1976; Barling & Fincham 1978). Nowicki & Duke (1974b) legten ferner noch die „*Preschool and Primary I-E-Scale*" (PNS-IE) für die Erfassung von Kontrollüberzeugungen bei Kindern von 4 bis 9 Jahren vor (vgl. auch Wichern & Nowicki 1976).

Stephens & Delys (1973) entwickelten ein standardisiertes Interviewinstrument zur Erfassung generalisierter Kontrollüberzeugungen bei Kindern ab 3 Jahren („*Stephens-Delys Reinforcement Contingency Interwiew*"; SDRCI). Zwei Parallelformen bestehen aus jeweils 20 Fragen, die in der Testsituation bei Verständnisschwierigkeiten des Kindes auch umformuliert und wiederholt werden können. Die freien Antworten der Kinder werden nach internalen und externalen Inhalten kodiert. Die von Stephans & Delys vorgelegten Befunde zur Objektivität der Auswertung, der Test-Retest-Reliabilität und zur Konstruktvalidität sind ausgezeichnet.

In der von Gruen, Korte & Baum (1974) entworfenen „*Gruen, Korte, Baum Pictural I-E-Scale*" (GKB-PIE) werden Kindern aus den Klassenstufen 2 bis 6 insgesamt 38 Strichzeichnungen vorgelegt, auf denen ein Erwachsener und ein Kind abgebildet sind. Das Kind soll sich jeweils in die Situation hineinversetzen und erklären, warum sich der Erwachsene in der dargestellten Weise verhält. Dazu muß es sich bei jedem Bild zwischen zwei kleineren Bildern, die mögliche internale versus externale Erklärungen thematisieren, entscheiden (ankreuzen). Die GKB-PIE-Skala fokussiert Schulleistungs-bezogene Kontrollüberzeugungen. Sie stellt geringe Ansprüche an die verbalen Voraussetzungen der Kinder und kann in Gruppentestung abgenommen werden. Die Befunde von Gruen et al. (1974) bestätigen die Reliabilität und Konstruktvalidität des Instruments. Ebenso wie bei den meisten anderen Verfahren liegen jedoch zu wenige empirische Untersuchungen vor, um die meßpraktische Brauchbarkeit der GKB-PIE-Skala umfassender beurteilen zu können.

Die „*Stanford Preschool I-E-Scale*" (SPIES) wurde von Mischel et al. (1974) für den Altersbereich 3 bis 6 Jahre entwickelt. Analog zum IARQ werden 14 Wahlzwang-Items nach Kontrollüberzeugungen für positive und negative Ereignisse ausgewertet. Die Testabnahme kann ähnlich wie beim SDRCI flexibel gehandhabt werden. Die Testhalbierungsreliabilität der SPIES genügt allerdings nicht den teststatistischen Anforderungen (bei Mischel et al. 1974: r_{tt} = .14 und .20; bei Bachrach & Peterson 1976: r_{tt} = .59). Experimentalpsychologisch konnte Mischel et al. (1974) Hinweise auf die Validität der SPIES ermitteln; Bachrach & Peterson (1976) konnten aber zwischen der SPIES und der CLOC-Skala von Bialer mit r = .18 nur eine sehr geringe konvergente Validität feststellen.

Auch die „*Tel-Aviv Locus of Control Scale*" von Milgram & Milgram (1975) erfaßt Kontrollüberzeugungen von Kindern und Jugendlichen getrennt für positive und negative Ereignisse. Acht Items wurden aus dem ROT-IE übernommen, 24 wurden mit Bezug zu den Bereichen Familie, Schule und Gleichaltrige neu formuliert. Alle 32 Items müssen auf 5stufigen Likert-Skalen beantwortet werden. Erste Befunde zur Reliabilität und Validität dieser Skala sind vielversprechend (Milgram & Milgram 1975; Aviram & Milgram 1977).

Bei den dargestellten Fragebogen zur Erfassung von Kontrollüberzeugungen von Kindern und Jugendlichen wird noch deutlicher als bei den Instrumenten für Erwachsene, daß es sich bei den meisten Fragebogen um wenig erprobte Meßmethoden handelt. Problematisch ist wohl insbesondere, daß die Korrelationen der Skalen aus den verschiedenen Meßansätzen häufig sehr gering ausfallen, so daß auch z. T. die konvergente Validität nicht gesichert ist (vgl. etwa die Befunde von Reimanis 1973; Stephens & Delys 1973; Bachrach & Peterson 1976). Im Vergleich zu den Erhebungsinstrumenten für Erwachsene fällt auch auf, daß die Konstrukt- und Bereichsdifferenzierung noch nicht sehr weit fortgeschritten ist. Eine Konstruktdifferenzierung findet man lediglich darin, daß Kontrollüberzeugungen für positive und negative Ereignisse getrennt ausgewertet werden, und daß sich einige der dargestellten Verfahren auf den Bereich der Schulleistungen beschränken. Gerade für Studien, in denen Entwicklungsbedingungen individueller Kontrollüberzeugungen im Längsschnitt untersucht werden sollen, fehlen differenzierte Meßinstrumente für die jüngeren Altersstufen. Momentan scheinen nur die von Nowicki und Mitarbeitern entwickelten Fragebogen für Vorschulkinder, Schulkinder, Jugendliche und Erwachsene eine ausreichende Parallelität für solche Untersuchungen aufzuweisen. Bei diesen Fragebogen handelt es sich jedoch um eindimensionale Verfahren (wobei die Dimensionalität freilich in Frage steht; siehe oben), die Kontrollüberzeugungen in ihrer generalisierten Form erfassen.

4.2.1.2 Deutschsprachige Verfahren

Im deutschen Sprachraum liegen relativ viele ad-hoc entworfene Fragebogen zur Erfassung von Kontrollüberzeugungen oder von attributiven Tendenzen vor, auf die im folgenden nicht alle eingegangen werden kann. Die Auswahl der diskutierten Verfahren wurde nach den Kriterien ihrer Verwendungshäufigkeit, ihrer teststatistischen Güte und der potentiellen Möglichkeiten ihrer Weiterentwicklung vorgenommen.

4.2.1.2.1 Fragebogen für Erwachsene

In deutscher Sprache liegen u. a. Bearbeitungen der englischen Fragebogen ROT-IE, ANS-IE und IPC sowie vier mehrdimensionale Fragebogenentwicklungen zur Erfassung bereichsspezifischer Kontrollüberzeugungen von Erwachsenen vor. Tabelle 5 gibt einen Überblick dazu.

Zunächst sind die deutschsprachigen Experimentalversionen des ROT-IE-Fragebogens von Mikula (1975), Rost-Schaude et al. (1975), Osselmann (1976), Keller (1977) und Schenk (1979) zu nennen. Mikula (1975) und Osselmann

Tabelle 5
Übersicht zu deutschsprachigen Fragebogen zur Erfassung von Kontrollüberzeugungen bei Erwachsenen

Autor(en)	Kurzbezeichnung	Konstruktdimensionen	Lebensbereiche (Generalisierungsebene)
MIKULA (1975)	ROT-IE(D)	eindimensional (internal vs. external)	heterogen
OSSELMAN (1976)	I-E$_{27}$	eindimensional	heterogen
KELLER (1977)	ROT-IE-Variante	− Internalität − Externalität	heterogen
SCHENK (1979)	ROT-IE-Variante	− Internalität − Externalität	heterogen
SCHNEEWIND (1976)	LOC-E	eindimensional	heterogen
MIELKE (1979a)	IPC(D)	− Intern − Andere − Zufall	heterogen
KRAMPEN (1979c, 1981a)	IPC(D)	− Internalität (I) − Externalität (P) − Externalität (C)	heterogen
KRAMPEN & WIEBERG (1980)	IPC-PL	− Internalität (I) − Externalität (P) − Externalität (C)	Problemlöseverhalten (soziale, kognitive, berufliche, persönliche Probleme)
WIEBERG & KRAMPEN (1981)	IPC-I'P'	− I/persönlich − P/persönlich − C/persönlich − I/Ideologie − P/Ideologie − C/Ideologie	politisches Engagement
JURKUN (1978)	SV-Skala	− Selbstkontrolle − Fremdkontrolle − Schicksalskontrolle	berufliches Verhalten
SCHUCH (1980)	KÜZ-Skala	− Kontrolle bei Erfolg − Kontrolle bei Mißerfolg	Erziehungsverhalten

(1976) behalten die ursprüngliche Form des ROT-IE (Wahlzwang-Format) bei und ermittelten in ihren itemanalytischen Studien ausreichende Kennwerte für die Itemcharakteristika und die interne Konsistenz. Dem I-E[27] von Osselmann (1976) gingen relativ umfangreiche Arbeiten zur Itemselektion voraus; Ausgangspunkt der Skalenentwicklung waren insgesamt 100 Items, unter denen die des englischen ROT-IE waren. Sowohl inhaltliche als auch statistische Argumente (Faktorenanalysen, Itemkennwerte) führten schließlich zu der 27-Itemversion. Auch Keller (1977) ging von einem erweiterten Itempool aus, der neben den übersetzten Items des ROT-IE einige der I-E-Skala von Gurin et al. (1969) umfaßte. Anstelle des Wahlzwang-Formats für die Itembeantwortung wurde ein einfacher dichotomer Antworttyp gewählt; die Füllitems des ROT-IE wurden weggelassen. Eine Faktorenanalyse der 78 Items führte zu einer zweifaktoriellen Lösung, durch die jedoch nur 17 % der Gesamtvarianz aufgeklärt wird. Faktor I mit 40 interpretierten Itemladungen wird als „allgemeine Externalitätseinstellung und Fatalismusideologie", Faktor II mit 28 interpretierten Itemladungen als „personale Befähigung und Verantwortung" (spezifischer Internalitätsfaktor) bezeichnet. Weitere itemanalytische Befunde werden von Keller (1977) zu diesem Fragebogen, der inhaltlich sehr heterogen ist, nicht mitgeteilt. Auch in der deutschsprachigen Adaption des ROT-IE-Fragebogens von Schenk (1979) werden die Alternativaussagen des Originals als Einzelaussagen vorgegeben, die auf 4stufigen Likert-Skalen von den Probanden beurteilt werden sollen. Eine Faktorisierung der insgesamt 63 Items ergab drei Faktoren, durch die ca. 30 % der Gesamtvarianz aufgeklärt werden. Entgegen den Erwartungen Schenks (1979) konnten jedoch keine bereichsspezifischen Kontrollüberzeugungen ermittelt werden. Faktor I wird als „Externaler Faktor" und Faktor II als „Internaler Faktor" interpretiert. Faktor III erwies sich als wenig stabil und wird nicht weiter beachtet. In sehr kleinen Stichproben (N ≤ 20) erreichen die Koeffizienten für die Testhalbierungsreliabilität sehr hohe Werte (um r_{tt} = .85); eine empirische Validierung der polaren Beziehung der beiden extrahierten Kontrollfaktoren gelang jedoch nicht.

Schneewind (1976; siehe auch Rinke & Schneewind 1978) legte mit dem *LOC-E* eine deutsche Bearbeitung der ANS-IE-Skala (siehe Kapitel 4.2.1.1) vor. Der LOC-E besteht aus 26 ja/nein-Items mit zufriedenstellenden psychometrischen Kennwerten. Seine Testhalbierungsreliabilität liegt bei r_{tt} = .68 (Schneewind 1976) bzw. r_{tt} = .70 (Rinke & Schneewind 1978). Der LOC-E-Wert korreliert mit dem Wert des von Mikula (1975) adaptierten ROT-IE zu r = .40, was mit Bezug zu den unterschiedlichen Iteminhalten und dem andersartigen Antwortformat als zufriedenstellend bezeichnet werden kann. Bei Rinke & Schneewind (1978) sind ferner Normen (T-Werte) für den LOC-E (N = 1140 deutsche Erwachsene) aufgeführt.

Die IPC-Skalen von Levenson (1972; siehe Kapitel 4.2.1.1) liegen in mehreren deutschsprachigen Bearbeitungen (Krampen 1979c, 1981a; Mielke 1979a; C. Herrmann 1980) vor. Mielke (1979a) kommt in einer Stichprobe von 151 Hauptschullehrern (siehe auch Mielke 1979b) zu einer 9faktoriellen faktorenanalytischen Struktur der deutschen Übersetzung. Die Interpretation der ersten drei Faktoren (unvollständige Faktorlösung) belegt ähnlich wie bei Levenson (1974) die Sinnhaftigkeit des dreidimensionalen Ansatzes zur Erfassung von Kontrollüberzeugungen. Auch die Itemcharakteristika und Konsistenzkoeffizienten für die revidierten Skalen „Intern" (7 Items), „Andere" (8 Items) und „Zufall" (7 Items) belegen die meßpraktische Brauchbarkeit dieses Fragebogens (siehe auch Mielke & Brackwede 1980a, 1980b). Änliches gilt für die deutschsprachige Bearbeitung *„IPC-Fragebogen zu Kontrollüberzeugungen"* von Krampen (1979c, 1981a). Sowohl die Itemkennwerte als auch die Koeffizienten für die Testhalbierungsreliabilität, Test-Retest-Reliabilität und interne Konsistenz der drei Skalen genügen den teststatistischen Anforderungen. Die Validierung des IPC-Fragebogens bezieht sich auf verschiedene Aspekte der Konstruktvalidität und die differentielle Validität der drei Skalen. Bei Krampen (1981a) werden zudem Normen für die Skalen des IPC-Fragebogens aus einer Stichprobe von 869 deutschen Erwachsenen mitgeteilt. Der IPC-Fragebogen dient der Erfassung von drei Dimensionen generalisierter Kontrollüberzeugungen. Wegen der Iteminhalte sollte er nicht bei Probanden unter 18 Jahren eingesetzt werden.

Neben diesen Verfahren zur Erfassung generalisierter Kontrollüberzeugungen liegen einige Experimentalversionen zur Erfassung bereichsspezifischer Kontrollüberzeugungen für Problemlöseverhalten (Krampen & Wieberg 1980; IPC-PL), politisches Engagement (Wieberg & Krampen 1981; IPC-I'P'), berufliches Verhalten (Jurkun 1978; SV-Skalen) und erzieherisches Verhalten (Schuch 1980; KÜZ-Skala) vor. Erste empirische Untersuchungen zu den Itemcharakteristika, zur Reliabilität und Validität des *IPC-PL,* der durch variierte Instruktionen dreidimensional Kontrollüberzeugungen für Problemlöseverhalten in verschiedenen Lebensbereichen mit jeweils 24 Items erfaßt, und des *IPC-I'P',* der durch die Kombination der Konstruktdifferenzierungen von Levenson (1972) und Gurin et al. (1978) mit sechs Subskalen (jeweils 6 Items) Kontrollüberzeugungen und Kontrollideologien im Bereich politischen Engagements und Verhaltens erfassen soll, weisen auf die Brauchbarkeit beider Ansätze, die freilich der Weiterentwicklung und genauen Prüfung bedürfen. Jurkun (1978) entwickelte ebenfalls auf der Basis der Konstruktdifferenzierung von Levenson (1972) die „Selbstverantwortlichkeitsskalen für den beruflichen Bereich" (*SV-Skalen*), deren 42 Items den faktorenanalytisch gewonnenen Skalen „Fremdkontrolle" (durch andere Personen), „Zufalls- oder Schicksalskontrolle" und „Selbstkontrolle" zugeordnet sind. Schuch (1980) greift dagegen den alternativen mehrdimensionalen Ansatz auf, nach dem Kontrollüberzeugungen für Erfolge und Mißerfolge getrennt konzipiert werden. Insgesamt 60 in der Ich-Form formulierte Items beziehen sich auf positive und negative Ereignisse in den Erziehungsbereichen Leistung, Eigenständigkeit und Hilfsbereitschaft. Zweidimensional werden mit der *KÜZ-Skala* von Schuch also Kontrollüberzeugungen für verschiedene Bereiche elterlichen Erziehungsverhaltens erhoben. Das Subskalenkonzept ließ sich empirisch in der Tendenz bestätigen; die vorläufige Endform des Fragebogens besteht aus 42 Items.

4.2.1.2.2 Fragebogen für Kinder und Jugendliche

Schneewind (1973, 1975b) legte eine deutsche Bearbeitung der CNS-IE-Skala von Nowicki & Strickland (1973; siehe Kapitel 4.2.1.1) vor. Die erste Experimentalversion des *LOC-K* (Schneewind 1973) besteht aus 22 der insgesamt 40 übersetzten ja/nein-Items (Itemselektion aufgrund von Trennschärfeanalysen); ihre Testhalbierungsreliabilität liegt trotz der Skalenkürzung mit $r_{tt} = .65$ ähnlich hoch wie die des englischsprachigen Originals. Rinke & Schneewind (1978) konnten die ausreichenden teststatistischen Kennwerte des LOC-K in einer anderen Stichprobe bestätigen und legen ferner Normen (T-Werte) für diesen Fragebogen vor (N = 570 Kinder zwischen 9 und 14 Jahren). Aussagen zur Konstruktvalidität des LOC-K lassen sich aus den Arbeiten von Schneewind (1973) sowie Schneewind & Pfeiffer (1978) ableiten, die sich auf Antezedensbedingungen von Kontrollüberzeugungen in der familiären Sozialisation beziehen. Die dort ermittelten Zusammenhänge zwischen verschiedenen Erziehungsstilmerkmalen

Tabelle 6
Übersicht zu deutschsprachigen Fragebogen zur Erfassung von Kontrollüberzeugungen bei Kindern und Jugendlichen

Autor(en)	Kurzbezeichnung	Konstruktdimensionen	Lebensbereiche (Generalisierungsebene)
SCHNEEWIND (1973, 1975b)	LOC-K	eindimensional	heterogen
KARMANN & SEIDENSTÜCKER (1979)	IE-V	– Kontrolle für positive Ereignisse – Kontrolle für negative Ereignisse	heterogen
LERCH (1979, nach Meyer)	IAR-Test	– Kontrolle für Erfolge – Kontrolle für Mißerfolge	Leistungsbereich
BOSSONG & STURZEBECHER (1979)	I-E-Heim	– Selbstkontrolle (A) – Selbstkontrolle (U) – Gruppendruck (A) – Gruppendruck (U) – Impulsivität (A) – Impulsivität (U)	Heimerziehung
NEUBAUER & LENSKE (1979)	KA-Skala	– Internalität – Externalität – Zufall	Schulleistungen

der Eltern und den Kontrollüberzeugungen ihrer Kinder stehen in Einklang mit aus der Sozialen Lerntheorie ableitbaren Hypothesen. Der LOC-K erfaßt generalisierte Kontrollüberzeugungen von Kindern (zwischen 9 bis 14 Jahren) auf dem Kontinuum internal versus external.

Einen Fragebogen zur Erfassung von Kontrollüberzeugungen bei Vorschulkindern (*I-E-Fragebogen für Vorschulkinder*) legten Karmann & Seidenstücker (1979) vor. Als Vorlage dazu diente die Stanford I-E-Skala (SPIES) von Mischel et al. (1974; siehe Kapitel 4.2.1.1). Zu 12 aus der SPIES übernommenen Items traten in der ersten Version 19 neu formulierte hinzu. In Voruntersuchungen erwiesen sich jedoch die Testanforderungen an Kinder unter 4 Jahren als zu hoch, so daß an Hand einer Schwierigkeitsanalyse eine zweite Version von 26 Items im Wahlzwang-Format erstellt wurde. Diese wurde in einer Hauptuntersuchung mit 99 Vorschulkindern (3 bis 6 Jahre; verbale Testdurchführung) eingesetzt. Eine erneute Itemanalyse führte zur endgültigen Fragebogenversion, die aus 22 Wahlzwang-Items besteht. Diese Items sind den Subskalen I+ (Kontrollüberzeugungen für positive Ereignisse) und I− (Kontrollüberzeugungen für negative Ereignisse) zu gleichen Teilen zugeordnet. Die Reliabilitätskennwerte liegen mit einer Ausnahme (Testhalbierungsreliabilität der Skala I+: r_{tt} = .36) ähnlich wie bei der SPIES im mittleren Bereich. Faktorenanalytisch konnten die beiden Subskalen klar unterschieden werden (faktorielle Validität); weitere Argumente für die Validität der Skalen liefern experimentalpsychologische Befunde.

Bei Lerch (1979) ist eine deutsche Bearbeitun des IARQ (Crandall et al. 1965; siehe Kapitel 4.2.1.1) nach Meyer zu finden (*IAR-Test*), der aus 30 Wahlzwang-Items besteht. Für den Bereich des Leistungsverhaltens werden Kontrollüberzeugungen in Erfolgssituationen (I+) und in Mißerfolgssituationen (I−) mit zwei Subskalen getrennt erhoben. In der Auswertung können zudem Indices für „Internale Kontrolle gesamt" (Summe von I+ und I−) und für eine „Nettointernale Kontrolle" (Differenz: I+ minus I−) berechnet werden. Bei Lerch (1979) werden keine Angaben zu den teststatistischen Kennwerten des IAR-Test gemacht. Die vorgelegten Befunde zu Zusammenhängen zwischen dem IAR-Testwert und Variablen wie Leistungsmotivation, Zensuren und Kausalattribuierungen deuten aber darauf, daß es sich lohnen würde, mit diesem Fragebogen, der zweidimensional Kontrollüberzeugungen im Bereich des Leistungsverhaltens erhebt, weiterzuarbeiten.

Einen spezifisch für den Einsatz bei Heimjugendlichen gedachten Fragebogen zur Erfassung von sechs Aspekten von Kontrollüberzeugungen legten Bossong & Sturzebecher (1979) vor. Die *I-E-Heim-Skala* zielt auf die von Jugendlichen, die in einem Fürsorgeheim sind, perzipierten Ursachen für sozial angepaßtes und unangepaßtes Verhalten. Aufgrund von Gesprächen mit Jugendlichen und aufgrund von Plausibilitätsüberlegungen werden drei Verursachungsklassen unterschieden, die sich im Fragebogen als die Subskalen „Selbstkontrolle", „Gruppendruck" und „Impulsivität" abbilden. Für die Endform des Fragebogens wurden aus den 38 Items der Urform nach den Kriterien der Schwierigkeitsanalyse 20 Items ausgewählt. Bei jedem Item muß sich der Jugendliche im Wahlzwang-Verfahren für eine von drei Antwortalternativen entscheiden, die die oben genannten Dimensionen von Kontrollüberzeugungen indizieren. Da sich die Items z. T. auf angepaßtes Verhalten, z. T. auf unangepaßtes Verhalten beziehen, ergeben sich bei der Auswertung sechs Skalenwerte. Tendenziell konnten die drei Verursachungsklassen faktorenanalytisch reproduziert werden. Zur Validitätsprüfung wurden ferner Experteneinschätzungen eingesetzt. Die Test-Retest-Reliabilität (N = 40 Jungen zwischen 16 und 19 Jahren; Intervall von 14 Tagen) der sechs Fragebogenskalen liegt zwischen r_{tt} = .35 und r_{tt} = .74.

In einem Fragebogen zur Kausalattribuierung (*KA-Fragebogen*) von Schulleistungen, den Neubauer & Lenske (1979; siehe auch Neubauer & Gast 1980) vorlegten, sind Skalen zur Erfassung von „Externalität", „Internalität" und „Zufall" enthalten. Die Skala Externalität erfaßt subjektiv perzipierte Bedingungen einer Handlungssituation, die in sachlichen Umständen und in dem Einfluß anderer Personen liegen. Die Skala Internalität erhebt vor allem Attribuierungen auf die internalen Faktoren Begabung und Anstrengung, die Skala Zufall beinhaltet von Schülern zur Erklärung für subjektiv nicht klar erkennbare Verursachungszusammenhänge verwendete Kategorien. Die Items dieser faktorenanalytisch gewonnenen Skalen beziehen sich ausschließlich auf den Bereich von Schulleistungen.

4.2.2 Meßprobleme und Meßfehler

Aus der Darstellung der verschiedenen Fragebogenverfahren zur Erfassung von Kontrollüberzeugungen in unterschiedlichen Altersgruppen wird deutlich, daß es sich um einen sehr heterogenen Bereich psychologischer Fragebogen-Diagnostik handelt, in dem sowohl standardisierte Verfahren als auch (und das ist der größere Teil) eine Vielzahl von Experimentalversionen vorliegen, deren Reliabilität und Validität häufig nur in einer Arbeit untersucht worden ist. Das bedeutet, daß bei dem Einsatz der meisten Verfahren Voruntersuchungen einbezogen werden müssen, die sich auf die teststatistischen Kennwerte und auf die Validierung beziehen. Für die Beurteilung einzelner Instrumente kommt erschwerend hinzu, daß sie häufig in den unterschiedlichsten Versionen vorliegen. Obwohl die Variation von Itemformulierungen, Itemzahl, Antwortmodus etc. durchaus zur Konstrukterhellung und zur Optimierung des diagnostischen Verfahrens beitragen kann (und zum Teil auch beigetragen hat), kann man sich nicht des Eindrucks erwehren, daß gerade in diesem Bereich diagnostischer Verfahren zu häufig aus idiosynkratischen Motiven heraus fast willkürlich Fragebogen verändert werden. Dies führt dazu, daß Befunde aus verschiedenen Arbeiten kaum mehr vergleichbar sind, und daß auch die Reliabilitäts- und Validitätsangaben nicht ohne weiteres von einer Studie auf eine andere übertragen werden können.

In der Entwicklung der Fragebogendiagnostik zu Kontrollüberzeugungen sind zwei Trends zu beobachten, die sich hauptsächlich auf die dargestellten dimensionsanalytischen Arbeiten stützen. Zum ersten folgen die meisten der neueren

Instrumente einem mehrdimensionalen Ansatz bei der Erfassung von Kontrollüberzeugungen. Sie zielen also nicht mehr eindimensional auf die Erhebung internaler versus externaler Kontrollüberzeugungen, sondern beachten im Sinne einer Konstruktdifferenzierung verschiedene Dimensionen oder Aspekte dieser Variablen. Häufiger anzutreffen ist hier die Unterscheidung von Kontrollüberzeugungen für positive Ereignisse (Erfolge) und Kontrollüberzeugungen für negative Ereignisse (Mißerfolge) sowie die von Internalität, durch subjektive Machtlosigkeit bedingter Externalität und durch Fatalismus bedingter Externalität. Der zweite Trend bezieht sich auf die zunehmende Abkehr von der Erfassung generalisierter Kontrollüberzeugungen zugunsten ihrer bereichsspezifischen Erfassung. Hierzu liegen etliche Experimentalversionen vor, die sich auf unterschiedlichste Lebensbereiche beziehen. Beide Trends werden auch in einigen neueren Fragebogenentwicklungen kombiniert, so daß durch sie verschiedene Dimensionen von Kontrollüberzeugungen in bestimmten Lebensbereichen erfaßt werden. Kritisierten Rotter (1975) und Phares (1976) noch die Fülle faktorenanalytischer Arbeiten zu Fragebogen, die Kontrollüberzeugungen erfassen, weil häufig weder einheitliche statistische Methoden verwendet wurden, noch der explikative und prädikative Wert dieser Neuschöpfungen untersucht wurde, so kann diese Kritik heute kaum mehr zum Tragen kommen. Im Gegensatz zu den meisten frühen faktorenanalytischen Arbeiten beschränkt man sich heute kaum mehr auf die einfache Prüfung der empirischen Dimensionalität von Fragebogen, was Phares (1976) etwa als „merely factor-analyzing and nothing else" bezeichnet, sondern prüft auch den prognostischen Wert der verschiedenen Subskalen. Hervorzuheben ist dabei, daß in den meisten konstrukterhellenden Arbeiten a priori von verschiedenen Aspekten der Kontrollüberzeugung ausgegangen wird, deren Nützlichkeit dann empirisch überprüft wird. Auch die bereichsspezifisch orientierten Fragebogeninstrumente folgen dem theoretischen Ansatz der Sozialen Lerntheorie. Brauchen Kliniker und Praktiker eher relativ globale Instrumente, um Diagnosen zu erstellen, so sollten dagegen in der Forschung, die sich mit spezifischen Verhaltensweisen beschäftigt, situations- und aufgabenspezifische Meßinstrumente eingesetzt werden. Für einen Klinischen Psychologen wird es dann sinnvoller sein, bereichsspezifische Meßinstrumente einzusetzen, wenn er sich über den diagnostisch relevanten Lebensbereich im klaren ist. Globalere Instrumente dienen dann der Beantwortung der Frage, in welchem Maße bestimmte Dimensionen von Kontrollüberzeugungen bei einer Person generalisiert sind. In der experimentellen Forschung (und auch in weiten Teilen der Feldforschung), die sich mit spezifischen Verhaltensweisen und/oder mit spezifischen Handlungssituationen beschäftigt, sind vor allem bereichsspezifische Kontrollüberzeugungen (mit Bezug zu den verschiedenen Konstruktdimensionen) von Interesse. Dies steht in Einklang mit den Aussagen der Sozialen Lerntheorie und mit dem in Kapitel 2.3 und 4.1 diskutierten hierarchischen Modell der Persönlichkeit. Der Theoriebezug sollte also letztlich den Ausschlag über den Einsatz eines bestimmten diagnostischen Verfahrens oder über die Entscheidung, ein neues, aufgabengerechtes zu entwickeln, geben.

Die Reliabilität der meisten dargestellten Fragebogen zu Kontrollüberzeugungen bewegt sich im mittleren Bereich, was allgemein damit begründet wird, daß die Fragebogen sehr heterogene Items beinhalten (vgl. etwa Rotter 1966; Schneewind 1976; Karmann & Seidenstücker 1979). Für bereichsspezifische Fragebogen gilt dies jedoch nur in reduziertem Maße. An ihre interne Konsistenz sind daher höhere Anforderungen zu stellen. Da die Validierung der meisten Neuentwicklungen konvergent geschieht (ihre Skalenwerte werden also mit denen aus „bewährten" Fragebogen interkorreliert), muß darauf hingewiesen werden, daß gerade bei den Meßinstrumenten für Erwachsene Itemüberlappungen sehr häufig sind. Ähnlich wie auch bei Fragebogenverfahren für andere Persönlichkeitsvariablen (vgl. etwa Angleitner & Löhr 1980) gehen sehr viele Items neuerer Instrumente auf die Formulierungen eines Vorläufers, hier des ROT-IE-Fragebogens, zurück. Automatisch ergeben sich dann statistisch bedeutsame Korrelationen, die aber nur bedingt als Hinweise auf die Konstruktvalidität des neuen Verfahrens interpretiert werden können, da sie auf der inhaltlichen Ähnlichkeit oder sogar Identität der verwendeten Items beruhen. Validitätsprüfungen dieser Art müssen also auch die Itemwortlaute in den verwendeten Fragebogen vergleichen. Validitätsmindernd bei in den Items unterschiedlichen, eindimensionalen Verfahren kann sich dagegen die Tatsache auswirken, daß mit verschiedenen Instrumenten unterschiedliche Konstruktdimensionen operationalisiert werden. So verdeutlichen etwa die Befunde von Krampen (1979c, 1981a), daß der ROT-IE nur mit den beiden Externalitätsskalen des IPC-Fragebogens bedeutsam korreliert ist, nicht jedoch mit der Internalitätsskala. Allgemein ist zu fordern, daß bei der Validierung von Fragebogenverfahren zur Erfassung von Kontrollüberzeugungen mehr von den unterschiedlichen Verfahren der Konstruktvalidierung (vgl. etwa Reimanis 1973; Schneewind 1973; Schwartz 1973; Tolor 1974; Hjelle 1976; Krampen 1979c) und von anderen Datenquellen (siehe Kapitel 4.2.3) Gebrauch gemacht wird.

4.2.2.1 Antworttendenzen

Dem Einfluß der Variable, in sozial erwünschter Weise auf Fragebogenitems zu antworten, wurde in der Forschung zur Messung von Kontrollüberzeugungen seit den Arbeiten Rotters (1966) kontinuierlich eine hohe Beachtung gewidmet, da sich schon in den Studien zu den Vorläufern des ROT-IE-Fragebogens z. T. statistisch bedeutsame Korrelationen mit dem Wert in der Marlowe-Crowne-Scale zur Messung der sozialen Erwünschtheit gezeigt haben. In gewissen sozialen Gruppierungen können durchaus mehr oder weniger stark ausgeprägte Normen über die Internalität bzw. Externalität von Kontrollüberzeugungen bestehen, woraus ein Konformitätsdruck resultieren kann, der unabhängig von tatsächlich bei einer Person vorhandenen Kontrollüberzeugungen die Ergebnisse der Messung beeinflussen kann. Eine Durchsicht vorliegender Studien bestätigt diese Aussage, da sich insbesondere bei bestimmten Stichproben hohe Interdependenzen zwischen Meßwerten für Kontrollüberzeugungen und sozialer Erwünschtheit ergeben. Schon Rotter (1966) stellte fest, daß die Zusammenhänge bei Häftlingen und Collegeanwärtern besonders hoch ausgeprägt sind. Cone (1971) konnte dies für eine Stichprobe von Häftlingen und für eine von stationär behandelten Alkoholikern bestätigen. Auch Weissbach et al. (1976) stellten für Alkoholiker, die sich in einer stationären Entziehungsbehandlung befanden, hohe Beziehungen zwischen den Meßwerten für Kontrollüberzeugungen und der Tendenz, in sozial erwünschter Weise zu antworten, fest. Übereinstimmend deuten diese Studien darauf hin, daß in den genannten Stichproben eine Verfälschungstendenz im Sinne der Bevorzugung der sozial „erwünschteren" internalen Antwortkategorien im ROT-IE-Fragebogen besteht. Zwar belegen die Arbeiten von Bernhardson (1968), Hjelle (1971) und Joe (1972), daß auch bei anderen, nicht institutionalisierten Stichproben Zusammenhänge zwischen dem ROT-IE und dieser Verfälschungstendenz bestehen, sie sind aber geringer ausgeprägt. So kommt auch Phares (1976) nach seiner Literaturdurchsicht zu dem Schluß, daß der ROT-IE-Fragebogen im allgemeinen zwar nicht von Einflüssen der sozialen Erwünschtheit ganz frei ist, daß diese jedoch meist relativ gering sind und (ähnlich wie auch bei anderen Fragebogenverfahren) stark von der Instruktion und dem Applikationskontext abhängen. Kestenbaum & Hammersla (1976) konnten auch zeigen, daß durch die im originalen ROT-IE enthaltenen Füllitems unter bestimmten Instruktionen Verfälschungen nicht verhindert werden können. Auch die experimentellen Studien von Cherulnik & Sherman (1976), Deysach, Hiers & Ross (1976), Kestenbaum (1976) sowie Davidson & Bailey (1978) belegen die Bedeutung von Instruktionen und anderer situativer Einflüsse für die Anfälligkeit der Meßwerte im ROT-IE gegenüber Verfälschungstendenzen. Werden positive Selbstdarstellungen gefordert oder wird von den Befragten eine Testsituation wahrgenommen, in der sie glauben, von ihnen werden eher internale Kontrollüberzeugungen gefordert (etwa bei Selektionstestungen oder bei Alkoholikern im Entzug, die häufig einseitige Schuldzuschreibungen hören), so muß mit erheblichen Verfälschungen des Testwerts gerechnet werden. Bei freiwilliger Testung im Rahmen der therapieorientierten Diagnostik oder der Forschung treten Verfälschungstendenzen dagegen seltener und schwächer ausgeprägt auf. Dies gilt insbesondere, wenn zusätzlich die Anonymität der Probanden gesichert ist. Im Zweifelsfall sollte ein Verfahren zur Messung der Tendenz, in sozial erwünschter Weise zu antworten, parallel eingesetzt werden. Dies gilt ebenso für andere Meßinstrumente zur Erfassung von Kontrollüberzeugungen, wenngleich etwa für den ANS-IE-Fragebogen (Nowicki & Duke 1974a) und für die IPC-Skalen (Levenson 1974; Sosis et al. 1980; Krampen 1981a) bislang keine oder nur geringfügige Zusammenhänge zwischen den resultierenden Meßwerten und dieser Verfälschungstendenz festgestellt wurden. Für die Fragebogenentwicklung sollte allgemein der Vorschlag von Joe (1972) und Osselmann (1976) vermehrt aufgegriffen werden, Items, die für solche Verfälschung besonders anfällig sind, gleich in einem ersten Schritt der Itemselektion (etwa durch Experteneinschätzungen) zu eliminieren. Selbst dann werden aber die oben beschriebenen Bedingungen der Testsituation für das Auftreten von Antwortverfälschungen mit ausschlaggebend bleiben.

Zwei weiteren Antworttendenzen, der Acquiescence („Ja-Sage-Tendenz") und der Extremtendenz (zum Über- oder Untertreiben), wurde dagegen in den Untersuchungen zur Messung von Kontrollüberzeugungen weniger Beachtung geschenkt. Während die Acquiescene bei der Verwendung des Wahlzwang-Antwortformats durch die Art der Aufgabenstellung ausgeschlossen ist, wenn sich internale und externale Antwortalternativen in der Reihenfolge der Items abwechseln, muß bei der Vorgabe von Einzelaussagen auf die Ausbalancierung internal und external gepolter Items geachtet werden. Ebenso wie die Extremtendenzen kann aber auch die Ja-Sage-Tendenz letztlich nur durch die Inspektion der individuellen Fragebogenblätter und Exploration der Probanden als Fehlerquelle minimiert werden.

4.2.2.2 Einfluß momentaner psychischer Zustände

Für den ROT-IE-Fragebogen wurde von Lamont (1972) der Verdacht geäußert, daß die internalen Antwortalternativen insgesamt eine optimistischere Konnotation aufweisen als die externalen Antwortalternativen. Die Itembeantwortung kann dann erheblich von momentanen psychischen Zuständen, der momentanen Stimmung der Person beeinflußt werden; dies bezeichnet Lamont (1972) als „mood response set". Lamont & Brooks (1973) stellten bei der zweimaligen Befragung von 76 Studenten (Intervall von 26 Wochen) eine recht hohe Korrelation zwischen den Veränderungen in einem Stimmungsfragebogen und den Meßwerten im ROT-IE-Fragebogen fest. Evans & Wanty (1979) ließen alle Antwortalternativen des ROT-IE von 102 Studenten nach ihrem „depressiven" Gehalt einschätzen. Für die Mehrzahl der Items wurden bei der externalen Antwortalternative stärker depressive Einschätzungen vorgenommen als bei der zugehörigen internalen Alternative. Auch dies spricht für den möglichen Einfluß momentaner psychischer Zustände auf die Fragebogenbeantwortung. Von besonderer Bedeutung dürfte dies für Untersuchungen zu Zusammenhängen zwischen Kontrollüberzeugungen und Depressivität sein. Hoffmann (1975) zeigte etwa, daß experimentell hergestellte, kurzfristige depressive Verstimmungen bei nicht-depressiven Versuchspersonen dazu führen, daß Erfolge häufiger auf internal-stabile und Mißerfolge häufiger auf externale Ursachenfaktoren attribuiert werden als vor der depressiven Verstimmung. Der Einfluß momentaner Stimmungen auf das Antwortverhalten bei Fragebogen allgemein und bei Fragebogen zu Kontrollüberzeugungen im speziellen muß in künftigen empirischen Arbeiten weiter abgeklärt werden. Hier besteht eine wesentliche Lücke in der Forschung zur Fragebogendiagnostik. Untersuchungstechnisch können dazu etwa Experteneinschätzungen (vgl. etwa Osselmann 1976), experimentelle Designs (vgl. etwa Hoffmann 1975) oder „Stimmungsfragebogen" verwendet werden.

4.2.2.3 Subjektive Iteminterpretationen

Eine weitere Lücke der Forschung zur Fragebogendiagnostik besteht in Analysen subjektiver Iteminterpretationen und von Antwortprozessen der Probanden bei den einzelnen Items. In der traditionellen Persönlichkeitsdiagnostik durch Fragebogenverfahren wird die Interpretation der Items durch den Probanden (ganz im behavioristischen Sinne) nach wie vor als eine Art „black box" betrachtet. Nach dem Konzept der empirischen, kriterienbezogenen Validität von Fragebogen geht es ausschließlich um den Vorhersagewert eines Items für ein empirisches Kriterium im Sinne konvergenter oder differentieller Validierung. Der Inhalt einer Itemantwort oder gar die Frage, ob die Antwort auf ein Item für das untersuchte Merkmal phänomenologisch relevant und „wahr" ist, steht dagegen im Hintergrund. Die bisher diskutierten Antworttendenzen weisen nun schon auf die Bedeutung subjektinterner Verarbeitungsprozesse bei der Fragebogenbeantwortung hin. Bislang weniger beachtet wurde die Mehrdeutigkeit von Items und der Prozeß ihrer inhaltlichen Interpretation durch die Probanden. Untersuchungen von Eisenberg (1941) und Simpson (1944) wiesen schon darauf hin, daß es erhebliche interindividuelle Differenzen in subjektiven Iteminterpretationen gibt. In jüngerer Zeit legten Cliff, Bradley & Girard (1973) ein kognitives Prozeßmodell der Itembeantwortung vor, das davon ausgeht, daß Individuen Items an Hand internalisierter Schemata interpretieren und dann entscheiden, ob die (subjektive) Itembedeutung mit dem Selbstbild oder einem erwünschten Eindruck konsistent ist. Untersuchungen zum Antwortprozeß bei Fragebogen zur Erfassung von Kontrollüberzeugungen liegen m. W. bislang noch nicht vor. Auf die Bedeutung subjektiver Iteminterpretation in diesem Bereich psychologischer Diagnostik weisen aber auch Reimanis (1977) im Zusammenhang mit interkulturellen Unterschieden in Kontrollüberzeugungen und Tyler, Gatz & Keenan (1979) bei ihrer konstruktivistischen Analyse des ROT-IE-Fragebogens hin. Ergebnisse einer eigenen Erkundungsstudie, in der der Antwortprozeß von 30 Probanden auf die 24 Items des IPC-Fragebogens zu Kontrollüberzeugungen mit der Methode des lauten Denkens erfaßt wurde, weisen (1) auf erhebliche Unterschiede zwischen den Personen in der Nennung von semantischen Problemen (Verständnisprobleme, Mehrdeutigkeit der Items etc.), von generalisierten versus bereichsspezifischen Assoziationen und von intraindividuellen (lebenslaufbezogenen) Vergleichen, (2) auf die geringe Bedeutung sozialer Vergleichsprozesse bei den Items des IPC-Fragebogens (vgl. auch Krampen 1981b) und (3) auf keine statistisch bedeutsamen Differenzen in den Skalenwerten des IPC zwischen Personen, die bestimmte Inhalte im lauten Denken häufig versus selten äußern.

Abschließend bleibt festzustellen, daß die methodischen Probleme der Fragebogenverfahren zur Erfassung von Kontrollüberzeugungen wohl kaum größer, leider aber auch nicht geringer sind als die anderer psychologischer Fragebogeninstrumente. Gerade weil Fragebogen scheinbar sehr leicht und ökonomisch eingesetzt werden können, haben sie sich in den letzten Jahren zu einem „Lieblingskind" in der psychologischen Diagnostik und Evaluation entwickelt. Dies ist mit einer Vielzahl von Gefahren (sowohl in der Praxis als auch in der Forschung) verbunden. Da es jedoch — vor allem aus arbeitsökonomischer Sicht — kaum eine Alternative für sie gibt, muß die Konsequenz gezogen werden, daß die Optimierung der Fragebogendiagnostik und somit auch die weitere Klärung ihrer z. T. bekannten, z. T. noch nicht bekannten Fehlerquellen im Vordergrund künftiger Arbeiten stehen muß. Hinzu sollte freilich die vermehrte Entwicklung alternativer Erhebungsmethoden und die Verwendung anderer Datenquellen treten; im Bereich generalisierter Kontrollüberzeugungen sind dazu allenfalls erste Ansätze zu erkennen.

4.2.3 Andere Datenerhebungsmethoden zur Erfassung von Kontrollüberzeugungen

Vorliegende Arbeiten zu Kontrollüberzeugungen beschränken sich fast ausschließlich auf den Einsatz von Fragebogenverfahren. Die im folgenden aufgeführten alternativen Ansätze befinden sich alle noch in der Entwicklung, können also nicht als unmittelbar einsetzbare Verfahrensvorschläge betrachtet werden. Sie liefern jedoch einige Hinweise und Ideen zur Weiterentwicklung und Neuentwicklung alternativer Operationalisierungsmethoden.

Zunächst sollen einige Verfahren erwähnt werden, die zwar nach wie vor Q-Daten im Cattell'schen Sinne liefern (also Daten aus Selbstbeschreibungen), jedoch von der üblichen Fragebogendiagnostik abweichen. Zunächst ist der noch nahe am Fragebogenkonzept liegende Ansatz von Friedman & Manaster (1973) zu nennen, in dem die Zustimmung/Ablehnung der Probanden bei Sprichwörtern und Aphorismen, die kulturell verbreitet sind, erfragt wird. Den Probanden begegnen in der Diagnostik also nicht fremde — eventuell nicht verständliche — Aussagen oder Frageinhalte, sondern bekannte Formulierungen, zu denen sie (ungewohnterweise) persönlich Stellung beziehen sollen. Neben der positiven motivationalen Wirkung dieses Vorgehens dürfte ein weiterer Vorteil darin liegen, daß idiosynkratische Iteminterpretationen relativ selten auftreten werden.

Lao (1970), Cavey (1972), Schneider (1979) und Preiser & Wannenmacher (1980) gehen in unterschiedlichen inhaltlichen Bereichen einen sehr direkten Weg, der dem in vielen Untersuchungen zur Attributionstheorie ähnlich ist. Die Probanden werden von ihnen gebeten, direkte Urteile über Ursachenwahrnehmungen oder über Kontrollwahrnehmungen in Form einfacher Schätzurteile (Cavey 1972; Schneider 1979) oder in Form von Prozentangaben (Lao 1970; Preiser & Wannenmacher 1980) abzugeben. Es werden also mehrere Kausalquellen oder Kontrollinstanzen (etwa internale, sozial-externale, fatalistisch-externale) vorgegeben, deren Bedeutungen die Personen im zweiten Fall durch Prozentschätzungen bestimmen sollen, wobei sich die vergebenen Prozentwerte zu 100 % addieren müssen. Dieser sehr ökonomische Weg der Erfassung bereichsspezifischer Kontrollüberzeugungen leidet vor allem darunter, daß keine Aussagen über die Reliabilität der erhaltenen Meßwerte gemacht werden können. Generalisierte Kontrollüberzeugungen können mit dieser Methode kaum erfaßt werden, da die Frageformulierung dann zu allgemein ausfallen müßte, worunter mit hoher Wahrscheinlichkeit die Reliabilität der Messung noch stärker leiden würde. Solche direkten Selbsteinschätzungen von Individuen können aber durchaus als *ein* Aspekt der Validierung anderer Daten eingesetzt werden. In der oben schon erwähnten Erkundungsstudie (Kapitel 4.2.2) mit 30 Erwachsenen ergaben sich etwa für die drei Skalen des IPC-Fragebogens die folgenden korrelativen Beziehungen zu den Selbsteinschätzungen der Probanden auf 6stufigen Likert-Skalen: (1) Internalität (I) : $r = .64$; (2) durch subjektive Machtlosigkeit bedingte Externalität (P) : $r = .68$; (3) durch Fatalismus bedingte Externalität (C) : $r = .57$. Alle Koeffizienten sind auf dem 0,1 %-Niveau statistisch signifikant.

Reid (1977) macht den Vorschlag, Fragebogen zur Erfassung bereichsspezifischer Kontrollüberzeugungen nach dem Muster der S-R-Inventare (vgl. Endler & Hunt 1968) zu entwickeln. Sowohl nach der Sozialen Lerntheorie als auch nach dem „Interaktionismus" liegt dieser Gedanke nahe und es verwundert, daß ein solches Instrument bislang nicht vorliegt. Es ist hierbei auch durchaus möglich, verschiedene Konstruktdimensionen von Kontrollüberzeugungen zu berücksichtigen; zudem sind interessante Arbeiten zur Bereichsspezifität von Kontrollüberzeugungen — etwa dem Ansatz von Becker et al. (1975) folgend — denkbar, die über die bisherigen faktorenanalytischen Arbeiten hinausgehen. Bei der Entwicklung, teststatistischen Prüfung und weiteren Auswertung solcher Instrumente muß auch nicht dem mechanistischen Interaktionismus in seiner varianzanalytischen Auswertungs- und Prüfstrategie gefolgt werden. Man sollte sich vielmehr auf die positiven Aspekte solcher S-R-Inventare konzentrieren, die z. B. in situationsspezifischen und reaktions- bzw. attributsspezifischen Meßwerten, deren Reliabilitätsprüfung und in dimensionsanalytischen Arbeiten liegen.

Bei der Darstellung von Verfahren zur Erfassung von Kontrollüberzeugungen bei Kindern wurden schon die verschiedenen Interviewansätze, etwa von Stephens & Delys (1973) und Karmann & Seidenstücker (1979), erwähnt. Zwar betonen die Autoren zumeist, daß die Interviewleitfäden flexibel gehandhabt werden können, letztlich handelt es sich aber bei diesen Erhebungstechniken um nichts anderes als um flexibel eingesetzte Fragebogenverfahren. Die verbale Erhebung wird zudem fast ausschließlich damit begründet, daß die Kinder noch nicht lesen können oder daß die verbalen Fähigkeiten der Kinder für die schriftliche Beantwortung zu gering sind. Es stellt sich hier die Frage, ob nicht auch für ältere Kinder und für Erwachsene Interviewtechniken zur Erhebung von Kontrollüberzeugungen sinnvoll sein können. Eine Vielzahl der oben genannten diagnostischen Fehler könnten dabei minimiert oder zumindest kontrolliert werden. Die geringere Objektivität der Datenerhebung und -auswertung kann durch den parallelen Einsatz von Fragebogenverfahren o. ä. kontrolliert werden. Clark (1959) hat für die Variable Entfremdung einen solchen Interviewleitfaden entworfen, nach dem u. a. subjektive Ist-Wahrnehmungen mit subjektiven Sollvorstellungen (über die eigene Person) verglichen werden sollen. Ein ähnliches Vorgehen wäre auch bei der Erfassung von Kontrollüberzeugungen möglich. Für Erkundungsstudien zu bereichsspezifischen Kontrollüberzeugungen scheint der von Hoff (1981) eingeschlagene Weg geeignet. Durch nur wenig vorstrukturierte Interviews erhobene Informationen werden nach (a) fatalistisch-schwankenden, (b) deterministisch-externalen, (c) deterministisch-internalen und (d) interaktionistisch-flexiblen Kontrollüberzeugungen klassifiziert. Mit interaktionistisch-flexiblen Kontrollüberzeugungen bezeichnet Hoff (1981) den (wohl häufigsten Fall), wo externe *und* interne Faktoren in ihrer Interaktion in den Erklärungsmustern der Informanden auftreten. Wie stets bei qualitativen Daten ergeben sich jedoch auch hier erhebliche Probleme bei der Quantifizierung und bei der Erfassung der Variablen in größeren Stichproben.

In Kapitel 4.2.1.1.2 wurde bereits das projektive Verfahren von Battle & Rotter (1961) zur Erhebung von Kontrollüberzeugungen bei Kindern dargestellt. Projektive Verfahren für den Einsatz bei Erwachsenen wurden von Dies (1968), Adams-Webber (1969) sowie Bougler (1973) entwickelt. Während Bougler (1973) eine quasi-projektive Skala vorschlägt, die mit dem ROT-IE-Wert nur schwach korreliert, verwendet Adams-Webber (1969) eine projektive Geschichten-Ergänzungsmethode („Stories Completation Test"), die nach internalen versus externalen Ergänzungen ausgewertet wird und in engeren Beziehungen zum ROT-IE steht. Dies (1968) setzte sieben Standardkarten des Thematischen Apperzeptions-Tests (TAT) ein, zu denen frei assoziiert werden soll. Die Assoziationen der Probanden werden nach einem detaillierten Manual in Kategorien klassifiziert, die verschiedene Aspekte von Kontrollüberzeugungen beinhalten. Dies (1968) stellte fest, daß Personen, die nach dem ROT-IE-Fragebogen als internal klassifiziert worden sind (Mediansplit), signifikant mehr Assoziationen äußern, die persönliche Kontrollwahrnehmungen zum Gegenstand haben. Bei zwei der sieben verwendeten TAT-Tafeln sind diese Unterschiede am deutlichsten.

Als L-Daten gelten nach Cattell sowohl Daten aus objektiven Erhebungen als auch solche aus Fremdbeurteilungen. Zu Fremdbeurteilungsmethoden liegen einige Ansätze vor, die allerdings noch nicht sehr weit ausformuliert sind. Heckel & Mooney (1973) ließen etwa drei Autobiographien von 20 Studenten danach beurteilen, welche Position der Verfasser auf der Dimension internale versus externale Kontrollüberzeugungen einnimmt. Die Schätzurteile korrelierten mit den tatsächlichen Werten der Verfasser im ROT-IE-Fragebogen zu $r = .08$. Zwischen den Einschätzungen und den ROT-IE-Werten der Beurteiler selbst bestand dagegen eine statistisch bedeutsame Beziehung ($r = .32$). Die Einschätzung der Autobiographien spiegelt also eher die Persönlichkeit des Beurteilers wider. Bessere Ergebnisse erzielte Otten (1977) in einer Studie zur Vorhersage des Studienerfolgs von Studenten mit der „Autobiography Locus of Control Scale". Die Probanden werden bei dieser Methode aufgefordert, zwei kurze Essays zu schreiben. Der erste Essay soll sich auf die Zeit zwei Jahre nach dem Studienabschluß, der zweite auf die Zeit des 40. Lebensjahres beziehen („future autobiographies" nach Otten 1977). Die Essays werden dann von mehreren Beurteilern unabhängig voneinander im Hinblick auf die Kontrollüberzeugungen der Verfasser eingeschätzt. Die Übereinstimmung der Beurteiler lag in verschiedenen Studien zwischen .64 und .77. Zwar korreliert auch der Meßwert in diesem Verfahren nach den Angaben Ottens (1977) statistisch nicht signifikant mit dem ROT-IE-Wert der Verfasser, für die Prognose akademischen Erfolgs erwies er sich aber in Kombination mit dem ROT-IE-Wert als sehr bedeutsam. Fremdeinschätzungen von Kontrollüberzeugungen können nun aber nicht nur an schriftlichem Material ansetzen, sondern auch an der Beobachtung von Verhalten in realen oder künstlichen Situationen. Neben Experteneinschätzungen können auch die Fremdeinschätzungen naiver Personen von Interesse sein. Die Methoden der Attribuierungsforschung können sicherlich z. T. dabei adaptiert werden (vgl. etwa Streufert & Streufert 1978).

Abschließend sei noch auf T-Daten (also Daten aus objektiven Tests) eingegangen. Hierzu liegen bislang kaum Methodenvorschläge vor. Auch die von Lösel (1975) eingesetzten Verfahren zur Operationalisierung des Konstrukts „Handlungskontrolle" (siehe Kapitel 2.2) können hier kaum zum Einsatz kommen, da sie sich als sehr heterogen erwiesen haben. Es ist freilich eine empirisch zu beantwortende Frage, inwieweit Kontrollüberzeugungen mit Impulsivität (gemessen mit einem Labyrinth-Test), Belohnungsaufschub (gemessen über reale Wahlen), Impulskontrolle (Motor Inhibition Test), motorischer Impulsivität („Wege-Wahl") etc. zusammenhängen. Ähnliches gilt für das von Sorgatz & Eckhardt (1980) entwickelte experimentelle Verfahren zur Erfassung von Kontrollängsten bei paranoid-schizophrenen Patienten, das als Screening-Test vor psychopathologischen Untersuchungen Schizophrener eingesetzt werden soll. Eventuell können mit einer Adaption oder Weiterentwicklung dieses Verfahrens auch Ängste gesunder Personen vor dem Verlust internaler Kontrolle und die individuelle Toleranz darin gemessen werden. Diese Verfahren sind jedoch *nicht* speziell zur behavioralen Messung von Kontrollüberzeugungen entwickelt worden, sie können allenfalls Anregungen für solche Meßinstrumente liefern.

Anders ist dies bei dem von Kagan (1976) entwickelten „Preference for Control Wheel". Kagan (1976) entwickelte diesen Verhaltenstest zur Erfassung des Kontrollverhaltens und der Kontrollüberzeugungen bei Kindern (7 bis 9 Jahre alt). Eine Anwendung des Verfahrens bei Erwachsenen erscheint aber in modifizierter Form möglich, da es starke Parallelen mit herkömmlichen Glücksspielautomaten aufweist. Bei dem Testgerät handelt es sich um eine Scheibe („Glücksrad"), auf der in zufälliger Reihenfolge die Zahlen 1 bis 12 stehen. Der Proband hält in seiner Hand eine Schnur (entspricht der Taste beim Glücksspielautomaten), die mit der Scheibe verbunden ist. Die Kraft, mit der an der Schnur gezogen wird, wird durch ein Zählwerk registriert. Den Kindern wird in der Instruktion gesagt, daß das Rad im Verlauf des Versuchs 10mal in Schwung gebracht wird. Die Ziffern, bei denen das Rad jeweils zur Ruhe kommt, werden notiert und ihre Summe über alle Versuche entscheidet darüber, welchen Gewinn das Kind erhält. Durch die Schnur — so wird gesagt — sei eine Kontrolle des Radlaufs möglich. Dies ist jedoch objektiv nicht der Fall; das Rad bleibt stets nach reinem Zufall stehen.

Gemessen wird nun die Häufigkeit und die Stärke, mit der der Proband an der „Kontrollschnur" zieht. Nach dem Experiment wurden die Kinder zusätzlich nach ihren Kontrollwahrnehmungen befragt. Dieser Test liefert also Meßwerte über Kontrollverhalten und über Kontrollwahrnehmungen. Die Befunde von Kagan (1976) zu Geschlechtsunterschieden und interkulturellen Unterschieden in diesen Variablen weisen auf die Validität des Verfahrens.

4.3 Differentialpsychologische Korrelate von Kontrollüberzeugungen

Der folgende Überblick zu differentialpsychologischen Korrelaten generalisierter Kontrollüberzeugungen orientiert sich zuerst an verschiedenen Persönlichkeitsfragebogen und deren Beziehungen zu Skalenwerten aus Fragebogen zu Kontrollüberzeugungen; danach wird auf die Interdependenzen einiger Persönlichkeitsvariablen zu Kontrollüberzeugungen im einzelnen eingegangen.

Zunächst ist festzustellen, daß keiner der häufig in der Psychologie verwendeten umfassenden Persönlichkeitsfragebogen explizit eine Subskala zur Erfassung von Kontrollüberzeugungen enthält. Die „klassische", vor allem faktorenanalytisch orientierte Persönlichkeitsforschung von R. B. Cattell, H.-J. Eysenck und J. P. Guilford hat augenscheinlich diesen Persönlichkeitsbereich vernachlässigt oder gar übersehen. Allenfalls die Skala Q_2 des 16 P.F. (Cattell, Eber & Tatsuoka 1970) geht inhaltlich in die Richtung von Kontrollüberzeugungen, da sie zwischen Individuen, die sich autonom verhalten und solchen, die sich eher abhängig und extern kontrolliert verhalten, differenziert. So kommt auch Schwartz (1973) in einer Validierungsstufe, die dem „multitrait-multimethod-approach" von Campbell & Fiske (1959) folgt, zu dem Ergebnis, daß sich die Persönlichkeitsvariablen Extraversion, Neurotizismus, kulturelle Entfremdung, Schuld und soziale Erwünschtheit, gemessen mit jeweils drei unterschiedlichen Verfahren (ja/nein-Skala, 16 P.F. und einer Eigenschaftswörter-Liste), diskriminativ von Kontrollüberzeugungen unterscheiden lassen. Ähnlich schaut der Befund von Scott & Severance (1975) aus. Sie konnten zwar einige signifikante, jedoch numerisch geringe Korrelationen zwischen den Skalen des ROT-IE, des MMPI und des „California Psychological Inventory" (CPI) ermitteln, eine diskriminanzanalytische Zuordnung der ROT-IE-Gruppen aufgrund der anderen Skalenwerte gelang jedoch nicht. Allgemein ergeben sich bei solchen Interkorrelationsstudien zumeist numerisch relativ niedrige Beziehungen zwischen Kontrollüberzeugungen und den Skalenwerten in Persönlichkeitsfragebogen wie MMPI, CPI, „Eysenck Personality Inventory" (EPI), „Edwards Personal Preference Schedule" (EPPS), „Personality Research Form" (PRF) von Jackson und Freiburger Persönlichkeits Inventar (FPI; vgl. etwa DiGiuseppe 1971; Platt et al. 1971; Duke & Nowicki 1973; Becker 1974; Bougler 1973; Krampen 1980c, 1981a, 1981c; Ahammer et al. 1980). Korrelationskoeffizienten bis ca. maximal r = .30 ergeben sich allenfalls zwischen Externalität und Variablen wie Neurotizismus, Introversion (Platt et al. 1971; Bougler 1973; Krampen 1980c), Dominanz (DiGiuseppe

1971), Dogmatismus, Autokratismus, direktiver Einstellung und Konservatismus (Baron 1968; Clouser & Hjelle 1970; Kleiber et al. 1973; Zuckermann et al. 1977; Krampen 1980c, 1981a). Numerisch höhere Korrelationskoeffizienten werden lediglich bei Variablen festgestellt, die ebenfalls generalisierte Erwartungshaltungen sind (etwa Machiavellismus, Hoffnungslosigkeit, interpersonales Vertrauen; siehe Kapitel 2.3), und die in den meisten Fällen ebenfalls nicht von den relativ „umfassenden" Persönlichkeitsfragebogen erfaßt werden (siehe etwa Tolor & Leblanc 1971; Prociuk & Breen 1976; Zuckerman & Gerbasi 1977; Krampen 1980c, 1981a). Es muß jedoch betont werden, daß die unterschiedlichen Aspekte von Kontrollüberzeugungen, wie sie etwa mit dem IPC-Fragebogen erfaßt werden, zu den genannten Variablen in der Mehrzahl der Fälle differentielle Interdependenzen aufweisen. In einer Stichprobe von 90 deutschen Erwachsenen erwiesen sich etwa nur vier der insgesamt 36 Interkorrelationen zwischen den Skalen des IPC-Fragebogens und des Freiburger Persönlichkeits Inventars (Fahrenberg, Hampel & Selg 1973[2]) als statistisch signifikant (Krampen 1981c). Die I-Skala korreliert schwach negativ mit der Skala FPI-Depressivität, was auf einen Zusammenhang von Internalität und geringer Depressivität deutet. Die C-Skala (durch Fatalismus bedingte Externalität) korreliert mit keiner der FPI-Skalen überzufällig hoch; die P-Skala korreliert mit drei FPI-Skalen signifikant. Durch ein Gefühl der sozialen Machtlosigkeit bedingte Externalität steht danach in Beziehungen mit geringer Geselligkeit, mit hoher Gehemmtheit und mit Introversion. Zudem könnten diese vier signifikanten Befunde bei insgesamt 36 berechneten Korrelationskoeffizienten u. U. auch durch das Wirken des Zufalls zustandegekommen sein. Eine kanonische Korrelationsanalyse, mit der die Interdependenzen der IPC- und FPI-Skalen simultan geprüft wurden, ergab jedoch einen signifikanten kanonischen Faktor, auf dem die P-Skala einerseits und die FPI-Skalen Gehemmtheit, Geselligkeit und Aggressivität andererseits hohe Strukturkoeffizienten haben (in die kanonische Analyse gingen nur die auswertungstechnisch unabhängigen FPI-Skalen erster Ordnung ein). Dieser kanonische Faktor beschreibt also einen Persönlichkeitstyp, der durch starke soziale Abhängigkeitsgefühle, durch Gehemmtheit, geringe Geselligkeit und geringe Aggressivität charakterisiert ist. Insgesamt gesehen deuten diese Ergebnisse (Krampen 1981a, 1981c) klar darauf hin, daß die empirischen Überlappungen der durch den IPC-Fragebogen und durch das FPI erfaßten differentialpsychologischen Variablen relativ gering sind.

Der sich schon bei diesen Studien andeutende Befund (vgl. insbesondere Powell & Vega 1972; Hersch & Scheibe 1967; Duke & Nowicki 1973), daß internale Kontrollüberzeugungen in der Tendenz eher mit emotionaler Stabilität und psychischer Regulation einhergehen, wird bei Betrachtung der Korrelate von Kontrollüberzeugungen in Stichproben psychisch und/oder organisch kranker Personen noch deutlicher. Eine Fülle empirischer Arbeiten verweist etwa darauf, daß Externalität bei Alkoholikern mit verstärkten Abwehrmechanismen, verstärkten Gefühlen von Verzweiflung und Hilflosigkeit, mit erhöhter Angst, Entfremdung und Depressivität und klinischer Pathologie allgemein einhergeht (vgl.

etwa Burnes et al. 1971; Lottman et al. 1973; O'Leary et al. 1975; Erickson et al. 1976; Rohsenow & O'Leary 1978). Ähnliche Befunde liegen auch für körperlich Kranke, die sich in stationärer Behandlung befinden (Krampen 1979d) und für Körperbehinderte mit Hirnschäden (Rosenbaum & Raz 1977) vor. In klinischen Stichproben scheint Externalität in den Kontrollüberzeugungen also eine Komponente verminderter psychischer Anpassung und Regulation zu sein. Hospitalisierungseffekte können hier freilich zumindest in den Studien, deren Stichproben aus stationären Patienten bestehen, nicht ausgeschlossen werden (siehe Kapitel 4.4).

Aber auch bei gesunden Personen sind einige Variablenbeziehungen stärker ausgeprägt. Insbesondere gilt dies für die Interdependenzen zwischen Kontrollüberzeugungen und Angst, subjektiver Belastung bei Streß, Coping-Verhalten (Einsatz von Streßverarbeitungs-Mechanismen) sowie Selbstkonzept-Variablen. Archer (1979) legte eine ausgezeichnete Literaturübersicht zu Zusammenhängen zwischen Kontrollüberzeugungen (meist mit dem ROT-IE gemessen) und allgemeiner Angst, Testangst sowie momentanem Angstempfinden vor. Die Mehrzahl der von ihm zusammengefaßten Untersuchungen weist darauf, daß Externalität und allgemeine Angstneigung sowie Testangst bedeutsam korreliert sind (vgl. auch Powell & Centa 1972; Ollendick 1979a; Bar-Tal et al. 1980). Die Beziehung zwischen generalisierten Kontrollüberzeugungen und momentaner Angst („state anxiety") erweist sich dagegen als abhängig von der Art der Testsituation (vgl. auch Archer & Stein 1978). Ähnlich wie bei dem in Kapitel 4.2.2 angesprochenen Zusammenhang zwischen Kontrollüberzeugungen und Verfälschungstendenzen bei der Fragebogenbeantwortung haben wir es auch hier mit der situativen Determiniertheit einer Variablenbeziehung zu tun. In Folgeuntersuchungen sollte man nicht nur die Angstneigung situationsspezifisch erheben, sondern auch Kontrollüberzeugungen für bestimmte Situationsklassen oder Lebensbereiche erfassen. Hierdurch können die Variableninterdependenzen genauer abgeklärt werden. Das gleiche gilt für unterschiedliche Dimensionen von Kontrollüberzeugungen. In einer eigenen, kürzlich durchgeführten Studie (N = 139) wurden u. a. Daten mit dem IPC-Fragebogen und der Saarbrücker Liste (Spreen 1961) zur Messung manifester Angst erhoben. Die Befunde weisen auf relativ hohe Zusammenhänge aller drei Aspekte generalisierter Kontrollüberzeugungen mit manifester Angst. Internalität (I-Skala) korreliert mit der Saarbrücker-Liste zu r = −.41, durch soziale Abhängigkeit bedingte Externalität (P-Skala) zu r = .56 und durch Fatalismus bedingte Externalität zu r = .66 (alle Koeffizienten sind auf dem 0,1 %-Niveau signifikant). Erhöhte Externalität kovariiert also eindeutig auf allen Konstruktdimensionen mit manifester Angst. Neben Studien, die mit der Konstruktdifferenzierung in Beziehung stehen, sind auch solche nötig, die bereichsspezifische Angst und bereichsspezifische Kontrollüberzeugungen auf ihren Zusammenhang überprüfen. Auch die Befunde zu Interdependenzen von Kontrollüberzeugungen und momentaner Angst bedürfen u. a. mit Bezug zu den Charakteristika der Erhebungssituation einer weiteren Abklärung. Bei psychisch Kranken (etwa Alkoholikern) sind im übrigen diese Beziehungen zwischen Kontrollüberzeugungen und verschiedenen Angstindizes ebenso deutlich stärker ausgeprägt wie die zwischen Neurotizismus und Kontrollüberzeugungen (vgl. etwa Rohsenow & O'Leary 1978).

Nicht nur nach der Sozialen Lerntheorie, sondern auch nach dem Streßmodell von Lazarus (1966) ist zu erwarten, daß externale Individuen ihre Umwelt als bedrohender und daher als streßvoller erleben. Kontrollüberzeugungen sind in dem interaktiven Streßmodell von Lazarus (1966) neben Persönlichkeitsmerkmalen wie Angst, Neurotizismus und Coping-Dispositionen eine der wesentlichen Moderatorvariablen für die Wahrnehmung, Bewertung und Wirkung von Stressoren. Empirische Arbeiten belegen sowohl Zusammenhänge zwischen Kontrollüberzeugungen und der subjektiv erlebten Streßbelastung (intervenierende Variable bei Lazarus) als auch solche zwischen Kontrollüberzeugungen und der Art des Coping-Verhaltens. Johnson & Sarason (1978) stellten in einer Stichprobe von 124 Studenten fest, daß die Beziehungen zwischen erlebten Lebensveränderungen und Meßwerten für Depressivität und Angst von der Kontrollüberzeugung der Personen moderiert wird. Signifikante Korrelationen ergaben sich nur in der Substichprobe externaler Probanden. Sie glauben, auf die Lebensveränderungen („Life stress") nur wenig Einfluß ausüben zu können, und reagieren daher auf solche Veränderung depressiv und ängstlich. Bei Internalen konnten dagegen keine Beziehungen zwischen der Anzahl erlebter Lebensveränderungen und Depressivität sowie Angst ermittelt werden. Der Befund von Nowicki (1978) weist in die gleiche Richtung: Externalität steht in bedeutsamen Beziehungen zu von Studenten erinnerten streßvollen Erlebnissen während der Vorschul- und Grundschulzeit sowie während der Pubertät. Für Frauen und Männer wurden leicht abweichende kritische Entwicklungsperioden festgestellt. Streß in der Vorschulzeit weist bei Frauen stärkere Beziehungen zu Externalität auf, bei Männern ist dies dagegen erlebter Streß in den Grundschuljahren. Statistisch bedeutsame Beziehungen zwischen dem von Lehrern im Beruf erlebten Streß und ihren Kontrollüberzeugungen konnten Kyriacou & Sutcliffe (1979) ermitteln. Auch hier erwies sich hypothesenkonform, daß erhöhte Externalität mit erhöhtem Streßerleben in Beziehung steht. Die subjektive Belastung von potentiell streßvollen Ereignissen wird also von Personen mit internalen und externalen Kontrollüberzeugungen unterschiedlich intensiv erlebt. In der schon erwähnten eigenen Arbeit mit 139 deutschen Erwachsenen konnte dies belegt werden. Internale Personen schätzen die subjektive Belastung kritischer Lebensereignisse generell niedriger ein als Personen mit geringen Werten auf der I-Skala. Für die Skalen P und C des IPC-Fragebogens (Krampen 1981a) zeigt sich ein ähnliches Bild. Personen, die über eine hohe, durch soziale Abhängigkeit oder durch Fatalismus bedingte Externalität verfügen, schätzen die subjektive Belastung kristischer Lebensereignisse allgemein höher ein als Personen mit niedrigen Werten auf den Skalen P und C. Interessant ist auch, daß dies sowohl für Ereignisse festgestellt werden konnte, die der Proband in den letzten zwei Lebensjahren selbst erlebt hat, als auch für solche, die er in diesem Zeitraum nicht erlebt hat. In der (statistisch nicht abgesicherten) Tendenz zeigt sich ferner, daß durch Fatalismus bedingte Externalität die höchsten Beziehungen zu verschiedenen Indizes subjektiver Belastung von kritischen Lebensereignissen aufweist.

Coping-Verhalten als Handlungsweisen, die der Streßreduzierung in irgendeiner Form dienen, setzt ein, wenn eine Situation als belastend empfunden wird. Hier ist zunächst mit einer höheren Toleranzschwelle internaler Personen zu rechnen. Ferner ist zu vermuten, daß sie auch andere – nämlich stärker personbezogene – Coping-Strategien einsetzen, da sie in erhöhtem Maße annehmen, durch eigenes Verhalten die Umwelt beeinflussen zu können (Lefcourt 1976b). Personen mit internalen Kontrollüberzeugungen widerstehen Stressoren länger als Personen mit externalen Kontrollüberzeugungen. Fatalistisch orientierte Individuen rekurrieren weniger auf Kognitionen, die der Streßbewältigung dienen können („kognitive Streßkontrolle" etwa durch Neubewertung gegebener Stimuli o. ä.). Experimentalpsychologisch verglichen Wolk & Bloom (1978) das Coping-Verhalten Internaler und Externaler (Extremgruppen nach dem IARQ) bei der (gestörten) Bearbeitung intellektueller Probleme. Es zeigte sich, (1) daß Internale auch unter Streßbedingungen (Lärm, Unterbrechungen etc.) ihr Leistungsniveau erhalten konnten, während die Leistungen der Externalen unter diesen Bedingungen stark abfielen, (2) daß Zeitbeschränkungen bei der Aufgabenbearbeitung (als eine streßerzeugende Bedingung) bei Internalen leistungsfördernde, bei Externalen leistungshemmende Effekte haben, und (3) daß diese Leistungsunterschiede zwischen Internalen und Externalen nicht mit der in der Testsituation erlebten Angst kovariieren. Mit Fragebogendaten untersuchten Manuck, Hinrichsen & Roos (1975) sowie Tanck & Robbins (1979) bei Studenten Zusammenhänge zwischen Kontrollüberzeugungen und verschiedenen Coping-Strategien. Manuck et al. (1975) klassifizierten ihre Informanden an Hand der Werte im ROT-IE-Fragebogen und an Hand der in einem „Life Change Inventory" gegebenen Antworten in vier Gruppen (Internale mit hoher, Internale mit geringer, Externale mit hoher und Externale mit geringer Streßbelastung). 98 der insgesamt 129 Informanden konnten nach 6 Monaten erneut befragt werden. Es zeigte sich, daß Externale mit einer geringen Streßbelastung signifikant häufiger professionelle Hilfen gesucht haben als Internale mit geringer Streßbelastung. Bei Internalen und Externalen mit hoher Streßbelastung ergab sich dagegen kein Unterschied. Das Ausmaß subjektiver Streßbelastung ist also primär ausschlaggebend, ob eine Person professionelle Hilfe in Anspruch nimmt oder nicht; ist die Streßbelastung jedoch gering, so erweisen sich Internale als streß-toleranter und vertrauen eher ihrer eigenen Person und eigenem Verhalten. Tanck & Robbins (1979) untersuchten die subjektive Streßbelastung durch Studienanforderungen und das resultierende Coping-Verhalten von 133 Studenten. Sie stellten u. a. fest, daß Internale bei gleicher subjektiver Belastung häufiger konstruktive kognitive Kontrollmechanismen (Selbstreflektion, Selbstmodifikation etc.) verwenden, wogegen Externale häufiger professionelle Hilfen (Studien- und Studentenberatung) in Anspruch nehmen, häufiger zu Alkoholika greifen und häufiger kognitive Kontrollmechanismen ohne Realitätsbezug (Phantasieren) verwenden. In der oben bereits erwähnten eigenen Studie wurden auch statistisch bedeutsame Zusammenhänge zwischen effektiven Coping-Strategien einer Person und den Skalen des IPC-Fragebogens ermittelt. Die Effektivität von Coping-Strategien (operationalisiert nach den Vorschlägen von Lazarus 1966) korreliert zu r = .44 mit Internalität, zu r = −.53 mit der P-Skala und zu r = −.59 mit der C-Skala (alle Koeffizienten sind auf dem 0,1 %-Niveau signifikant). Externalität in verschiedenen Aspekten generalisierter Kontrollüberzeugungen kovariiert also bedeutsam mit der Einschätzung eigener Coping-Kompetenzen. Diese Einschätzung eigener Coping-Fähigkeiten (also die Einschätzung der individuellen Streßreduzierungs-Möglichkeiten) ist in vorliegenden Streßmodellen eine weitere entscheidende Variable, die die Art und die Intensität der physiologischen, motorischen, emotionalen, motivationalen und kognitiven Streßreaktionen einer Person mitbestimmt.

Internale und externale Individuen unterscheiden sich also u. a. in der Art der kognitiven Kontrollmechanismen, die bei Streßerleben eingesetzt werden. Im Zusammenhang mit der psychologischen Differenzierungstheorie von Witkin et al. (1962) könnte nun vermutet werden, daß sich auch kognitive Stilvariablen wie Feldabhängigkeit versus Feldunabhängigkeit und kognitive Differenziertheit bei Personen mit externalen und internalen Kontrollüberzeugungen unterscheiden. Die Kernaussage der Differenzierungstheorie von Witkin et al. (1962) ist, daß sich die kognitive Differenzierung beim Menschen durch eine Zunahme der Bedeutung interner Bezugsrahmen und eine Abnahme der Bedeutung von externen Bezugsrahmen entwickelt. Zur Messung interindividueller Differenzen in der kognitiven Differenzierung wurde von Witkin und Mitarbeitern der „Group Embedded Figures Test" und der „Rod and Frame Test" entwickelt. Empirische Untersuchungen − sowohl mit psychisch kranken als auch mit gesunden Probanden − weisen nun aber auf die empirische Unabhängigkeit von Kontrollüberzeugungen und kognitiven Stilvariablen (vgl. etwa McIntire & Dreyer 1973; O'Leary, Donovan & Hague 1974; Erickson et al. 1976; Maroldo et al. 1976). Es kann als weitgehend gesichert angesehen werden, daß generalisierte Kontrollüberzeugungen und kognitive Stilvariablen wie Feldabhängigkeit versus Feldunabhängigkeit, interpersonale kognitive Diskriminierung und kognitive Strukturiertheit zu empirisch trennbaren Persönlichkeitsbereichen gehören. Dies gilt freilich nicht unbedingt für kognitive Leistungsmerkmale und für behaviorale Rigiditätsvariablen. Für die IPC-Skalen werden bei Krampen (1981a) für verschiedene Stichproben schwache, jedoch signifikante Korrelationen der Externalitätsskalen mit den Meßwerten aus einer deutschen Version des „Test of Behavioral Rigidity" (TBR; Krampen 1977a) mitgeteilt. Auf die Zusammenhänge von kognitiven Leistungsvariablen und Kontrollüberzeugungen wird in Kapitel 5.1 eingegangen. Hier sei nur vermerkt, daß hin und wieder positive Korrelationen zwischen Intelligenztest-Werten und Internalität (vor allem wenn sie bereichsspezifisch für Leistungsverhalten gemessen wurde) festgestellt werden (siehe etwa Reimanis 1973; Powell & Centa 1972). Kontinuierlich werden dagegen signifikante Beziehungen zwischen Kontrollüberzeugungen und unterschiedlichen Selbstkonzept-Variablen ermittelt (vgl. etwa Chandler 1976; Lambert et al. 1976). Da das Selbstkonzept eine der wesentlichen Variablen in den kognitiven Ansätzen der Motivationstheorie ist, soll hierauf ebenfalls in Kapitel 5.1 ausführlicher eingegangen werden.

Deutliche differentialpsychologische Korrelate von Kontrollüberzeugungen liegen also mit anderen Variablen generalisierter Erwartungshaltungen (etwa Machiavellismus, Hoffnungslosigkeit, interpersonales Vertrauen etc.; siehe Kapitel 2.2 und 2.3), mit den verschiedenen Aspekten von Angst und mit Maßzahlen für das subjektive Erleben von Streß, für Coping-Strategien und -Kompetenzen vor. „Klassische" Persönlichkeitsvariablen, wie sie durch die meisten diagnostischen Breitbandverfahren erhoben werden, weisen dagegen geringe Beziehungen zu Kontrollüberzeugungen auf. Die korrelativen Beziehungen sind aber in Stichproben psychisch und/oder somatisch Kranker deutlicher ausgeprägt als bei gesunden Personen. Vereinfacht kann hier gesagt werden, daß Externalität eher mit psychischer Desregulation, emotionaler Labilität und klinischer Pathologie allgemein kovariiert. Kontrollüberzeugungen und kognitive Stilvariablen erweisen sich nach den vorliegenden Befunden ebenfalls als empirisch weitgehend unabhängige Persönlichkeitsbereiche.

4.4 Entwicklung von Kontrollüberzeugungen

Kontrollüberzeugungen werden in der Sozialisation durch die Mechanismen des Bekräftigungs- und Beobachtungslernens erworben. Genetischen und konstitutionellen Determinanten kommt im allgemeinen nur eine geringe Bedeutung zu. Selbst bei körperlichen oder geistigen Behinderungen, die auf Anlagefaktoren zurückgehen, muß davon ausgegangen werden, daß die Art individueller Kontrollüberzeugungen (wie generalisierter Erwartungshaltungen überhaupt) primär von Umwelteinflüssen, die freilich mit den Anlagefaktoren in Interaktion stehen, bedingt ist. Individuelle Erwartungshaltungen sind Produkte von Lernprozessen, deren Basis subjektiv perzipierte Handlungs-Verstärker-Kontingenzen sind. Solche Kontingenzen oder Nicht-Kontingenzen erlebt das Individuum in seiner familiären, schulischen, beruflichen und sozioökonomischen Lernumwelt. Häufige Wiederholung bestimmter Kontingenzerlebnisse führt zur zunehmenden Generalisierung der Erwartungen, die auch bereichsspezifisch ablaufen kann. Neben den schon genannten Sozialisationsinstanzen (Familie, Schule/Hochschule, Beruf, soziale Schichtzugehörigkeit) werden die Möglichkeiten, Handlungs-Verstärker-Kontingenzen zu erleben, auch durch die politisch-kulturelle Systemzugehörigkeit, die Massenmedien, durch organisations-strukturelle Variablen und durch die Gleichaltrigen, mit denen ein Individuum in Kontakt steht, mitbestimmt. Bevor auf einige dieser explikativen Konstrukte für Kontrollüberzeugungen eingegangen wird, soll kurz auf die Zusammenhänge zwischen Kontrollüberzeugungen und Alter, Geschlecht sowie sozialer Schichtzugehörigkeit eingegangen werden.

Bei Kindern ergeben sich allgemein recht deutliche Korrelationen der Werte in Instrumenten zur Erhebung von Kontrollüberzeugungen mit dem *Alter*. Dies wird zum Teil als entwicklungspsychologischer Validierungshinweis für die Erhebungsinstrumente gewertet (vgl. etwa Gruen et al. 1974; Bachrach & Peterson 1976; Maqsud 1980), da Erklärungsmuster von Kindern erst mit zunehmendem Alter verstärkt internale Ursachenquellen einbeziehen (vgl. auch Ruble et al. 1979). Für Jugendliche konnten Prawat et al. (1979a, 1979b) sowohl im Längsschnitt- als auch im Querschnittvergleich eine solche Tendenz der zunehmenden Internalisierung von Kontrollüberzeugungen mit dem Alter nicht mehr feststellen. Auch Lifhitz & Ramot (1978) stellten fest, daß sich in der frühen Adoleszenz die Kontrollüberzeugungen stabilisiert haben. Für Erwachsene ergeben sich zwar in einigen Studien statistisch signifikante Korrelationen des Werts im ROT-IE-Fragebogen mit dem Alter, ihr numerischer Wert ist jedoch meist gering (vgl. etwa Bougler 1973; Alvarez & Pader 1978; Krampen 1980c). Zum größten Teil wird auch deutlich, daß andere Variablen (wie etwa die Verfestigung des Lebensrhythmus oder Lebensstils; Lao 1974) oder Stichprobenbesonderheiten (etwa bei Alkoholikern die Vermutung, daß die meisten älteren Alkoholiker längere Klinik- und Entziehungserfahrungen hinter sich haben; Distefano et al. 1972; Weissbach et al. 1976) für diese Zusammenhänge zwischen Alter und Internalität verantwortlich sind. Bei mehrdimensionalen Erhebungsinstrumenten konnten meistens keine oder nur sehr schwache Zusammenhänge zwischen den verschiedenen Skalenwerten für Kontrollüberzeugungen und Alter ermittelt werden (vgl. etwa Levenson 1972; Scaturo & Smalley 1980; Krampen 1981a). Die aktuelle Forschungslage spricht dafür, daß Kontrollüberzeugungen bei Jugendlichen und Erwachsenen vom Alter weitgehend unabhängig sind. Vereinzelt auftretende Zusammenhangsbefunde können zumeist auf Stichprobenbesonderheiten bei einzelnen der erfaßten Altersgruppen zurückgeführt werden.

In der Mehrzahl der empirischen Arbeiten konnten auch keine (oder allenfalls geringe) *Geschlechtsunterschiede* in Kontrollüberzeugungen festgestellt werden (vgl. z. B. James & Shepel 1973; Hall et al. 1977; Barling & Fincham 1978; Hanes et al. 1979; Scaturo & Smalley 1980; Krampen 1981a; im Überblick auch Phares 1976). Zum Teil wurden allerdings bei dimensionsanalytischen Arbeiten Geschlechtsunterschiede in den Faktorstrukturen (Dudley 1978) oder – bei ähnlichen Faktorstrukturen – in den Faktorladungen (James & Shepel 1973) ermittelt. Die Forderung nach einer geschlechtsspezifischen Auswertung von I-E-Fragebogen wurde bislang jedoch nicht aufgegriffen, da sich die Befunde als nicht konsistent erwiesen, und da die Vergleichbarkeit der Daten von Frauen und Männern dann nicht mehr gegeben wäre. Geschlechtsunterschiede in den Skalenwerten des ROT-IE- oder des IPC-Fragebogens sind – wenn sie überhaupt auftreten – meist numerisch gering und ihre statistische Signifikanz kann auf die häufig enormen Stichprobengrößen zurückgeführt werden (etwa N = 1528 bei McGinnies et al. 1974; N = 539 bei Parsons & Schneider 1974). Zudem erweisen sie sich als stark kulturabhängig (vgl. etwa Levenson 1972; Mahler 1974; Lao et al. 1977; Wieberg & Krampen 1981). Gesichert ist jedoch, daß das Geschlecht die Beziehung zwischen Kontrollüberzeugungen und einer Reihe anderer psychologischer Variablen moderiert. So hängt etwa Internalität bei Jungen und bei Männern meist mit leistungsthematischen Variablen stärker zusammen als bei Mädchen und Frauen (vgl. etwa Nowicki & Strickland 1973); auch defensiv-externale Personen lassen sich — zumindest in Nordamerika — unter Männern häufiger finden als unter Frauen (Phares 1976). Dies führt Phares (1976) auf die zumeist stärker normorientierte Sozialisation von Mädchen und die stärkere Erziehung zur Reaktion auf situative Bedingungen von Jungen zurück. Interessant ist hier auch der experimentalpsychologische Befund von Hanes et al. (1979), daß die Instruktion, die ANS-IE-Skala in der Rolle einer gleichaltrigen Person mit gleichem Bildungsstand, jedoch anderem Geschlecht als dem eigenen, zu bearbeiten, zu dem Ergebnis führte, daß sich sowohl die Frauen als auch die Männer selbst als internaler wahrnehmen als sie es für das jeweils andere Geschlecht angeben. Geschlechtsorientierte Einstellungen scheinen überhaupt eine stärkere Beziehung zu Kontrollüberzeugungen aufzuweisen als die biologische Geschlechtsvariable. Bedeian & Hyder (1977) sowie Bedeian & Zarra (1977) stellten den moderierenden Effekt von Geschlechtsrollen-Einstellungen auf die Beziehungen zwischen Kontrollüberzeugungen und Leistungsmotivation sowie Selbstwertgefühl fest. Externale Kontrollüberzeugungen, die durch soziale Abhängigkeitsgefühle und durch Fatalismus bedingt sind, stehen nach den Befunden zweier Studien von Krampen (1979e, 1980d) in statistisch signifikanten Beziehungen zu normativen Geschlechtsrollen-Orientierungen. Deutlich wird hier, daß solche Einstellungsvariablen für empirische Untersuchungen, in denen Geschlechtsunterschiede oder die moderierenden Effekte der Geschlechtsvariablen überprüft werden sollen, neben den biologischen Variablen von erheblicher Bedeutung sind.

Soziale Schichtzugehörigkeit steht nach den meisten vorliegenden Befunden sowohl bei Kindern als auch bei Erwachsenen derart mit Kontrollüberzeugungen in Beziehung, daß ein höherer sozioökonomischer Status mit erhöhter Internalität einhergeht. Die Gruppenunterschiede in globalen Fragebogen zu Kontrollüberzeugungen sind bei Kindern meist stärker ausgeprägt als bei Erwachsenen (Nowicki & Strickland 1973; Rabinowitz 1978). Diskriminierungs- und Stigmatisierungserlebnisse von Angehörigen sozialer Minoritätsgruppen vermindern die perzipierten Kontrollmöglichkeiten. Angehörige solcher Gruppen haben daher geringere Erwartungen, selbst Kontrolle ausüben zu können. Dies steht mit den von Hyman (1953) ermittelten Besonderheiten des Wertsystems in unteren sozialen Schichten in Einklang. Ein wesentliches Kennzeichen dieses Wertsystems ist nicht nur, daß etwa bürgerliche Zielsetzungen wie Bildung oder Intelligenz häufig geringer bewertet werden, sondern daß vor allem — auch wenn solche Ziele hoch bewertet werden — kein Wissen über Strategien vorliegt, solche (hoch oder gering bewertete) Ziele zu erreichen. Zudem wird auch in geringem Maße geglaubt, daß man Ziele aus eigener Kraft erreichen kann. Hyman (1953, S. 488) spricht hier auch von einer „Barriere auf dem Weg zu höheren sozialen Positionen" (Übersetzung vom Autor), die vor allem durch die Externalität von Kontrollüberzeugungen — sowohl im Sinne sozialer Abhängigkeitsgefühle als auch im fatalistischen Sinne — gekennzeichnet ist. Vorliegende Studien weisen nicht nur auf Beziehungen zwischen Kontrollüberzeugungen und sozialer Schicht hin (vgl. etwa

Powell & Vega 1972; Butts & Chotlos 1973; Schmidt, Lamm & Trommsdorf 1978), sondern auch darauf, daß in verschiedenen sozialen Schichten unterschiedliche Faktorstrukturen von Fragebogenitems auftreten (Campbell et al. 1977), daß soziale Statuseffekte experimentell durch Instruktionen hergestellt werden können (Davidson & Bailey 1978), und daß die soziale Schichtzugehörigkeit Interdependenzen zwischen kognitiven Leistungsvariablen und Kontrollüberzeugungen moderiert (Handel 1975). Bei den meisten der amerikanischen Untersuchungsbefunde muß beachtet werden, daß Unterschiede in den Kontrollüberzeugungen nicht eindeutig auf die soziale Schichtzugehörigkeit zurückgeführt werden können, da diese häufig mit der Zugehörigkeit zu einer ethnischen Minderheit zusammenhängt. Zudem sei hier auf die Fülle der Probleme in der sozialstrukturell orientierten Sozialisationsforschung verwiesen, die sich u. a. auf den Sinn der unterschiedlichen Operationalisierungsvorschläge von „sozialer Schicht" beziehen (vgl. hierzu etwa Bertram 1976). Es stellt sich die Frage, ob nicht die Erfassung von Soziotopen oder von sozio-ökologischen Umweltvariablen (etwa auch im Sinne von Familien- und Schulumwelt oder -klima) und von objektiven Lebensbedingungen eine bessere Strategie ist als der Bezug auf „Schichtindikatoren" wie Einkommen, Bildungsstand etc., die einzeln genommen meist keine Beziehung zu Kontrollüberzeugungen aufweisen (vgl. etwa Buriel & Rivera 1980), sondern erst in der Kombination zu einem gewichteten Index solche Beziehungen zeigen.

4.4.1 Familiäre Sozialisation

Sowohl familienstrukturelle Merkmale (Geschwisterkonstellation, Familienvollständigkeit) als auch Merkmale des elterlichen Erziehungsstils (bzw. deren Perzeption durch die Kinder) und Merkmale der Familienumwelt sind nach den vorliegenden Befunden Korrelate von Kontrollüberzeugungen. Insbesondere die von Kindern erlebte (und von Erwachsenen erinnerte) Konsistenz des elterlichen Erziehungsverhaltens weist bedeutsame Beziehungen zu den individuellen Ausprägungen generalisierter Kontrollüberzeugungen auf. Davis & Phares (1969) stellten fest, daß Externale dazu tendieren, das elterliche Verhalten als weniger konsistent zu beschreiben als Internale. Levenson (1973b) ermittelte einen positiven Zusammenhang zwischen der Wahrnehmung junger Erwachsener, daß die Eltern inkonsistente Erziehungsziele vertraten, und hoher durch Fatalismus bedingter Externalität (vgl. auch Krampen 1981 d). Auch die Befunde von Mangum (1976) sowie Yates et al. (1975) belegen, daß die erlebte Übereinstimmung des Verhaltens beider Elternteile und die zeitliche Konsistenz des Bestrafungsverhaltens der Eltern mit Internalität bei den Kindern kovariiert. Die These, daß der Grad der Konsistenz elterlicher Erziehungspraktiken eine Antezedensbedingung von Kontrollüberzeugungen ist, stellte schon Rotter (1966) auf: Wenn Kinder das elterliche Verhalten nicht antizipieren können, weil (a) (etwa aufgrund unklarer Erziehungsziele) Inkonsistenz im Verhalten eines Elternteils herrscht, (b) Inkonsistenz zwischen dem Verhalten beider Elternteile besteht oder (c) das

Kind nicht fähig ist, vorhandene Konsistenzen wahrzunehmen (siehe hierzu etwa auch die entwicklungspsychologischen Überlegungen von Piaget & Inhelder 1977), dann ist die Basis dazu gelegt, daß Verstärker und Ereignisse als unvorhersehbar erlebt werden, und daß eine externale Orientierung entsteht.

Eine familienstrukturelle Determinante von Kontrollüberzeugungen ist nach vorliegenden Befunden die Geschwisterposition. Mehrere empirische Arbeiten zeigen, daß Erstgeborene internaler orientiert sind als Spätergeborene (Crandall et al. 1965; Marks 1973; Mangum 1976; Krampen 1981d). Ähnliches gilt für Einzelkinder und für Kinder, deren Altersabstand zu den Geschwistern relativ groß ist (siehe Hoffman & Teyber 1979; Krampen 1981d). Diese (meist schwachen) Effekte der Geschwisterkonstellation können durch die Erstgeborenen und Einzelkindern häufig früher zugeschriebene Verantwortlichkeit und Selbständigkeit sowie die höhere Kontakthäufigkeit und -intensität mit den Eltern erklärt werden. Die Möglichkeiten, Handlungs-Verstärker-Kontingenzen zu erleben, sind für diese Kinder häufig größer.

Es gibt auch Hinweise darauf, daß Kinder, die in Familien ohne Vater aufwachsen, in ihren Kontrollüberzeugungen externaler sind als Kinder aus vollständigen Familien. Duke & Lancaster (1976) fanden, daß Jungen, die ohne Vater aufwachsen, signifikant externaler orientiert sind als vergleichbare Kinder aus vollständigen Familien. Erklärt wird dies dadurch, daß der Verlust des Vaters für Kinder ein Ereignis ist, das für sie nur external erklärbar ist. Parish & Copeland (1980) sowie Parish (1981a) konnten differenzierend zeigen, daß dies nur für die Jungen gilt, deren Vater gestorben ist. Jungen, die ihren Vater durch Scheidung der Eltern verloren haben, sind nicht externaler als Kinder aus intakten Familien. Zusammenhänge zwischen Familienvollständigkeit und Kontrollüberzeugung des Kindes konnten bislang nur bei Jungen und nicht bei Mädchen festgestellt werden. Ebenfalls nur bei männlichen Studenten stellte Parish (1981b) ferner fest, daß die, die mit einem Stiefvater aufgewachsen sind (Wiederheirat der Mutter nach einer Scheidung), in ihren Kontrollüberzeugungen externaler sind als Studenten aus intakten Familien. Dies wird durch Veränderungen in den erlebten Erziehungspraktiken einerseits und durch soziale Abhängigkeitsgefühle sowie Anpassungszwänge andererseits erklärt.

Relativ umfangreich ist inzwischen die Literatur zu Interdependenzen zwischen Kontrollüberzeugungen von Kindern und elterlichen Erziehungseinstellungen, elterlichen Erziehungspraktiken bzw. deren Wahrnehmungen durch die Kinder. Zwischen elterlichen Erziehungseinstellungen und den Kontrollüberzeugungen der Kinder konnten nicht in allen Arbeiten bedeutsame Beziehungen ermittelt werden. Während etwa Davis & Phares (1969) und Schneewind & Pfeiffer (1978) zwischen diesen Variablenbereichen keine bedeutsamen Interdependenzen ermitteln konnten, weisen die Ergebnisse von Katkovsky et al. (1967), Chance (1972), Mangum (1976), Bradley & Caldwell (1979) und Chandler et al. (1980) darauf, daß Internalität der Kinder mit einer höheren elterlichen Zuwendung, emotionaler Wärme im Elternverhalten, ermutigendem Elternverhalten, einer stärkeren Akzeptanz des Kindes und mit klaren Normsetzungen in der Erziehung zusammenhängt. Deutlicher sind diese Beziehungen noch ausgeprägt, wenn Erziehungseinstellungen nicht bei den Eltern, sondern deren Perzeptionen bei den Kindern erfragt werden. Kinder mit internalen Kontrollüberzeugungen beschreiben das Erziehungsverhalten ihrer Eltern etwa als weniger kontrollierend und weniger restriktiv (Wichern & Nowicki 1976), als weniger ablehnend, weniger negierend, weniger fordernd und als prinzipientreuer (Shui-Ju & Kuo-Shu 1976) oder als nachsichtiger, toleranter, unterstützender, weniger manipulierend und weniger auf Durchsetzung ihres Willens bedacht (Schneewind & Pfeiffer 1978) als Kinder mit externalen Kontrollüberzeugungen (vgl. auch Schneewind 1973). Daneben zeigen sich z. T. differierende Ergebnisse in den geschlechtsspezifischen Teilstichproben (vgl. etwa Mangum 1976; Bradley & Caldwell 1979), wobei eine weitere Differenzierung die nach den Beziehungstypen „Vater-Sohn", „Vater-Tochter", „Mutter-Sohn" und „Mutter-Tochter" ist (siehe hierzu Schneewind & Pfeiffer 1978). In Untersuchungen, in denen junge Erwachsene (meist Studenten) die Informanden waren, beschreiben Internale ihre Eltern als weniger zurückweisend, weniger kontrollierend, weniger in sich zurückgezogen und als in der Erziehung engagierter (Davis & Phares 1969; Yates et al. 1975; Cummings 1977; Scheck 1978). Sie geben auch an, daß sie ihren Eltern ein größeres Vertrauen entgegenbrachten als Externale (Austrin & Aubuchon 1979). Im Unterschied zu diesen Studien wurde von Levenson (1973b) und Krampen (1981d) der dreidimensionale IPC-Fragebogen zur Erhebung der Kriterienvariablen eingesetzt. Levenson stellte dabei in einer Stichprobe junger Erwachsener fest, (1) daß als unvorhersehbar erlebte elterliche Erziehungsnormen mit hoher durch Fatalismus bedingter Externalität in Zusammenhang stehen, (2) daß eine positive Beziehung zwischen als kontrollierend und strafend erlebtem Elternverhalten und der P-Skala (durch soziale Abhängigkeitsgefühle bedingte Externalität) besteht, (3) daß für die I-Skala (Internalität) in den Antezedenzbedingungen geschlechtsspezifische Unterschiede bestehen: bei jungen Männern steht als hoch wahrgenommene mütterliche „Kameradschaft" („companionship") in Verbindung mit Internalität, bei jungen Frauen dagegen als gering perzipierte mütterliche Beschützungstendenzen („protectiveness"). Bei Krampen (1981 d) wurden diese Befunde in einer Stichprobe junger Frauen z. T. repliziert, z. T. erweitert und differenziert. Retrospektiv erfaßte, subjektive Sozialisationserfahrungen von Studentinnen stehen auch hier in differentieller Weise mit den IPC-Fragebogenwerten in Beziehung. Werden Restriktivität, emotionale Kälte und behütende Kontrolle in der familiären Sozialisation als gering wahrgenommen, so liegen eher internale Kontrollüberzeugungen vor. Eine hohe durch subjektiv erlebte Machtlosigkeit bedingte Externalität (P-Skala) steht in Beziehungen zu als hoch wahrgenommener elterlicher Strenge, hoher behütender Kontrolle und zu hohem Normanpassungsdruck in der Familie. Hoch wahrgenommene Restriktivität in der Familie und ein als stark perzipierter Normanpassungsdruck stehen in Beziehungen zur durch Fatalismus bedingten Externalität (C-Skala). Diese Ergebnisse lassen sich sowohl in die Soziale Lerntheorie als auch in die vorliegende Literatur zum

Phänomen der elterlichen Überbeschützung („overprotection", „babying"; siehe etwa Spitz 1973³; Lefcourt 1976a) integrieren.

Elternverhalten ist bislang nur in wenigen Arbeiten als eine Antezedensbedingung von Kontrollüberzeugungen untersucht worden. Chance (1972) sowie Wichern & Nowicki (1976) befragten Mütter nach der Art ihrer Selbständigkeitserziehung und erhoben parallel die Kontrollüberzeugungen der Kinder. Sie stellten fest, daß Mütter, die angeben, mit der Selbständigkeitserziehung relativ früh begonnen zu haben, und die auf die Selbständigkeit ihres Kindes viel Wert legen (im Sinne eines hoch bewerteten Erziehungszieles), signifikant internalere Kinder hatten als die, die mit der Selbständigkeitserziehung später begonnen haben und kindliche Selbständigkeit auch geringer bewerten. Auf Zusammenhänge zwischen Internalität der Kinder und erklärendem sowie emotional positivem Verhalten von Vätern weisen die experimentalpsychologischen Befunde von Chandler et al. (1980; siehe auch Katkovsky et al. 1967) hin. Väter internal orientierter Kinder machen in der Kooperation mit den Kindern beim Problemlösen mehr Vorschläge, geben mehr Anregungen zum Weitermachen und erklären mehr, ohne dabei jedoch direktiv zu werden und die Aufgabenbearbeitung in ihre Hand zu nehmen. Diese Merkmale der Selbständigkeitserziehung stehen nicht nur mit der Entwicklung von Kontrollüberzeugungen bei Kindern in Beziehung, sondern insbesondere auch mit der Entwicklung der Leistungsmotivation (siehe etwa Heckhausen 1980a).

Die dargestellten Befunde zu Interdependenzen von Merkmalen der familiären Sozialisation und den Kontrollüberzeugungen von Kindern und jungen Erwachsenen weisen also insgesamt in die Richtung, daß eine vom Sozialisanden hoch wahrgenommene Bewegungs- und Handlungsfreiheit (eine hohe „Lernfreiheit" zum Ausprobieren eigener Handlungen) verbunden mit emotional positivem und zeitlich sowie zwischen den Elternteilen konsistentem Erziehungsverhalten mit höherer Internalität und geringerer Externalität in den Kontrollüberzeugungen in Beziehung steht. Da sich alle Arbeiten auf Querschnittsvergleiche beschränken, können diese Befunde ebenso wie die, daß elterliche und kindliche Kontrollüberzeugungen hoch korreliert sind (vgl. etwa Ollendick 1979a; Chandler et al. 1980), nicht einseitig kausal interpretiert werden. Der tansaktionale Charakter von Eltern-Kind-Beziehungen sollte ähnlich wie etwa in der Arbeit von Chandler et al. (1980), die experimentalpsychologisches Vorgehen mit Fragebogenerhebungen verbinden, vermehrt in den Vordergrund empirischer Arbeiten treten (siehe auch Schneewind 1975a). Möglich ist dies etwa auch durch die Erfassung von Merkmalen des Familienklimas, für die Schneewind (1981) sowohl bei deutschen als auch bei amerikanischen Kindern und Jugendlichen relativ konsistente Beziehungen zu Kontrollüberzeugungen berichtet. Insbesondere die familienklimatischen Variablen „Zusammengehörigkeit" (perzipierte familiäre Kohärenz), „Konfliktfähigkeit", „Intellektualität", „Moral" (Bedeutung ethischer/religiöser Grundsätze) und „Organisation" (Vorhersehbarkeit von Ereignissen) stehen mit einer erhöhten Internalität der Kinder und Jugendlichen in Zusammenhang. Auch hier führt die nach geschlechtsspezifischen Beziehungstypen geordnete Auswertung der Daten zu differenzierten Ergebnissen, wobei neben dem Familienklima auch Variablen des Öko-Kontextes, der Arbeitsplatzerfahrungen der Eltern, der Persönlichkeit der Eltern, des Erziehungsstils und des perzipierten Erziehungsstils in ein komplexes hypothetisches Erklärungsmodell integriert werden können.

4.4.2 Schulische Sozialisation

Obwohl bislang eine Reihe empirischer Arbeiten vorliegt, die bestätigen, daß Kontrollüberzeugungen und Schulleistungen zusammenhängen (siehe Kapitel 5.1), gibt es nur wenige Studien, die Interdependenzen zwischen Kontrollüberzeugungen und Merkmalen der schulischen Sozialisation systematisch untersuchen. Gerade die Sozialisation in der Grundschule wird jedoch für die Entwicklung von Kontrollüberzeugungen von erheblicher Bedeutung sein, da erst in der Pubertät eine Stabilisierung dieses Persönlichkeitsmerkmals eintritt. Organisations-strukturelle und klimatische Variablen der Schule bestimmen auch in der weiteren Schulzeit zum großen Teil die Möglichkeiten eines Schülers, Handlungs-Verstärker-Kontingenzen zu erleben. Ähnlich wie in der familiären Sozialisation wird die Frage, welche Freiheiten ein Schüler zum Ausprobieren eigener Handlungen hat, für die Ausprägung seiner Kontrollüberzeugungen von Wichtigkeit sein.

Statistisch bedeutsame Differenzen in den Kontrollüberzeugungen von Schülern aus Schulen, die sich im erzieherischen Ansatz, in der Organisationsstruktur und im schulischen Klima unterscheiden, werden an einigen Stellen berichtet (Arlin & Whitley 1978; Seidner et al. 1978; Hayes & Page 1979; Trice 1980). Für die vorschulische Erziehung sozial benachteiligter Kinder stellte Stephens (1972) positive Zusammenhänge zwischen offenem Unterrricht und Internalität in den Kontrollüberzeugungen fest. Offener Unterricht ist im Gegensatz zum konventionellen Unterricht vor allem dadurch gekennzeichnet, daß dem Schüler verstärkt Möglichkeiten zum Realisieren eigener Ideen, zum Probieren von Handlungen, zur Selbständigkeit und zum selbstgesteuerten Lernen gegeben werden. Von Hentig (1970^3) betrachtet dies als wesentliche Unterschiede zur „alten" oder konventionellen Schule (siehe auch Knight 1974). Die Befunde von Trotta (1975) verdeutlichen jedoch, daß eine vollkommene Offenheit des Unterrichts auch mit erhöhter Externalität kovariieren kann. Im Gegensatz zum traditionellen Unterricht, der strukturiert und vorhersehbar ist, haben die Schüler im Extrem des offenen Unterrichts nur wenige Anhaltspunkte für den Erfolg ihrer Handlungen, Rückmeldungen erhalten sie nur in minimaler Weise und Ereignisse werden aufgrund der „laissez-faire"-Haltung der Lehrer als mehr oder weniger zufällig wahrgenommen. Die Mehrzahl der vorliegenden Arbeiten weist jedoch darauf, daß ein offener Unterricht, der die Selbständigkeit und Initiative der Schüler betont, ohne sie im Lernen allein zu lassen, mit erhöhter Internalität auf der Schülerseite einhergeht (vgl. etwa Arlin & Whitley 1978; Lombardo &

Fantasia 1978; Hayes & Page 1979). Bei gleichem Leistungsniveau der Schüler stellten Seidner et al. (1978) jedoch eine Wechselwirkung zwischen Unterrichtstyp und den Kontrollüberzeugungen der Schüler fest. Internale Schüler haben bei offenem Unterricht positivere Selbstkonzepte als bei traditionellem; die Selbstbewertung und das Selbstkonzept externaler Schüler sind dagegen bei konventionellem Unterricht positiver. Trice (1980) stellte bei 35 Schülern fest, daß die subjektive Bewertung eines hoch strukturierten Erziehungsprogramms signifikant mit den Kontrollüberzeugungen der Schüler korreliert ist. Externale bewerten strukturierte schulische Programme höher als Internale. Aus diesen Befunden kann der Schluß gezogen werden, daß internale Kontrollüberzeugungen am deutlichsten bei den Schülern beobachtet werden können, denen eine relativ hohe Lernfreiheit und Initiative gelassen wird, wobei allerdings eine Betreuung des einzelnen Schülers gewährleistet sein muß.

Ein weiterer Hinweis auf die Bedeutung der schulischen und universitären Sozialisation liegt mit den Arbeiten von Hung (1975) und Nowicki (1978) vor. Die von Hung befragten externalen Studienanfänger gaben signifikant mehr Anpassungsprobleme an der Universität an als ihre internalen Kommilitonen. Die Ergebnisse von Nowicki deuten darauf hin, daß externale Erwachsene besonders häufig streßvolle Erlebnisse in der Vorschul- und Grundschulzeit erinnern. Kausale Schlüsse können aus diesen Befunden natürlich nicht abgeleitet werden.

Unterrichts- und Lehrermerkmale wie Restriktivität (Krampen 1981 d), Komplexität (Koenigs et al. 1977), Kontrollüberzeugungen und Erwartungshaltungen der Lehrer (Murray & Staebler 1973; Evans 1978) weisen nach den vorliegenden Befunden bedeutsame Beziehungen zu den Kontrollüberzeugungen der Schüler auf. Bislang fehlen hier jedoch umfassendere Untersuchungen wie sie für den Bereich der familiären Sozialisation z. T. vorliegen. Von besonderem Interesse dürfte auch die Abschätzung des relativen Einflusses von familiären und schulischen Sozialisationsvariablen auf die Entwicklung von Kontrollüberzeugungen sein. Erste Arbeiten dazu, deren Stichproben aber sehr spezifische Merkmale aufweisen (etwa lernbehinderte Kinder, ethnische Minderheiten), erbrachten inkonsistente Befunde (Buriel 1978; Chapman & Boersma 1979).

4.4.3 Berufliche und institutionelle Sozialisation

Die institutionelle Sozialisation umfaßt neben der vorschulischen und schulischen Sozialisation auch die berufliche und die in anderen gesellschaftlichen Institutionen wie etwa Kliniken, Strafanstalten und Altersheimen. Das Individuum macht in solchen Institutionen Erfahrungen mit Handlungs-Verstärker-Kontingenzen, mit seinen Möglichkeiten, Umweltereignisse zu beeinflussen, und mit der z. T. durch soziale Rollen vorgegebenen Abhängigkeit von anderen Personen. Institutionelle Merkmale wie das Ausmaß der Strukturierung von Positions- und Rollensystemen, die Vorhersehbarkeit von Ereignissen und die individuelle Handlungsfreiheit sind als wichtige Antezedenzbedingungen individueller Kontrollüberzeugungen zu betrachten, wobei stets die mögliche Bereichsspezifität, die allerdings bislang wenig untersucht wurde, bedacht werden muß.

Die Befunde empirischer Arbeiten verweisen auf Zusammenhänge zwischen Arbeitsplatzmerkmalen und Kontrollüberzeugungen der dort arbeitenden Personen. Individuen, die an hoch strukturierten Arbeitsplätzen mit wenig Einflußmöglichkeiten und geringem Handlungsfreiraum arbeiten, weisen meist externalere Kontrollüberzeugungen auf als die, deren Arbeitsplätze weniger stark strukturiert sind. Kirsch & Lengermann (1972) stellten fest, daß das Ausmaß der Selbst-Entfremdung im Beruf bei verschiedenen Berufsgruppen von den Arbeitsprozeß-bezogenen Kontrollmöglichkeiten, dem Ausmaß der Spezialisierung und den Aufstiegsmöglichkeiten abhängt. Ist die individuelle Kontrolle der Arbeit gering, liegt eine hohe Spezialisierung vor und werden die Aufstiegsmöglichkeiten als gering eingestuft, so ist die Selbst-Entfremdung höher (vgl. auch Susman 1972). Jurkun (1978) stellte mit seinen nach der Konstruktdifferenzierung von Levenson (1972) entwickelten, bereichsspezifischen Skalen zu berufsbezogenen Kontrollüberzeugungen fest, (1) daß Arbeiter mit Routinetätigkeiten externaler sind als Arbeiter mit qualifizierten Tätigkeiten, (2) daß Angestellte mit Routinetätigkeiten externaler sind als solche mit qualifizierten Tätigkeiten oder mit Führungsaufgaben, und (3) daß Arbeiter generell externaler orientiert sind als Angestellte. Ähnliche Befunde zum Vergleich von Arbeitern und Angestellten legte auch Hohner (1981) vor. Erklärt wird dies durch die unterschiedlich großen Handlungsspielräume in den verschiedenen Berufen. Die Ergebnisse von Bruhn, Floyd & Bunce (1978) verweisen auch darauf, daß sich die Kontrollüberzeugungen von Mitgliedern einer Berufsgruppe je nach Berufsausbildungsstand und Berufserfahrung ändern können. Sie stellten bei Krankenschwestern während eines relativ hoch strukturierten Ausbildungsprogramms eine zunehmende Externalität der Kontrollüberzeugungen fest. Nach Abschluß der Ausbildung und mit zunehmender Berufserfahrung veränderten sich die Kontrollüberzeugungen wieder in internale Richtung.

Auf Zusammenhänge zwischen Berufszufriedenheit sowie beruflicher Involvierung mit Kontrollüberzeugungen weisen relativ viele Arbeiten. Internalität korreliert nach den vorliegenden Befunden positiv mit höherer Berufszufriedenheit und mit einem höheren beruflichen Engagement (vgl. etwa Kimmons & Greenhaus 1976; Cavey 1972; Posner & Butterfield 1978; Mitchell, Smyser & Weed 1975; Jurkun 1978). Auch die Zufriedenheit mit dem Vorgesetztenverhalten weist Interdependenzen mit den Kontrollüberzeugungen der Untergebenen auf. Internale sind nach den Ergebnissen von Posner & Butterfield (1978) und Mitchell et al. (1975) mit einem partizipativen Führungsstil zufriedener, Externale dagegen eher mit einem direktiven. Interessant ist auch, daß internale Mitglieder einer Berufsgruppe (Manager) in ihrem Beruf mehr Autonomie, mehr Rückmeldungen und mehr Handlungs-Verstärker-Beziehungen wahrnehmen als die externalen (Kimmons & Greenhaus 1976). Kontrollüberzeugungen scheinen hier also die Beziehungen zwischen perzipierten Arbeitsplatzmerkmalen und Berufszufriedenheit zu moderieren. Zu ähnlichen Befunden gelangten auch Mitchell et al. (1975; siehe im Überblick auch Mitchell 1979). Eine positive Beziehung zwischen beruflicher Involvierung und Kontrollüberzeugungen konnten Reitz & Jewell (1979) für Industriearbeiter in sechs Ländern (USA, Mexico, Japan, Jugoslawien, Türkei und Thailand) feststellen. Sie ermittelten nahezu identische Korrelationskoeffizienten für die Beziehung beider Variablen in allen Ländern. Auch die Unterscheidung von angelernten Arbeitern und Facharbeitern erbrachte keine wesentlichen Unterschiede im Zusammenhang von Kontrollüberzeugungen und beruflicher Involvierung. Jurkun (1978) untersuchte regressionsanalytisch einige berufsbezogene Antezedensbedingungen von Kontrollüberzeugungen bei deutschen Arbeitern und Angestellten. Er stellte u. a. fest, daß durch soziale Abhängigkeitsgefühle (am Arbeitsplatz) bedingte Externalität am besten durch die Variablen Aufstiegsresignation, mangelnde Möglichkeiten zur Selbstverwirklichung, eine geringe allgemeine Lebenszufriedenheit, jedoch eine gewisse Zufriedenheit mit der Bezahlung erklärt werden kann. Arbeitsbezogene Internalität weist die höchsten Zusammenhänge mit dem Tätigkeitsspielraum bei der Arbeit, dem Bildungsabschluß, der allgemeinen Lebenszufriedenheit und dem Entscheidungsfreiraum auf. Externalität, die durch die Überzeugung bedingt ist, daß die Arbeitswelt schicksalhaft oder zufällig geartet ist, steht in höchsten Interdependenzen mit den Variablen geringes Einkommen, Aufstiegsresignation, hohe Umweltbelastung und geringe allgemeine Lebenszufriedenheit.

Streßerleben im Beruf weist ebenfalls bedeutsame Interdependenzen mit Kontrollüberzeugungen auf. Externale Personen erleben meist mehr Streß und bewerten die streßinduzierenden Ereignisse negativer als internale (vgl. etwa Szilagyi, Sims & Keller 1976; Kyriacou & Sutcliffe 1979). Dies steht in Einklang mit den (in Kapitel 3.2.2 gemachten) Ausführungen zu Zusammenhängen zwischen perzipierter Umweltkontrollierbarkeit und Streßerleben (siehe auch Lazarus 1966). Wichtig ist bei den zuletzt genannten Studien, daß Mitglieder einer Berufsgruppe untersucht wurden, daß also Merkmale der Arbeitssituation und des Bildungsniveaus als moderierende Variablen weitgehend ausgeschaltet sind.

Einige wenige Arbeiten weisen auch auf Beziehungen zwischen beruflichem Erfolg oder beruflicher Effektivität und Kontrollüberzeugungen hin. Shearer & Steger (1975) stellten etwa fest, daß berufliche Kompetenz positiv mit Internalität korreliert ist. Ihre daraus abgeleitete Forderung, für Führungsaufgaben Personen mit internalen Kontrollüberzeugungen zu selegieren, ist jedoch sehr problematisch (siehe Kapitel 5.3). Ähnliche Befunde werden aber auch von Andrisani & Nestel (1976) und Lewis et al. (1977) vorgelegt. Bei Lewis et al. (1977) erwiesen sich die Kontrollüberzeugungen von professionellen Beratern im Bereich interpersonalen Verhaltens als die besten Prädikatoren für ihre berufliche Effektivität. Da jedoch die berufliche Effektivität über ein Vorgesetzten-Rating erfaßt wurde, ist es freilich auch möglich, daß die Art der (zudem für soziales Verhalten bereichsspezifischen) Kontrollüberzeugungen primär die Personenwahrnehmung der Vorgesetzten bestimmt hat und erst sekundär die Effektivitätseinschätzung. Die Befunde von Andrisani & Nestel (1976) in einer repräsentativen Erhebung für die USA legen jedoch nahe, daß eine positive Beziehung zwischen Internalität und beruflichem Erfolg – hier gemessen über Außenkriterien (etwa beruflicher Aufstieg, Einkommen etc.) – besteht.

Andere Aspekte institutioneller Sozialisation waren bisher nur kursorisch Felder empirischer Studien zu Kontrollüberzeugungen. Aus den wenigen Arbeiten wird jedoch deutlich, daß gesellschaftliche Institutionen, die relativ hoch strukturiert sind, die über ein stark normiertes Rollensystem verfügen, und die daher dem Individuum nur eine geringe Handlungsfreiheit lassen, u. U. auch kurzfristig zu einer Externalisierung der Kontrollüberzeugungen beitragen können. Belegt wurde dies oben schon für restriktive schulische und berufliche Umwelten. Für Häftlinge wiesen etwa Leblanc & Tolor (1972) eine erhöhte Entfremdung und erhöhte Externalitätswerte nach. Levenson (1975a) konnte diesen Befund durch den Einsatz des IPC-Fragebogens spezifizieren. Nur die Skalenwerte der P-Skalen stehen mit der Haftdauer und mit der Häufigkeit von Einzelarresten in Beziehung; die I- und die C-Skala weisen zu diesen Variablen keine Interdependenzen auf. Häftlinge, die schon längere Zeit in einer Strafanstalt sind, und solche, die relativ häufig durch Einzelarrest bestraft wurden, zeigen nur in dem Aspekt der Externalität, der durch Gefühle der sozialen Machtlosigkeit bedingt ist, erhöhte Werte. Auf Unterschiede in den Kontrollüberzeugungen von Strafgefangenen und freien Personen weisen die Ergebnisse mit dem IPC-Fragebogen von Krampen (1979c): Häftlinge haben sowohl auf der P- als auch auf der C-Skala signifikant höhere Werte als die Nicht-Häftlinge, wobei der Mittelwertsunterschied auf der P-Skala mit ca. 5 Rohwertpunkten höher ausfällt als der auf der C-Skala (etwa 3 Rohwertpunkte).

Andere Institutionen, die den Handlungsfreiraum von den in ihnen lebenden Individuen einschränken können, sind etwa Kliniken und Altersheime, wobei allerdings die Strukturierungen und Einschränkungen meist nicht so stark sind wie in Haftanstalten. Auch müssen die unterschiedlichen Zielsetzungen dieser Institutionen bedacht werden. Psychologisch gesehen scheinen sie in ihren Auswirkungen auf individuelle Kontrollüberzeugungen allerdings nicht sehr unterschiedlich. Bei Rosen, Floor & Baxter (1971) ist die konditionierte Hilflosigkeit und Externalität ein wesentlicher Punkt bei der Charakterisierung der „institutionalisierten Persönlichkeit", die sie für ehemalige stationäre Patienten von Nervenheilanstalten vornehmen. Auch die Ergebnisse von Seeman & Evans (1962) und von McAllister (1972) zeigen, daß Klinikaufenthalte unter bestimmten Umständen zu einer Externalisierung führen können. Wesentliche Bedingungen dafür scheinen die Art des Behandlungsprogramms, das soziale Klima in der Klinik, die Rigidität der Rollenstruktur und das Vorwissen der Patienten über die Krankheit zu sein. Durch Behandlungsprogramme kann es u. U. aber auch zu einem Effekt der Internalisierung von vorher eventuell stark externalen Kontrollüberzeugungen kommen, der allerdings nicht stabil sein muß. Solche Effekte vermutet etwa Rotter (1975) für die Befunde erhöhter Internalität bei Alkoholikern während und gegen Ende von stationären Entziehungskuren. Ein Kennzeichen vieler Alkoholentziehungskuren ist die Tendenz der Therapeuten und des Personals, den Patienten immer wieder zu sagen, daß sie für ihre Krankheit alleine verantwortlich sind. Hier kann es zu kurzfristigen Veränderungen in den Kontrollüberzeugungen kommen, die durch die stereotype Wiederholung ähnlicher Aussagen auf der Seite des Personals und durch Effekte der sozialen Erwünschtheit bedingt sind. Fallen diese Bedingungen weg, ist ein erneuter Anstieg der Externalität zu vermuten. Zu solchen Institutionalisierungs- oder Hospitalisierungseffekten liegen bislang jedoch noch keine differenzierten Untersuchungen vor.

Etwas besser sieht die Befundlage zu den Effekten von Altersheimaufenthalten auf Kontrollüberzeugungen aus. Übereinstimmend weisen die Befunde mehrerer Studien darauf, daß sich ältere Menschen, die in Altersheimen wohnen, von denen, die nicht in Altersheimen, sondern in normalen Umwelten wohnen, in einer Reihe psychologischer Merkmale unterscheiden. Bewohner von Altersheimen sind danach in den Kontrollüberzeugungen externaler, weniger mit ihrem Leben zufrieden, ängstlicher, weniger aktiv und depressiver (vgl. etwa Palmore & Luikart 1972; Queen & Freitag 1978; Rotella & Bunker 1978; Solomon 1979). Bei diesen Befunden muß jedoch bedacht werden, daß nicht die Institutionalisierung zu diesen Unterschieden führen muß, sondern daß andere Faktoren wie etwa Gesundheitszustand, Ausmaß der sozialen Integration bzw. der sozialen Isolierung etc. diese mitbedingen werden. In diesem Zusammenhang sei noch einmal darauf verwiesen, welche psychologisch positiven Auswirkungen kontrollfördernde Interventionen in solchen Institutionen haben können. Langer et al. (1975) und Langer & Rodin (1976; siehe auch Rodin & Langer 1980) haben dies für Klinikumwelten belegt.

4.4.4 Massenmedienkonsum und Kontrollüberzeugungen

Eine weitere Sozialisationsinstanz, die als Antezedensbedingung für die Entwicklung von Kontrollüberzeugungen prinzipiell von Bedeutung ist, kann in den Massenmedien (Presseerzeugnisse, Hörfunk, Film, Tonträger, Fernsehen) gesehen werden. Beim Massenmedienkonsum laufen eine Vielzahl komplexer Prozesse des Beobachtungs- oder Modell-Lernens ab, die gerade bei Hörfunk, Film, Fernsehen etc. durch den Einbezug visueller und akustischer Kanäle sehr löschungsresistent sein können. Generalisierte Erwartungshaltungen werden hierbei zum einen durch die Mechanismen der stellvertretenden Verstärkung und des Beobachtungslernens, zum anderen durch die Aufnahme von Informationen über Handlungs-Ergebnis-Zusammenhänge (sowohl im Unterhaltungs- als auch im Informationsteil der Medien) beeinflußt. Hingewiesen sei nur auf die Analyse von Werbesendungen im amerikanischen Fernsehen von Bardwick & Schumann (1967). Als durchgehend häufigste Themen wurden omnipotentes Verhalten, soziale Gleichheit und Integration, unbegrenzte Zugriffsmöglichkeiten auf Geld und soziale Bewunderung ermittelt. Die Beziehung dieser Themen zu Kontrollüberzeugungen bedarf keiner Erläuterung.

Wenngleich sich die Massenkommunikationsforschung zunehmend von dem am Behaviorismus orientierten, einseitigen Modell der Wirkungsforschung abwendet und verstärkt auch Rezipientenmerkmale (etwa Einstellungen, Erwartungen, Bedürfnisse, Beeinflußbarkeit etc.; vgl. etwa Bergler & Six 1979) beachtet, so muß doch konstatiert werden, daß differentialpsychologische Variablen im Vergleich zu soziographischen und soziologischen Variablen bislang nur sehr selten in ihrer Beziehung zum Medienkonsumverhalten untersucht worden sind. Die neueren Ansätze der Massenkommunikationsforschung bieten jedoch eine Reihe von Anhaltspunkten für den Nachweis der Relevanz differentialpsychologischer und kognitiver Variablen. So wenden sich etwa die kognitionspsychologisch einzuordnenden Ansätze wie etwa der konsistenztheoretische (vgl. Donohew & Palmgreen 1971) und der — alternative — komplexitätstheoretische (vgl. etwa Donohew & Tipton 1973; Schenk 1978) den individuellen Mechanismen der Informationsaufnahme und Informationsselektion bei der Benutzung von Massenmedien zu. Auf die Beziehungen zwischen Kontrollüberzeugungen sowie perzipierter Kontrollierbarkeit einer Situation zu informationssuchendem und selegierendem Verhalten wurde schon eingegangen (vgl. Kapitel 3). Der Nutzen- und Belohnungsansatz in der Massenkommunikationsforschung, die Gegenposition zum Wirkungsansatz, der sich vor allem auf Rezipientenmerkmale stützt, fokussiert die Bedürfnisse der Medienbenutzer und damit die Frage, was Individuen mit den Medien machen (der Wirkungsansatz beschäftigt sich dagegen eher mit der Frage, welche Wirkung Medien auf die Benutzer haben). Als für das Medienkonsumverhalten wichtige Bedürfnisse werden etwa von McQuail, Blumer & Brown (1973) solche nach indirekten persönlichen Beziehungen (im Sinne einer parasozialen Interaktion), nach persönlicher Identität (Exploration der Realität und Identitätsfindung durch die Medieninhalte), nach Kontrolle der Umwelt („surveillance"; Bedürfnis des Rezipienten, Informationen über die nicht-personspezifische Umwelt und damit Kontrollmöglichkeiten zu erhalten) und nach Ablenkung („diversion"; Bedürfnis nach Unterhaltung und Zerstreuung) aufgeführt. Individuelle Kontrollüberzeugungen können hier zum einen die subjektive Wichtigkeit der einzelnen Bedürfnisse beeinflussen, zum zweiten stellen sie eine Variable dar, die Auskunft über die subjektive Selbst- bzw. Fremdbestimmtheit der Bedürfnisbefriedigung geben kann.

Differentialpsychologische Merkmale, mit denen sich Untersuchungen zum Medienkonsumverhalten bislang vor allem beschäftigt haben, sind Ich-Beteiligung, Beeinflußbarkeit, Einstellungen und Erwartungen (vgl. im Überblick Bergler & Six 1979). Zu diesen Variablen, die sich in den Prozessen der Informationsselektion, Aufmerksamkeitszuwendung und Informationsverarbeitung auswirken, sind auch individuelle Kontrollüberzeugungen zu zählen. Die aktuelle Forschungslage zum Zusammenhang von Kontrollüberzeugungen (und verwandten Konstrukten) und Medienkonsumverhalten ist allerdings sehr spärlich, was nicht zuletzt darauf zurückgeführt werden kann, daß weite Bereiche der Massenkommunikationsforschung von Soziologen, Pädagogen und anderen Wissenschaftlern als Psychologen geprägt werden. Die psychologische Forschung hat sich ausführlicher bislang nur mit dem Einfluß des Medienkonsums auf aggressives Verhalten (vor allem bei Kindern) beschäftigt (siehe hierzu im Überblick Bergler & Six 1979). Die wenigen vorliegenden Untersuchungsbefunde zur Interdependenz von Medienkonsum und Kontrollüberzeugungen können so nur Hinweise auf die Bedeutung dieser Sozialisationsinstanz für diesen Persönlichkeitsbereich geben.

Travis (1975) stellte etwa in einer beispielhaften Feldstudie fest, daß Kontrollüberzeugungen statistisch bedeutsame Beziehungen mit medialer Informationssuche aufweisen. Internal orientierte Personen verwenden mehr Zeit auf die Informationssuche und -selektion in verschiedenen Medien als external orientierte, was sich in der Anzahl der gelesenen Magazin-Zeitschriften und der aufgewendeten Zeit dafür für verschiedene Aspekte von Kontrollüberzeugungen zeigt. Generalisierte Erwartungshaltungen, die persönliches politisches Engagement betreffen (siehe Kapitel 5.2), stehen ferner in bedeutsamen Zusammenhängen mit der für die Informationsaufnahme aus Hörfunk, Fernsehen und Tageszeitungen aufgewendeten Zeit. Als Begründung für die zwar statistisch bedeutsamen, jedoch in ihrem numerischen Wert nicht sehr hohen Zusammenhänge, führt Travis u. a. Situationsvariablen, wie etwa soziale Einflüsse bei der medialen Inhalts- und Programmwahl, auf.

Die empirische Studie von Philport (1976) untersucht die Zusammenhänge ausgewählter Persönlichkeitsvariablen (Anomie, Machiavellismus und generalisierte Selbsteinschätzung) mit Fernsehverhalten. Eine kanonische Korrelationsanalyse, in die als Variablenset A diese drei Persönlichkeitsvariablen, als Variablenset B der Fernsehkonsum und präferierte Programminhalte eingingen, ergab eine gesicherte Beziehung zwischen der Variable Anomie und dem Fernsehkonsum. Anomische Personen bevorzugen danach vor allem Kriminalserien wie etwa die − auch in der Bundesrepublik Deutschland ausgestrahlten − Fernsehfilme „Cannon" und „Straßen von San Francisco". Zu ähnlichen Ergebnissen kam eine unlängst in Deutschland durchgeführte Erkundungsstudie (Krampen, Viebig & Walter 1981), in der unterschiedliche Aspekte des Fernsehverhaltens (Quantität, Programmpräferenzen, Motive für das Fernsehen etc.) in Zusammenhang mit differentialpsychologischen Variablen in einer Stichprobe deutscher Erwachsener (N = 192) untersucht wurden. Das Fernsehverhalten der Informanden wurde in einer Teilstichprobe von N = 47 Personen nicht nur durch einen retrospektiven, kumulativen Fragebogen, sondern zusätzlich durch ein Wochenprotokoll erfaßt, in das die jeweiligen Fernsehsendungen und konsumierten Programme verzeichnet werden sollten. Beide Indikatoren stimmen für das qualitative und quantitative Fernsehverhalten recht gut überein. Als Persönlichkeitsvariablen gingen drei Aspekte von Kontrollüberzeugungen (IPC-Fragebogen), Konservatismus, Machiavellismus, interpersonales Vertrauen (drei inhaltliche Aspekte in Anlehnung an den Fragebogen von Rotter 1967), Rigidität, Angst und ein Maß für „irrationale Vorstellungen" der Person (im Sinne von Ellis 1962) in die Untersuchung ein. Eine kanonische Korrelationsanalyse der Angaben zur Häufigkeit des Sehens von insgesamt 30 verschiedenen Fernsehprogrammen, die regelmäßig gesendet werden, und der Persönlichkeitsvariablen führte zu vier signifikanten kanonischen Faktoren. Hier interessiert insbesondere, daß ein kanonischer Faktor u. a. durch die beiden Externalitätsskalen (durch subjektive Machtlosigkeit bedingte und durch Fatalismus bedingte Externalität) und durch Fernsehsendungen wie „Straßen von San Francisco", „Derrick", „Aktenzeichen XY ungelöst", „Die Sprechstunde", „ARD-Ratgeber Gesundheit", „Einer wird gewinnen", „Der große Preis", „Alles oder nichts" und „Ohnsorg-Theater" markiert ist. Externalität in den Kontrollüberzeugungen steht demnach also mit dem häufigen Konsum von Kriminalfilmen, Unterhaltungs- und Ratgebersendungen in einer komplexen Beziehung. Ein weiterer kanonischer Faktor ist u. a. durch die Internalitäts-Skala des IPC-Fragebogens und Fernsehsendungen wie „ZDF-Magazin", „Heute" und „Tagesschau" gekennzeichnet. Internalität in den Kontrollüberzeugungen weist also Interdependenzen mit dem Konsum von Nachrichten- und Kommentarsendungen auf, die vor allem Informationen vermitteln. Bei der Interdependenzanalyse von Persönlichkeitsmerkmalen und Programmpräferenzen ergaben sich ähnliche Zusammenhangsmuster, was nicht verwundert, da die Präferenz eines bestimmten Programms im Durchschnitt recht hoch mit der angegebenen Sehhäufigkeit korreliert ist. Bei der Betrachtung der Einzelkorrelationen zwischen den drei Aspekten von Kontrollüberzeugungen und den Quantitätsangaben zu bestimmten Sendungen fällt u. a. noch auf, daß Personen mit einer hohen durch subjektive Machtlosigkeit bedingten Externalität häufiger Kriminalfilme u. ä. sehen („Derrick", „Tatort", „Aktenzeichen XY ungelöst") wogegen Personen mit hoher durch Fatalismus bedingter Externalität häufiger Unterhaltungssendungen konsumieren („Einer wird gewinnen", „Der große Preis", „Spiel ohne Grenzen", „Ohnsorg-Theater"). Es konnten auch einige statistisch signifikante, jedoch numerisch geringe Korrelationen zwischen den Kontrollüberzeugungen und Angaben über Gründe bzw. Motive für das Fernsehen ermittelt werden. Internalität hängt mit den Motiven zusammen, durch das Fernsehen etwas zu lernen, mit anderen über die Inhalte sprechen zu können, sich sozial aus dem Familienverbund nicht ausschließen zu wollen und durch das Fernsehen Freude zu gewinnen. Durch Fatalismus bedingte Externalität steht in Beziehung zu den Motiven, den Alltagssorgen für eine Weile zu entfliehen, Einsamkeitsgefühle zu vermindern und abgelenkt zu werden. Fernsehmotive oder -bedürfnisse, wie sie vor allem von dem oben erwähnten Nutzen- und Belohnungsansatz untersucht werden (McQuail et al. 1973; siehe auch Bergler & Six 1979), stehen also nach diesen Befunden von Krampen et al. (1981) mit individuellen Kontrollüberzeugungen in Beziehung. Diese Ergebnisse verweisen darauf, daß internal orientierte Personen das Medium Fernsehen vor allem zu Informationszwecken verwenden, wogegen bei external orientierten Personen die Unterhaltungs- und Ablenkungsfunktionen dominieren.

Klar ist, daß die hier referierten Erkundungsstudien zu Zusammenhängen von Medienkonsumverhalten und Kontrollüberzeugungen (sowie anderer Persönlichkeitsvariablen) nicht im Sinne einer einfachen Wirkungsforschung, also als Ursache-Wirkungs-Zusammenhänge, interpretiert werden dürfen. Festgestellt wurden Interdependenzbeziehungen, die die Frage offen lassen, ob bestimmte Persönlichkeitsvariablen zu einem bestimmten Medienkonsumverhalten führen oder ob die Beziehung (umgekehrt) der Art gerichtet ist, daß ein bestimmtes Medienkonsumverhalten zu den individuellen Ausprägungen der Persönlichkeitsmerkmale beiträgt. Hier sind Longitudinalstudien zu fordern, die jedoch praktisch recht schwer zu realisieren sind, da Medienkonsumverhalten nur in Grenzen manipuliert und kontrolliert werden kann.

4.4.5 Politisch-kulturelle Systemzugehörigkeit

Belege für die Bedeutung der politisch-kulturellen Systemzugehörigkeit als eine der Determinanten von Kontrollüberzeugungen findet man in Studien (1) zur Entwicklung von Kontrollüberzeugungen bei Angehörigen einer Kultur, (2) zum Zusammenhang von Religiösität und Kontrollüberzeugungen, (3) zu intrakulturellen Vergleichen und (4) zu interkulturellen Vergleichen. Die Art des politischen und kulturellen Systems, in der eine Person aufwächst, ist eine Bedingung ihrer familiären, schulischen und institutionellen Sozialisation. Auf dem Hintergrund der Kultur-Persönlichkeits-Schule (vgl. etwa Kardiner 1945) kann gesagt werden, daß die politisch-kulturelle Systemzugehörigkeit eine Antezedensbedingung von Kontrollüberzeugungen ist; Kontrollüberzeugungen sind nach der Sozialen Lerntheorie eine Antezedensbedingung von Verhalten. Die Handlungen der Mitglieder einer Kultur prägen nun wieder die Art des politisch-kulturellen Systems mit. Wir haben es also mit einem komplexen Kreislauf von Kulturmerkmalen, Persönlichkeitsmerkmalen und Handlungen zu tun. Zur Charakterisierung kulturspezifischer Ausprägung von Persönlichkeitsmerkmalen wurde von den Vertretern der Kultur-Persönlichkeits-Schule der Begriff der modalen Persönlichkeit oder des sozialen Charakters geprägt, der sich nicht alleine auf durchschnittliche Ausprägungen einzelner Persönlichkeitsvariablen in einer Kultur, sondern auch auf grundlegende Persönlichkeitsorientierungen beziehen kann (vgl. etwa Riesman et al. 1950; Kapitel 2.2.3). Dabei ist — im Hinblick auf intrakulturelle Vergleiche (z. B. nach sozialen Schichten oder Berufsgruppen) — auch eine multimodale Ausprägung der jeweiligen Merkmale denkbar.

Für die USA liegen eine Reihe empirischer Arbeiten vor, in denen die Entwicklung individueller Kontrollüberzeugungen über mehrere Jahre in größeren Stichproben untersucht worden ist. Wolfe (1976) stellte etwa im Vergleich der Fragebogenwerte von amerikanischen Studenten aus den Jahren 1965, 1969 und 1974 eine statistisch signifikante Zunahme der Externalität und Entfremdung fest. Dies gilt sowohl für die Werte aus dem ROT-IE-Fragebogen als auch für die in der „Interpersonal Trust Scale" (Rotter 1967) und die in einer Skala zur Messung von Anomie. Ähnliche Befunde liegen für die Zeiträume 1966 bis 1970 (Schneider 1971), 1963 bis 1974 (Westman 1977) und 1960 bis 1977 (Bergsma & Bergsma 1978) vor. In allen Arbeiten wird zu den letzten Testzeitpunkten eine erhöhte Externalität der Studenten festgestellt, was etwa von Yoder (1977) in Zusammenhang mit gesellschaftlichen Veränderungen in den USA diskutiert wird. Inwieweit hier tatsächlich eine Veränderung der modalen

Persönlichkeitsstruktur (Westman 1977) zu beobachten ist, kann jedoch letztlich nicht entschieden werden, da die Vergleichbarkeit der Stichproben in Zweifel steht. Eine echte Longitudinalstudie, in der die Anomiewerte von 100 Studenten 1964 und 1974 (nach Studienabschluß) erhoben wurden, erbrachte auch etwas anders geartete Ergebnisse. In dieser Arbeit wurde zwar auch eine Zunahme der Anomie (soziologische Ebene; vgl. Kapitel 2.2.5), jedoch eine Abnahme der Anomia auf psychologischer Ebene festgestellt (Wilkins 1977). Bei all diesen Studien muß auch beachtet werden, daß sie sich auf die Untersuchung studentischer Populationen beschränken. Die Befunde verdeutlichen jedoch, daß verschiedene studentische Generationen in einer Kultur bzw. in einem Staat in ihren generalisierten Kontrollüberzeugungen durchschnittlich erhebliche Unterschiede aufweisen können.

Interkulturelle Vergleichsstudien zu Kontrollüberzeugungen liegen heute schon in einer kaum mehr überschaubaren Menge vor. Ihre Zielsetzungen sind (1) der Versuch, die Bedeutung dieses Persönlichkeitsmerkmals in verschiedenen Kulturen empirisch nachzuweisen und (2) das Aufdecken kultureller Antezedensbedingungen von Kontrollüberzeugungen. Die methodischen Probleme dieser Arbeiten sind − wie bei interkulturellen Vergleichsstudien allgemein − recht groß. Neben der häufig nur mangelhaften Vergleichbarkeit der untersuchten Stichproben und der Erhebungssituationen liegen die wichtigsten Defizite und Mängel wohl im Fehlen systematischer Nachweise der funktionalen und skalenspezifischen Äquivalenz der verwendeten Meßinstrumente (vgl. hierzu etwa Eysenck 1980; Poortinga 1980) sowie im Fehlen einer theoretisch fundierten Definition des jeweils verwendeten Kulturbegriffs (vgl. etwa Draguns 1979). Untersuchungen mit dem eindimensionalen ROT-IE-Fragebogen in unterschiedlichen Kulturen legten zunächst ein „Nord-Süd-Gefälle" (Industrie- versus Entwicklungsländer) und ein Gefälle zwischen westlich bzw. östlich orientierten (Religions-) Kulturen im Bereich der Kontrollüberzeugungen nahe (vgl. etwa Reimanis 1977; Parsons & Schneider 1978; Reimanis & Posen 1978; Tobacyk 1978). Nach den Befunden dieser Arbeiten verfügen Angehörige westlicher Industriekulturen im Durchschnitt über internalere Kontrollüberzeugungen als Angehörige des östlichen Kulturkreises, wobei jedoch im Bereich östlich beeinflußter Kulturen die Unterscheidung zwischen Entwicklungs- und Industrieländern (etwa Japan) beachtet werden muß. Mahler (1974) und Lao (1977) replizierten diese Befunde auf einem differenzierteren Niveau mit dem dreidimensionalen IPC-Fragebogen. Im Vergleich amerikanischer und japanischer Studenten fand Mahler (1974) bei den Nordamerikanern signifikant höhere Internalitätswerte, signifikant niedrigere C-Werte (fatalistische Externalität) und nahezu signifikant niedrigere Werte auf der P-Skala (durch soziale Machtlosigkeit bedingte Externalität). Lao (1977) ermittelte bei Studentinnen aus Taiwan niedrigere I-Werte, jedoch auch geringere P-Werte als bei nordamerikanischen Studentinnen. Dieser widersprüchliche Befund Laos (1977) findet seine Entsprechung in einer Reihe anderer, die nicht ohne weiteres in den Gedanken eines Gefälles zwischen östlichen und westlichen Kulturen integriert werden können.

McGinnies et al. (1974) fanden etwa sehr hohe Externalitätswerte in Japan, jedoch noch höhere in Schweden, was sie durch das Sozialstaatsprinzip in Schweden zu erklären suchen. Auch Parsons & Schneider (1974) ermittelten sehr hohe Externalitätswerte für Japan, fanden aber gleichzeitig die niedrigsten für Indien. Die westlichen Staaten USA, Kanada, Bundesrepublik Deutschland, Italien und Frankreich liegen dazwischen. Khanna & Khanna (1979) konnten dagegen wiederum in einer indischen Stichprobe keine extrem niedrigen Externalitätswerte ermitteln. Das Bild der Befunde zum Vergleich von Kontrollüberzeugungen in eher östlich versus eher westlich beeinflußten Kulturen ist also recht uneinheitlich. Obwohl intrakulturelle Vergleichsstudien durchaus bedeutsame Zusammenhänge zwischen Kontrollüberzeugungen, Religionszugehörigkeit und Religiösität ermittelten, z. T. sogar Kontrollüberzeugungen als eins der wesentlichsten Korrelate von Religiosität bezeichnet werden (vgl. etwa Rohbraugh & Jessor 1975; Gladding 1977; Kivett 1979; Geist & Baugham 1980), konnte in interkulturellen Vergleichen bislang die Vermutung, daß der erhöhte Fatalismus östlicher Religionen zu stärker externalen Kontrollüberzeugungen führt, nicht durchgängig belegt werden. Ein ähnliches Bild ergibt sich, wenn man die Befunde zum Vergleich der Kontrollüberzeugungen von Personen aus Industrie- versus Entwicklungsländern vergleicht („Nord-Süd-Gefälle"). Auch hier gibt es Arbeiten, die höhere Externalitätswerte bei den Bewohnern von Entwicklungsländer feststellten (vgl. etwa Reimanis 1977; Georgis 1978), als auch solche, die genau zum umgekehrten Ergebnis kommen (vgl. etwa Garza & Russell 1974; Alvarez & Pader 1978; Cole et al. 1978).

Zusammenfassend muß also gesagt werden, daß interkulturelle Vergleiche von Kontrollüberzeugungen bislang nicht zu konsistenten Ergebnissen geführt haben, die Hinweise auf bedeutsame Antezedensbedingungen generalisierter Erwartungshaltungen erlauben. Belegt sind jedoch durch die Vielzahl der vorliegenden Arbeiten auf jeden Fall deutlich ausgeprägte kulturelle Unterschiede, die allgemein für die Relevanz dieses Persönlichkeitskonstrukts und für seine Kulturabhängigkeit sprechen. Aktuell scheinen jedoch die oben schon genannten methodischen Probleme interkultureller Vergleichsstudien zu dominieren. Reimanis (1977) verweist ferner darauf, daß den subjektiven Iteminterpretationen der Probanden in verschiedenen Kulturen eine besondere Beachtung zukommen muß (siehe auch Kapitel 4.2.2), da sie letztlich über das, was kulturspezifisch gemessen wird, Auskunft geben. Auf die partielle Unangemessenheit der bisherigen Konstruktdifferenzierungen für andere Kulturen deuten die Arbeiten von Cole, Rodriguez & Cole (1978) und Streiffeler, Bomogo & Basara (1981). Insbesondere die Befunde von Streiffeler et al. zu Kontrollüberzeugungen von Eingeborenen in Zaire zeigen klar, daß das Konstrukt Kontrollüberzeugungen auch in seiner internalen Ausprägungsform einer Differenzierung bedarf. Neben der intern individuellen Kontrollform, die gemeinhin mit dem Begriff der Internalität in westlichen Kulturen verbunden wird, fanden die Autoren in einem Satzvollendungstest auch internale Kontrollüberzeugungen, die kollektive Anstrengungen („intern kollektive Kontrolle") und religiöse Einbindung („indirekt intermediäre Kontrolle") betrafen.

Es ist also nicht sinnvoll, in interkulturellen Vergleichsstudien, direkt mit geschlossenen Erhebungsinstrumenten zu arbeiten, da auf diese Weise wertvolle Hinweise auf mögliche Konstruktdifferenzierungen auf theoretischer Ebene verloren gehen können.

Auf intrakulturelle Vergleichsstudien wurde oben schon eingegangen. Neben Schichtunterschieden fanden sich auch Unterschiede in den Kontrollüberzeugungen von Angehörigen verschiedener ethnischer Gruppen. Auch hier liegen jedoch — vor allem aus den USA — z. T. widersprüchliche Befunde vor (vgl. etwa Garcia & Levenson 1975; Glantz 1977; Hall et al. 1977; Barling & Fincham 1978; Buriel & Rivera 1980). Ein zur Abklärung dieser widersprüchlichen Befunde im Bereich inter- und intrakultureller Vergleichsstudien geeigneter Ansatz scheint der von Cole & Cole (1974, 1977) zu sein. Sie beschränken sich nicht auf einfache Vergleiche der Kontrollüberzeugungen von Angehörigen verschiedener sozialer und kultureller Gruppen, sondern beziehen das Ausmaß, in dem eine Person nonkonformes Verhalten in ihrer Kultur zeigt, mit in die Analyse ein. Die Ergebnisse von Cole & Cole (1974, 1977) belegen den Sinn dieses Vorgehens. Sie stellten fest, daß mexikanische Studentinnen, die Kunst oder Wirtschaftswissenschaften studieren, sich in ihrer Kultur also nonkonform verhalten, sowohl im inter- als auch im intrakulturellen Vergleich die höchsten Internalitätswerte und die geringsten Externalitätswerte (sowohl auf der P- als auch auf der C-Skala des IPC-Fragebogens) aufweisen. Studien, die Aspekte der politisch-kulturellen Systemzugehörigkeit als mögliche Korrelate von Kontrollüberzeugungen analysieren wollen, sollten also neben den oben aufgeführten methodischen und theoretischen Problemen auch Variablen der besonderen Lebenssituation der Informanden beachten. Es ist schlechterdings nicht sinnvoll, etwa Kontrollüberzeugungen von Studenten unterschiedlicher Fachrichtungen aus verschiedenen Kulturen zu vergleichen, ohne die Kultureingebundenheit der jeweiligen Studienfächer, ihre evtl. geschlechtsspezifischen Stereotypisierungen etc. zu beachten.

4.5 Zusammenfassung

Im vorliegenden Kapitel wurde zunächst auf die Bestimmung von Persönlichkeitsmerkmalen als hypothetische Konstrukte in der empirischen Persönlichkeitsforschung eingegangen. Kontrollüberzeugungen sind ein aus der Sozialen Lerntheorie Rotters abgeleitetes deskriptives Persönlichkeitskonstrukt, das u. a. als Moderatorvariable zur Erklärung und Vorhersage von Handlungen verwendet wird. In der Darstellung wird auf die Polarisierung einer sogenannten „Eigenschafts- versus Situations-Psychologie" und deren Integration zum „Interaktionismus" eingegangen. Die Polarisierung wird als wissenschaftshistorisch falsch abgelehnt und es wird nachgewiesen, daß eine Vielzahl moderner differentialpsychologischer Theorien interaktionistisch orientiert ist. Dabei ist mit Bezug zu Erwartungshaltungen die hierarchische Struktur von Persönlichkeitskonstrukten von besonderer Bedeutung, durch die (1) Schritte des Generalisierungslernens thematisiert werden und (2) die Interaktion von Person- und Situationsmerkmalen auf verschiedenen Ebenen deutlich wird.

Zur Messung individueller Kontrollüberzeugungen liegen eine Reihe unterschiedlicher Vorschläge vor, deren wichtigste dargestellt und diskutiert wurden. Die Mehrzahl der Operationalisierungsvorschläge geht den Weg der Fragebogenerhebung. In getrennten Kapiteln werden vorliegende englisch- und deutschsprachige Verfahren zur Messung von Kontrollüberzeugungen bei Kindern/Jugendlichen und bei Erwachsenen dargestellt. Auf Meßprobleme und Meßfehler (insbesondere „soziale Erwünschtheit", Acquiescence; Validität der Fragebogen; subjektive Iteminterpretationen) wird gesondert eingegangen. Dabei wird deutlich, daß die Art der Erhebungssituation für die Messung von Kontrollüberzeugungen von hoher Wichtigkeit ist. Im Anschluß werden alternative Ansätze zur Erhebung von Kontrollüberzeugungen (durch Interviews, durch Verhaltenstests und durch projektive Verfahren) dargestellt. Ebenso wie bei vielen Fragebogeninstrumenten handelt es sich hierbei jedoch um wenig erprobte Experimentalvorschläge. Allgemein kann gesagt werden, daß die Bemühungen zur Erhebung von Kontrollüberzeugungen durch eine sehr geringe Standardisierung gekennzeichnet sind, was (mit wenigen Ausnahmen) immer neue teststatistische Analysen notwendig macht. Generell ist eine Tendenz der Abkehr von sehr allgemeinen, eindimensionalen Operationalisierungsansätzen zugunsten mehrdimensionaler, z. T. auch bereichsspezifischer Ansätze zu beobachten.

Kontrollüberzeugungen weisen mit den Variablen der „klassischen", faktorenanalytisch orientierten Persönlichkeitstheorie relativ geringe Zusammenhänge auf. Dies ist durch eine Vielzahl multivariater, korrelativer Untersuchungen belegt. Die Zusammenhänge sind jedoch bei Kranken, also bei psychisch belasteten Personen, etwas höher ausgeprägt als bei Gesunden. Hier zeigt sich im Trend, daß internale Kontrollüberzeugungen eher mit emotionaler Stabilität, mit psychischer Regulation und Adaption, allgemein mit geringer klinischer Pathologie, einhergehen. Bedeutsame differentialpsychologische Korrelate von Kontrollüberzeugungen liegen mit den Variablen Angst, subjektive Streßbelastung, Coping-Strategien, Selbstkonzept und mit anderen Konstrukten generalisierter Erwartungshaltungen (etwa Hoffnungslosigkeit, Machiavellismus) vor. Kognitive Stilmerkmale wie etwa Feldabhängigkeit versus Feldunabhängigkeit oder kognitive Differenziertheit sind dagegen nach den vorliegenden Befunden von Kontrollüberzeugungen weitgehend unabhängig.

Der letzte Teil des vierten Kapitels befaßt sich mit explikativen Konstrukten oder Antezedensbedingungen von Kontrollüberzeugungen. Sie werden in der Sozialisation durch die Mechanismen des Bekräftigungs- und Beobachtungslernens erworben. Neben methodischen Mängeln (etwa zu wenig Längsschnittstudien; Problematik kausaler Interpretation korrelativer Befunde etc.) ist eine starke Heterogenität der Ergebnisse zu konstatieren. Zwar liegen – im Gegensatz zu den Bereichen der schulischen Sozialisation und des Konsums von Massenmedien – für die Bereiche der familiären Sozialisation, der beruflichen und institutionellen Sozialisation und zu Interdependenzen zwischen politisch-kultureller Systemzugehörigkeit und Kontrollüberzeugungen relativ viele empirische Arbeiten vor, sie weisen aber in weiten Bereichen keine konsistenten Befunde auf. Es deutet sich lediglich an, daß eine relativ hohe Freiheit für das Austesten von Handlungen (eine hohe Lernfreiheit), verbunden mit einem positiven emotionalen Klima, für die Entwicklung internaler Kontrollüberzeugungen förderlich ist. In der Analyse explikativer Konstrukte von Kontrollüberzeugungen ist ein wesentliches Forschungsdefizit zu sehen.

5 Angewandte Forschung zu Kontrollüberzeugungen

Auf dem Hintergrund der Sozialen Lerntheorie und anderer Erwartungs-Wert-Theorien und zum Teil in Übereinstimmung mit den Forschungsschwerpunkten der mit Kontrollüberzeugungen verwandten Konstrukte hat sich die angewandte psychologische Forschung zu Kontrollüberzeugungen bislang vor allem mit den bereits in Kapitel 1.3 angesprochenen Themen aus der Pädagogischen und Klinischen Psychologie sowie aus der Angewandten Sozialpsychologie beschäftigt. Identische theoretische Konzeptionen (im Sinne eines Typ b-Forschungsprogramms; Herrmann 1976) werden also in Verbindung mit unterschiedlichen Konstrukten zur Deskription eines Persönlichkeitsbereichs (im Sinne eines Typ a-Forschungsprogramms) auf verschiedene psychologische Fragestellungen angewandt. Das vorliegende Kapitel soll über diese Forschungsschwerpunkte einen kurzen Überblick geben.

5.1 Pädagogische Psychologie

In der Pädagogischen Psychologie hat man sich bisher mit Kontrollüberzeugungen im Zusammenhang mit Leistungsverhalten, Leistungsmaßen, Lernprozessen und motivationalen Variablen aus dem Leistungsbereich beschäftigt. Neben der Sozialen Lerntheorie werden hier insbesondere die Attribuierungstheorie und das Konzept der Gelernten Hilflosigkeit als theoretische Grundlagen der angewandten Forschung eingesetzt. Erst in neuerer Zeit sind Überlegungen und empirische Studien anzutreffen, in denen die Bedeutung von Kontrollüberzeugungen für das Verhalten und die Einstellung von Sozialisanden in pädagogischen Institutionen und für das erzieherische Verhalten von Sozialisationsagenten untersucht wird.

5.1.1 Kontrollüberzeugungen, Lernen und Leistungsverhalten

Nach der Sozialen Lerntheorie und nach der inhaltlichen Bestimmung des Konstrukts Kontrollüberzeugungen ist eine positive Beziehung zwischen internalen Kontrollüberzeugungen und Leistungsverhalten zu erwarten, da Individuen, die Handlungsfolgeereignisse als von eigenen Handlungen abhängig perzipieren, eher zu größeren Anstrengungen bereit sein werden als die, die davon ausgehen, daß Verstärker und Ereignisse (also etwa die Lösung einer intellektuellen Aufgabe) eher von externen Bedingungen abhängig sind. Situative Parameter und deren subjektive Wahrnehmung spielen dabei freilich ebenso wie der subjektive Anreizwert der Folgeereignisse eine entscheidende Rolle. Zentral ist neben den individuellen Kontrollüberzeugungen die Frage, ob die Person eine Aufgabe oder eine Leistungssituation als selbstbestimmbare Situation oder als fremdbestimmte Situation bzw. als Zufallssituation wahrnimmt (siehe Kapitel 3). Internale Personen tendieren jedoch auch allgemein dazu, Leistungssituationen, unabhängig von ihrer objektiven Gestaltung, eher als selbstbestimmbar wahrzunehmen und in eindeutig selbstbestimmbaren Situationen, überlegter und reflektierter zu handeln als Externale (vgl. etwa Dixit & Singh 1975). Auch der subjektive Anreiz eines Ereignisses interagiert mit den Kontrollüberzeugungen in der Vorhersage von Leistungsverhalten. Gregory (1978) konnte belegen, daß internal orientierte Personen unter einer experimentellen Bedingung, in der es galt, in einer selbstbestimmten Geschicklichkeitsaufgabe negative Handlungsfolgen zu verhindern, bedeutend bessere Leistungen erbrachten als Externale. Internale sind aber auch zu höheren Anstrengungen „um der Sache Willen" bereit als externale Individuen, was sich etwa in experimentellen Studien ohne Angabe eines Untersuchungszieles, -sinns oder -zwecks zeigt (vgl. Dollinger & Taub 1977).

Neben diesem motivationspsychologischen Argument für einen positiven Zusammenhang von Kontrollüberzeugungen und Leistungsmaßen sind in der Literatur auch entwicklungspsychologische Argumente zu finden, in denen behauptet wird, daß Intelligenz die Entwicklung von Kontrollüberzeugungen moderiere, oder daß Internalität die Entwicklung von Intelligenz moderiere (vgl. etwa Reimanis 1973). Die erste These wird dadurch begründet, daß Intelligenz erst die Wahrnehmung von Handlungs-Ergebnis-Kontingenzen ermögliche, daß also intellektuelle Differenziertheit und Strukturiertheit eine Voraussetzung für Internalität sei. In Kapitel 4.3 wurde schon darauf verwiesen, daß es zumindest bei Erwachsenen keine empirischen Hinweise auf Zusammenhänge zwischen kognitiver Differenziertheit und Kontrollüberzeugungen gibt, die es gestatten würden, von so etwas wie einem „externalen kognitiven Stil" zu sprechen. Die Arbeit von Weizmann & Protter (1976) verweist jedoch darauf, daß Zusammenhänge zwischen Kontrollüberzeugungen und bestimmten Denkstrategien sowie semantischen Kategorisierungssystemen bestehen, was auf die Bedeutung sprachlicher Kodierungsprozesse bei Internalen deutet, ohne daß damit zugleich eine Aussage über ihre kognitive Differenziertheit allgemein gemacht wird. Die alternative These, Kontrollüberzeugungen würden die intellektuelle Entwicklung moderieren, wird durch das Argument gestützt, daß Lernen und somit intellektuelle Entwicklung nur dann stattfindet, wenn Handlungs-Ergebnis-Kontingenzen wahrgenommen werden. Dieses Argument wird durch empirische Befunde gestützt, in denen Lern- und Leistungsprozesse von internalen und externalen Individuen vergleichend untersucht wurden. Es ist belegt, daß Internale bei der Aufgabenbewältigung mehr Informationen suchen, mehr Informationen verarbeiten und situativer Kontrollierbarkeit gegenüber sensibler sind und somit für Lernen besser ausnutzen als externale Personen (vgl. etwa Phares 1962, 1968; Davis & Phares 1967). Sowohl Bolles (1972) als auch Estes (1969) stellen die Bedeutung von individuellen Erwartungen für verschiedenartige Lernprozesse und -paradigmen heraus, die nach der Sozialen Lerntheorie zu Erwartungshaltungen im Sinne von „learning sets" oder „higher level learning skills" (Phares 1976, S. 19 ff.) generalisiert werden können. Zu diesen abstrakteren (weil situationsunspezifischen) Lernfertigkeiten gehören neben individuellen Kontrollüberzeugungen z. B. auch generalisierte Erwartungen darüber, daß es sinnvoll ist, in Problemsituationen nach alternativen Lösungsmöglichkeiten zu suchen, die Frage nach dem Vertrauen gegenüber anderen Personen zu stellen oder (etwa einem Nutzen-Kosten-Ansatz folgend) positive und negative Effekte von Handlungen abzuwägen.

Obwohl also sowohl motivations- als auch entwicklungspsychologische Argumente für positive Interdependenzen von Kontrollüberzeugungen und Leistungsvariablen sprechen, wurde bei der Entwicklung der meisten Fragebogenverfahren zur Erfassung von Kontrollüberzeugungen zunächst Wert darauf gelegt, daß ihre Meßwerte nicht mit denen aus Intelligenz- und Leistungstests korrelieren (vgl. etwa Rotter 1966; Gruen et al. 1974; Nowicki & Duke 1974a). Heute stehen jedoch den wenigen empirischen Arbeiten, die nur geringe Korrelationen zwischen Intelligenztestmaßen und Kontrollüberzeugungen fanden (vgl. etwa Hersch & Scheibe 1967; Ollendick 1979), eine Vielzahl von Untersuchungsbefunden gegenüber, die eindeutig auf positive Zusammenhänge zwischen Intelligenz und Internalität deuten (siehe etwa Chance 1972; Powell & Centa 1972; Powell & Vega 1972; Nowicki & Hopper 1974; Handel 1975; Barnett & Kaiser 1978). Die Koeffizientenwerte liegen dabei meist im mittleren Bereich, so daß von einer maximalen gemeinsamen Varianz beider Variablen um 20 % bis 25 % gesprochen werden kann. Interessant ist, daß die Korrelationen für Maße aus Intelligenzsubtests wie „allgemeine Information" oder „sprachliche Fähigkeiten" bei Powell & Vega (1972) deutlich höher ausfallen als die für Maße aus einem numerischen Subtest. Dies spricht erneut für Besonderheiten internaler Personen im sprachlichen Bereich. Es muß jedoch betont werden, daß auch für weitgehend sprachfreie Intelligenztests essentielle Beziehungen zu Kontrollüberzeugungen festgestellt werden konnten (Handel 1975). Die von Phares (1976) geäußerte These, daß das Geschlecht die Beziehung zwischen Kontrollüberzeugungen und Intelligenz moderiere, wird durch den Befund von Barnett & Kaiser (1978) bestätigt. Diese Autoren stellten fest, daß Jungen, die im Gesamtwert des IARQ eine hohe Externalität aufweisen, über signifikant geringere Intelligenztest- und Leistungstestwerte verfügen als Jungen, deren IARQ-Werte höher liegt. Für Mädchen konnten diese Beziehungen zwischen intellektueller Leistung und (bereichsspezifischen) Kontrollüberzeugungen für Leistungsverhalten dagegen nicht festgestellt werden. Begründet werden Befunde dieser Art durch geschlechtsrollenspezifische Sozialisationspraktiken in Familie und Schule (vgl. hierzu Phares 1976).

Meist deutlicher und stärker als die Beziehung zwischen Kontrollüberzeugungen und Intelligenz sind die zwischen Kontrollüberzeugungen und Schulnoten sowie Leistungstestwerten ausgeprägt. Besonders dann, wenn bereichsspezifische Kontrollüberzeugungen für Leistungsverhalten (etwa mit dem IARQ) erfaßt werden, ergeben sich durchgängig relativ hohe Korrelationen für die Beziehungen von Internalität zu (besseren) Schulnoten (Crandall et al. 1965; Gruen et al.

1974; Reimanis 1973), zu höheren Werten in verschiedenen (schulfachbezogenen) Leistungstests (Chance 1972; Nowicki & Strickland 1973; Rupp & Nowicki 1978; Bar-Tal et al. 1980; Swanson 1981), zu Leistungsverhalten in experimentellen Aufgaben (Wolk & Bloom 1978; Chandler et al. 1980), sowie zu akademischem Erfolg von Studenten (Prociuk & Breen 1974, 1975; Otten 1977). Die Longitudinalstudie von Otten (1977) verdeutlicht jedoch, daß diese positiven Zusammenhänge zwischen Internalität und schulischem/akademischem Erfolg eventuell auch dadurch mitbedingt sein können, daß externale Studenten und Schüler in der Ausbildung persistenter sind als ihre internalen Kommilitonen bzw. Mitschüler. Otten stellte bei der Nachbefragung von Studenten (fünf Jahre nach der ersten Testung) fest, daß der Prozentsatz der Studienabbrecher in der Gruppe der Internalen bedeutend höher liegt als in der Gruppe der Externalen. Die aus der internalen Gruppe verbliebenen Studenten bewältigten jedoch das Studium im Durchschnitt schneller und mit besseren Noten als die externalen Studenten. Die höhere Ausfallquote kann also bei den Internalen zu einer stärkeren, leistungsbezogenen Selektion geführt haben, was dann zu einer positiven Korrelation zwischen Studienerfolg und Internalität führt. Hypothetisch kann die höhere Abbrecherquote bei den Internalen darauf zurückgeführt werden, daß sie im Gegensatz zu externalen Personen dann, wenn sie glauben, eine Leistung nicht aus eigenen Kräften erbringen zu können, eher dazu tendieren, weitere Anstrengungen zu unterlassen, das Studium abzubrechen und eine subjektiv erreichbare Alternative zu wählen. Externale Personen mögen dagegen eine Ausbildung oder ein Leistungsvorhaben nicht so schnell abbrechen, weil sie u. U. Hilfen von außen erwarten, die etwa in Glück, Schicksal (vgl. hierzu den experimentalpsychologischen Befund von Dixit & Singh 1975), der direkten oder der indirekten Hilfe anderer Personen bestehen kann.

Als Gründe für die positiven Beziehungen zwischen Internalität in den Kontrollüberzeugungen und den unterschiedlichen Variablen des Leistungsverhaltens werden in der Literatur hauptsächlich motivationale Variablen diskutiert, auf die im nächsten Abschnitt eingegangen wird. Auch die Befunde zu einer erhöhten Externalität von lernbehinderten Schülern im Vergleich zu Regelschülern (vgl. etwa Chapman & Boersma 1979; Mindingall et al. 1980; Scott & Moore 1980) können zum Teil durch motivationspsychologische (insbesondere attributionstheoretische Überlegungen auf dem Hintergrund der Theorie der Gelernten Hilflosigkeit) erklärt werden. Interessant sind hier insbesondere die Ergebnisse von Mindingall et al. (1980) und Swanson (1981), die innerhalb von Gruppen lernbehinderter Schüler feststellen konnten, daß die Schüler, die über eine längere Schulerfahrung verfügen, nicht nur externaler in ihren Kontrollüberzeugungen sind als die jüngeren lernbehinderten Schüler, sondern daß sich erst bei ihnen deutliche korrelative Beziehungen zwischen Kontrollüberzeugungen und Schulleistungen (erfaßt mit Schultests) zeigen. Dies weist darauf hin, daß erst mit zunehmendem Alter — also mit zunehmender Mißerfolgserfahrung in der Schule — Externalität in den Kontrollüberzeugungen mit ausgeprägt geringen Leistungen einhergeht.

5.1.2 Kontrollüberzeugungen und Leistungsmotivation

Ein theoretischer Bezugspunkt für die Interpretation und Explikation der Zusammenhangsbefunde zu Kontrollüberzeugungen und Variablen des Leistungsverhaltens sind die kognitionspsychologischen Ansätze in der Motivationspsychologie (vgl. Atkinson 1964; Weiner 1976; Heckhausen 1977, 1978), die als Erwartungs-Wert-Theorien die in Kapitel 2.1 dargestellten inhaltlichen und strukturellen Parallelen zur Sozialen Lerntheorie aufweisen. Vorliegende Befunde bestätigen, daß sich internale und externale Personen in einer Vielzahl motivationspsychologisch relevanter Variablen bedeutsam unterscheiden. Für die Leistungsmotivation und das Leistungsverhalten sind hier insbesondere quantitativ und qualitativ unterschiedliche Erfolgs- und Mißerfolgserwartungen, unterschiedliche subjektive Ereignis- und Verstärkerbewertungen, unterschiedliche Attribuierungsmuster sowie unterschiedliche Selbstkonzeptionen und -wahrnehmungen von Internalen und Externalen zu nennen. Neben Studien, die sich mit einigen dieser motivationalen Variablen und Kontrollüberzeugungen beschäftigen, liegen inzwischen auch mehrere Arbeiten vor, in denen versucht wird, die komplexen Variablensätze der kognitionspsychologischen Motivationstheorie umfassender abzubilden. Auch in diesen Arbeiten kommt dem Persönlichkeitskonstrukt Kontrollüberzeugungen eine erhebliche Bedeutung zu.

Arbeiten von Hersch & Scheibe (1967), Duke & Nowicki (1973), El-Gazzar et al. (1976) und Prawat et al. (1979) verweisen darauf, daß Leistungsmotivation und internale Kontrollüberzeugungen positiv korreliert sind bzw. in der Vorhersage von Leistungsverhalten statistisch signifikant interagieren. Westman (1977) glaubt sogar in der US-amerikanischen Gesellschaft zwischen 1949 und 1973 (Leistungsmotivation) bzw. 1963 und 1974 (Kontrollüberzeugungen) eine Veränderung der modalen Persönlichkeitsstruktur feststellen zu können, die durch parallele Abnahmen der Leistungsmotivation und der Internalität beschrieben werden kann. Differenziertere Arbeiten, die im Sinne eines erweiterten Erwartungs-Wert-Ansatzes in der Motivationstheorie verschiedene Determinanten des Motivationsprozesses beachten und in denen individuelle Anstrengungen, schulische oder akademische Leistungen das Vorhersagekriterium sind, bestätigen, daß Kontrollüberzeugungen (1) wesentliche Prädikatoren für später erbrachte Leistungen sind (Misanchuk 1977), (2) die Beziehung zwischen individueller Anstrengung und Leistung moderieren (Henson 1976; Batlis 1978), (3) die Beziehung zwischen instrumentalitätstheoretischen Vorhersagevariablen und Leistung der Art moderieren, daß statistisch signifikante Vorhersagen bei internalen eher möglich sind als bei externalen Probanden und (4) mit singulären Erfolgserwartungen bedeutsam korreliert sind (Lao et al. 1977; Batlis 1978). Kontrollüberzeugungen sind also nicht nur eine wesentliche Moderatorvariable für den kognitionspsychologischen Ansatz in der Leistungsmotivationsforschung, sondern sie weisen zudem bedeutsame Interdependenzen mit zentralen Variablen aus diesem Ansatz auf. Internale Personen verfügen in Leistungssituationen sowohl kurzfristig als auch längerfristig über höhere Erfolgserwartungen als Externale (vgl. etwa

Lao 1970; Lied & Pritchard 1976; Lao et al. 1977; Chandler et al. 1980), zugleich sind ihre Aspirationen und Handlungsziele realistischer (Maqsud 1980a), wobei sie zudem eher zum Belohnungsaufschub fähig sind (Phares 1976; Pulheim et al. 1978). Auch mit der individuellen Selbstbewertung oder dem Selbstkonzept eigener Fähigkeiten, einer weiteren zentralen Variable in kognitionspsychologischen Ansätzen der Motivationstheorie, stehen Kontrollüberzeugungen in bedeutsamen Zusammenhängen. Vorliegende Befunde von Lambert et al. (1976), Prawat et al. (1979) und Borges et al. (1980) belegen für verschiedene Stichproben positive Zusammenhänge zwischen Internalität und positiver generalisierter Selbstbewertung, die bei Prawat et al. (1979) mit Koeffizientenwerten um $r = .60$ am höchsten ausfallen. Die Arbeit von Borges et al. (1980) verdeutlicht auch die motivationspsychologischen Gefahren dieser Variablenverknüpfung in den Extrembereichen. Sie stellten fest, daß nicht nur die Studenten mit extrem negativer Selbstbewertung und mit extrem externalen Kontrollüberzeugungen über sehr unrealistische Notenerwartungen verfügen, sondern auch die mit einer extrem positiven Selbstbewertung und sehr internalen Kontrollüberzeugungen. Hier zeigt sich erneut, daß nicht nur extrem externale Kontrollüberzeugungen, sondern auch extrem internale Kontrollüberzeugungen problematisch sein können (siehe auch Kapitel 5.3.1). Ergänzend sei hier noch auf die Befunde von Chandler (1976) verwiesen, der bei Externalen im Vergleich zu Internalen nicht nur eine geringere Selbstbewertung feststellte, sondern differenzierend ermitteln konnte, daß Externale über größere Selbstbild-Idealbild-Diskrepanzen und über eine geringere Selbstakzeptanz verfügen.

Kausalattribuierungen oder Attribuierungstendenzen sind die Variablenklasse aus der kognitionspsychologischen Motivationstheorie, zu der Kontrollüberzeugungen (neben situationsspezifischen Erwartungen) die deutlichsten Interdependenzen aufweisen (siehe Kapitel 2.2.1), da Kontrollüberzeugungen aus der Generalisierung spezifischer Attribuierungen und spezifischer Erwartungen resultieren. Ohne hier auf die Attribuierungstheorie und die korrespondierenden Untersuchungsbefunde aus Laborstudien und Feldstudien im einzelnen einzugehen (verwiesen sei auf die umfassenden Darstellungen bei Heckhausen 1980a und Herkner 1980), sei hier nur noch einmal darauf verwiesen, daß die Unterscheidung von internalen versus externalen Ursachenzuschreibungen in allen Ansätzen zentral geblieben ist. Die Kausalität individueller Attributionen für Leistungsverhalten muß nach neueren Befunden jedoch in Zweifel gezogen werden, da sich multivariat die attributionstheoretisch postulierten Zusammenhänge von Kausalattributionen, Erfolgserwartungen, emotionalen Effekten, Leistungen etc. empirisch nicht ohne weiteres bestätigen ließen (vgl. Covington & Omelich 1979; Krampen & von Eye 1981). Da es sich bei einigen der meist verwendeten Ursachenfaktoren (etwa „Zufall") *logisch* nicht um kausale Determinanten handeln kann (siehe auch Werbik 1978), und da Attribuierungen zudem meist nachträglich festgestellt werden, liegt es nahe, Attribuierungsprozesse als personspezifische, sprachliche Inferenzregeln, die u. U. kulturell, subkulturell, handlungs- oder situationsspezifisch konform gehandhabt werden, zu untersuchen. Eine Reihe der laborexperimentell oder in Feldstudien ermittelten Befunde zu Interdependenzen von Kausalattributionen und Schulnoten, Leistungsaffekten oder Erfolgs- und Mißerfolgserlebnissen beruht sicherlich auf solchen allgemein in einem Sprachbereich oder subkulturell spezifisch geltenden sprachlichen Regeln (vgl. Brandtstädter 1980). Dadurch wird der Stellenwert dieser Forschungsarbeiten verändert, da deutlich wird, daß es sich bei ihnen in weiten Bereichen nicht um explikative Analysen von Handlungen, sondern um semantische Analysen der Umgangssprache oder der Sprachverwendung in einer Subkultur handelt (siehe auch Heider 1958). Allerdings kann die individuelle Art der Sprachverwendung nicht als unabhängig von der Persönlichkeit und dem Verhalten einer Person gesehen werden. Ebenso wie die kulturelle Eingebundenheit in einer Sprachgemeinschaft wird auch die individuelle sprachliche Fertigkeit und Fähigkeit eines Individuums die Art und Weise seiner subjektiven Kausalattribuierungen und somit u. U. die Ausprägung der individuellen Kontrollüberzeugungen mitbedingen. Verweist die Studie von Weizmann & Protter (1976) nur sehr allgemein auf Besonderheiten in der Verwendung sprachlicher Kategorisierungssysteme internaler Personen, so belegen die Befunde von Gorsuch et al. (1972) und Scanlon (1977) zur erhöhten Externalität sprachbehinderter und sprachlich retardierter Kinder die Interdependenzen von Sprachverwendung und Kontrollüberzeugungen. Gorsuch et al. (1972) beschränken sich auf die Feststellung, daß Fragebogenverfahren zur Erfassung von Kontrollüberzeugungen bei sprachlich retardierten Kindern über extrem niedrige Reliabilitätskoeffizienten verfügen, was oberflächlich betrachtet nur gegen den Einsatz solcher Verfahren in dieser Probandengruppe spricht. Die Ergebnisse Scanlons (1977) gehen insofern weiter, als daß sie feststellen konnte, daß sprachbehinderte Kinder in der Entwicklung von Kontrollüberzeugungen im Vergleich zu sprachlich nicht behinderten Kindern eine zeitliche Verzögerung aufweisen. Sprachentwicklung, sprachliche Fertigkeiten und semantische Kodierungsstrategien stehen augenscheinlich ebenso mit Kontrollüberzeugungen in Beziehung wie mit naiven Ursachenzuschreibungen.

Ein besonderes Thema attributions- und motivationspsychologischer Überlegungen und Untersuchungen ist das Leistungsversagen von Schülern. Auf die erhöhte Externalität in den Kontrollüberzeugungen von lernbehinderten Kindern wurde im letzten Abschnitt schon hingewiesen. Der Befund, daß die Externalität mit zunehmender Schulerfahrung zunimmt (vgl. etwa Mindingall et al. 1980; Swanson 1981), weist in die Richtung der am Paradigma der Gelernten Hilflosigkeit orientierten Untersuchungen nicht-lernbehinderter Schüler, die in der Regelschule unterdurchschnittliche Leistungen zeigen (vgl. etwa Dweck & Bush 1976; Diener & Dweck 1978). Bei der Anwendung der Theorie der Gelernten Hilflosigkeit (siehe Kapitel 2.2) gehen diese Autoren davon aus, daß leistungsschwache, eher passive, langsame oder leicht retardierte Kinder sowohl in der familiären als auch in der schulischen Sozialisation eine Vielzahl von Leistungssituationen erleben, in denen sie Mißerfolg haben und die sie als nicht kontrollierbar wahrnehmen. Dies kann zu einem mehr oder weniger stark generalisierten Attribuierungsstil führen, der insbesondere nach Mißerfolgserlebnissen erhebliche Leistungsabfälle mitbedingen kann. Die wesentlichen Kennzeichen dieses Attribuierungsstils sind Internalität, Stabilität und Globalität der Ursachenzuschreibungen nach Mißerfolgen. Diese als „hilflos" bezeichneten Kinder („helpless children") attribuieren ihr Leistungsversagen also vor allem auf ihre mangelnden Fähigkeiten, grübeln relativ lange an der Erklärung von Mißerfolgen herum, zeigen starke negative Affekte und sehen sich in ihrem Selbstkonzept eigener Fähigkeiten als negativ. „Nicht-hilflose" Kinder („mastery-oriented children") zeigen dagegen nach Mißerfolgserlebnissen relativ wenig Attributionen, die, wenn sie auftreten, inhaltlich häufiger external, spezifisch und variabel sind (also etwa Attribution auf momentane Ablenkung). Darüber hinaus sind solche Kinder verstärkt mit der Selbstbeobachtung des Verhaltens und der Selbstregulation beschäftigt, die zukunftsorientiert sind. Schwerpunktmäßig kann also gesagt werden, daß sich hilflose Kinder nach Mißerfolgen vor allem mit der Frage beschäftigen „Bin ich dazu fähig (gewesen), kann ich das?", wogegen nicht-hilflose Kinder eher zukunftsorientiert mit der Frage „Wie mache ich am besten weiter, wie gehe ich solche Probleme in der Zukunft an?" beschäftigt sind, wobei Attribuierungen allenfalls ein Nebenprodukt der Überlegungen sind. Es sei nun dahingestellt, inwieweit es sich bei diesen Analysen um kausale Verhaltenserklärungen oder um semantische Analysen der Umgangssprache dieser Probanden handelt. Die Befunde von Dweck (1975) und Andrews & Debus (1978) zu den (zumindest kurzfristigen) Erfolgen von Attributions-Retraining-Kursen („attribution retraining treatment") bei „hilflosen" Kindern belegen, daß durch eine Änderung des Attribuierungsstils motivationspsychologisch adäquatere Reaktionen auf Mißerfolgserlebnisse gelernt werden können. Dies zeigt sich daran, daß vormals hilflose Kinder auf Mißerfolge nicht mehr „hilflos", also durch starke Leistungsabfälle reagieren, sondern, daß sie lernen, Mißerfolge zu tolerieren und aus ihnen Nutzen für zukünftige Aufgaben zu ziehen. Kontrollüberzeugungen kommt in diesen Arbeiten nun nicht nur deswegen eine Bedeutung zu, weil sie Internalität versus Externalität als Möglichkeiten der Ursachenzuschreibung thematisieren. Sie implizieren vielmehr die Unterscheidung spezifischer versus globaler und stabiler versus variabler Kausalfaktoren, die beide die Frage der Bereichsspezifität bzw. des Maßes der Generalisierung von Ursachenzuschreibungen zu einem Attribuierungsstil beinhalten.

5.1.3 Kontrollüberzeugungen und ausbildungsbezogene Einstellungen

Zusammenhänge zwischen Leistungsverhalten und Kontrollüberzeugungen können nicht nur auf motivationale Variablen zurückgeführt werden. Wichtig sind ebenso schul- oder institutionsbezogene Einstellungs- und Persönlichkeitsmerkmale wie Angst, Schulangst, Lerntechniken, Studiertechniken, Einstellungen zur Schule etc. Auf die relativ deutliche Korrelation verschiedener Angstmaße mit Kontrollüberzeugungen wurde in Kapitel 4.3 schon eingegangen, dies ist auch spezifisch für Schulangst belegt (vgl. etwa Bar-Tal et al. 1980). Positive Beziehungen zwischen Internalität und allgemeiner Anpassung sowie institutioneller Orientierung ermittelten Keller & Pugh (1976) für weibliche und männliche Studienanfänger. Chen & Fresko (1978) stellten fest, daß internale Schüler von Veränderungen in der schulischen Umwelt weniger stark beeinflußt werden als externale Schüler. Dies spricht ebenso wie die schon in Kapitel 4.4.2 dargestellten Befunde zur Interaktion von Kontrollüberzeugungen und Variablen der Lernumwelt oder des Lernklimas für die Bedeutung von (eventuell bereichsspezifischen) Kontrollüberzeugungen bei der wechselseitigen Anpassung von Schülern und schulischen Unterrichtsprogrammen und -methoden („aptitude-treatment-interaction"). Die schulische Umwelt kann nicht nur als eine der Antezedensbedingungen von Kontrollüberzeugungen betrachtet werden, sie wird auch von internalen und externalen Schülern unterschiedlich wahrgenommen (Trice 1980). Ebenso wie Vorwissen, Lerntempo und andere Variablen sind Kontrollüberzeugungen bei der Gestaltung von Lern- und Unterrichtsprozessen zu beachten. Deutlich wird dies auch durch die von Fry & Coe (1980) experimentell festgestellten Interaktionen von Kontrollüberzeugungen und kooperativen versus kompetitiven Unterrichtssituationen für das Leistungsverhalten von schwarzen und weißen Studenten.

Darauf, daß Internale meist schneller und besser lernen und bessere Leistungen zeigen als Externale, wurde schon öfter verwiesen. Dies kann u. a. auch darauf zurückgeführt werden, daß Internale häufig über positivere Einstellungen zur Ausbildung in der Schule oder Universität verfügen als Externale (vgl. etwa Prociuk & Breen 1974; Keller et al. 1978), und daß sie auch in ihren Lern- und Studiertechniken Externalen überlegen sind. Prociuk & Breen (1974) ermittelten bei internalen Psychologiestudenten effektivere Studiertechniken; Prociuk & Breen (1975) stellten bei Studenten verschiedener Fächer zudem fest, daß internale Studenten akademische Rückmeldung effektiver verwenden, wobei sie in ihrem Studier- und Leistungsverhalten weitgehend unabhängig und selbstbestimmt bleiben. Externale Studenten erwiesen sich dagegen als sensibler für (tatsächliche und auch nur subjektiv erschlossene) Leistungsrückmeldungen und Leistungsanforderungen von außen, insbesondere von Personen mit einem höheren Status (Dozenten). Konsequenterweise verfügen externale Studenten auch über höhere Furcht vor negativen Rückmeldungen.

Diese wenigen Befunde zu Zusammenhängen von Kontrollüberzeugungen und ausbildungsbezogenen Einstellungen bzw. Fertigkeiten belegen die Relevanz generalisierter Erwartungshaltungen für das Verhalten von Sozialisanden in pädagogischen Institutionen. Umfassendere Analysen, die neben Kontrollüberzeugungen auch andere generalisierte Erwartungshaltungen sowie die zentralen Variablen der Sozialen Lerntheorie beinhalten sollten, erscheinen hier sinnvoll und notwendig.

5.1.4 Kontrollüberzeugungen in der Erziehungsstilforschung

Kontrollüberzeugungen spielen in der Erziehungsstilforschung nicht nur auf der Sozialisandenseite (siehe oben) eine bedeutsame Rolle, sondern auch bei den Analysen des Erziehungsverhaltens, der Erziehungseinstellungen und -ziele von Sozialisationsagenten. Als allgemeine Handlungs- und Persönlichkeitstheorie kann die Soziale Lerntheorie ebenso wie andere Erwartungs-Wert-Ansätze im Sinne eines Typ b-Forschungsprogramms auf die Erklärung und Vorhersage erzieherischer Handlungen angewendet werden. Solche kognitionspsychologisch orientierten Analysen erzieherischen Handelns sind mit wenigen Ausnahmen erst in den letzten Jahren anzutreffen (siehe im Überblick Krampen & Brandtstädter 1981). Kontrollüberzeugungen von Erziehern weisen insbesondere Relationen zu ihren Erwartungshaltungen gegenüber bestimmten Kindern und zu generalisierten, komplexeren Erwartungssystemen auf (vgl. etwa Murray, Herling & Staebler 1973; Farra, Zinser & Bailey 1978), die durch die Arbeiten zu den sogenannten Erwartungseffekten („Pygmalion-Effekt"; vgl. etwa Brophy & Good 1976; Dumke 1977) und zu instrumentellen Erziehungseinstellungen (vgl. etwa Brim et al. 1967; Genser et al. 1980) in den Blickpunkt der Forschung gerückt worden sind. In bezug auf deskriptive Erziehungseinstellungen von Hauptschullehrern gelang Mielke (1979b) durch den Einbezug der individuellen Kontrollüberzeugungen eine Verbesserung der Vorhersagbarkeit von unterrichtsspezifischem Verhalten aus den Einstellungen in der Gruppe niedrig internaler Lehrer (IPC-Fragebogen), wenn zusätzlich Merkmale der Schulumwelt berücksichtigt werden. In der Gruppe der hoch internalen Lehrer gelang − hypothesenkonform − diese Verbesserung der Prognose nicht.

Auf die Bedeutung von Kontrollüberzeugungen für erzieherisches Verhalten weisen etwa auch die Befunde zu höheren Schulleistungen von Schülern internaler Lehrer (Murray & Staebler 1974), zu Unterschieden in der pädagogischen Kontroll- und Druckorientierung von Lehrern mit hoher versus geringer Wahrnehmung der persönlichen Effizienz (Barfield & Burlingame 1974), zu Zusammenhängen zwischen Kontrollüberzeugungen und subjektivem beruflichen Streßerleben von Lehrern (Kyriacou & Sutcliffe 1979) sowie zu Unterschieden im Erziehungsverhalten von internalen und externalen Eltern (Fowler 1979; Ollendick 1979). Theoretisch sind auch wesentliche Interdependenzen zwischen dem Attributionsverhalten von Erziehern, das als Fremdattribution immer häufiger Gegenstand kognitionspsychologisch orientierter Untersuchungen ist (vgl. etwa Ross, Bierbrauer & Polly 1974), und ihren Kontrollüberzeugungen zu erwarten. Die speziell zur Erfassung von Kontrollüberzeugungen im Bereich des Erzieherverhaltens entworfenen Fragebogenverfahren von Austin (1972) und Schuch (1980) ermöglichen hier gezielte Überprüfungen von komplexen Variablenzusammenhängen, die neben den Variablen der Erwartungs-Wert-Theorie auch Variablen des Familienklimas, Schulklimas, des ökologischen und beruflichen Kontextes der Erzieher und der Persönlichkeit der Sozialisanden umfassen sollten (vgl. hierzu auch Schneewind 1975a, 1981; Marjoribanks 1976).

5.2 Angewandte Sozialpsychologie

Ein durchgängiges Thema der Sozialpsychologie ist die Frage, in welchem Maße soziale Einstellungen und soziales Verhalten zusammenhängen. Die meisten empirischen Untersuchungsbefunde (vgl. im Überblick etwa Six 1975; Lantermann 1980) verweisen darauf, daß die Relationen beider Variablen zumeist gering sind, was z. T. durch methodische oder konzeptuelle Mängel zu erklären ist. Wesentlich erscheint hier vor allem, daß neben sozialen Einstellungen weitere Variablen zur Verhaltensvorhersage eingesetzt werden müssen, die theoretisch abgeleitet sind. Hierfür geben die Erwartungs-Wert-Theorien und insbesondere auch die Soziale Lerntheorie eine Reihe von Hinweisen. Neben der Situationsspezifität von Einstellungen bzw. Handlungsintentionen und der Spezifität von realem Verhalten muß auf die Zeitspanne zwischen beiden Variablen geachtet werden (Fishbein & Ajzen 1975). Generalisierte Erwartungshaltungen des Handlungssubjekts können ebenso wie die subjektiv wahrgenommene Handlungsfreiheit und Handlungsverfügbarkeit entscheidend die Übereinstimmung von Einstellungen und Handlungen beeinflussen. Bem & Allen (1974) wiesen etwa nach, daß die subjektive Einschätzung der Probanden *selbst,* ob sie in ihrem Verhalten über verschiedene Situationen mit ihren Intentionen konsistent sind, der beste Prädikator für die Unterscheidung konsistenter und nicht konsistenter Personen ist. Mielke (1979b) gelang explizit unter Rückgriff auf die Variable der Kontrollüberzeugungen der Nachweis, daß durch ihre Berücksichtigung der Zusammenhang zwischen sozialen Einstellungen und realem Verhalten höher liegt, wenn zusätzliche Variablen der Handlungsumwelt berücksichtigt werden. Gelingt dabei eine bereichsspezifische Erfassung von Kontrollüberzeugungen für die in Frage stehenden sozialen Situationen oder sozialen Verhaltensweisen, so ist zu vermuten, daß diese Moderatorfunktion noch besser erfüllt wird. Dies dürfte im übrigen auch für weitere Konstrukte generalisierter Erwartungshaltungen — wie etwa interpersonales Vertrauen — gelten.

Ein Schwerpunkt bisheriger Arbeiten zu Kontrollüberzeugungen in der Angewandten Sozialpsychologie lag auf der Analyse konformen versus unabhängigen Verhaltens von Internalen und Externalen. Eine Vielzahl von Untersuchungsbefunden (vgl. im Überblick Lefcourt 1976a; Phares 1976) weist darauf hin, daß sich Externale in ihrem Urteilsverhalten konformer verhalten, daß sie leichter zu überzeugen, zu überreden, zu kontrollieren sind als Internale, und daß sie — vor allem bei einem hohen sozialen Status des Interaktionspartners — eher dazu bereit sind, vorhandene Einstellungen zu verändern. Internale widerstehen dagegen gerade starken Beeinflussungsversuchen, was sich etwa auch in ihrer höheren Dominanz (DiGiuseppe 1971) und höheren Assertivität (Replogle et al. 1980) zeigt. Sie sind ebenfalls eher geneigt, in sozialen Situationen wie auch in Entscheidungssituationen allgemein ein Risiko einzugehen (siehe etwa Newman 1977). Die Befunde von Cole & Cole (1974, 1977) belegen, daß diese experimentalpsychologischen Befunde auf Alltagsverhalten übertragen werden können. Studentinnen, die sich durch ihre Studienfachwahl kulturell nonkonform verhalten, weisen statistisch signifikant höhere Internalitätswerte auf als Studentinnen und Studenten, deren Fachwahl kulturell den normativen Geschlechtsrollenvorstellungen entspricht. Die erhöhte Konformitätsneigung und Kontrollierbarkeit externaler Individuen kann in experimentalpsychologischen Untersuchungen zu unterschiedlichen Verhaltensweisen führen. Lefcourt (1976a) berichtet über eine Untersuchungsreihe, durch die eindrucksvoll belegt wird, daß externale Versuchspersonen relativ schnell und bereitwillig gegebene Instruktionen ausführen, wogegen internale Probanden Instruktionen, experimentellen Suggestionen und Manipulationen eher widerstehen. Kinder (1976) weitet diese Befunde aus, in dem er nachweist, daß „echte" Freiwillige in Experimenten im Durchschnitt *internaler* sind als Pseudofreiwillige, die zwar zunächst einen kurzen Fragebogen bearbeitet haben (den ROT-IE-Fragebogen), dann aber zur experimentellen Testung nicht erschienen sind. Externale Personen neigen danach eher dazu, zunächst eine Zusage für die Teilnahme zu geben, sie jedoch nicht einzuhalten. Dies kann je nach Untersuchungsinhalt zu einer beträchtlichen Vorselektion der Probanden führen.

Experimentalpsychologische Befunde verweisen nun darauf, daß internale Personen nicht nur sozialen Beeinflussungsversuchen und Suggestionen eher widerstehen als externale, sondern daß sie andererseits bei der Beeinflussung anderer Personen erfolgreicher sind (Phares 1965; Murray & Staebler 1974) und dabei andere Mittel einsetzen als externale (Goodstadt & Hjelle 1973). Zur Beeinflussung anderer Personen bzw. zu deren Überzeugung werden von Internalen häufiger Methoden des Argumentierens und des auf den Interaktionspartner Eingehens verwendet, wogegen Externale eher Strafandrohung und Zwänge als Interaktionsstrategien benutzen. Dies steht in Einklang mit den Befunden zum erhöhten Dogmatismus (Clouser & Hjelle 1970; Sherman et al. 1973) und Machiavellismus (Solar & Bruehl 1971; Prociuk & Breen 1976; Krampen 1980c, 1981a) sowie zur höheren Aggressivität und Feindseligkeit (Williams & Vantress 1969; Becker & Lesiak 1977) und zum geringen Altruismus (Phares 1976) von Externalen im Vergleich zu Internalen. Obwohl internale Individuen allgemein eine höhere soziale Anschlußmotivation („Affiliation") zeigen (Hersch & Scheibe 1967; Duke & Nowicki 1973), ist aufgrund dieser Persönlichkeits- und Interaktionsunterschiede der Befund, daß Internale internale Interaktionspartner bevorzugen (Fagan 1980), recht gut zu erklären. Bei Externalen ist dagegen in der Präferenz von Interaktionspartnern und Freunden keine Beziehung zu deren Kontrollüberzeugungen feststellbar. Die aufgeführten Unterschiede in interaktionsrelevanten Einstellungs- und Persönlichkeitsmerkmalen von internalen und externalen Individuen finden ihre Entsprechung in Unterschieden der Wertorientierungen (Rim 1970) und moralischen Orientierungen. Obwohl es bislang nicht gelungen ist, eindeutige Beziehungen zwischen der Entwicklung von Moralverhalten bzw. moralischer Orientierungen und Kontrollüberzeugungen festzustellen (vgl. etwa Janzen & Boersma 1976; Lefcourt 1976a; Maqsud 1980b), belegen einige Untersuchungsbefunde Unterschiede im Moralverhalten Internaler und Externaler. Internale tendieren etwa dazu, Sanktionen auf unmoralisches Verhalten als kontingenter zu erleben (Adams-Webber 1969) und äußern häufiger Schuldgefühle (Breen & Prociuk 1976) als Externale. Dies dürfte neben einer verminderten Handlungskontrolle (Taylor 1968; Lösel 1975) eine weitere Bedingung der bei Delinquenten zumeist festgestellten erhöhten Externalität in den Kontrollüberzeugungen sein (vgl. Duke & Fenhagen 1975; Krampen 1979c). Im Falle von in Strafanstalten einsitzenden Delinquenten müssen allerdings Institutionalisierungseffekte, wie sie etwa bei den Befunden Levensons (1975) deutlich sind, beachtet werden.

Ein weiterer Schwerpunkt von Untersuchungen zu Kontrollüberzeugungen im Rahmen der Angewandten Sozialpsychologie liegt auf der Analyse sozialen und politischen Engagements. Frühe Befunde (vgl. etwa Gore & Rotter 1963; Strickland 1965) bestätigten zunächst die einfach aus der Sozialen Lerntheorie ableitbare Hypothese, daß Internale politisch und sozial aktiver sind als Externale. Als Begründung kann angeführt werden, daß externale Individuen nicht oder in verringertem Maße erwarten, durch eigene Aktivitäten auf politische Ereignisse Einfluß nehmen zu können. Es wurde u. a. festgestellt, daß internale Personen eher über persönlichen Einsatz in Wahlkämpfen berichten (Thurber 1977), der Energiepolitik in den USA kritischer gegenüberstehen (Bergsma & Bergsma 1978), ein höheres ökologisches Verantwortungsbewußtsein zeigen (Tucker 1978) und politisch besser informiert sind (Ghaem-Maghami 1973) als externale. Im Laufe der Zeit mehrten sich jedoch die widersprüchlichen Befunde. Mit dem eindimensionalen ROT-IE-Fragebogen und seinen Varianten wurde etwa festgestellt, daß schwarze Jugendliche in den USA, die politisch aktiv sind, höhere Externalitätswerte aufweisen als politisch passive (vgl. Ransford 1968; Gurin et al. 1969). Dies ist zwar reaktanzpsychologisch erklärbar (vgl. Brehm 1966), stimmt jedoch mit der Vorhersage der Sozialen Lerntheorie nicht überein. In diesen widersprüchlichen Befunden lag ein wesentlicher Ansatzpunkt für die Differenzierung des Konstrukts der Kontrollüberzeugungen (siehe auch Kapitel 2.1.2). Gurin et al. (1969, 1978) verweisen darauf, daß neben der Isolierung bereichsspezifischer Kontrollüberzeugungen für politisches und/oder soziales Engagement eine begriffliche Unterscheidung notwendig ist. Kontrollüberzeugungen beziehen sich auf die von einer Person wahrgenommenen Möglichkeiten, das eigene Leben und Ereignisse in ihm beeinflussen zu können; dazu unterschiedlich kann die Kontrollideologie ausgeprägt sein, die sich auf Wahrnehmungen dieser Möglichkeiten in einer gegebenen Gesellschaft allgemein bezieht. Gurin et al. (1978) stellten in ihrer Arbeit zum politischen Engagement von US-Amerikanern fest, daß persönliche Kontrollüberzeugungen keine bedeutsamen Beziehungen zu politischem Verhalten aufweisen, eine externale Kontrollideologie steht dagegen in Relation zu einem höheren politischen Engagement. Dies steht in Einklang mit der von Levenson (1974) geäußerten These, daß Individuen, die sich vom politisch-kulturellen System und den exekutiven Instanzen einer Gesellschaft manipuliert und unterdrückt fühlen, in eindimensionalen Fragebogen zu Kontrollüberzeugungen extrem externale Werte erreichen und zugleich eher politisches und/oder soziales Engagement zeigen. Diese Aktivitäten beruhen jedoch nicht auf einem frustrierten Fatalismus o. ä., sondern auf der Reflexion instrumenteller Versuche, Änderungen herbeizuführen. Für den dreidimensionalen IPC-Fragebogen zur Erfassung von Kontrollüberzeugungen bedeutet dies, daß politisch aktive Personen *geringe* Werte in durch Fatalismus bedingter Externalität, hohe oder mittlere Werte in allgemeiner Internalität und *hohe* Werte in durch subjektive Machtlosigkeit bedingter Externalität aufweisen. Diese Ableitungen wurden durch die Untersuchungen von Levenson (1974) und Wieberg & Krampen (1981) bestätigt. Kontrollüberzeugungen weisen also dann, wenn sie differenziert und/oder bereichsspezifisch erfaßt werden (siehe auch Preiser & Wannenmacher 1980; Wieberg & Krampen 1981), bedeutsame Relationen zu politischem und sozialem Engagement auf, was ihren gesellschaftspolitischen Stellenwert verdeutlicht (siehe auch Schneewind & Pfeiffer 1978).

5.3 Klinische Psychologie

Die Soziale Lerntheorie verfügt über keine spezifischen Aussagen und Ableitungen für den Bereich der Klinischen Psychologie. Im Sinne einer allgemeinen theoretischen Konzeption kann sie aber auf jedes Verhalten, also auch auf psychopathologisches und auf therapeutisches angewendet werden. Es muß jedoch betont werden, daß diese Theorie im wesentlichen aus klinisch-psychologischer bzw. psychotherapeutischer Arbeit am Einzelfall entstanden ist (vgl. Rotter 1954; Phares 1976). Phares (1976) berichtet etwa über seine Arbeit mit dem Klienten Karl S., einem unverheirateten, jungen Mann, der an einer neurotischen Störung litt, die vor allem durch die Begrenztheit des Repertoires sozialer Verhaltensweisen, durch minimale Erfolgserwartungen und defensive Angstzustände gekennzeichnet war. Klassisch lerntheoretisch fundierte Verhaltenstherapie erbrachte bei diesem Klienten auch mit zunehmender Therapiedauer keine bleibenden Erfolge. Der Klient führte zwar alle therapeutischen Instruktionen und Verhaltensanweisungen bereitwillig aus, wurde für die neuen Verhaltensweisen auch durch Erfolge verstärkt, generalisierte diese Erfahrungen jedoch nicht in der erwarteten Weise, so daß sich keine überdauernden Verhaltensänderungen ergaben. Entgegen den Postulaten der Lerntheorie hatten Verstärkungen für Karl S. also keinerlei Implikationen für die Zukunft. Aus der Sicht der Sozialen Lerntheorie kann festgestellt werden, daß es in der Therapie bis zu diesem Zeitpunkt nicht gelungen war, die Erwartungshaltungen des Klienten zu modifizieren. Entscheidend ist nach dem Bericht von Phares (1976), daß der Klient keine Beziehungen zwischen seinem Verhalten und dem Auftreten von Verstärkern/Ereignissen wahrnahm, daß er also über externale Kontrollüberzeugungen verfügte. Erhaltene Verstärkungen wurden von Karl S. im wesentlichen auf Glück, Schicksal oder den Einfluß anderer (mächtiger) Personen — hier insbesondere den Einfluß des Therapeuten (u. U. auch auf die Bezugspersonen des Klienten) — attribuiert, was auch in den therapeutischen Sitzungen zur Sprache kam. Durch die hohe Externalität war es zudem für den Therapeuten relativ leicht, kurzfristig Einfluß auf das Verhalten des Klienten auszuüben. Karl S. führte also alle therapeutischen

Vorschläge und Anweisungen bereitwillig aus und war in diesem Sinne für den Therapeuten ein „einfacher" Klient, der wenig Widerstände zeigte. Da jedoch weder Generalisierungslernen noch Transfer auftrat, wurde der Therapeut im Laufe der Psychotherapie immer wieder enttäuscht, woraus beim Therapeuten selbst Gefühle der Hilflosigkeit und der Machtlosigkeit resultieren können. Dieser Teufelskreis kann dann gelöst werden, wenn es gelingt, die Erwartungshaltungen des Klienten in den Mittelpunkt der Therapie zu stellen. Im Vorspann zu dem von Phares (1976) zunächst gewählten verhaltenstherapeutischen Vorgehen ist also eine kognitiv orientierte Therapie bei solchen Klienten notwendig.

Seit diesen frühen Arbeiten von Rotter, Phares und ihren Mitarbeitern zu Kontrollüberzeugungen von psychisch Kranken, wurde eine Vielzahl von empirischen Untersuchungen zu diesem Themenbereich durchgeführt. In Zusammenhang mit den neueren kognitionspsychologischen Ansätzen zur Psychopathologie, Ätiopathogenese und Psychotherapie wurden schwerpunktmäßig die Kontrollüberzeugungen, deren indikative Bedeutung und ihre therapeutische Modifizierbarkeit bei Depressiven, bei Alkoholikern und bei anderen Suchtkranken untersucht. Daneben liegen neuerdings auch einige Untersuchungsbefunde zur Bedeutung von Kontrollüberzeugungen bei Neurotikern, Psychotikern, Psychosomatikern, Behinderten und somatisch Kranken vor.

5.3.1 Normproblematik

In der Sozialen Lerntheorie wird von einem Kontinuum zwischen psychischer Gesundheit bzw. psychischer Stabilität und psychischer Krankheit bzw. Psychopathologie ausgegangen (Phares 1972). Die Kernaussage der Sozialen Lerntheorie zur Symptomatik und Genese von pathologischem Verhalten besagt, daß dann, wenn hohe Bedürfniswerte (hohe subjektive Verstärkerwerte) zusammen mit einer geringen subjektiven Bewegungsfreiheit (niedrige Erfolgserwartungen) auftreten, pathologisches Verhalten wahrscheinlich ist. Diese Variablenkombination wird für Erscheinungsbilder wie Angst, Neurotizismus, Vermeidungsverhalten, Depressivität, Lernfehler etc. als wesentlich bezeichnet. Niedrige Erfolgserwartungen sind nun häufig mit externalen Kontrollüberzeugungen verbunden (siehe Kapitel 5.1). Externale Personen glauben in verringertem Maße, bestimmte Verstärker und Ereignisse erreichen zu können, weil sie stärker als internale auf externe Einflüsse (Zufall, Schicksal, andere Personen) fixiert sind. Übereinstimmend mit dieser Ableitung wird in vielen Arbeiten festgestellt, daß Externalität mit psychischer Desregulation und dem Ausmaß von Psychopathologie positiv korreliert ist (vgl. etwa Camargo & Reznikoff 1975; Erickson et al. 1976; Hjelle 1976; Brannigan et al. 1977). Es wird auch über negative Beziehungen zwischen Externalität und allgemeiner Lebenszufriedenheit sowie Lebensaktivität berichtet (Palmore & Luikart 1972; Wilson 1972; Queen & Freitag 1978). Dies weist in die Richtung der von Lefcourt (1976a) geäußerten These, daß klinische Gruppen, bei aller Unterschiedlichkeit in der Symptomatik, allgemein eher über externale

Kontrollüberzeugungen verfügen. Hier wird jedoch eine Vereinfachung vorgenommen, die theoretisch und auch empirisch nicht haltbar ist. Schon Rotter (1966) verweist darauf, daß beide Extremausprägungen im ROT-IE-Fragebogen pathologisch sind. Dem eindimensionalen Konzept folgend, muß von einer kurvenlinearen Beziehung zwischen Kontrollüberzeugungen und Pathologie versus Gesundheit ausgegangen werden. Inadäquate generalisierte Erwartungshaltungen können nicht nur im Bereich externaler Kontrollüberzeugungen (etwa wenn ein Individuum glaubt, keine Kontrolle über Ereignisse zu haben, obwohl es sie hat), sondern durchaus auch im Bereich internaler Kontrollüberzeugungen vorliegen (etwa im Sinne von Realitätsverlust oder Selbstüberschätzung, wenn eine Person glaubt, durch ihr Verhalten „alle" Ereignisse beeinflussen zu können). Ein Großteil der widersprüchlichen Befunde zur durchschnittlichen Ausprägung von Kontrollüberzeugungen in bestimmten klinischen Gruppen kann auf die Ignorierung dieses Umstandes zurückgeführt werden. Ein weiterer Grund dürfte darin liegen, daß die meisten Untersuchungen eindimensionale Meßverfahren zur Erfassung der Kontrollüberzeugungen verwenden, die nicht für klinische Populationen entwickelt worden sind und über deren Verwendbarkeit und deren teststatistische Kennwerte in solchen Probandengruppen nichts oder nur wenig bekannt ist.

Diese Überlegungen zum Zusammenhang von Pathologie/Gesundheit und Kontrollüberzeugungen sind das zentrale theoretische und auch praktisch bedeutsame normative Problem, das bei der Bestimmung von Merkmalen optimaler menschlicher Entwicklung und somit bei psychologischen Interventionen allgemein auftritt. Es handelt sich um die Frage, ob es möglich ist, eine bestimmte Ausprägung von Kontrollüberzeugungen im Sinne therapeutischer Zielsetzungen oder im Sinne von Entwicklungszielen als optimal und erstrebenswert zu bezeichnen. Die vorliegende Literatur verweist in der Mehrzahl der Arbeiten darauf, daß internal orientierte Personen psychisch stabiler sind, eher zur Selbstaktualisierung fähig sind, in ihrem Urteilsverhalten unabhängiger sind, schneller und besser lernen, weniger aggressiv und dogmatisch, dafür altruistischer sind als external orientierte. Implizit wird hier also eine günstigere Bewertung des internalen Pols vorgenommen, die sogar z. T. in Empfehlungen für die Praxis umgesetzt wird. Shearer & Steger (1975) empfehlen etwa, bei der Einstellung von Führungskräften internalen Bewerbern den Vorzug zu geben. Die Problematik dieser Wertungen wird dagegen in nur wenigen Arbeiten angesprochen. Die Befunde von Borges et al. (1980) weisen z. B. eindeutig darauf hin, daß hohe Internalität ebenso wie hohe Externalität ein Korrelat extrem unrealistischer Erwartungen ist. Liegen im Falle hoher Externalität die Erfolgserwartungen meist niedrig (und die Mißerfolgserwartungen häufig hoch), so liegen sie bei extrem internalen Personen häufig unrealistisch hoch. Realitätsverlust, Omnipotenzgefühle und Selbstüberschätzung können also mit hoher Internalität einhergehen. Schon allein aus diesem Grunde muß der einseitigen Bevorzugung des internalen Pols widersprochen werden (siehe auch Rotter 1975). Bei der eindimensionalen Konzeption internaler versus externaler Kontrollüberzeugungen handelt es sich also in keinem Fall um ein Kontinuum, das mit der Dichotomie „gut" versus „schlecht" gleichgesetzt werden kann. Deutlicher wird dies noch, wenn man die verschiedenen in Kapitel 2.1.2 dargestellten Konstruktdifferenzierungen aufgreift. Extremausprägungen — gleich welcher Richtung — können in kaum einem Fall allgemein im Sinne präskriptiver Normen verwendet werden. Aussagen über Interventions- und Entwicklungsziele im Bereich generalisierter Kontrollüberzeugungen werden nur dann möglich, wenn man weitere Variablen beachtet. Minimal ist hier an die Unterscheidung subjektiv hoch versus gering bewerteter Ereignisse (analog zur Unterscheidung von Kontrollüberzeugungen für Erfolge und Mißerfolge), die objektiv gegebene Kontrollierbarkeit von Handlungssituationen und die bei einem Individuum vorhandenen kognitiven und behavioralen Konstruktionskompetenzen (Mischel 1973) zu denken. Je nach Kombination dieser Variablen sind dann subjektspezifisch Aussagen über die Angemessenheit von Kontrollüberzeugungen möglich.

5.3.2 Kontrollüberzeugungen, Psychopathologie und Ätiopathogenese

Kontrollüberzeugungen sind nach der Sozialen Lerntheorie ein zentrales Konstrukt für eine Fülle psychopathologischer Erscheinungsbilder und deren Genese. Die Zahl der empirischen Arbeiten, die neben Kontrollüberzeugungen weitere Variablen der Sozialen Lerntheorie (oder anderer Erwartungs-Wert-Theorien) untersucht haben, ist jedoch gering. Meist wurden Kontrollüberzeugungen bislang mehr oder weniger isoliert als Korrelate psychopathologischer Entwicklung oder als Symptom psychischer Krankheiten analysiert. Der Schwerpunkt lag dabei auf den klinischen Gruppen der Depressiven und der Suchtkranken (hier insbesondere der Alkoholiker).

Subjektiv perzipierte Nichtkontrollierbarkeit der Umwelt, geringe Kontingenzwahrnehmungen zwischen eigenem Verhalten und positiv bewerteten Folgeereignissen sowie Hoffnungslosigkeit als generalisierte Erwartungen einer Person über sich und ihr künftiges Leben sind nach den kognitionspsychologischen Ansätzen der Depressionsforschung (vgl. Stotland 1969; Beck 1972; Seligman 1975) zentrale Symptome von Depressiven. Prociuk, Breen & Lussier (1976) ermittelten positive korrelative Beziehungen zwischen Depressivität, Externalität in den Kontrollüberzeugungen und Hoffnungslosigkeit. Auch Becker & Lesiak (1977) stellten eine bedeutsame Beziehung zwischen den Meßwerten im ROT-IE-Fragebogen und in dem Depressivitäts-Inventar von Beck (1972) fest. Diese mit eindimensionalen Fragebogen zu Kontrollüberzeugungen ermittelten Befunde werden durch Untersuchungen bestätigt, in denen mehrdimensionale Ansätze zur Messung von Kontrollüberzeugungen verwendet wurden. Sowohl Bartsch (1977) als auch C. Herrmann (1980) stellten mit dem IPC-Fragebogen von Levenson (1974) fest, daß mit dem Ausmaß der Depression die Internalität abnimmt und die Externalität der Personen zunimmt. Ähnliches gilt für die Beziehung zwischen diesen Aspekten von Kontrollüberzeugungen und Hoffnungslosigkeit (Krampen 1981a). Differenzierend ermittelten O'Leary et al. (1976) sowie

Evans (1981), daß Kontrollüberzeugungen mit subjektiv erlebter Kontrolle (im Sinne von Tiffany 1967; siehe Kapitel 2.1.2) in der Vorhersage der Depressivität interagieren. Es zeigte sich in diesen Untersuchungen, daß Internale mit hoch erlebter Kontrolle weniger depressiv sind als Internale mit gering erlebter Kontrolle und als Externale, die hohe oder geringe Kontrollmöglichkeiten erleben. Eine ähnliche Variablendifferenzierung wird in der reformulierten Theorie der Gelernten Hilflosigkeit vorgenommen, die von Seligman (1975; siehe auch Miller & Seligman 1975) als Paradigma für die Ätiopathogenese der Depression verwendet wird (siehe Kapitel 2.2). Zentral ist auch hier, daß Depressive nicht gelernt haben, Kontingenzen zwischen eigenem Verhalten und Folgeereignissen wahrzunehmen. Erleben sie nun negative Ereignisse, so tendieren sie dazu, deren Zustandekommen internal, stabil und global zu attribuieren; erleben sie dagegen positive Ereignisse, so attribuieren sie eher external, instabil und spezifisch. Diese Attribuierungsmuster werden als zentral für das Zustandekommen und die Persistenz von Depressionen betrachtet, wobei die Unterscheidung zwischen situationsspezifischem Attribuierungsverhalten und generalisierten Kontrollüberzeugungen insbesondere in der Differenzierung von persönlicher und universeller Hilflosigkeit deutlich wird (Seligman & Miller 1979). Ein zentrales Merkmal von Depressiven scheint auch zu sein, daß sie im Vergleich zu Gesunden bei objektiv (oder auch nur subjektiv) gegebener Nichtkontrollierbarkeit von Handlungssituationen kaum zu Kontrollillusionen, die als kognitive Coping-Strategien betrachtet werden können, fähig sind. Liegt dagegen objektiv Kontrollierbarkeit vor, so tendieren sie eher zu „illusions of incompetence" (Langer 1979), die als Attribuierungsstil beschrieben worden sind. In Kapitel 2.2 wurde schon auf die Beziehungen zwischen Hilflosigkeit und Hoffnungslosigkeit in der Genese der Depression eingegangen. Hilflosigkeit als generalisierte Erwartungen darüber, daß subjektiv hoch bewertete Ziele und Ereignisse nicht mehr erreicht werden können, geht nach dem Paradigma psychischer Krankheiten von Engel (1968) Hoffnungslosigkeit voraus, der nicht mehr nur inadäquate Erwartungshaltungen und Instrumentalitäten, sondern auch veränderte, reduzierte Zielsetzungen und Wertorientierungen zugrundeliegen. Dies kann als ätiopathogenetisches Paradigma für Depression bezeichnet werden, das alternative Ansätze (wie etwa die verhaltenstheoretische Theorie des Verstärkerverlusts, die soziologische Theorie der Anomia oder den psychoanalytischen Ansatz) zu integrieren vermag (siehe Krampen 1980a). Auch die Befunde zum Zusammenhang von nationalen Suizidraten bzw. der Suizidneigung von Personen und Externalität in den Kontrollüberzeugungen (vgl. etwa Wenz 1976, 1978; Boor 1979) bestätigen diesen Ansatz.

Auf die Beziehungen zwischen Kontrollüberzeugungen, erlebter Belastung durch Stressoren und kritischen Lebensereignissen sowie deren Bewältigung wurde schon in Kapitel 4.3 eingegangen. Internale erweisen sich nicht nur allgemein als emotional stabiler und tolerieren ein höheres Maß an Belastung (Manuck et al. 1975; Johnson & Sarason 1978), sie verwenden auch andere Coping-Strategien als Externale (Lefcourt 1976b; Tanck & Robbins 1979), was sich insbesondere darin zeigt, daß sie im Vergleich zu Externalen seltener und später professionelle Hilfe suchen, seltener zu Alkoholika greifen und vermehrt kognitive Kontrollstrategien einsetzen. Bei der Bewältigung von Lebenskrisen zeigt sich auch die ätiopathogenetische Bedeutung von Kontrollüberzeugungen und Hilflosigkeitsgefühlen für das Entstehen von Depressionen (vgl. Lewis, Gottesman & Gutstein 1979).

Depressivität und verringerte psychische Belastbarkeit sind nun Merkmale, die auch häufig bei Drogenabhängigen anzutreffen sind. Während für verschiedene Typen des Drogenabusus (etwa Tabak, Cannabis) eine erhöhte Externalität und Selbstentfremdung der Suchtkranken festgestellt werden konnte (vgl. etwa Obitz, Oziel & Unmacht 1973; Schwebel & Kaemmerer 1977; Sadava & Forsyth 1977), sind die Befunde zu Kontrollüberzeugungen von Alkoholikern widersprüchlich. Mit dem eindimensionalen ROT-IE-Fragebogen stellten Gozali & Sloan (1971), Gross & Nerviano (1972) und Costello & Manders (1974) erhöhte Internalitätswerte bei Alkoholikern im Vergleich zu gesunden Personen fest. Butts & Chotlos (1973), Lottman et al. (1973), Nowicki & Hopper (1974) sowie Obitz & Swanson (1976) ermittelten dagegen genau das Umgekehrte, nämlich eine erhöhte Externalität bei Alkoholikern. Die Soziale Lerntheorie kann nun scheinbar Befunde beider Art erklären. Zum einen kann argumentiert werden, daß Alkoholiker internaler als vergleichbare Gesunde sind, da sie durch den Alkohol ihren subjektiven Zustand kontrollieren können und den mächtigsten Verstärker ihres Lebens — Alkohol — unter „Kontrolle" haben (vgl. Weissbach et al. 1976). Da jedoch Kontrollverlust bei Alkoholkonsum gerade ein wesentliches diagnostisches Kriterium für Alkoholismus ist, kann aufgrund der Sozialen Lerntheorie auch argumentiert werden, daß Alkoholiker externaler sind, weil sie (1) keine Kontrolle mehr über ihr Trinkverhalten haben und (2) die Fähigkeit verloren haben, mit ihrer Umwelt zu interagieren, was den Verlust der internen Kontrolle über soziale Verstärker bedeutet. Die zweite Interpretation wird insofern gestützt, als daß in den meisten Studien, die eine erhöhte Internalität der Alkoholiker zum Ergebnis hatten, die Meßwerte zu Kontrollüberzeugungen und zu der Tendenz, in sozial erwünschter Weise zu antworten, signifikant korreliert sind. Hier kann durchaus ein Hospitalisierungseffekt vorliegen, der durch häufige Vorhaltungen und Schuldzuschreibungen für die Erkrankung bedingt ist (vgl. Rotter 1975). Sowohl von statistisch durchschnittlichen als auch von abhängigen Alkoholkonsumenten wird die Genese von Alkoholismus in der Mehrheit internal attribuiert (Beckman 1979), was bei Generalisierung unter den genannten Bedingungen zu einer erhöhten allgemeinen Internalität führen kann. Untersuchungen, in denen mehrdimensionale oder bereichsspezifische Verfahren zur Erhebung von Kontrollüberzeugungen bei Alkoholikern eingesetzt wurden, weisen auch eindeutig in die Richtung einer erhöhten Externalität (vgl. etwa Donovan & O'Leary 1978; Krampen & Nispel 1978), was durch die Befunde einer verringerten subjektiven Handlungsfreiheit (Krampen & Nispel 1978) und einer erhöhten Selbstentfremdung und Anomia (Albas et al. 1978) von Alkoholkonsumenten gestützt wird.

Neurotiker weisen nach den vorliegenden Untersuchungsbefunden häufig ebenfalls höhere Externalitätswerte auf als emotional stabile Personen. Dies ist sowohl durch korrelative Studien (vgl. etwa Platt et al. 1971; Bougler 1973) als auch durch Vergleiche klinischer und gesunder Probandengruppen belegt (vgl. Smith, Preyer & Distefano 1971; Distefano et al. 1972; Levenson 1973a). Neurotiker geben belastendere Konflikte an als andere Personen und bei ihnen sind wichtige Bedürfnisse und Zielsetzungen in stärkerem Maße frustriert, da sie signifikant mehr Hindernisse sehen, die der Konfliktlösung im Wege stehen (siehe Kasielke 1980). Sowohl die Befunde zu erhöhten allgemeinen Angstwerten (siehe Kapitel 4.3) als auch die zu erhöhten spezifischen Angstindizes (etwa Todesangst oder Flugphobie; siehe etwa Ronell 1978; Sadowski et al. 1979/80) bei Externalen bestätigen diese Zusammenhänge zwischen Neurotizismus und Kontrollüberzeugungen, wobei vermutet werden kann, daß durch bereichsspezifische Messung der Kontrollüberzeugungen noch klarere Interdependenzen ermittelt werden können.

Ähnliches dürfte für die Art der Kontrollüberzeugungen psychotischer Patienten gelten. Für Schizophrene wurden von Levenson (1973a) extrem hohe Werte in der durch Fatalismus und in der durch subjektive Machtlosigkeit bedingten Externalität (im Vergleich zu Neurotikern) festgestellt. Croft, Johnson & Fox (1975) fanden in einer Gruppe von 36 stationär behandelten Schizophrenen einen bedeutsamen Zusammenhang zwischen dem Erkrankungsgrad und der Externalität. Besonders hohe Externalitätswerte stellten Pryer & Steinke (1973) für Paranoid-Schizophrene fest. Diese Befunde können vor allem auf Störungen der Ich-Aktivität bei Psychotikern zurückgeführt werden, die durch Erfahrungen des Patienten, daß er von äußeren Einflüssen und Mächten gesteuert wird, gekennzeichnet sind. Neben dem Gefühl, fremden Mächten ausgeliefert, evtl. von ihnen besessen zu sein, kann dies auch zu den von Sorgatz & Eckardt (1980) untersuchten Kontrollängsten paranoid-schizophrener Patienten führen. Obwohl die bislang vorliegenden Untersuchungsergebnisse einhellig für eine überhöhte Externalität schizophrener Patienten sprechen, ist es im Einzelfall von Wahnvorstellungen durchaus möglich, daß eine Umkehrung in Form extrem überhöhter Internalität, von Selbstüberschätzung und von Omnipotenzwahrnehmungen auftritt.

Für psychosomatische Patienten − und hier insbesondere für Patienten mit Herz-Kreislauferkrankungen − ist häufig eine neurotische Persönlichkeitsstruktur festgestellt worden, die zunächst zur Hypothese einer erhöhten Externalität in den Kontrollüberzeugungen führt. Betrachtet man dagegen etwa psychosomatisch und psychoanalytisch orientierte Erklärungsversuche zur Persönlichkeit des Infarktpatienten oder des Hypertonikers, so zeigt sich, daß diese Art der neurotischen Erkrankung mit Bezug zu den Kontrollüberzeugungen anders geartet sein muß. Als wesentliche deskriptive und z. T. auch explikative Konstrukte treten stets Merkmale wie Leistungsorientierung, Verleugnen der Realität, gehemmte Aggressivität, hohe Bereitschaft zur Übernahme von Verantwortung, zwanghaftes Beharren auf Vorhaben etc. auf (vgl. etwa Berbalk 1978; Revers et al. 1978), die Beziehungen zu internalen Kontrollüberzeugungen aufweisen. Für eine Stichprobe von 15 Patienten mit Koronarinsuffizienz und 25 Infarktpatienten konnten Krampen & Ohm (1979) mit dem IPC-Fragebogen nachweisen, daß sie sich lediglich auf der Internalitätsskala von Gesunden statistisch bedeutsam unterscheiden. Die psychosomatischen Patienten verfügen über erheblich höhere Internalitätswerte, die als Anzeichen einer partiellen Realitätsverkennung und Selbstüberschätzung interpretiert werden können. Interessant ist auch, daß für die beiden Externalitätsskalen des IPC-Fragebogens, für die Levenson (1973a) bei Neurotikern erhöhte Werte festgestellt hat, keine Unterschiede zwischen psychosomatisch Kranken und Gesunden ermittelt werden konnten. Erwähnt seien in diesem Zusammenhang auch die bei gesunden Studenten ermittelten Interdependenzen zwischen Kontrollüberzeugungen und Selbstkontrolle des Herzschlags. Verschiedene Untersuchungen verweisen darauf, daß internalen Individuen die Erhöhung des Herzschlages, externalen dagegen seine Reduktion leichter fällt (vgl. etwa Ray & Lamb 1974; Gatchel 1975; Blankstein & Egner 1977). Diese Befunde weisen ebenso wie die zur erhöhten Externalität von Dialysepatienten (Kilpatrick et al. 1972) und die zu Relationen zwischen erlebter Kontrolle durch Klinikpersonal und verschiedenen Maßen des subjektiven Befindens bei somatisch Kranken (Krampen & von Delius 1981) auf die Bedeutung von Kontrollüberzeugungen und verwandter Konstrukte für die Klinische und die Medizinische Psychologie hin, wobei der enge Bereich der Psychopathologie verlassen wird.

5.3.3 Kontrollüberzeugungen und Indikation

Kontrollüberzeugungen sind sowohl in einem selektiven Indikationsmodell, nach dem geeignete Patienten für eine bestimmte psychotherapeutische Methode ausgewählt werden, als auch in einem adaptiven Indikationsmodell (vgl. Zielke 1979), nach dem eine möglichst optimale Anpassung des therapeutischen Vorgehens an die Besonderheiten des Klienten angestrebt wird, von Bedeutung. Indikationsrelevante Eingangsmerkmale von Klienten, die im selektiven Modell ausschlaggebend sind, liegen etwa mit den naiven Krankheitskonzepten oder impliziten Krankheitstheorien, den Erfolgserwartungen und den Kontrollüberzeugungen vor. Auch die stärkere Tendenz externaler Individuen, professionelle psychotherapeutische Hilfe in Anspruch zu nehmen, muß hier erwähnt werden (vgl. etwa Manuck et al. 1975), die in umgekehrter Beziehung zu den Erfolgserwartungen von Therapeuten steht. Psychotherapeuten tendieren nämlich dazu, Klienten, die ihre Erkrankung internal attribuieren, generell bessere Therapieprognosen zu geben (Harari & Hosey 1979). Die naiven Krankheitskonzepte von Klienten werden im wesentlichen von den Attribuierungsinhalten bestimmt (vgl. etwa Beckman 1979; Zielke 1979; Hill & Bale 1980) und weisen bedeutsame Beziehungen zu den subjektiven, mit der Therapie verbundenen Erfolgserwartungen auf. Kontrollüberzeugungen stehen zu beiden Variablenkomplexen in Relation. Zudem stellen sie selbst ein indikationsrelevantes Persönlichkeitsmerkmal dar, was etwa an der oben beschriebenen Therapie von Karl S. deutlich wird. Insbesondere die verschiedenen Selbstkontroll-Techniken und verhaltenstherapeutischen Methoden erweisen sich bei internalen Klienten im Vergleich zu externalen als erfolgreicher (siehe etwa Balch & Ross 1975; Constantino 1979; Kennedy et al. 1978; Charez & Michaels 1980). Sowohl selbst als auch fremd gesetzte Verstärker werden von ihnen als kontingent zu eigenem (Ziel-) Verhalten wahrgenommen, wodurch Lernprozesse möglich sind. Externale Personen tendieren dagegen dazu, Verstärkungen als extern verursacht anzusehen, was sich im Falle der Selbstverstärkung auf den Einfluß des Therapeuten beziehen kann. Verhaltensmodifikatorische Maßnahmen können bei ihnen also erst dann erfolgreich eingesetzt werden, wenn es gelungen ist, ihre Kontrollüberzeugungen zu verändern. Als problematisch erweist sich bei dieser Indikation, daß Externale augenscheinlich eine direktive Therapie, die Verhaltensvorschläge, Instruktionen etc. beinhaltet, im Vergleich zu Internalen besonders präferieren (Jacobson 1971), was jedoch therapeutische Erfolge nicht impliziert. Obwohl zu alternativen psychotherapeutischen Ansätzen bislang m. W. keine empirischen Untersuchungsbefunde vorliegen, kann davon ausgegangen werden, daß es nützlich sein wird, Kontrollüberzeugungen in Zusammenhang mit naiven Krankheitstheorien und subjektiven Erfolgserwartungen von Klienten als indikationsrelevante Variablen zu untersuchen. Dies wird auch durch die Arbeiten nahegelegt, die darauf verweisen, daß Kontrollüberzeugungen mit dem Maß an Aktivität und Beteiligung des Klienten in der Therapie (Rotter 1979), mit der Informiertheit über die Erkrankung (Seeman & Evans 1962; Strickland 1978) und mit vorzeitigem Therapieabbruch sowie Mißerfolg von Psychotherapien (Caster & Parsons 1977; O'Leary, Calsyn & Chaney 1977) in Interdependenzen stehen.

Kontrollüberzeugungen und verwandte Konzepte wie Optimismus versus Hoffnungslosigkeit oder Hilflosigkeit sind auch deswegen indikationsrelevante Prozeßmerkmale von Klienten, weil sie Grundlage für situative Anpassung des therapeutischen Vorgehens sein können (siehe Zielke 1979). Neben den oben schon angesprochenen Adaptionen der therapeutischen Techniken an die Besonderheiten des Klienten im Bereich generalisierter Erwartungshaltungen muß auch darauf geachtet werden, daß Externale und Internale therapeutische Beziehungen unterschiedlich wahrnehmen (Nowicki et al. 1972; Dougherty et al. 1978) und je nach ihrer Strukturiertheit in unterschiedlichem Maße davon profitieren (Fry 1975).

5.3.4 Modifikation von Kontrollüberzeugungen

Empirische Studien zur Modifikation von Kontrollüberzeugungen liegen bislang nur sehr wenige vor. Wesentliche Mängel dieser Arbeiten sind zudem, daß das therapeutische Vorgehen nicht exakt beschrieben wird, daß Evaluationskriterien nicht systematisch verwendet werden, und daß sie sich ausschließlich mit der in Kapitel 5.3.1 problematisierten Veränderung externaler Kontrollüberzeugungen hin auf eine Maximierung der Internalität beschäftigt haben. Die von Lefcourt (1976a) und Phares (1976) vorgelegten Literaturübersichten zu diesem Thema sind weitgehend identisch und brauchen hier nur durch einige wenige neuere Arbeiten ergänzt werden.

Insgesamt gesehen kann vermutet werden, daß eine erfolgreich abgeschlossene, umfassende Psychotherapie auch Veränderungen in den Kontrollüberzeugungen zur Folge hat, da sie für eine Fülle von Erlebens- und Verhaltensprozessen zentral sind. Über die Richtung der Veränderung kann jedoch allgemein keine Angabe gemacht werden, da die Eingangsmerkmale des Klienten (neben den Kontrollüberzeugungen auch seine subjektiven Bekräftigungswerte und Handlungskompetenzen sowie die objektiv gegebene und subjektiv perzipierte Kontrollierbarkeit relevanter Umweltausschnitte) für die Änderungsrichtung bestimmend sind. Dies wird von den vorliegenden Arbeiten jedoch nicht beachtet. Internalität wird in ihnen häufig allgemein als ein Effekt ambulanter (Simmermon 1977) oder stationärer Psychotherapie (Gillis & Jessor 1970) — ohne Präzisierung welcher Art — genannt. Dua (1970) stellte zumindest fest, daß ein handlungsorientiertes Programm, das Problemananlysen, Handlungsanalysen und einen systematischen Aufbau neuer (sozialer) Verhaltensweisen umfaßt, effektiver in der Modifikation von Kontrollüberzeugungen (in Richtung Internalität) war als eine Therapie, die aus Versuchen der Einstellungsänderung durch Diskussion und Suggestion bestand. Auch für gruppentherapeutische Ansätze wie Selbsterfahrungsgruppen (Diamond & Shapiro 1973), Selbstbehauptungstraining (Hoffmann 1978) und transaktionsanalytische Gruppen (Stasiw 1978), die den Klienten die Möglichkeit geben, selbst konkrete Erfahrungen mit Handlungs-Ergebnis-Kontingenzen zu machen oder solche bei anderen (statusgleichen) Personen zu beobachten, werden Internalisierungseffekte berichtet. Weissman, Seldman & Ritter (1971) bezeichnen sogar die Erhöhung der Sensitivität von Klienten für ihre Einflüsse, die sie auf andere Personen ausüben, als die grundlegende gruppendynamische Erfahrung. Gruppentherapeutische Ansätze, die keine oder nur sehr geringe Möglichkeiten zum Probieren neuer Handlungen und zum Erleben von Handlungs-Ergebnis-Kontingenzen bieten (etwa transzendentale Meditation oder progressive Muskelentspannung; vgl. Zuroff & Schwarz 1978), beeinflussen dagegen die Kontrollüberzeugungen der Teilnehmer nicht. Ähnliches gilt für unspezifisch geplante Freizeitprogramme (vgl. etwa Page 1975), deren Internalität fördernder Effekt bei gezielter Strukturierung von Nowicki & Barnes (1973) nachgewiesen worden ist. Sie stellten am Ende eines einwöchigen Ferienlagers, in dem die teilnehmenden Kinder (261 Schüler der 7. bis 9. Klasse) bei jeder sich bietenden Gelegenheit verstärkt wurden, und in dem insbesondere auf die Kooperation bei der Erreichung vorgegebener Ziele geachtet wurde, eine deutliche Abnahme der Externalität auf der CNS-IE fest. Positive Einflüsse auf generalisierte Kontrollüberzeugungen sind auch von den sogenannten Motivtrainingskursen und Attributions-Retraining-Programmen anzunehmen, die vor allem bei mißerfolgsmotivierten und „hilflos" attribuierenden Schülern eingesetzt werden (vgl. etwa Dweck 1975; Andrews & Debus 1978; Herkner et al. 1980). Der Vorteil dieser Trainingsprogramme liegt u. a. darin, daß a priori keine einseitige Festschreibung der Veränderungsrichtung hin auf internale Attributionen vorgenommen wird, sondern daß im Training zwischen Attributionen für Erfolgs- und Mißerfolgserlebnisse unterschieden wird. Hier wird also wenigstens eine zweite Variable bei der Ableitung von Interventionszielen einbezogen.

5.4 Zusammenfassung

Die angewandte Forschung zu Kontrollüberzeugungen kann schwerpunktmäßig nach pädagogisch-psychologischen, sozialpsychologischen und klinisch-psychologischen Inhalten unterschieden werden. Im Rahmen der Pädagogischen Psychologie liegen die wesentlichen Befunde darin, daß Kontrollüberzeugungen bedeutsame Korrelate von Lernprozessen, Leistungsverhalten und leistungsmotivationalen Variablen sind. Internale Personen erweisen sich in intellektuellen Aufgaben, die Informationssuche und -verarbeitung verlangen, im Vergleich zu externalen meist als ausdauernder und in der Leistung besser. Zwischen Kontrollüberzeugungen und Intelligenz wird allgemein ein gemeinsamer Varianzanteil von 20 % bis 25 % ermittelt, der für die Beziehung zwischen Kontrollüberzeugungen und Schulnoten sowie anderen Leistungsmaßen in den meisten Fällen noch höher liegt. In diesem Zusammenhang wurde auf eine mögliche Fehlerquelle von Studien zu dieser Thematik aufmerksam gemacht, die darin besteht, daß externale Schüler und Studenten sich in einer einmal gewählten Ausbildung als persistenter erweisen, was bei den internalen zu einer Vorselektion in den untersuchten Stichproben geführt haben kann. Als Gründe für den positiven Zusammenhang von Leistungsverhalten bzw. Leistungsmaßen und Kontrollüberzeugungen wurden motivationale Variablen genannt. Eine Reihe zentraler Variablen aus den kognitionspsychologischen Ansätzen in der Motivationstheorie weisen bedeutsame Beziehungen zu Kontrollüberzeugungen auf. Insbesondere seien noch einmal Erfolgs- und Mißerfolgserwartungen, Kausalattributionen und die generalisierte Selbstbewertung bzw. das Selbstkonzept eigener Fähigkeiten aufgeführt. Kausalattributionen kommt auch in der Deskription und Explikation von Leistungsversagen eine besondere Bedeutung zu. Kurz wurde noch auf zwei neuere Forschungsthemen zu Kontrollüberzeugungen in der Pädagogischen Psychologie eingegangen. Zum ersten erwiesen sie sich als wesentliche Korrelate schul- und ausbildungsbezogener Einstellungen von Schülern und Studenten, zum zweiten deuten einige Untersuchungsbefunde auf ihren Erklärungswert im Rahmen der Erziehungsstilforschung hin. Auf dem Hintergrund kognitionspsychologischer Ansätze zur Analyse erzieherischen Handelns haben sie den Stellenwert einer Moderatorvariablen, die sowohl mit spezifischen Erwartungshaltungen als auch mit (Fremd-) Attribuierungen interagiert.

In der Sozialpsychologie erweisen sich Kontrollüberzeugungen für den Zusammenhang von sozialen Einstellungen und sozialen Verhaltensweisen, für die Analyse konformen Verhaltens, die von Interaktionsverhalten und sozialer Einflußnahme, die von Affiliation und sozialer Attraktion sowie die Analysen von politischem und sozialem Engagement als bedeutsam. Die Untersuchungsbefunde zeigen, daß sich Externale in ihrem Urteilsverhalten konformer verhalten und daß sie leichter zu beeinflussen sind als Internale. Internale setzen bei der Beeinflussung anderer Personen qualitativ andere Mittel als Externale ein und sind in den erzielten Effekten meistens erfolgreicher. Externale Individuen tendieren in solchen Situationen eher dazu, Zwänge und direktive Interaktionsstrategien zu verwenden, was sich auch an erhöhten Werten in Machiavellismus, Dogmatismus, Aggressivität und Feindseligkeit zeigt. Untersuchungen zu den Kontrollüberzeugungen politisch oder sozial aktiver versus passiver Personen waren für die Konstruktdifferenzierung besonders wertvoll. Widersprüchliche Befunde führten u. a. zu der Unterscheidung persönlicher Kontrollüberzeugungen und perzipierter Kontrollideologie in einer Gesellschaft. Neuere Untersuchungen verweisen darauf, daß politisch engagierte Individuen externale Kontrollideologien, hohe durch subjektive Machtlosigkeit bedingte Externalität in den Kontrollüberzeugungen, jedoch geringe durch Fatalismus bedingte Externalität in den Kontrollüberzeugungen aufweisen.

Nach einem kurzen klinischen Fallbericht, der die Relevanz von Kontrollüberzeugungen für die Psychotherapie aufzeigt, wird im letzten Abschnitt zunächst auf die mit Kontrollüberzeugungen verbundene normative Problematik eingegangen. Der häufig in der Literatur implizit anzutreffenden Höherbewertung von Internalität als einem Interventionsziel wird widersprochen. Zwischen Externalität versus Internalität und Psychopathologie versus psychischer Gesundheit besteht eine kurvenlineare Beziehung, d. h., daß beide Extremausprägungen generalisierter Kontrollüberzeugungen pathologischen Charakter haben. Deutlich wird dies u. a. an den erhöhten Internalitätswerten psychosomatischer Patienten, die auf einen partiellen Realitätsverlust und auf Selbstüberschätzung deuten. In der vorliegenden Literatur zur Ätiopathogenese und Symptomatik von Krankheitsbildern wie Depressivität, Suizidneigung, Alkoholismus, Neurotizismus und Schizophrenie wird jedoch meistens einseitig Externalität generalisierend in Relation zum Erkrankungsgrad gestellt. Kontrollüberzeugungen sind nach diesen Untersuchungsergebnissen *ein* Persönlichkeitsmerkmal, das für die Indikation psychotherapeutischer Interventionen von Bedeutung ist. Vorliegende empirische Arbeiten zur Modifikation von Kontrollüberzeugungen werden kurz angesprochen, erweisen sich aber als wenig ergiebig. Notwendig sind heute vor allem empirische Studien, die therapeutische Prozesse (neben anderen Variablen) unter dem Aspekt generalisierter Erwartungshaltungen und deren Veränderung und Veränderbarkeit durch spezifische Techniken evaluieren.

Insgesamt erweist sich die angewandte Forschung zu Kontrollüberzeugungen in weiten Bereichen als relativ losgelöst von jedem theoretischen Hintergrund. Hier sei noch einmal auf das breite theoretische Fundament von Kontrollüberzeugungen verwiesen, das nicht nur durch die Soziale Lerntheorie konstituiert wird. Zusätzliche Variablen, die ohne Probleme aus den in Kapitel 2 dargestellten Theorien abgeleitet bzw. übernommen werden können, sind auch nur scheinbar schwerer zu operationalisieren als Kontrollüberzeugungen. Der Versuchung, vorliegende, „bewährte" Fragebogenverfahren zur Erfassung von Kontrollüberzeugungen alleine zu verwenden (zu deren Probleme siehe Kapitel 4.2), sollte in der Zukunft stärker widerstanden werden und es sollten Variablen wie subjektive Verstärkerwerte, spezifische Erwartungen der verschiedenen Typen, vorliegende kognitive und behaviorale Kompetenzen, subjektiv perzipierte Kontrollierbarkeit von Situationen etc. einbezogen werden.

Literatur

Abrahamson, D., Schulderman, S. & Schulderman, E.: Replication of dimensions of locus of control. Journal of Consulting & Clinical Psychology 41, 1973, 320.
Abramson, L. Y., Seligman, M. E. P. & Teasdale, J. D.: Learned helplessness in humans: Critique and reformulation. Journal of Abnormal Psychology 87, 1978, 49−74.
Ackoff, R. L. & Emery, F. E.: Zielbewußte Systeme. Frankfurt/Main: Campus, 1975.
Adams-Webber, J. R.: Generalized expectancies concerning the locus of control of reinforcements and the perception of moral sanctions. British Journal of Clinical Psychology 8, 1969, 340−343.
Ahammer, I., Angleitner, A., Braukmann, W., Filipp, S.-H. & Olbrich, E.: Zwischenbericht zum Forschungsschwerpunkt „Eine Untersuchung zu inter- und intraindividuellen Differenzen in der Wahrnehmung und Verarbeitung von subjektiv erlebten Persönlichkeitsveränderungen". Trier: Universität Trier, 1980.
Albas, D., Albas, C. & McCluskey, K.: Anomie, social class and drinking behavior of highschool students. Journal of Studies on Alcohol 39, 1978, 910−913.
Altman, I.: The environment and social behavior. Monterey/Calif.: Brooks & Cole, 1975.
Alutto, J. A. & Belasco, J. A.: A typology for participation in organizational decision making. Administrative Science Quaterly 17, 1972, 117−125.
Alvarez, C. M. & Pader, O. F.: Locus of control among Anglo-Americans and Cuban-Americans. Journal of Social Psychology 105, 1978, 195−198.
Andrews, G. R. & Debus, R. L.: Persistence and the causal perception of failure: Modifying cognitive attributions. Journal of Educational Psychology 70, 1978, 154−166.
Andrews, J. G.: The relationship between the degree of control over affective expression and perceptual-cognitive style as a function of locus of responsibility. Dissertation Abstracts International 38 (7-B), 1978, 3376−3377.
Andrisani, P. J. & Nestel, G.: Internal-External control as contributor to an outcome of work experience. Journal of Applied Psychology 61, 1976, 156−165.
Angleitner, A. & Löhr, F.-J.: Itemüberlappung zwischen Persönlichkeitsfragebogen als Problem für Validitätsschätzungen. Zeitschrift für Differentielle und Diagnostische Psychologie 1, 1980, 127−136.
Archer, R. P.: Relationships between locus of control and anxiety. Journal of Personality Assessment 43, 1979, 617−626.
Archer, R. P. & Stein, D. K.: Personal control expectancies and state anxiety. Psychological Reports 42, 1978, 551−558.
Arlin, M. & Whitley, T. W.: Perceptions of self-managed learning opportunities and academic locus of control: A causal interpretation. Journal of Educational Psychology 70, 1978, 988−992.
Arnkoff, D. B. & Mahoney, M. J.: The role of perceived control in psychopathology. In: Perlmutter & Monty (Ed.), 1979, 155−174.
Arnold, H. J. & Evans, M. G.: Testing multiplicative models does *not* require ratio scales. Organizational Behavior & Human Performance 24, 1979, 41−59.
Aronfreed, J.: Conduct and conscience: The socialization of internalized control. New York: Academic Press, 1968.
Atkinson, J. W.: Motivational determinants of risktaking behavior. Psychological Review 64, 1957, 359−372.
Atkinson, J. W.: An introduction to motivation. Princetown: Van Nostrand, 1964 (deutsche Übersetzung: Einführung in die Motivationsforschung. Stuttgart: Klett, 1975).
Atkinson, J. W. & Birch, D.: The dynamics of action. New York: Wiley, 1970.
Austin, J. F.: Situational I-E: The concept of internality-externality in the specific situation of student teaching. Dissertation Abstracts International 32, 1972, 4409.

Austrin, H. R. & Aubuchon, D. J.: Locus of control and trust in parents. Journal of Clinical Psychology 35, 1979, 304–305.
Aviram, A. & Milgram, R. M.: Dogmatism, locus of control and creativity in children educated in the Soviet Union, the United States, and Israel. Psychological Reports 40, 1977, 27–34.

Bachrach, R. & Peterson, R. A.: Test-Retest reliability and interrelation among three locus of control measures for children. Perceptual & Motor Skills 43, 1976, 260–262.
Balch, P. & Ross, A. W.: Predicting success in weight reduction as a function of locus of control. Journal of Consulting & Clinical Psychology 43, 1975, 119.
Bandura, A.: Social learning theory. Englewood Cliffs/New Jersey: Prentice Hall, 1977a.
Bandura, A.: Self-efficacy: Toward a unifying theory of behavioral change. Psychological Review 84, 1977b, 191–215.
Bandura, A., Adams, N. E. & Beyer, J.: Cognitive processes mediating behavioral change. Journal of Personality & Social Psychology 35, 1977, 125–139.
Bardwick, J. M. & Schumann, S. I.: Portrait of American men and women in TV commercials. Psychology 4 (4), 1967, 18–23.
Barfield, V. & Burlingame, M.: The pupil control ideology of teachers in selected schools. Journal of Experimental Education 42 (4), 1974, 6–11.
Barling, J. & Fincham, F.: Locus of control beliefs in male and female Indian and white school children in South Africa. Journal of Cross-Cultural Psychology 9, 1978, 227–235.
Barnett, M. A. & Kaiser, D. L.: The relationship between intellectual-achievement responsibility attributions and performance. Child Study Journal 8, 1978, 209–215.
Baron, R. A.: Authoritarianism, locus of control, and risk-taking. Journal of Psychology 68, 1968, 141–143.
Bar-Tal, D., Kfir, D., Bar-Zolar, Y. & Chen, M.: The relationship between locus of control and academic achievement, anxiety, and level of aspiration. British Journal of Educational Psychology 50, 1980, 53–60.
Bartsch, J. R.: Depth of depression as a function of locus of control and style of aggressive expression. Dissertation Abstracts International 38 (7-B), 1978, 3378–3379.
Batlis, N. C.: Relationships between locus of control and instrumentality theory predictor of academic performance. Psychological Reports 43, 1978, 239–245.
Battle, E. & Rotter, J. B.: Children's feelings of personal control as related to social class and ethnic groups. Journal of Personality 31, 1963, 482–490.
Bechmann, A.: Nutzwertanalysen und soziale Indikatoren. In: Klages, H. & Kmieciak, P. (Ed.), Wertwandel und gesellschaftlicher Wandel. Frankfurt/Main: Campus, 1979, 517–529.
Beck, A. T.: Depression. Philadelphia: University of Pennsylvania Press, 1972.
Beck, A. T., Weissman, A., Lester, D. & Trexler, L.: The measurement of pessimism: The hopelessness scale. Journal of Consulting & Clinical Psychology 42, 1974, 861–865.
Becker, E. W. & Lesiak, W. J.: Feelings of hostility and personal control as related to depression. Journal of Clinical Psychology 33, 1977, 654–657.
Becker, P., Schneider, J. & Schumann, C.: Über die Bereichsspezifität der Angstneigung. Psychologische Beiträge 17, 1975, 112–132.
Becker, W. M.: Internal-external scale correlates with Edwards Preference Schedule. Psychological Reports 35, 1974, 1182.
Beckman, L. J.: Beliefs about the causes of alcohol-related problems among alcoholic and non-alcoholic women. Journal of Clinical Psychology 35, 1979, 663–670.
Bedeian, A. G. & Hyder, J. L.: Sex-role attitudes as a moderator in the relationship between locus of control and need for achievement. Psychological Reports 42, 1977, 1172–1174.
Bedeian, A. G. & Zarra, M. J.: Sex-role orientation: Effect on self-esteem, need-achievement and internality in college females. Perceptual & Motor Skills 45, 1977, 712–714.
Behling, O. & Starke, F. A.: The postulates of expectancy theory. Academy of Management Journal 16, 1973, 373–386.

Bem, D. L. & Allen, A.: On predicting some of the people some of the time. Psychological Review 81, 1974, 506–520.
Berbalk, H.: Psychosomatik. In: Baumann, U., Berbalk, H. & Seidenstücker, G. (Ed.), Klinische Psychologie: Trends in Forschung und Praxis, Band 1. Bern: Huber, 1978, 304–342.
Bergler, R. & Six, U.: Psychologie des Fernsehens. Bern: Huber, 1979.
Bergsma, L. C. & Bergsma, H. M.: Internal-external control and attitudes toward energy conservation and Warren commission report. Journal of Psychology 99, 1978, 255–257.
Berlyne, D. E.: Conflict, arousal and curiosity. New York: Wiley, 1960.
Bernhardson, C. S.: Relationship between individual social desirebility ratings and hand acquiescence and I-E-scores. Psychological Reports 22, 1968, 773–776.
Bertram, H.: Probleme einer sozialstrukturell orientierten Sozialisationsforschung. Zeitschrift für Soziologie 5, 1976, 103–117.
Bialer, I.: Conceptualization of success and failure in mentally retarded and normal children. Journal of Personality 29, 1961, 303–320.
Blankstein, E. R. & Egner, K.: Relationship of the locus of control construct to the self-control of heart rate. Journal of General Psychology 97, 1977, 291–306.
Blauner, R.: Alienation and freedom: The factory worker and his industry. Chicago: University of Chicago Press, 1964.
Böhret, C.: Grundriß der Planungspraxis. Opladen: Westdeutscher Verlag, 1975.
Bolles, R. C.: Reinforcement, expectancy, and learning. Psychological Review 79, 1972, 394–409.
Boor, M.: Relationship of internal-external control and United States suicide rates, 1973–1976. Journal of Clinical Psychology 35, 1979, 513–516.
Borges, M. A., Roth, A., Nichols, G. T. & Nichols, B. S.: Effects of gender, age, locus of control, and self-esteem on estimates of college grades. Psychological Reports 47, 1980, 831–837.
Bossong, M. & Sturzebecher, K.: Intern oder extern kontrollierte Heimjugendliche? Enwicklung eines Fragebogens zur Erfassung eines Persönlichkeitsmerkmals. Praxis der Kinderpsychologie und Kinderpsychiatrie 28, 1979, 192–194.
Bougler, J. W.: Locus of control: A quasi-projective measure. Dissertation Abstracts International 34 (6-B), 2921.
Boutourline, S.: The concept of environmental management. In: Proshansky, H. M., Ittelson, W. H. & Rivlin, L. G. (Ed.), Environmental psychology. New York: Holt, Rinehart & Winston, 1970, 496–501.
Bradley, R. H. & Caldwell, B. M.: Home environment and locus of control. Journal of Clinical Child Psychology 8, 1979, 107–111.
Brandtstädter, J.: Sprachanalysen und Verhaltenserklärungen in der Psychologie. Trierer Psychologische Berichte 7, 1980, Heft 3.
Brandtstädter, J., Krampen, G. & Schwab, P.: Erweiterung eines instrumentalitätstheoretischen Modells zur Vorhersage pädagogischer Handlungspräferenzen. Zeitschrift für Entwicklungspsychologie und Pädagogische Psychologie 11, 1979, 43–49.
Branningan, G. G., Rosenberg, L. A. & Loprete, L. J.: Internal-external expectancy, maladjustment and psychotherapeutic intervention. Journal of Personality Assessment 41, 1977, 71–78.
Breen, L. J. & Prociuk, T. J.: Internal-external locus of control and guilt. Journal of Clinical Psychology 32, 1976, 301–302.
Brehm, J. W.: A theory of psychological reactance. New York: Academic Press, 1966.
Brim, O. G., Glass, D. C., Lavin, D. E. & Goodman, N.: Personality and decision process. Stanford: Stanford University Press, 1962.
Brophy, J. E. & Good, T. L.: Die Lehrer-Schüler-Interaktion. München: Urban & Schwarzenberg, 1976.
Browning, C. J., Farmer, M. F., Kirk, H. D. & Mitchell, G. D.: On the meaning of alienation. American Sociological Review 26, 1961, 780.

Bruhn, J. G., Floyd, C. S. & Bunce, H.: Training effects on attitudes and personality characteristics of nurse practitioners. Psychological Reports 42, 1978, 708–713.
Bulhan, H. A.: Reactive identification, alienation, and locus of control among Somali students. Journal of Social Psychology 104, 1978, 69–80.
Bunge, M.: Scientific research. Volume I and II. Berlin: Springer, 1967.
Buriel, J. R.: Home and school antecendents of Chicago and Anglo children's locus of control. Dissertation Abstracts International 39 (1-B), 355.
Buriel, R. & Rivera, L.: The relationship of locus of control to family income and familism among Anglo- and Mexican-American high school students. Journal fo Social Psychology 111, 1980, 27–34.
Burnes, K., Brown, W. A. & Keating, G. W.: Dimensions of control: Correlations between MMPI and I-E scores. Journal of Consulting & Clinical Psychology 36, 1971, 301.
Buss, A. R.: The trait-situation controversy and the concept of interaction. Personality & Social Psychology Bulletin 3, 1977, 196–201.
Butts, S. V. & Chotlos, J.: A comparison of alcoholics and nonalcoholics on perceived locus of control. Quarterly Journal of Studies on Alcohol 34, 1973, 1327–1332.
Buxbaum, O.: Mechanistischer Interaktionismus als Alternative zu empirisch fundierten Persönlichkeitsmerkmalen? Psychologische Rundschau 32, 1981, 16–30.

Camargo, R. J. & Reznikoff, M.: The personal-sociopolitical locus of control distinction among psychiatric patients. Journal of Clinical Psychology 31, 1975, 45–51.
Campbell, D. T. & Fiske, D. W.: Convergent and discriminant validation by the multitrait-multimethod matrix. Psychological Bulletin 56, 1959, 81–105.
Campbell, J. P., Dunnette, M. D., Lawler, E. E. & Weick, K. E.: Managerial behavior, performance, and effectiveness. New York: MaGraw-Hill, 1970.
Campbell, F., O'Brien, R., Mills, P. J. & Ramey, C.: A comparison of the factor structure of Rotter's internally-externally scale in advantaged and disadvantaged young mothers. Journal of Genetic Psychology 30, 1977, 201–209.
Carman, R. S.: Values, expectations, and drug use among high school students in a rural community. International Journal of Addiction 9, 1974, 57–80.
Cash, T. F. & Burns, D. S.: The occurence of reinforcing activities in relation to locus of control, success-failure expectancies, and physical attractiveness. Journal of Personality Assessment 41, 1977, 387–392.
Caster, D. U. & Parsons, O. A.: Locus of control in alcoholics and treatment outcome. Journal of Studies on Alcohol 38, 1977, 2087–2095.
Cattell, R. B., Eber, H. W. & Tatsuoka, M.: Handbook for the 16 P.F. questionnaire. Champain/Ill.: Institute for Personality and Ability Testing, 1970.
Cavey, R. G.: Correlates of satisfaction in the priesthood. Administrative Science Quarterly 17, 1972, 185–195.
Champion, R. A.: Studies of experimentally induced disturbance. Australian Journal of Psychology 2, 1950, 90–99.
Chance, J.: Academic correlates and maternal antecedents of children's belief in external or internal control or reinforcements. In: Rotter, Chance & Phares (Ed.), 1972, 168–179.
Chandler, T. A.: A note on the relationship of internality-externality, self-acceptance, and self-ideal-discrepancies. Journal of Psychology 94, 1976, 145–146.
Chandler, T. A. & Dugovics, D. A.: Sex differences in research on locus of control. Psychological Reports 41, 1977, 47–53.
Chandler, T. A., Wolf, F. M., Cook, B. & Dugovics, D. A.: Parental correlates of locus of control in fith graders: An attempt of experimentation in the home. Merrill Palmer Quarterly 26, 1980, 183–196.
Chapman, J. W. & Boersma, F. J.: Learning disabilities, locus of control, and mother attitudes. Journal of Educational Psychology 71, 1979, 250–258.
Charez, E. L. & Michaels, C.: Evaluation of the Health Locus of Control for obesity treatment. Psychological Reports 47, 1980, 709–710.

Chein, I.: The environment as a determinant of behaviour. Journal of Social Psychology 39, 1954, 115–127.
Chen, M. & Fresko, B.: The interaction of school environment and student traits. Educational Research 20, 1978, 114–121.
Cherlin, A. & Bourque, L. B.: Dimensionality and reliability of the Rotter I-E Scale. Sociometry 37, 1974, 565–582.
Cherulnik, P. D. & Sherman, M. F.: The expression of belief in internal control as a strategic response. Journal of Social Psychology 99, 1976, 299–300.
Christie, R. & Geis, F. L. (Ed.): Studies in machiavellianism. New York: Academic Press, 1970.
Clark, J. P.: Measuring alienation within a social system. American Sociological Review 24, 1959, 849–852.
Cliff, N., Bradley, P. & Girard, R.: The investigation of cognitve models for inventory response. Multivariate Behavioral Research 8, 1973, 407–425.
Clouser, R. A. & Hjelle, L. A.: Relationship between locus of control and dogmatism. Psychological Reports 26, 1970, 1006.
Coan, R. W., Fairchild, M. T. & Dobyns, Z. P.: Dimensions of experienced control. Journal of Social Psychology 91, 1973, 53–60.
Cohen, S., Rothbart, M. & Phillips, S.: Locus of control and the generality of learned helplessness in humans. Journal of Personality & Social Psychology 34, 1976, 1049–1056.
Cohen, S. L. & Turney, J. R.: Some restraints on the actualization of soldier performance motivation and implications for the modern army. Proceedings of the 81th Annual Convention of the American Psychological Association 8, 1973, 741–742.
Cole, D. & Cole, S.: Locus of control and cultural conformity: On going against the norm. Personality & Social Psychology Bulletin 1, 1974, 351–353.
Cole, D. L. & Cole, S.: Counternormative behavior and locus of control. Journal of Social Psychology 101, 1977, 21–28.
Cole, D. L., Rodriguez, J. & Cole, S. A.: Locus of control in Mexicans and Chicanos: The case of the missing fatalist. Journal of Consulting & Clinical Psychology 46, 1978, 1323–1329.
Collins, B. E.: Four components of the Rotter internal-external scale. Journal of Personality & Social Psychology 29, 1974, 381–391.
Comfrey, A. L.: Mental testing and the logic of measurement. Educational & Psychological Measurement 11, 1951, 323–334.
Cone, J. D.: Locus of control and social desirebility. Journal of Consulting & Clinical Psychology 36, 1971, 449.
Confer, W. N.: Learned helplessness, Locus of control, and presumed source of control. Dissertation Abstracts International 39 (2-B), 1978, 974.
Connolly, T. & Vines, c. V.: Some instrumentality-valence models of undergraduate college choice. Decision Science 8, 1977, 311–317.
Constantino, R. V.: The differential effectiveness of systematic desensitization and self-control training for the reduction of social anxiety: A function of locus of control. Dissertation Abstracts International 39 (7-B), 1979, 3502–3503.
Coroso, J.: Parental antecedents of locus of control in aggressive and non-aggressive boys. Dissertation Abstracts International 38 (12-B), 1978, 6143.
Costello, R. M. & Manders, K. R.: Locus of control and alcoholism. British Journal of Addiction 69, 1974, 11–17.
Courtney, M. R.: Social learning theory and convalescence of the myocardinal infartion patient. Dissertation Abstracts International 39 (3-B), 1978, 1210.
Covington, M. V. & Omelich, C. L.: Are causal attributions causal? A path analysis of the cognitive model of achievement motivation. Journal of Personality & Social Psychology 37, 1979, 1487–1504.
Crandall, V. C., Katkovsky, W. & Crandall, V. J.: Children's belief in their own control of reinforcement in intellectual-academic situations. Child Development 36, 1965, 91–109.

Croft, R. G., Johnson, W. G. & Fox, S. H.: Locus of control in psychiatric patients. Newsletter for Research in Mental Health & Behavioral Sciences 17, 1975, 17–20.
Cromwell, R. L.: A social learning approach to mental retardation. In: Ellis, N. (Ed.), Handbook of mental defiency. New York: McGraw-Hill, 1963, 41–91.
Crozier, W. R.: The interaction of value and subjective probability in risky decision-making. British Journal of Psychology 70, 1979, 489–495.
Cummings, S.: Family socialization and fatalism among black adolescents. Journal of Negro Education 46, 1977, 62–75.

Dachler, H. P. & Mobley, W. H.: Construct validation of an instrumentality-expectancy-task-goal model of work motivation. Journal of Applied Psychology Monograph 58, 1973, 397–418.
D'Amato, M. E. & Gumenik, W. E.: Some effects of immediate versus randomly delayed shock on an instrumental response and cognitive processes. Journal of Abnormal & Social Psychology 60, 1960, 64–67.
Davidson, K. M. & Bailey, K. G.: Effects of "status sets" on Rotter's locus of control scale. Journal of Consulting & Clinical Psychology 46, 1978, 186.
Davis, W. L. & Phares, E. J.: Internal-external locus of control as a determinant of information-seeking in a social influence situation. Journal of Personality 35, 1967, 547–561.
Davis, W. L. & Phares, E. J.: Parental antecedents of internal vs. external control of reinforcement. Psychological Reports 24, 1969, 427–436.
Dean, D. G.: Alienation: Its meaning and measurement. American Sociological Review 26, 1961, 753–758.
Deardorff, C. M., Melges, F. T., Hout, C. N. & Savage, D. J.: Situations related to drinking alcohol. Journal of Studies on Alcohol 36, 1975, 1184–1195.
DeCharms, R. C.: Personal causation. New York: Academic Press, 1968.
DeCharms, R. C.: Enhancing motivation. New York: Irvington, 1976.
DeCharms, R. C.: Personal causation and perceived control. In: Perlmutter & Monty (Ed.), 1979, 29–40.
Develis, R. F. & McCauly, C.: Perception of contingency and mental retardation. Journal of Autism & Developmental Disorders 9, 1979, 261–270.
Develis, R. F., Develis, B. M. & McCauley, C.: Vicarious acquisition of learned helplessness. Journal of Personality & Social Psychology 36, 1978, 894–899.
Deysach, R. E., Hiers, T. G. & Ross, A. W.: Situational determinants of performance on the Rotter Internal-External Locus of Control Scale. Journal of Consulting & Clinical Psychology 44, 1976, 303.
Diamond, M. J. & Shapiro, J. L.: Changes in locus of control as a function of encounter group experiences: A study and replication. Journal of Abnormal Psychology 82, 1973, 514–518.
Diener, C. I. & Dweck, C. S.: Analysis of learned helplessness: Continous changes in performance, strategy and achievement cognitions following failure. Journal of Personality & Social Psychology 36, 1978, 451–462.
Dies, R. R.: Development of a projective measure of perceived locus of control. Journal of Projective Techniques and Personality Assessment 32, 1968, 487–490.
DiGiuseppe, R. A.: Correlation of Locus of control with four EPPS items. Psychological Reports 28, 1971, 290.
Distefano, M. K., Pryer, M. W. & Jesse, L.: Internal-external control among alcoholics. Journal of Clinical Psychology 28, 1972, 36–37.
Dixit, R. C. & Singh, R. P.: External vs. internal control of reinforcement as related to decision time. Indian Journal of Psychology 50, 1975, 142–149.
Dixon, D. N., McKee, C. S. & McRae, B. C.: Dimensionality of three adult objective locus of control scales. Journal of Personality Assessment 40, 1976, 310–329.
Dollinger, S. J. & Taub, S. I.: The interaction of locus of control expectancies and providing purpose on children's motivation. Journal of Research in Personality 11, 1977, 118–127.

Donohew, L. & Palmgreen, P.: A reappraisal of dissonance and the selective exposure hypothesis. Journalism Quarterly 48, 1971, 412–420.
Donohew, L. & Tipton, L.: A conceptual model of information seeking, avoiding, and processing. In: Clarke, P. (Ed.), New models for mass communication research. Beverly Hills/Calif.: Sage, 1973, 243–268.
Donovan, D. M & O'Leary, M. R.: Comparison of perceived and experienced control among alcoholics and nonalcoholics. Journal of Abnormal Psychology 84, 1975, 726–728.
Donovan, D. M. & O'Leary, M. R.: The drinking-related locus of control scale: Reliability, factor structure and validity. Journal of Studies on Alcohol 39, 1978, 759–784.
Donovan, D. M., O'Leary, M. R. & Schau, E. J.: Relationship between generalized expectancies for control and experienced control among alcoholics. Psychological Reports 37, 1975, 1171–1176.
Dornstein, M.: Organizational conflict and role stress among chief executive in state business enterprises. Journal of Occupational Psychology 50, 1977, 253–263.
Dougherty, A. M., Horne, A. M. & Ollendick, D. G.: Locus of control and student perceptions of three counseling techniques. Psychology in the Schools 15, 1978, 439–445.
Dowds, B. N., Fontana, A. F., Russaoff, L. M. & Harris, M.: Cognitive mediators between patients' social class and therapists' evalutations. Archieves of General Psychiatry 34, 1977, 917–920.
Draguns, J. G.: Culture and personality. In: Marsella, A. J., Tharp, R. G. & Cibovowski, T. J. (Ed.), Perspectives in cross-cultural psychology. New York: Academic Press, 1979, 197–207.
Dua, P. S.: Comparison of the effect of behaviorally oriented action and psychotherapy reeducation on introversion-extraversion, emotionality, and internal-external control. Journal of Counseling Psychology 17, 1970, 567–572.
Dudley, G. E.: Sex differences in dimensions of internal versus external control. Psychological Reports 42, 1978, 57–58.
Duke, M. P. & Fenhagen, E.: Self-parental alienation and locus of control in delinquent girls. Journal of Genetic Psychology 127, 1975, 103–107.
Duke, M. P. & Lancaster, W.: A note on locus of control as a function of father absence. Journal of Genetic Psychology 129, 1976, 335–336.
Duke, M. P. & Nowicki, S., 1973: Personality correlates of the Nowicki-Strickland Locus of Control Scale for Adults. Psychological Reports 33, 1973, 267–270.
Dulany, D. E.: Awareness, rules, and propositional control. In: Horton, D. & Dixon, T. (Ed.), Verbal behavior and general behavior theory. Englewood Cliffs/N. J.: Prentice-Hall, 1968, 340–387.
Dumke, D.: Die Auswirkungen von Lehrererwartungen auf Intelligenz und Schulleistungen. Psychologie in Erziehung und Unterricht 24, 1977, 93–108.
Durkheim, E., 1897: Suicide (deutsche Übersetzung: Selbstmord. Neuwied: Luchterhand, 1967).
Duval, S. & Wicklund, R. A.: A theory of objective self-awareness. New York: Academic Press, 1972.
Dweck, C. S.: The role of expectations and attributions in the alleviation of learned helplessness. Journal of Personality & Social Psychology 31, 1975, 674–685.
Dweck, C. S. & Bush, E. S.: Sex differences in learned helplessness: I. Differential debilitation with peer and adult evaluators. Developmental Psychology 12, 1976, 147–156.

Edelstein, W.: Lernen ohne Zwang? Neue Sammlung 20, 1980, 340–349.
Edwards, W.: The theory of decision making. Psychological Bulletin 51, 1954, 380–416.
Edwards, W.: Behavioral decision theory. Annual Review of Psychology 12, 1961, 473–498.
Edwards, W. & Guttentag, M.: Experiments and evaluations. In: Bennett, C. A. & Lumsdale, A. A. (Ed.), Evaluation and experiment. New York: Academic Press, 1975, 409–463.
Eisenberg, P.: Individual interpretation of psychoneurotic inventory items. Journal of General Psychology 25, 1941, 19–40.

Ekkehammar, B., Schalling, D. & Magnusson, D.: Dimensions of stressful situations: A comparison between a response analytical and a stimulus analytical approach. Multivariate Behavioral Research 10, 1975, 155–164.
El-Gazzar, M. E., Saleh, S. D. & Conrath, D. W.: Situational and individual difference variables in chance-determined activities. Journal of Personality & Social Psychology 34, 1976, 951–959.
Ellis, A.: Reason and emotion in psychotherapy. New York: Lyle Stuart, 1962.
Endler, N. S. & Hunt, J. M.: S-R inventories of hostility and comparisons of the proportions of variance from persons, responses, and situations for hostility and anxiousness. Journal of Personality & Social Psychology 9, 1968, 309–315.
Engel, G. L.: A life setting conductive to illness. The giving up – given up complex. Annual International Medicine 69, 1968, 293–300.
Erickson, R. L., Smyth, L., Donovan, D. M. & O'Leary, M. R.: Psychopathology and defensive style of alcoholics as a function of congruence-incongruence between psychological differentiation and locus of control. Psychological Reports 39, 1976, 51–54.
Estes, W. K.: Reinforcement in human learning. In: Tapp, J. T. (Ed.), Reinforcement and behavior. New York: Academic Press, 1969, 162–184.
Evans, E. L.: Teacher perception and expectations of the locus of control and level of aspiration of upper level elementary white and black students. Dissertation Abstracts International 38 (10-A), 1978, 5817.
Evans, R. G.: The relationship of two measures of perceived control to depression. Journal of Personality Assessment 45, 1981, 66–70.
Evans, R. G. & Dinning, W. D.: Future outlock and psychopathology among psychiatric patients. Psychological Reports 41, 1977, 1309–1310.
Evans, R. G. & Wanty, D. W.: I-E Sclae responses as a function of subject mood level. Journal of Personality Assessment 43, 1979, 166–170.
Eysenck, H. J.: The structure of human personality. London: Methuen, 1953.
Eysenck, H. J.: The biological basis of personality. Springfield: Thomas, 1967.
Eysenck, H. J.: The methodology of cross-cultural personality studies. In: Abstract Guide XXII. Internationaler Kongreß für Psychologie 1980 in Leipzig, 48.

Fagan, M. M.: Locus of control and interpersonal attraction. Journal of Genetic Psychology 136, 1980, 17–24.
Fahrenberg, J., Hampel, R. & Selg, H.: Freiburger Persönlichkeits-Inventar (FPI). Göttingen: Hogrefe, 1973².
Farra, J. D., Zinser, O. & Bailey, R. C.: Effects of I-E of donor and race and locus of cause of failure of recipient on helping behavior. Journal of Social Psychology 106, 1978, 73–81.
Feather, N. T.: Subjective probability and decision under uncertainty. Psychological Review 66, 1959, 150–164.
Fend, H.: Konformität und Selbstbestimmung. Weinheim: Beltz, 1971.
Fengler, J.: Selbstkontrolle in Gruppen. Stuttgart: Kohlhammer, 1980.
Fischhoff, B., Slovic, P. & Lichtenstein, S.: Knowing what you want: Measuring labile values. In: Wallsten, T. (Ed.), Cognitive processes in choice and decision behavior. Hillsdale/ N. J.: Erlbaum, 1980 (Vorabdruck).
Fishbein, M.: Attitude and the prediction of behavior. In: Fishbein, M. (Ed.), Readings in attitude theory and measurement. New York: Wiley, 1967, 477–492.
Fishbein, M. & Ajzen, I.: Belief, attitude, intention, and behavior. Reading/Mass.: Addison-Wesley, 1975.
Flavell, J. H.: Metacognition and cognitive monitoring. American Psychologist 34, 1979, 906–911.
Fowler, D. E.: An exploratory investigation of the relationship between locus of control and parenting tasks among lower socioeconomic status black mothers. Dissertation Abstracts International 39 (10-B), 1979, 5042–5043.

Frederiksen, N.: Toward a taxonomy of situations. American Psychologist 27, 1972, 114–123.
Frey, D., Wicklund, R. A. & Scheier, M. F.: Die Theorie der objektiven Selbstaufmerksamkeit. In: Frey, D. (Ed.), Kognitive Theorien der Sozialpsychologie. Bern: Huber, 1978, 192–216.
Friedman, S. T. & Manaster, G. J.: Internal-external control: Studied through the use of proverbs. Psychological Reports 33, 1973, 611–615.
Fry, P. S.: Interaction between locus of control, level of inquiry and subject control in the helping process: A laboratory analogue study. Journal of Counseling Psychology 22, 1975, 280–287.
Fry, P. S. & Coe, K. J.: Achievement performance of internally and externally oriented black and white high school students under conditions of competition and cooperation expectancies. British Journal of Educational Psychology 50, 1980, 162–167.
Fry, P. S. & Preston, J.: Resistance to temptation as a function of internalization and three modes of self-verbalisation. Journal of Clinical Psychology 35, 1979, 121–129.
Füchsle, T., Trommsdorff, G. & Burger, L.: Entwicklung eines Meßinstruments zur Erfassung der Zukunftsorientierung. Diagnostica 26, 1980, 186–197.

Galbraith, J. & Cummings, L. L.: An empirical investigation of the motivational determinants of task performance. Organizational Behavior & Human Performance 2, 1967, 237–257.
Garcia, C. & Levenson, H.: Differences between blacks' and whites' expections of control by chance and powerful others. Psychological Reports 37, 1975, 563–566.
Garza, R. T. & Russell, E. A.: A comparison of Anglo- and Mexican-American college students of locus of control. Journal of Consulting & Clinical Psychology 42, 1974, 919.
Garza, R. T. & Widlack, F. W.: The validity of locus of control dimensions for Chicano populations. Journal of Personality Assessment 41, 1977, 635–643.
Gatchel, R. J.: Locus of control and voluntary heart-rate change. Journal of Personality Assessment 39, 1975, 634–638.
Gatchel, R. J. & Proctor, J. D.: Physiological correlates of learned helplessness in man. Journal of Abnormal Psychology 85, 1976, 27–34.
Gatz, M. & Good, P. R.: An analysis of the effects of the forced-choice format of Rotter's internal-external scale. Journal of Clinical Psychology 34, 1978, 381–385.
Geist, C. R. & Baugham, W. R.: Locus of control and religious affiliation. Psychological Reports 47, 1980, 1281–1282.
Genser, B., Brösskamp, C. & Groth, H.-P.: Instrumentelle Überzeugungen von Eltern in hypothetischen Erziehungssituationen. In: Lukesch, H., Perrez, M. & Schneewind, K. A. (Ed.), Familiäre Sozialisation und Intervention. Bern: Huber, 1980, 145–160.
Georgis, T. W.: Locus of control and manifest anxiety in African, Afro-American, and Causasian-American students. Dissertation Abstracts International 39 (B), 1978, 2495.
Ghaem-Maghami, F.: Alienation and political knowledge: Some research findings. Human Relations 26, 1973, 497–516.
Giles, W. F.: Volunteering for job enrichment: A test of expectancy theory predictions. Personnel Psychology 30, 1977, 427–435.
Gillis, J. S. & Jessor, R.: Effects of brief psychotherapy on belief in internal control: An exploratory study. Psychotherapy 7, 1970, 135–137.
Gladding, S. T.: Psychological anomie and religious identity in two adolescent populations. Psychological Reports 41, 1977, 419–424.
Glantz, O.: Locus of control and aspiration to traditionally open and traditionally closed occupations. Journal of Negro Education 46, 1977, 278–290.
Glass, D. C. & Singer, J. E.: Urban stress. New York: Academic Press, 1972.
Golding, S. L.: Flies in the ointment: Methodological problems in the analysis of percentage of variance due to persons and situations. Psychological Bulletin 82, 1975, 278–288.

Good, L. R., Good, K. C. & Golden, S. B.: An objective measure of the motive to avoid powerlessness. Psychological Reports 33, 1973, 616–618.
Goodstadt, B. E. & Hjelle, L. A.: Power to the powerless: Locus of control and the use of power. Journal of Personality and Social Psychology 27, 1973, 190–196.
Gore, P. M. & Rotter, J. B.: A personality correlate of social action. Journal of Personality 31, 1963, 58–64.
Gorsuch, R. L., Henighen, R. P. & Barnard, C.: Locus of control: An example of dangers in using children's scales with children. Child Development 43, 1972, 579–590.
Gozali, J. & Bialer, I.: Children's locus of control scale: Independence from response set bias among retardates. American Journal of Mental Deficiency 72, 1968, 622–625.
Gozali, J. & Sloan, J.: Control orientation as a personality dimension among alcoholics. Quarterly Journal of Studies on Alcohol 32, 1971, 159–161.
Graen, G.: Instrumentality theory of work motivation. Journal of Applied Psychology Monograph 53 (No. 2, Part 2), 1969, 1–25.
Gregory, W. L.: Locus of control for positive and negative outcomes. Journal of Personality & Social Psychology 36, 1978, 840–849.
Groeben, N. & Scheele, B.: Argumente für eine Psychologie des reflexiven Subjekts. Darmstadt: Steinkopff, 1977.
Gross, W. F. & Nerviano, V. J.: Note on a control orientation of alcoholics. Psychological Reports 31, 1972, 406.
Gruen, G. E., Korte, J. R. & Baum, J. F.: Group measure of locus of control. Developmental Psychology 10, 1974, 683–686.
Gurin, P., Gurin, G. & Morrison, B. M.: Personal and ideological aspects of internal and external control. Social Psychology 41, 1978, 275–296.
Gurin, P., Gurin, G., Lao, R. C. & Beattie, M.: Internal-external control in the motivational dynamics of Negro youth. Journal of Social Issues 25, 1969, 29–53.

Haas, R.: Dictionary of psychology and psychiatry. English – German. Toronto: Hogrefe, 1980.
Hackman, J. R. & Porter, L. W.: Expectancy theory predictions of work effectiveness. Organizational Behavior & Human Performance 3, 1968, 417–426.
Haley, J.: Die Interaktion von Schizophrenen. In: Habermas, J. (Ed.), Schizophrenie und Familie. Frankfurt/Main: Suhrkamp, 1969, 72–89.
Hall, E. R., Joesting, J. & Woods, M. J.: Relationships among measures of locus of control for black and white students. Psychological Reports 40, 1977, 59–62.
Hamsher, J. H., Geller, J. D. & Rotter, J. B.: Interpersonal trust, internal-external control, and the Warren commission report. Journal of Personality & Social Psychology 9, 1968, 210–215.
Handel, A.: Attitudinal orientations and cognitive functioning among adolescents. Developmental Psychology 11, 1975, 667–675.
Hanes, B., Prawat, R. S. & Grissom, S.: Sex role perceptions during adolescence. Journal of Educational Psychology 71, 1979, 850–855.
Harari, H. & Hosey, K.: Locus of control and therapist's occupational role as determinants of clinical prognoses. Journal of Clinical Psychology 35, 1979, 145–147.
Harvey, J. H. & Harris, B.: Determinants of perceived choice and the relationship between perceived choice expectancy feelings of internal control. Journal of Personality & Social Psychology 31, 1975, 101–106.
Harvey, J. H., Harris, B. & Lightner, J. M.: Perceived freedom as a central concept in psychological theory and research. In: Perlmutter & Monty (Ed.), 1979, 275–300.
Hayes, C. B. & Page, W. F.: Locus of control and attrition among American high school youth. Journal of Psychology 101, 1979, 189–195.
Hays, W. L.: Statistics for psychologists. New York: Holt, 1953.

Heckel, R. V. & Mooney, D.: Autobiography and I-E. Perceptual & Motor Skills 37, 1973, 862.
Heckhausen, H.: Motivation: Kognitionspsychologische Aufspaltung eines summarischen Konstrukts. Psychologische Rundschau 28, 1977, 175–189.
Heckhausen, H.: Ein kognitives Motivationsmodell und die Verankerung von Motivkonstrukten. In: Lenk, H. (Ed.), Handlungstheorie interdisziplinär, Band 3. München: Fink, 1978 (Vorabdruck).
Heckhausen, H.: Motivation und Handeln. Berlin: Springer, 1980a.
Heckhausen, H.: Task-irrelevant cognitions during an exam: Incidence and effects. In: Krohne, H. W. & Laux, L. (Ed.), Achievement, stress, and anxiety. Washington: Hemisphere, 1980b (im Druck: Vorpublikation: 1977, Newsletter Selbstkonzepte 1, Heft 4).
Heider, F.: The psychology of interpersonal relations. New York: Wiley, 1958.
Henson, R.: Expectancy beliefs, ability, and personality in predicting academic performance. Journal of Educational Research 70, 1976, 41–44.
Herkner, W. (Ed.), Attribution. Psychologie der Kausalität. Bern: Huber, 1980.
Herkner, W., Pesta, T., Maritsch, F. & Massoth, P.: Die Beziehungen zwischen Attributionen und Selbstverbalisierungen und die Wirkung eines Attributionstrainings bei Leistungsstörungen. In: Herkner (Ed.), 1980, 397–426.
Herrmann, C., 1980: Zusammenhänge zwischen Depression, Ursachenerklärung und Kontrollerwartungen. In: Schulz, W. & Hautzinger, M. (Ed.), Klinische Psychologie und Psychotherapie, Band 3: Depression und Psychosomatik. München: Steinbauer & Rau, 1980.
Herrmann, T.: Lehrbuch der empirischen Persönlichkeitsforschung. Göttingen, Hogrefe, 1972².
Herrmann, T.: Persönlichkeitsmerkmale. Stuttgart: Kohlhammer, 1973.
Herrmann, T.: Die Psychologie und ihre Forschungsprogramme. Göttingen: Hogrefe, 1976.
Herrmann, T.: Die Eigenschaftskonzeption als Heterostereotyp. Zeitschrift für Differentielle und Diagnostische Psychologie 1, 1980, 7–16.
Hersch, P. D. & Scheibe, K. E.: Reliability and validity of internal-external control as a personality dimension. Journal of Consulting Psychology 31, 1967, 609–613.
Hill, D. J. & Bale, R. M.: Development of the Mental Health Locus of Control and Mental Health Locus of Origin Scales. Journal of Personality Assessment 44, 1980, 148–156.
Hiroto, D. S.: Locus of control and learned helplessness. Journal of Experimental Psychology 102, 1974, 187–193.
Hiroto, D. S. & Seligman, M. E. P.: Generality of learned helplessness in man. Journal of Personality & Social Psychology 31, 1975, 311–327.
Hjelle, L. A.: Social desirebility as a variable in the locus of control scale. Psychological Reports 28, 1971, 807–816.
Hjelle, L. A.: Self-actualization and perceived locus of control. Journal of Genetic Psychology 128, 1976, 303–304.
Hochreich, D. J.: Defensive externality and attribution of responsibility. Journal of Personality 42, 1975, 543–557.
Hochreich, D. J.: Defensive externality and level of aspiration. Journal of Consulting & Clinical Psychology 46, 1978, 177–178.
Hochreich, D. J. & Rotter, J. B.: Have college students become less trusting? Journal of Personality & Social Psychology 15, 1970, 211–214.
Hoff, E.: Formen des Kontrollbewußtseins. Frankfurt/Main: Vortrag auf der Arbeitstagung Politische Psychologie an der Universität Frankfurt, 27.–28. 3. 1981.
Hoffman, J. A. & Teyber, E. C.: Some relationships between sibling age space and personality. Merrill Palmer Quarterly 25, 1979, 77–80.
Hoffmann, R. A.: Affect assertion training, insight therapy, and ward milieu: Effects on anger expression, locus of control, and MMPI scores. Dissertation Abstracts International 39 (1-B), 1978, 383.
Hoffmann, S. L.: The effects of temporary mood states on the self attribution of causality. Dissertation Abstracts International 35 (9-B), 1975, 211.

Hohner, H.-U.: Internal-externale Ursachenzuschreibung im Bereich Betriebspolitik. Frankfurt/Main: Vortrag auf der Arbeitstagung Politische Psychologie an der Universität Frankfurt, 27.–28. 3. 1981.
Houtman, A. M. A.: Machtaspekte in der helfenden Beziehung. Freiburg: Lambertus, 1978.
Hull, C. L.: Principles of behavior. New York: Appleton-Century-Crofts, 1943.
Hummell, H. J. & Opp, K. D.: Die Reduzierbarkeit von Soziologie auf Psychologie. Braunschweig: Vieweg, 1971.
Hung, Y. Y.: Internal-external control and adjustment problems among college students. Bulletin of Educational Psychology 8, 1975, 81–94.
Hyman, H. H.: The value system of different classes. In: Bendix, R. & Lipset, S. R. (Ed.), Class, status, and power. New York: Free Press, 1966^2, 488–499.

Ivancevich, J. M.: Expectancy theory predictions and hevaviorally anchored scales of motivation. Journal of Vocational Behavior 8, 1976, 59–75.

Jacobson, R. A.: Personality correlates of choice of therapist. Dissertation Abstracts International 31 (9-B), 1971, 5626.
James, W. H. & Shepel, L. F.: A restandardization and factor-analytic study of the Likert method of measuring locus of control. Proceedings of the 81th Annual Convention of the American Psychological Association 8, 1973, 19–20.
Janzen, H. L. & Boersma, F. J.: Locus of control and its relationship to moral development. Alberta Journal of Educational Research 22, 1976, 237–244.
Joe, V. C.: Review of the internal-external control construct as a personality variable. Psychological Reports 28, 1971, 619–640.
Joe, V. C.: Social desirebility and the I-E scale. Psychological Reports 30, 1972, 44–46.
Joe, V. C. & Jahn, J. C.: Factor structure of the Rotter I-E scale. Journal of Clinical Psychology 29, 1973, 66–68.
Johnson, C. A.: The effects of personal control on stimulus expectations. Dissertation Abstracts International 35 (B), 1974, 545–546.
Johnson, J. H. & Sarason, I. G.: Life stress, depression and anxiety: Internal-external control as a moderator variable. Journal of Psychosomatic Research 22, 1978, 205–208.
Johnson, L. V. & Matre, M.: Anomie and alcohol-use. Journal of Studies on Alcohol 39, 1978, 894–902.
Jones, E. E. & Davis, K. E.: From acts to dispositions. The attribution process in person perception. In: Berkowitz, L. (Ed.), Advances in experimental social psychology, Vol. 2. New York: Academic Press, 1965, 220–266.
Jurkun, D.: Arbeitssituation und Selbstverantwortlichkeit. Trier: Fachbereich I der Universität Trier (Dissertation), 1978.

Kagan, S.: Preference for control in rural Mexican and urban Anglo American children. Interamerican Journal of Psychology 10, 1976, 51–59.
Kanfer, F. H.: Self-management methods. In: Kanfer, F. H. & Goldstein, A. P. (Ed.), Helping people change. New York: Pergamon, 1975, 309–356.
Kanfer, F. H. & Phillips, J. S.: Learning foundations of behavior therapy. New York: Wiley, 1970.
Kardiner, A.: The psychological frontiers of society. New York: Columbia University Press, 1945.
Karmann, P. & Seidenstücker, G.: Konstruktion eines Fragebogens zur Erfassung internaler und externaler Kontrollüberzeugungen bei Vorschulkindern. Diagnostica 25, 1979, 159–169.
Kasielke, E.: Untersuchungen zum Problem der Konflikterfassung bei neurotischen Patienten. Probleme und Ergebnisse der Psychologie 72, 1980, 31–43.
Katkovsky, W., Crandall, V. & Good, S.: Parental antecedens of children's beliefs in internal-external control of reinforcements in intellectual achievement situations. Child Development 38, 1967, 766–776.

Keller, J. A.: Personale und soziale Motivation. Würzburg: Fachbereich 3 der Universität Würzburg (Dissertation), 1977.
Keller, J. M. & Pugh, R. C.: Sex similarities and differences in locus of control in relation to academic adjustment measures. Measurement & Evaluation in Guidance 9, 1976, 110–118.
Keller, J. M., Goldman, J. A. & Sutterer, J. R.: Locus of control in relation to academic attitudes and performance in a personalized system of instruction course. Journal of Educational Psychology 70, 1978, 414–421.
Kelley, H. H.: Attribution in social interaction. New York: General Learning Press, 1971.
Kelly, G.: The psychology of personal constructs. New York: Basic Books, 1955.
Kennedy, R. W., Gilbert, R. S. & Thoreson, R.: A self-control program for drinking antecedents: The role of the self-monitoring and control orientation. Journal of Clinical Psychology 34, 1978, 238–243.
Kestenbaum, J. M.: Social desirebility scale values of locus of control scale items. Journal of Personality Assessment 40, 1976, 306–309.
Kestenbaum, J. M. & Hammersla, J.: Filler items and social desirebility in Rotters locus of control scale. Journal of Personality Assessment 40, 1976, 162–168.
Khanna, P. & Khanna, J. L.: Locus of control in India. International Journal of Psychology 14, 1979, 207–214.
Kilpatrick, D. G., Miller, W. G. & Williams, A. V.: Locus of control and adjustment to long-term hemodialysis. Proceedings of the Annual Convention of the Ameriran Psychological Association 7, 1972, 727–728.
Kimmons, G. & Greenhaus, J. H.: Relationship between locus of control and reactions of employees to work characteristics. Psychological Reports 39, 1976, 815–820.
Kinder, B. N.: Locus of control and "pseudovolunteering". Journal of Applied Psychology 61, 1976, 251–252.
Kinsey, B. A. & Phillips, L.: Evaluation of anomy as a predisposing or developmental factor in alcohol addiction. Quarterly Journal of Studies on Alcohol 29, 1968, 892–898.
Kirsch, B. A. & Lengermann, J. J.: An empirical test of Robert Blauner's ideas on alienation in work as applied to different type jobs in a white-collar setting. Sociology & Social Research 56, 1972, 180–194.
Kirsch, W.: Einführung in die Theorie der Entscheidungsprozesse. Band 1 bis 3. Wiesbaden: Gabler, 1977².
Kirscht, J. P.: Perception of control and health beliefs. Canadian Journal of Behavioral Science 4, 1972, 225–237.
Kivett, V. R.: Religious motivation in middle age: Correlates and implications. Journal of Gerontology 34, 1979, 106–115.
Kleiber, D., Veldman, D. J. & Menaker, S. L.: The multidimensionality of locus of control. Journal of Clinical Psychology 29, 1973, 411–416.
Klein, D. C., Fencil-Morse, E. & Seligman, M. E. P.: Learned helplessness, depression, and the attribution of failure. Journal of Personality & Social Psychology 33, 1976, 508–516.
Klockars, A. J. & Varnum, S. W.: A test of the dimensionality assumptions of Rotter's internal-external scale. Journal of Personality Assessment 39, 1975, 397–404.
Knight, T.: Powerlessness and the student role: Structural determinants of school status. Australian and New Zealand Journal of Sociology 10, 1974, 112–120.
Koenigs, S. S., Fiedler, M. L. & DeCharms, R.: Teacher beliefs, classroom interaction and personal causation. Journal of Applied Social Psychology 7, 1977, 95–114.
Kohlberg, L.: Development of moral character and moral ideolgy. In: Hoffman, M. L. & Hoffman, L. W. (Ed.), Review of child development research. New York: Russell Sage, 1964, 383–432.
Kopelman, R. E.: Across-individual, within-individual and return on effort versions of expectancy theory. Decision Science 8, 1977, 651–662.

Kopelman, R. E. & Thomson, P. H.: Boundary conditions for expectancy theory predictions of work motivation and job performance. Academy of Management Journal 19, 1976, 237–258.

Kraak, B.: Handlungs-Entscheidungs-Theorien. Anwendungsmöglichkeiten und Verbesserungsvorschläge. Psychologische Beiträge 18, 1976, 505–515.

Kraak, B. & Lindenlaub, S.: Einstellung und Verhalten. In: Tack, W. H. (Ed.), Bericht über den 29. Kongreß der Deutschen Gesellschaft für Psychologie in Salzburg 1974. Band 1. Göttingen: Hogrefe, 1975, 246–248.

Krampen, G.: TBR-Fragebogen zur behavioralen Rigidität. Trierer Psychologische Berichte 4, 1977, Heft 9.

Krampen, G.: Persönlichkeitsspezifische Geltungsbereichseinschränkungen eines instrumentalitätstheoretischen Modells zur Prädiktion von Handlungspräferenzen. In: Eckensberger, L. H. (Ed.), Bericht über den 31. Kongreß der Deutschen Gesellschaft für Psychologie in Mannheim 1978. Band 1. Göttingen: Hogrefe, 1979a, 189–191.

Krampen, G.: Erziehungsleitende Vorstellungen von Lehrern. Zeitschrift für Experimentelle und Angewandte Psychologie 26, 1979b, 94–112.

Krampen, G.: Differenzierungen des Konstruktes der Kontrollüberzeugungen. Zeitschrift für Experimentelle und Angewandte Psychologie 26, 1979c, 573–595.

Krampen, G.: Hoffnungslosigkeit bei stationären Patienten. Medizinische Psychologie 5, 1979d, 39–49.

Krampen, G.: Eine Skala zur Messung der normativen Geschlechtsrollen-Orientierung (GRO-Skala). Zeitschrift für Soziologie 8, 1979e, 254–266.

Krampen, G.: Instrumentelle Überzeugungen und Werthaltungen in der Psychotherapie. In: Schulz, W. & Hautzinger, M. (Ed.), Klinische Psychologie und Psychotherapie. Band 1. München: Steinbauer & Rau, 1980a, 115–128.

Krampen, G.: Instrumentalitätstheoretische Modelle zur Analyse erzieherischer Handlungspräferenzen. Erlangen: Philosophische Fakultät I der Universität Erlangen-Nürnberg (Dissertation), 1980b.

Krampen, G.: Machiavellismus und Kontrollüberzeugung als Konstrukte der generalisierten Instrumentalitätserwartungen. Psychologische Beiträge 22, 1980c, 128–144.

Krampen, G.: Sozialisationsbezogene Antezedensbedingungen von normativen Geschlechtsrollen-Orientierungen. Zeitschrift für Soziologie 9, 1980d, 378–383.

Krampen, G.: IPC-Fragebogen zu Kontrollüberzeugungen. Göttingen: Hogrefe, 1981a.

Krampen, G.: Soziale Orientierungslagen als Prozeßbedingungen bei der Beantwortung von Persönlichkeitsfragebogen-Items. Diagnostica 27, 1981b, 127–139.

Krampen, G.: Differentialpsychologische Korrelate von Kontrollüberzeugungen. Diagnostica 27, 1981c, 78–80.

Krampen, G.: Familiäre und schulische Entwicklungsbedingungen von Kontrollüberzeugungen. Schweizerische Zeitschrift für Psychologie und ihre Anwendungen, 1981d (im Druck: Heft 1, 1982).

Krampen, G. & Brandtstädter, J.: Instrumentalitätstheoretische Vorhersage pädagogischer Handlungspräferenzen. Zeitschrift für Entwicklungspsychologie und Pädagogische Psychologie 10, 1978, 8–17.

Krampen, G. & Brandtstädter, J.: Kognitionspsychologische Analysen erzieherischen Handelns: Instrumentalitätstheoretische Ansätze. In: Hofer, M. (Ed.), Informationsverarbeitung und Entscheidungsverhalten von Lehrern. München: Urban & Schwarzenberg, 1981, 222–254.

Krampen, G. & Lehmann, P.: Zensuren-Erwartungen von Schülern. Zeitschrift für Empirische Pädagogik 5, 1981, 27–36.

Krampen, G. & Nispel, L.: Zur subjektiven Handlungsfreiheit von Alkoholikern. Zeitschrift für Klinische Psychologie 7, 1978, 295–303.

Krampen, G. & Ohm, D.: Generalisierte Kontrollüberzeugungen von Kurpatienten mit Herz-Kreislauferkrankungen. Medizinische Psychologie 5, 1979, 171–180.

Krampen, G. & von Eye, A.: Informationstheoretische Modelle kausaler Attributionen. Nürnberg, 1981 (unveröffentlichtes Manuskript).
Krampen, G. & von Delius, A.: Wahrnehmung therapeutischer Umwelten und subjektive Befindlichkeit von stationären Patienten. Medizinische Psychologie, 1981 (im Druck).
Krampen, G. & Wieberg, H. J. W.: Entwicklung eines Forschungsfragebogens zur Erfassung von drei Aspekten von Kontrollüberzeugungen im Bereich des Problemlöseverhaltens (IPC-PL). Nürnberg & Gießen, 1980 (Arbeitspapier).
Krampen, G., Viebig, J. & Walter, W.: Differentialpsychologische Korrelate des Fernsehverhaltens. 1981 (in Vorbereitung).
Krause, B.: Zur Analyse und Modellierung individueller Entscheidungsprozesse. Probleme und Ergebnisse der Psychologie 61, 1977, 13–37.
Krauskopf, C. J.: Comment on Endler and Magnusson's attempt to redefine personality. Psychological Bulletin 85, 1978, 280–283.
Krohne, H. W.: Angsttheorie: Vom mechanistischen zum kognitiven Ansatz. Psychologische Rundschau 31, 1980, 12–29.
Kuhn, T. S.: Die Struktur wissenschaftlicher Revolutionen. Frankfurt/Main: Suhrkamp, 1967.
Kuhl, J.: Feeling vs. being helpless: Metacognitive mediation of failure-induced performance deficits. Paper presented at the Symposium "Metakognition, Attribuierungsstil und Lernen", Heidelberg, 13.–16. 7. 1980.
Kyriacou, C. & Sutcliffe, J.: A note on teacher stress and locus of control. Journal of Occupational Psychology 52, 1979, 227–228.
Kytle, J.: Anomie, anomia and social change. Dissertation Abstracts International 39 (8-A), 1979, 5178–5179.

Lacey, H. M.: Control, perceived control, and the methodological role of cognitive constructs. In: Perlmutter & Monty (Ed.), 1979, 5–16.
Lambert, M. J., Dejulio, S. S. & Cole, A. M.: Internality vs. externality and personal adjustment: A factor analytic study. Psychological Reports 39, 1976, 920–922.
Lamont, J.: Depression, locus of control and mood response set. Journal of Clinical Psychology 28, 1972, 342–345.
Lamont, J. & Brooks, R.: Mood response bias in the Rotter I-E scale. Journal of Clinical Psychology 29, 1973, 416–417.
Langer, E. J.: The illusion of control. Journal of Personality & Social Psychology 32, 1975, 311–328.
Langer, E. J.: The psychology of chance. Journal for the Theory of Social Behavior 7, 1977, 185–208.
Langer, E. J.: The illusion of incompetence. In: Perlmutter & Monty (Ed.), 1979, 301–313.
Langer, E. J. & Rodin, J.: The effects of choice and enhanced personal responsibility for the aged: A field experiment in an institutional setting. Journal of Personality & Social Psychology 34, 1976, 191–198.
Langer, E. J., Janis, I. & Wolfer, J.: Reduction of psychological stress in surgical patients. Journal of Experimental Social Psychology 11, 1975, 155–165.
Lantermann, E. D.: Interaktionen. München: Urban & Schwarzenberg, 1980.
Lao, R. C.: Internal-external control and competent and innovative behavior among negro college students. Journal of Personality & Social Psychology 14, 1970, 263–270.
Lao, R. C.: Levenson's IPC-Scale: A comparison of Chinese and American students. Journal of Cross-Cultural Psychology 9, 1978, 113–124.
Lao, R. C., Chuang, C. & Yang, K.: Locus of control and Chinese college students. Journal of Cross-Cultural Psychology 8, 1977, 299–313.
Lawler, E. E.: Motivation in work organizations. Monterey/Calif.: Brooks & Cole, 1973.
Lawler, E. E. & Porter, L. W.: Antecedent attitudes of effective managerial performance. Organizational Behavior & Human Performance 2, 1967, 122–142.
Lazarus, R. S.: Psychological stress and the coping process. New York: McGraw-Hill, 1966.

Leblanc, R. F. & Tolor, A.: Alienation, distancing, externalizing, and sensation seeking in prison inmates. Journal of Consulting & Clinical Psychology 39, 1972, 514.
Lee, W.: Psychologische Entscheidungstheorie. Weinheim: Beltz, 1977.
Lefcourt, H. M.: Recent developments in the study of locus of control. In: Maher, B. A. (Ed.), Progress in experimental personality research. Vol. 6. New York: Academic Press, 1972, 1–39.
Lefcourt, H. M.: The function of the illusion of control and freedom. American Psychologist 28, 1973, 417–425.
Lefcourt, H. M.: Locus of control. Current trends in theory and research. Hillsdale/N. J.: Lawrence Erlbaum, 1976a.
Lefcourt, H. M.: Locus of control and the response to aversive events. Canadian Psychological Review 17, 1976b, 202–209.
Lefcourt, H. M.: Locus of control for specific goals. In: Perlmutter & Monty (Ed.), 1979, 209–220.
Lennon, J.: Beautiful boy (Darling boy). Los Angeles/Calif.: Geffen Records, 1980.
Leonard, W. M.: Sociological and social-psychological correlates of anomia among a random sample of aged. Journal of Gerontology 32, 1977, 303–310.
Lerch, H.-J.: Schulleistungen. Motivation und Ursachenerklärung. München: Reinhardt, 1979.
Levenson, H.: Distinctions within the concept of internal-external control: Development of a new scale. Proceedings of the 80th Annual Convention of the American Psychological Association 7, 1972, 261–262.
Levenson, H.: Multidimensional locus of control in psychiatric patients. Journal of Consulting & Clinical Psychology 41, 1973a, 397–404.
Levenson, H.: Perceived parental antecedents of internal, powerful others, and chance locus of control orientations. Developmental Psychology 9, 1973b, 268–274.
Levenson, H.: Activism and powerful others: Distinctions within the concept of internal-external control. Journal of Personality Assessment 38, 1974, 377–383.
Levenson, H.: Multidimensional locus of control in prison inmates. Journal of Applied Social Psychology 5, 1975, 342–247.
Levis, D. J.: The learned helplessness effect: An expectancy, discrimination deficit, or motivational-induced persistence? Journal of Research in Personality 14, 1980, 158–169.
Lewin, K.: Level of aspiration. In: Hunt, J. M. (Ed.), Personality and the behavior disorders. Vol. 1. New York: Ronald Press, 1944, 333–378.
Lewin, K.: Feldtheorie in den Sozialwissenschaften. Bern: Huber, 1963.
Lewis, M. S., Gottesman, D. & Gutstein, S.: The course and duration of crisis. Journal of Consulting & Clinical Psychology 47, 1979, 128–134.
Lewis, P., Cheney, T. & Dawes, A. S.: Locus of control of interpersonal relationships questionnaire. Psychological Reports 41, 1977, 507–510.
Lied, T. R. & Pritchard, R. D.: Relationships between personality variables and components of the expectancy-valence model. Journal of Applied Psychology 61, 1976, 463–467.
Lifhitz, M. & Ramot, L.: Towards a framework for developing children's locus-of-control orientations. Child Development 49, 1978, 85–95.
Little, G. B.: Dimensionality of the internal-external control scale. Journal of Genetic Psychology 131, 1977, 329–330.
Logsdon, S. A., Bourgeois, A. E. & Levenson, H.: Locus of control, learned helplessness, and control of heart rate using biofeedback. Journal of Personality Assessment 42, 1978, 538–544.
Lombardo, J. P. & Fantasia, S. C.: Internality-externality, alienation, and generalized expectancies for academic achievement, independence and love and affection from others. Journal of Genetic Psychology 133, 1978, 139–140.
Lösel, F.: Handlungskontrolle und Jugenddelinquenz. Stuttgart: Enke, 1975.
Lottman, T. J., Davis, W. E. & Gustafson, R. C.: MMPI correlates with locus of control in a psychiatric population. Journal of Personality Assessment 37, 1973, 78–82.

MacDonald, A. P. & Tseng, M. S.: Dimensions of internal versus external control revisited. West Virginia University, 1971 (unveröffentlichtes Manuskript; zitiert nach Zerega et al., 1976).
Magnusson, D.: The individual in the situation. Studia Psychologica 16, 1974, 124–132.
Magnusson, D.: Personality in an interactional paradigm of research. Zeitschrift für Differentielle und Diagnostische Psychologie 1, 1980, 17–34.
Magnusson, D. & Endler, N. S. (Ed.): Personality at the crossroads: Current issues in interactional psychology. New York: Wiley, 1977.
Mahler, I.: A comparative study of locus of control. Psychologia 17, 1974, 135–139.
Mahoney, M. J. & Thoreson, C. E.: Self control: Power to the person. Monterey/Calif.: Brooks & Cole, 1974.
Maier, S. F.: Learned helplessness and the schedule-shift hypothesis. Journal of Research in Personality 14, 1980, 170–186.
Malikiosi, M. X. & Ryckman, R. M.: Differences in perceived locus of control among men and women adults and university students in America and Greece. Journal of Social Psychology 103, 1977, 177–183.
Mangum, P. D.: An investigation of possible variables influencing the development of a locus of control orientation in children. Dissertation Abstracts International 36 (12-B), 1976, 6390.
Manuck, S. B., Hinrichsen, J. J. & Ross, E. D.: Life-stress, locus of control, and treatment-seeking. Psychological Reports 37, 1975, 589–590.
Maqsud, M.: Relationship of locus of control to age and level of aspiration. Psychological Reports 46, 1980a, 766.
Maqsud, M.: Locus of control and stages of moral reasoning. Psychological Reports 46, 1980b, 1243–1248.
Marcuse, H.: Der eindimensionale Mensch. Neuwied: Luchterhand, 1970.
Marjoribanks, K.: Social learning theory of the family: An analysis. Psychology in the Schools 13, 1976, 457–462.
Marks, E.: Sex, birth order, and belief about personal power. Developmental Psychology 6, 1973, 184.
Maroldo, G. K., Flachmeier, L. C., Johnston, L. K., Mayer, J. L., Peter, M. I., Reitau, E. J. & Russell, K. L.: Relationship between machiavellianism, external control and cognitive style among college students. Psychologica Reports 39, 1976, 805–806.
Maslow, A. H.: Motivation and personality. New York: Harper, 1954.
McAllister, M. J.: Psychiatric treatment: Training or therapy. Dissertation Abstracts International 32 (9-B), 1972, 5450.
McClelland, D. C.: Power: The inner experience. New York: Irvington, 1975.
McCloskey, H. & Schaar, J.: Psychological dimensions of anomy. American Sociological Review 30, 1965, 14–40.
McGinnies, E., Nordholm, L. A., Ward, L. D. & Bhanthumnavin, D. J.: Sex and cultural differences in perceived locus of control among students in five countries. Journal of Consulting & Clinical Psychology 42, 1974, 451–455.
McIntire, W. G. & Dreyer, A. S.: Relationship of cognitive style to locus of control. Perceptual & Motor Skills 37, 1973, 553–554.
McQuail, D., Blumler, J. G. & Brown, J. R.: The television audience: A revised perspective. In: McQuail, D. (Ed.), Sociology of mass communications. Harmondsworth: Penguin, 1973, 135–165.
McReynolds, W. T.: Learned helplessness as a schedule-shift effect. Journal of Research in Personality 14, 1980a, 139–157.
McReynolds, W. T.: Theories, research, and evidence of learned helplessness: A reply to Levis and Maier. Journal of Research in Personality 14, 1980b, 187–195.
Mehrabian, A. & Russell, J. A.: An approach to environmental psychology. Cambridge/Mass.: MIT Press, 1974.
Merton, R. K.: Social theory and social structure. Glencoe/Ill.: Free Press, 1957.

Mielke, R.: Entwicklung einer deutschen Form des Fragebogens zur Erfassung interner vs. externer Kontrolle von Levenson (IPC). Bielefelder Arbeiten zur Sozialpsychologie 46, 1979a.

Mielke, R.: Einstellung und Verhalten bei Lehrern. In: Mummendey, H. D. (Ed.), Einstellung und Verhalten. Bern: Huber, 1979b, 63–94.

Mielke, R. & Brackwede, D.: Selbst-Wirksamkeits-Erwartungen und soziale Verhaltensmodifikation: I. Veränderung von Redeverhalten. Bielefelder Arbeiten zur Sozialpsychologie 59, 1980a.

Mielke, R. & Brackwede, D.: Selbst-Wirksamkeits-Erwartungen und soziale Verhaltensmodifikation: II. Veränderung von Durchsetzungsverhalten in der Gruppe. Bielefelder Arbeiten zur Sozialpsychologie 62, 1980b.

Mikula, G.: Testkennwerte einer deutschen Fassung der „Internal-External Control" Skala von Rotter. Graz: Psychologisches Institut der Universität Graz, 1975 (unveröffentlichtes Arbeitspapier).

Milgram, N. A. & Milgram, R. M.: Dimensions of locus of control in children. Psychological Reports 37, 1975, 523–538.

Milgram, S.: Das Erleben der Großstadt. Zeitschrift für Sozialpsychologie 1, 1970, 142–152.

Miller, G. A., Galanter, A. & Pribram, K. H.: Plans and the structure of behavior. New York: Holt, Rinehart & Winston, 1960 (deutsche Übersetzung: Strategien des Handelns. Stuttgart: Klett, 1973).

Miller, W. R. & Seligman, M. E. P.: Depression and learned helplessness in man. Journal of Abnormal Psychology 84, 1975, 228–238.

Mindingall, A., Libb, J. W. & Welch, M.: Locus of control and personality functioning of learning disabled children. Journal of Clinical Psychology 36, 1980, 137–141.

Minton, H. L.: Power as a personality construct. In: Maher, B. A. (Ed.), Progress in experimental personality research. Vol. 4. New York: Academic Press, 1967, 229–276.

Mirels, H. L.: Dimensions of internal versus external control. Journal of Consulting & Clinical Psychology 34, 1970, 226–228.

Misanchuk, E. R.: A model-based prediction of scholastic achievement. Journal of Educational Research 71, 1974, 30–35.

Mischel, W.: Toward a cognitve social learning reconceptualization of personality. Psychological Review 80, 1973, 252–283.

Mischel, W., Zeiss, R. & Zeiss, A.: Internal-external control and persistence: Validation and implications of the Stanford Preschool Internal-External Scale. Journal of Personality & Social Psychology 29, 1974, 265–278.

Mitchell, T. R.: Expectancy models of job satisfaction, occupational preference and effort. Psychological Bulletin 81, 1974, 1053–1077.

Mitchell, T. R.: Organizational behavior. Annual Review of Psychology 30, 1979, 243–281.

Mitchell, T. R. & Biglan, A.: Instrumentality theories: Current uses in psychology. Psychological Bulletin 76, 1971, 432–454.

Mitchell, T. R. & Knudsen, B. W.: Instrumentality theory predictions of students' attitudes towards business and their choice of business as an occupation. Academy of the Management Journal 16, 1973, 41–51.

Mitchell, T. R. & Nebeker, D. M.: Expectancy theory predictions of academic effort and performance. Journal of Applied Psychology 57, 1973, 61–67.

Mitchell, T. R. & Pollard, W. E.: Instrumentality theory predictions of academic behavior. Journal of Social Psychology 89, 1973, 34–45.

Mitchell, T. R., Smyser, C. M. & Weed, S. E.: Locus of control: Supervision and work satisfaction. Academy of the Management Journal 18, 1975, 623–631.

Moos, R. H.: Conceptualizations of human environments. American Psychologist 28, 1973, 652–665.

Moos, R. H.: The social climate scales: An overview. Palo Alto/Calif.: Consulting Psychologists Press, 1974.

Moos, R. H. & Schwartz, J.: Treatment environment and treatment outcome. Journal of Nervous & Mental Disease 154, 1972, 264–275.

Motowidlo, S. J.: Development of a measure of generalized expectancy of task success. Educational & Psychological Measurement 39, 1979, 69–80.

Mowrer, O. H. & Viek, P.: An experimental analogue of fear from a sense of helplessness. Journal of Abnormal & Social Psychology 43, 1948, 193–200.

Murray, H. A.: Explorations in personality. New York: Oxford, 1938.

Murray, H. B. & Staebler, B. K.: Teacher's locus of control and student achievement gains. Journal of School Psychology 12, 1974, 305–309.

Murray, H. B., Herling, G. B. & Staebler, B. J.: The effects of locus of control and pattern of performance of teachers' evaluation of a student. Psychology in the Schools 10, 1973, 345–350.

Neubauer, W. & Gast, N.: Empirische Befunde zur Beziehung zwischen Schülermerkmalen und erwartungswidrigen Schulleistungen. Psychologie in Erziehung und Unterricht 27, 1980, 304–307.

Neubauer, W. & Lenske, W.: Untersuchungen zur Dimensionalität der Kausalattribuierung bei Gymnasialschülern. Psychologie in Erziehung und Unterricht 25, 1979, 199–206.

Newman, J. M.: Comparison of the I-E scale and a specific locus of control measure in predicting risk-taking behavior under novel task conditions. Psychological Reports 40, 1977, 1035–1040.

Nowicki, S.: Factor structure of locus of control in children. Journal of Genetic Psychology 129, 1976, 13–17.

Nowicki, S.: Reported stressful events during developmental periods and their relation to locus of control orientation in college students. Journal of Consulting & Clinical Psychology 46, 1978, 1552–1553.

Nowicki, S. & Barnes, J.: Effects of a structured camp experience on locus of control orientations. Journal of Genetic Psychology 122, 1973, 247–252.

Nowicki, S. & Duke, M. P.: A locus of control scale for noncollege as well as college adults. Journal of Personality Assessment 38, 1974a, 136–137.

Nowicki, S. & Duke, M. P.: A preschool and primary internal-external locus of control scale. Developmental Psychology 10, 1974b, 874–880.

Nowicki, S. & Hopper, A. E.: Locus of control correlates in an alcoholic population. Journal of Consulting & Clinical Psychology 42, 1974, 735.

Nowicki, S. & Strickland, B. R.: A locus of control scale for children. Journal of Consulting & Clinical Psychology 40, 1973, 148–154.

Nowicki, S., Bonner, J. & Feather, B.: Effects of locus of control and differential analogue interview procedures on the perceived therapeutic relationship. Journal of Consulting & Clinical Psychology 38, 1972, 434–438.

Obitz, F. W. & Swanson, M. K.: Control orientation in women alcoholics. Journal of Studies on Alcohol 37, 1976, 694–697.

Obitz, F. W., Oziel, L. J. & Unmacht, J. J.: General and spezific perceived locus of control in delinquent drug users. International Journal of Addictions 8, 1973, 723–727.

O'Leary, M. R., Calsyn, D. A. & Chaney, E. F.: Predicting alcohol treatment program dropouts. Diseases of the Nervous System 38, 1977, 993–995.

O'Leary, M. R., Donovan, D. M. & Hague, W. H.: Interpersonal differentiation, locus of control, and cognitive style among alcoholics. Perceptual & Motor Skills 39, 1974, 997–998.

O'Leary, M. R., Donovan, D. M. & Hague, W. H.: Relationship between locus of control and defensive style among alcoholics. Journal of Clinical Psychology 31, 1975, 362–363.

O'Leary, M. R., Donovan, D. M. & O'Leary, D. E.: Changes in perceived and experienced control among inpatient alcoholics. Journal of Clinical Psychology 32, 1976, 500–504.

O'Leary, M. R., Donovan, D. M., Cysewski, B. & Chaney, E. F.: Perceived locus of control, experienced control, and depression: A trait description of the learned helplessness model of depression. Journal of Clinical Psychology 33, 1977, 164–168.
Ollendick, D. G.: Parental locus of control and the assessment of childrens personality characteristics. Journal of Personality Assessment 43, 1979, 401–405.
Osselmann, J.: Eine Skala zur Messung der internalen versus externalen Verstärkungskontrolle (I-E-Skala). Berichte aus dem Psychologischen Institut der Universität Bonn 7, 1976.
Otten, M. W.: Inventory and expressive measure of locus of control and academic performance: A 5-year outcome study. Journal of Personality Assessment 41, 1977, 644–649.
Overmier, J. B. & Seligman, M. E. P.: Effects of inescapable shock upon subsequent escape and avoidance responding. Journal of Comparative & Physiological Psychology 63, 1967, 28–33.
Oziel, L. J., Obitz, F. W. & Keyson, M.: General and specific perceived locus of control in alcoholics. Psychological Reports 30, 1972, 957–958.

Page, W. F.: Self-esteem and internal versus external control among black youth in a summer aviation program. Journal of Psychology 89, 1975, 307–311.
Palmore, E. & Luikart, C.: Health and social factor related to life satisfaction. Journal of Health & Social Behavior 13, 1972, 68–80.
Parish, T. S.: The relationship between years of father absence and locus of control. Journal of Genetic Psychology, 1981a (im Druck).
Parish, T. S.: A note on locus of control as a function of father loss and the presence of stepfathers. Journal of Genetic Psychology, 1981b (im Druck).
Parish, T. S. & Copeland, T. F.: Locus of control and father loss. Journal of Genetic Psychology 136, 1980, 147–148.
Parker, D. F. & Dyer, L.: Expectancy theory as a within-person behavioral choice model. Organizational Behavior & Human Performance 17, 1976, 97–117.
Parsons, O. A. & Schneider, J. M.: Locus of control in university students from eastern and western societies. Journal of Consulting & Clinical Psychology 42, 1974, 456–461.
Parsons, O. A. & Schneider, J. M.: Cross-national stereotypes of locus of control in university students. International Journal of Psychology 13, 1978, 185–196.
Parsons, T. & Shils, E. A.: Values, motives and systems of action. In: Parsons, T. & Shils, E. A. (Ed.), Toward a general theory of action. New York: Harper & Row, 1951, 47–275.
Peak, H.: Attitude and motivation. Nebraska Symposium on Motivation 3, 1955, 149–188.
Perlmutter, L. C. & Monty, R. A.: The importance of perceived control: Fact or fantasy? American Scientist 65, 1977, 759–765.
Perlmutter, L. C. & Monty, R. A. (Ed.), Choice and perceived control. Hillsdale/N. J.: Lawrence Erlbaum, 1979.
Pervin, L. A.: The need to predict and control under conditions of threat. Journal of Personality 31, 1963, 570–587.
Phares, E. J.: Expectancy changes in skill and chance situations. Journal of Abnormal & Social Psychology 54, 1957, 339–342.
Phares, E. J.: Perceptual threshold decrements as a function of skill and chance expectancies. Journal of Psychology 53, 1962, 399–407.
Phares, E. J.: I-E control as a determinant of amont of social influence exerted. Journal of Personality & Social Psychology 2, 1965, 642–647.
Phares, E. J.: Differential utilization of information as a function of internal-external control. Journal of Personality 36, 1968, 649–662.
Phares, E. J.: A social learning theory approach to psychopathology. In: Rotter, Chance & Phares (Ed.), 1972, 436–469.
Phares, E. J.: Locus of control in personality. Morristown: General Learning Press, 1976.
Phares, E. J.: Defensiveness and perceived control. In: Perlmutter & Monty (Ed.), 1979, 195–208.

Philport, J. C.: A multivariate field study of patterns of television program exposure. Dissertation Abstracts International 36 (8-A), 1976, 4854.
Piaget, J. & Inhelder, B.: Von der Logik des Kindes zur Logik des Heranwachsenden. Freiburg: Walter, 1977.
Platt, J. J., Pomeranz, D. & Eisenman, R.: Validation of the EPI by the MMPI and the internal-external control scale. Journal of Clinical Psychology 27, 1971, 104–105.
Poortinga, Y. H.: Methodik psychologischer Vergleichsuntersuchungen. In: Pfeiffer, W. M. & Schoene, W. (Ed.), Psychopathologie im Kulturvergleich. Stuttgart: Enke, 1980, 65–84.
Posner, B. Z. & Butterfield, D. A.: Correlates of subordinate attributions of supervisory influence. Journal of Management 4, 1978, 17–24.
Powell, A.: Alternative measures of locus of control and the prediction of academic performance. Psychological Reports 29, 1971, 47–50.
Powell, A. & Centa, D.: Adult locus of control and mental ability. Psychological Reports 30, 1972, 829–830.
Powell, A. & Vegy, M.: Correlates of adult locus of control. Psychological Reports 30, 1972, 455–460.
Prawat, R. S., Grissom, S. & Parish, T.: Affective development in children, grades 3 through 12. Journal of Genetic Psychology 135, 1979, 37–49.
Prawat, R. S., Jones, H. & Hampton, J.: Longitudinal study of attitude development in pre-, early-, and later adolescent samples. Journal of Educational Psychology 71, 1979, 363–369.
Preiser, S. & Wannenmacher, W.: Kausal- und Finalattributionen in ihrer Bedeutung für politisches Engagement. In: Hartmann, K. D. (Ed.), Politische Bildung und politische Psychologie. München: Fink, 1980, 244–269.
Prim, R. & Tilmann, H.: Grundlagen einer kritisch-rationalen Sozialwissenschaft. Heidelberg: Quelle & Meyer, 1975.
Prociuk, T. J.: Concerning the evidence for a general factor in the internal-external control scale. Journal of Consulting & Clinical Psychology 45, 1977, 1199.
Prociuk, T. J. & Breen, L. J.: Locus of control, study habits and attitudes, and college academic performance. Journal of Psychology 88, 1974, 91–95.
Prociuk, T. J. & Breen, L. J.: Defensive externality and its relation to academic performance. Journal of Personality & Social Psychology 31, 1975, 549–556.
Prociuk, T. J. & Breen, L. J.: Machiavellianism and locus of control. Journal of Social Psychology 98, 1976, 141–142.
Prociuk, T. J. & Lussier, R. J.: Internal-external locus of control: An analysis of bibliography of two years of research (1973–1974). Psychological Reports 37, 1975, 1323–1337.
Prociuk, T. J., Breen, L. J. & Lussier, R. J.: Hopelessness, internal-external locus of control and depression. Journal of Clinical Psychology 32, 1976, 299–300.
Proshansky, H. M., Ittelson, W. H. & Rivlin, L. G.: Freedom of choice and behavior in a physical setting. In: Proshansky, H. M., Ittelson, W. H. & Rivlin, L. G. (Ed.), Environmental psychology. New York: Holt, Rinehart & Winston, 1970, 173–183.
Pryer, M. W. & Steinke, J.: Type of psychiatric disorder and locus of control. Journal of Clinical Psychology 29, 1973, 23–24.
Prystav, G.: Die Bedeutung von Vorhersagbarkeit und Kontrollierbarkeit von Stressoren für Klassifikationen von Belastungssituationen. Zeitschrift für Klinische Psychologie 8, 1979, 283–301.
Puhlheim, P., Karmann, P. & Seidenstücker, G.: Determinanten des Belohnungsaufschubs bei Vorschulkindern. Zeitschrift für Experimentelle und Angewandte Psychologie 25, 1978, 136–152.

Queen, L. & Freitag, C. B.: A comparison of externally, anxiety, and life satisfaction in two aged populations. Journal of Psychology 98, 1978, 71–74.

Quiett, K. R.: Social Depersonalisation as a function of social setting. Dissertation Abstracts International 38 (9-B), 1978, 4541–4542.

Rabinowitz, R. G.: Internal-external control expectancies in black children of differing socioeconomic status. Psychological Reports 42, 1978, 1339–1345.
Ransford, M. K.: Isolation, powerlessness and violence. American Journal of Sociology 73, 1968, 581–591.
Rapaport, A. & Kantor, R. E.: Complexity and ambiguity in environmental design. Journal of the American Institute of Planners (July), 1967, 210–221.
Ray, W. J. & Lamb, S. B.: Locus of control and the voluntary control of heart rate. Psychosomatic Medicine 36, 1974, 180–182.
Reichelt, P. A.: Moderators in expectancy theory. Dissertations Abstracts International 35 (B), 1975, 6156.
Reid, D. W.: Locus of control as an important concept for an interactionist approach to behavior. In: Magnusson & Endler (Ed.), 1977, 185–192.
Reid, D. & Ware, E. E.: Multidimensionality of internal versus external control. Canadian Journal of Behavioral Science 6, 1974, 131–142.
Reimanis, G.: School performance, intelligence, and locus of reinforcement control scales. Psychology in the Schools 10, 1973, 207–211.
Reimanis, G.: Locus of control in American and Northeastern Nigerian students. Journal of Social Psychology 103, 1977, 309–310.
Reimanis, G. & Posen, C. F.: Alienation and powerlessness in four cultures. Paper presented at the 9th World Congress of Sociology, Uppsala, 14. 8. – 18. 8. 1978.
Reitz, H. J. & Jewell, L. N.: Sex, locus of control, and job involvement: A six country investigation. Academy of Management Journal 22, 1979, 72–80.
Replogle, W. H., O'Bannon, R. M., McCullough, P. W. & Cashion, L. N.: Locus of control and assertive behavior. Psychological Reports 47, 1980, 769–770.
Revers, W. J., Revers, R. & Widauer, H.: Herzinfarkt und Psyche. Bern: Huber, 1978.
Richman, R. J.: Responsibility and the causation of actions. American Philosophical Quarterly 6, 1969, 186–197.
Riesman, D., Glazer, N. & Denney, R.: The loneley crowd. New Haven: Yale University Press, 1950.
Rim, Y.: Machiavellianism and decisions involving risk. British Journal of Social & Clinical Psychology 5, 1966, 36–50.
Rim, Y.: Values, cognitive width, external-internal control and tendency to increase performance. Psychologia 13, 1970, 223–226.
Rinke, R. & Schneewind, K. A.: LOC-E und LOC-K. München: Arbeitsbericht 26 aus dem EKB-Projekt an der Universität München, 1978.
Rodin, J. & Langer, E. J.: Langzeitwirkungen einer kontrollfördernden Intervention bei alten Menschen. In: Herkner (Ed.), 1980, 335–345.
Rogers, C. R.: A theory of therapy, personality, and interpersonal relationships, as developed in the client-centered framework. In: Koch, S. (Ed.), Psychology: A study of a science. Vol. 3. New York: McGraw-Hill, 1959, 185–256.
Rohrbaugh, J. & Jessor, R.: Religiosity in youth: A personal control against deviant behavior? Journal of Personality 43, 1975, 136–155.
Rohsenow, D. J. & O'Leary, M. R.: Locus of control research in alcoholic populations: II. Relationship to other measures. International Journal of Addiction 13, 1978, 213–226.
Ronell, D. M.: Air travel phobia. Dissertation Abstracts International 38 (7-B), 1978, 3413.
Rosen, M., Floor, L. & Baxter, D.: The institutional personality. British Journal of Mental Subnormality 17, 1971, 125–131.
Rosenbaum, M. & Raz, D.: Denial, locus of control and depression among physically disabled and nondisabled men. Journal of Clinical Psychology 33, 1977, 672–676.
Rosenberg, M. J.: Cognitive structure and attitudinal affect. Journal of Abnormal & Social Psychology 53, 1956, 367–372.

Ross, L., Bierbrauer, G. & Polly, S.: Attribution of educational outcomes by professional and nonprofessional instructors. Journal of Personality & Social Psychology 29, 1974, 609–618.
Rost-Schaude, E., Kumpf, M. & Frey, D.: Untersuchungen zu einer deutschen Fassung der Internal-External Control Skala von Rotter. In: Tack, W. H. (Ed.), Bericht über den 29. Kongreß der Deutschen Gesellschaft für Psychologie in Salzburg 1974. Band 2. Göttingen: Hogrefe, 1975, 327–329.
Rotella, R. J. & Bunker, L. K.: Locus of control and achievement motivation in the active aged. Perceptual & Motor Skills 46, 1978, 1043–1046.
Roth, S.: A revised model of learned helplessness in humans. Journal of Personality 48, 1980, 103–133.
Roth, S. & Bootzin, R.: Effects of experimentally induced expectancies of external control. Journal of Personality & Social Psychology 29, 1974, 253–264.
Rotter, J. B.: Social learning and clinical psychology. New York: Prentice-Hall, 1954.
Rotter, J. B.: The role of the psychological situation in determining the direction of human behavior. Nebraska Symposium on Motivation 3, 1955, 245–268.
Rotter, J. B.: Generalized expectancies for internal versus external control of reinforcement. Psychological Monographs 80 (1, No. 609), 1966.
Rotter, J. B.: A new scale for the measurement of interpersonal trust. Journal of Personality 35, 1967, 651–665.
Rotter, J. B.: An introduction to social learning theory. In: Rotter, Chance & Phares (Ed.), 1972, 1–43.
Rotter, J. B.: Some problems and misconceptions related to the construct of internal versus external control of reinforcement. Journal of Consulting & Clinical Psychology 43, 1975, 56–67.
Rotter, J. B.: Individual differences and perceived control. In: Perlmutter & Monty (Ed.), 1979, 263–269.
Rotter, J. B. & Hochreich, D. J.: Persönlichkeit. Berlin: Springer, 1979.
Rotter, J. B., Chance, J. E. & Phares, E. J. (Ed.), Applications of a social learning theory of personality. New York: Holt, Rinehart & Winston, 1972.
Rotter, J. B., Liverant, S. & Crowne, D. P.: The growth and extinction of expectancies in chance controlled and skilled tasks. Journal of Personality 52, 1961, 161–177.
Rotter, J. B., Seeman, M. & Liverant, S.: Internal versus external control of reinforcement: A major variable in behavior theory. In: Washburne, N. F. (Ed.), Decisions, values, and groups. Vol. 2. London: Pergamon, 1962, 473–516.
Ruble, D. N., Feldman, N. S., Higgins, E. T. & Karlovac, M.: Locus of causality and the use of information in the development of causal attributions. Journal of Personality 47, 1979, 595–614.
Rupp, M. & Nowicki, S.: Locus of control among Hungarian children. Journal of Cross-Cultural Psychology 9, 1978, 359–366.

Sadava, S. W. & Forsyth, R.: Person-environment interaction and college student drug use. Genetic Psychology Monograph 96, 1977, 211–245.
Sadowski, C. J., Davis, S. F. & Loftus-Vergari, M. C.: Locus of control and death anxiety. Omega 10, 1979/80, 203–210.
Sadowski, C. J., Loftus-Vergari, M. C. & Davis, S. F.: Locus of control among students of traditional and non-traditional college age. Psychological Reports 43, 1978, 618.
Savage, L. J.: The foundations of statistics. New York: Wiley, 1954.
Scanlon, P. P.: A comparison of the development of internal locus of control and related school adjustment between disable and average students in second, fourth and six graders. Dissertation Abstracts International 38 (5-A), 1977, 2566–2567.
Scaturo, D. J. & Smalley, N. S.: Locus of control as a multidimensional personality correlate of political involvement. Journal of Psychology 105, 1980, 83–92.

Scheck, D. C.: An exploratory investigation of the interaction effects of three child-rearing dimensions upon the development of internal-external control orientation in adolescent females. Psychology 15, 1978, 8–13.
Scheibe, K. E.: The effect of value on statements of expectancy under four experimental conditions. Psychological Record 14, 1964, 137–144.
Scheibe, K. E.: Beliefs and values. New York: Holt, Rinehart & Winston, 1970.
Schenk, J.: Die Persönlichkeit des Drogenkonsumenten. Göttingen: Hogrefe, 1979.
Schenk, M.: Publikums- und Wirkungsforschung. Tübingen: Mohr, 1978.
Schlegel, R. P. & Crawford, C. A.: Multidimensionality of internal-external locus of control. Canadian Journal of Behavioral Science 8, 1976, 375–387.
Schmidt, F. L.: Implications of a measurement problem for expectancy theory research. Organizational Behavior & Human Performance 10, 1973, 243–251.
Schmidt, R. W., Lamm, H. & Trommsdorff, G.: Social class and sex as determinants of future orientation (time perspective) in adults. European Journal of Social Psychology 8, 1978, 71–90.
Schneewind, K. A.: Entwicklung eines Fragebogens zur Erfassung internaler vs. externaler Bekräftigungsüberzeugungen bei Kindern. Nürnberg: Forschungsbericht 51 aus dem SFB 22 an der Universität Erlangen-Nürnberg, 1973.
Schneewind, K. A.: Auswirkungen von Erziehungsstilen. In: Lukesch, H. (Ed.), Auswirkungen elterlicher Erziehungsstile. Göttingen: Hogrefe, 1975a, 14–27.
Schneewind, K. A.: Mitteilung über die Konstruktion eines Fragebogens zur Erfassung internaler vs. externaler Bekräftigungsüberzeugungen bei Kindern. Diagnostica 21, 1975b, 47–49.
Schneewind, K. A.: Entwicklung eines Fragebogens zur Erfassung internaler vs. externaler Kontrollüberzeugungen bei Erwachsenen (LOC-E). Trier: Arbeitsbericht 15 aus dem EKB-Projekt an der Universität Trier, 1976.
Schneewind, K. A.: Erziehungs- und Sozialisationsprozesse in der Perspektive der sozialen Lerntheorie. In: Brandtstädter, J., Schneewind, K. A. & Reinert, G. (Ed.), Pädagogische Psychologie. Stuttgart: Klett-Cotty, 1979, 153–180.
Schneewind, K. A.: Familiäre Aspekte der Selbstverantwortlichkeit. Erlangen: Vortrag auf dem Psychologischen Kolloquium, 12. 2. 1981.
Schneewind, K. A. & Pfeiffer, P.: Elterliches Erziehungsverhalten und kindliche Selbstverantwortlichkeit. In: Schneewind, K. A. & Lubesch, H. (Ed.), Familiäre Sozialisation. Stuttgart: Klett-Cotta, 1978, 190–205.
Schneider, H.-D.: Die Verwitwung aus der Perspektive der Theorie der erlernten Hilflosigkeit. Zeitschrift für Gerontologie 12, 1979, 306–312.
Schneider, J. M.: College student's belief in personal control, 1966–1970. Journal of Individual Psychology 27, 1971, 188.
Schneider, J. M. & Parsons, O. A.: Categories on the locus of control scale and cross-cultural comparisons in Denmark and the United States. Journal of Cross-Cultural Psychology 1, 1970, 131–138.
Schuch, A.: Kontrollüberzeugungen im Bereich der Erziehung. In: Lukesch, H., Perrez, M. & Schneewind, K. A. (Ed.), Familiäre Sozialisation und Intervention. Bern: Huber, 1980, 161–170.
Schwartz, S.: Multimethod analysis of three measures of six common personality traits. Journal of Personality Assessment 37, 1973, 559–567.
Schwebel, A. I. & Kaemmerer, W. F.: Smoking, alienation, and locus of control factors. Omega 8, 1977, 239–246.
Schwesinger, H.: Selbstbestimmung contra Fremdbestimmung. München: Reinhardt, 1980.

Scott, D. P. & Severabce, L. J.: Relationships between the CPI, MMPI and locus of control in a nonacademic environment. Journal of Personality Assessment 39, 1975, 141–145.
Scott, N. A. & Moore, W. A.: Differences in locus of control orientation between normal and learning disabled boys. Psychological Reports 46, 1980, 795–801.

Seeman, M.: On the meaning of alienation. American Sociological Review 24, 1959, 783–791.
Seeman, M. & Evans, J.: Alienation and learning in a hospital setting. American Sociological Review 27, 1962, 772–782.
Seidner, C. J., Lewis, S. C., Sherwin, N. V. & Troll, E. W.: Cognitive and affective outcomes for pupils in an open-space elementary school. Elementary School Journal 78, 1978, 208–219.
Seligman, M. E. P.: Helplessness. San Francisco: Freeman, 1975.
Seligman, M. E. P. & Miller, S. M.: The psychology of power: Concluding comments. In: Perlmutter & Monty (Ed.), 1979, 347–370.
Selye, H.: Stress beherrscht unser Leben. Düsseldorf: Econ, 1957.
Sevón, G.: Subjective probability and values of socio-economic events at different degrees of uncertainty. Scandinavian Journal of Psychology 18, 1977, 127–129.
Shapere, D.: Scientific theories and their domains. In: Suppe, F. (Ed.), The structure of scientific theories. Urbana/Ill.: University of Illinois Press, 1974, 518–565.
Shearer, R. L. & Steger, J. A.: Manpower obsolescence. Academy of Management Journal 18, 1975, 263–275.
Sheridan, J. E., Richards, M. D. & Slocum, J. W.: Compartive analysis of expectancy and heuristic models of decision behavior. Journal of Applied Psychology 60, 1975, 361–368.
Sherman, M. F., Pelletier, R. J. & Ryckman, R. M.: Replication of the relationship between dogmatism and locus of control. Psychological Reports 33, 1973, 749–750.
Sherrod, D. R.: Crowding, perceived control, and behavioral after effects. Journal of Applied Social Psychology 4, 1974, 171–186.
Shui-Ju, Y. & Kuo-Shu, Y.: Antecedent and consequent correlates of children's belief in internal-external control. Acta Psychologica Taiwanica 18, 1976, 105–120.
Shybut, J.: Time perspective, internal vs. external control, and severity of psychological disturbance. Journal of Clinical Psychology 24, 1968, 312–315.
Simmermon, R. D.: A study of the effects of psychotherapy on client-perceived power as a dimension of personality. Dissertation Abstracts International 27 (10-A), 1977, 6379–6380.
Simon, H.: Models of man, social and rational. New York: Wiley, 1957.
Simpson, R. H.: The specific meanings of certain terms indicating different degree of frequency. Quarterly Journal of Speech 30, 1944, 328–330.
Sims, H. P., Szilagyi, A. D. & McKemey, D. R.: Antecedents of work related expectancies. Academy of the Management Journal 19, 1976, 547–559.
Six, B.: Die Relation von Einstellung und Verhalten. Zeitschrift für Sozialpsychologie 6, 1975, 270–296.
Skinner, B. F.: The behavior of organisms. New York: Appleton-Century-Crofts, 1938.
Skinner, B. F.: Science and human behavior. New York: Macmillan, 1953.
Slovic, P., Fischhoff, B. & Lichtenstein, S.: Behavioral decision theory. Annual Review of Psychology 28, 1977, 1–39.
Smith, C. E., Pryer, C. E. & Distefano, M. K.: Internal-external control and severity of emotional impairment among psychiatric patients. Journal of Clinical Psychology 27, 1971, 449–450.
Sneed, D. J.: The logical structure of mathematical physics. Dordrecht: Reidel, 1971.
Sobel, R. S.: Tests of preperformance and postperformance models of satisfaction with outcomes. Journal of Personality & Social Psychology 19, 1971, 213–221.
Solar, D. & Bruehl, D.: Machiavellianism and locus of control: Two conceptions of interpersonal power. Psychological Reports 29, 1971, 1079–1082.
Solomon, I. H.: Psychological characteristics of aged persons residing in a nursing home versus residing in the community. Dissertation Abstracts International 39 (9-B), 1979, 4599.

Sorgatz, H. & Eckardt, M.: Die Entwicklung eines experimentellen Meßverfahrens zur Erfassung von Kontrollängsten paranoid-schizophrener Patienten in psychologischen Untersuchungen. Zeitschrift für Experimentelle und Angewandte Psychologie 27, 1980, 277–294.
Sosis, R. H., Strickland, B. R. & Haley, W. W.: Perceived locus of control and beliefs about astrology. Journal of Social Psychology 110, 1980, 65–71.
Spitz, R. A.: Die Entstehung der ersten Objektbeziehungen. Stuttgart: Klett, 1973³.
Spitznagel, A.: Die Situation als Problem der Persönlichkeitspsychologie. In: Groffmann, K. J. & Wewetzer, K. H. (Ed.), Person als Prozeß. Bern: Huber, 1968, 183–212.
Spreen, O.: Konstruktion einer Skala zur Messung der manifesten Angst in experimentellen Untersuchungen. Psychologische Forschung 26, 1961, 205–223.
Srole, L.: Social integration and certain corollaries. American Sociological Review 21, 1956, 709–716.
Srull, T. & Karabenick, S. A.: Effects of personality-situation locus of control congruence. Journal of Personality & Social Psychology 32, 1975, 617–628.
Stasiw, J. R.: The effects of intensive, short term transactional analysis training and group therapy on affective states and locus of control with adult male offenders. Dissertation Abstracts International 38 (8-A), 1978, 4592.
Steiner, I. D.: Perceived freedom. In: Berkowitz, L. (Ed.), Advances in experimental social psychology. Vol. 5. New York: Academic Press, 1970, 187–247.
Stephens, M. W.: Dimensions of locus of control: Impact of early educational experiences. Proceedings of the 8th Annual Convention of the American Psychological Association 7, 1972, 137–138.
Stephens, M. W. & Delys, P.: A locus of control measure for preschool children. Developmental Psychology 9, 1973, 55–65.
Stern, G. G.: People in context. New York: Wiley, 1970.
Stotland, E.: The psychology of hope. San Francisco: Jossey-Bass, 1969.
Streiffeler, F., Bomogo, Y. & Basara, T.: Kontrollüberzeugungen im afrikanischen Kontext. Frankfurt/Main: Vortrag auf der Arbeitstagung Politische Psychologie an der Universität Frankfurt, 27.–28. 3. 1981.
Streufert, S. & Streufert, S. C.: Attribution, Dimensionalität und Messung. In: Gorlitz, D., Meyer, W.-U. & Weiner, B. (Ed.), Bielefelder Symposium über Attribution. Stuttgart: Klett-Cotta, 1978, 183–211.
Strickland, B. R.: The prediction of social action from a dimension of internal-external control. Journal of Social Psychology 66, 1965, 353–358.
Strickland, B. R.: Internal-external expectancies and health-related behavior. Journal of Consulting & Clinical Psychology 46, 1978, 1192–1211.
Susman, G. I.: Automation, alienation and work group autonomy. Human Relations 25, 1972, 171–180.
Süllwold, F.: Begriff und Bedeutung subjektiver Hierarchien. Zeitschrift für Experimentelle und Angewandte Psychologie 24, 1977, 107–128.
Swanson, L.: Locus of control and academic achievement in learning-disabled children. Journal of Social Psychology 113, 1981, 141–143.
Sweeney, D. R., Tinling, D. C. & Schmale, A. H.: Differentiation of the "giving-up" affect: Helplessness and hopelessness. Archives of General Psychiatry 23, 1970, 378–382.
Szilagyi, A. D., Sims, H. P. & Keller, R. T.: Role dynamics, locus of control, and employee attitudes and behavior. Academy of Management Journal 19, 1976, 259–276.

Tanck, R. H. & Robbins, P. R.: Assertiveness, locus of control and coping behavior used to diminish tension. Journal of Personality Assessment 43, 1979, 396–400.
Taylor, L. J.: Alienation, anomie and delinquency. British Journal of Social & Clinical Psychology 7, 1968, 93–105.
Tesser, A. & Grossman, N.: Fate orientation as a correlate of driver knowledge. Journal of Safety Research 1, 1969, 74–79.

Thorndike, E. L.: A proof of the law of effect. Science 77, 1933, 173–175.
Thornhill, M. A., Thornhill, A. J. & Youngman, M. B.: A computerized and categorized bibliography on locus of control. Psychological Reports 36, 1975, 505–506.
Thoresen, C. E. & Mahoney, M. J.: Behavioral self-control. New York: Holt, Rinehart & Winston, 1974.
Throop, W. F. & MacDonald, A. P.: Internal-external locus of control: A bibliography. Psychological Reports 28, 1971, 175–190.
Thurber, S.: Natural disaster and the dimensionality of the I-E scale. Journal of Social Psychology 103, 1977, 159–160.
Tiffany, D. W.: Mental health: A function of experienced control. Journal of Clinical Psychology 23, 1967, 311–315.
Tiffany, D. W., Schontz, F. C. & Woll, S. B. A.: A model of control. Journal of General Psychology 81, 1969, 67–82.
Tobacyk, J.: Factor structure of Rotter's I-E scale in female Polish university students. Journal of Social Psychology 106, 1978, 3–10.
Tolman, E. C.: The determinants of behavior at a choice point. Psychological Review 45, 1938, 1–41.
Tolman, E. C.: A psychological model. In: Parsons, T. & Shils, E. A. (Ed.), Toward a general theory of action. New York: Harper & Row, 1951, 279–361.
Tolman, E. C.: Principles of purposive behavior. In: Koch, S. (Ed.), Psychology: A study of a science. Vol. 2. New York: McGraw-Hill, 1959, 92–157.
Tolor, A.: Alienation as measured by three different instruments. Journal of Psychology 86, 1974, 297–302.
Tolor, A. & Leblanc, R. F.: Personality correlates of alienation. Journal of Consulting & Clinical Psychology 37, 1971, 444.
Tolor, A. & Murphy, V. M.: Alienation, academic preferences, and vocational aspirations in college students. Journal of College Students Personnel 16, 1975, 494–498.
Travis, K. M.: Internal vs. external control and media consumption patterns.Dissertation Abstracts International 35 (B), 1975, 4246–4247.
Trice, A. D.: Students' locus of control and ratings of a structured educational environment. Psychological Reports 46, 1980, 782.
Trotta, J.: The effects of an open versus traditional education program upon selected personality and achievement variables of elementary school children. Dissertation Abstracts International 35 (8-A), 1975, 5140.
Tucker, L. R.: The environmentally concerned citizen: Some correlates. Environment and Behavior 10, 1978, 389–418.
Tyler, F. B., Gatz, M. & Keenan, K.: A constructivist analysis of the Rotter I-E scale. Journal of Personality 47, 1979, 11–35.

Valecha, G. K. & Ostrom, T. M.: An abbreviated measure of internal-external locus of control. Journal of Personality Assessment 38, 1974, 369–376.
Viney, L. L.: Multidimensionality of perceived locus of control: Two replications. Journal of Consulting & Clinical Psychology 42, 1974, 463–464.
Von Hentig, H.: Systemzwang und Selbstbestimmung. Stuttgart: Klett, 1970^3.
Vroom, V. H.: Work and motivation. New York: Wiley, 1964.

Wagner, H.: Wie nehmen Schüler den Lehrer wahr? Psychologie in Erziehung und Unterricht 27, 1980, 65–72.
Walls, R. T. & Cox, J.: Expectancy of reinforcement in chance and skill tasks under motor handicap. Journal of Clinical Psychology 27, 1971, 436–438.
Wallston, B. S., Wallston, K. A. & Kaplan, G. D.: Development and validation of the Health Locus of Control (HLC) Scale. Journal of Consulting & Clinical Psychology 44, 1976, 580–585.

Wätzig, H.: Zur Anwendung von Selbstkontrolltechniken bei der Modifikation von Lern- und Leistungsstörungen bei Studenten. Probleme und Ergebnisse der Psychologie 75, 1980, 79–88.
Watzlawik, P., Beavin, J. H. & Jackson, D. D.: Menschliche Kommunikation. Bern: Huber, 1974[4].
Weiner, B.: Theorien der Motivation. Stuttgart: Klett, 1976.
Weissbach, T. A., Vogler, R. E. & Compton, J. V.: Comments on the relationship between locus of control and alcohol abuse. Journal of Clinical Psychology 32, 1976, 484–486.
Weissman, H. N., Seldman, M. & Ritter, K.: Changes in awareness or impact upon others as a function of encounter and marathon group experiences. Psychological Reports 28, 1971, 651–661.
Weizmann, F. & Protter, B. S.: Generalizability of locus of control. Journal of Consulting & Clinical Psychology 44, 1976, 863.
Wenz, F. V.: Suicide and marital status. Crisis Intervention 7, 1976, 149–161.
Wenz, F. V.: Economic status, family anomie, and adolescent suicide potential. Journal of Psychology 98, 1978, 45–47.
Werbik, H.: Handlungstheorien. Stuttgart: Kohlhammer, 1978.
Westman, G. R.: Modal personality change: Achievement motivation and locus of control orientation. Dissertation Abstracts International 38 (1-B), 1977, 421.
White, R. W.: Motivation reconsidered: The concept of competence. Psychological Review 66, 1959, 297–333.
Wichern, F. & Nowicki, S.: Independence training practice and locus of control orientation in children and adolescents. Developmental Psychology 12, 1976, 77.
Wieberg, H. J. W. & Krampen, G.: Einige Überlegungen zum Zusammenhang von Variablen der Kontrollüberzeugungen mit politisch-kultureller Systemzugehörigkeit einerseits und politischem Engagement andererseits. Frankfurt/Main: Vortrag auf der Arbeitstagung Politische Psychologie an der Universität Frankfurt, 27.–28. 3. 1981.
Wilkins, W. E.: Longitudinal differences in psychological anomy and sociological anomy. Psychological Reports 40, 1977, 866.
Williams, C. B. & Vantress, F. E.: Relation between internal-external control and aggression. Journal of Psychology 71, 1969, 59–61.
Wilson, S. R.: Psychosomatic symptoms and reactions against the university. Journal of College Students Personnel 13, 1972, 551–555.
Witkin, H. A., Dyk, R. B., Faterson, H. F., Goodenough, D. R. & Karp, S. A.: Psychological differentiation. New York: Wiley, 1962.
Wofford, J. C.: The motivational bases of job satisfaction and job performance. Personnel Psychology 24, 1971, 501–518.
Wohlwill, J. F.: The physical environment: A problem for a psychology of stimulation. Journal of Social Issues 22, 1966, 29–38.
Wolfe, R.: Effects of economic threat on anomia and perceived locus of control. Journal of Social Psychology 86, 1972, 233–240.
Wolfe, R.: Trust, anomia, and locus of control alienation in U. S. college students in 1964, 1969, and 1974. Journal of Social Psychology 100, 1976, 151–152.
Wolk, S. & Bloom, D.: The interactive effects of locus of control and situational stress upon performance accuracy and time. Journal of Personality 46, 1978, 279–298.
Wolk, S. & Hardy, R. C.: The identifiability and consistency of the factor structure of locus of control. Journal of Psychology 89, 1975, 149–158.
Worell, L.: The effect of goal value upon expectancy. Journal of Abnormal & Social Psychology 53, 1956, 48–53.

Yates, R., Kennelly, K. & Cox, S. H.: Perceived contingency of parental reinforcements, parent-child relations, and locus of control. Psychological Reports 36, 1975, 139–146.
Yoder, S. A.: Alienation as a way of life. Perspectives in Psychiatric Care 15 (2), 1977, 66–71.

Zerega, W. D., Tseng, M. S. & Greever, K. B.: Stability and congruent validity of the Rotter internal-external locus of control scale. Educational & Psychological Measurement 36, 1976, 473–475.

Zielke, M.: Indikation zur Gesprächspsychotherapie. Stuttgart: Kohlhammer, 1979.

Zuckerman, M. & Gerbasi, K. C.: Dimensions of the I-E scale and their relationship to other personality measures. Educational & Psychological Measurement 37, 1977, 159–175.

Zuckerman, M., Gerbasi, K. C. & Marion, S. P.: Correlates of the just world factor of Rotter's I-E scale. Educational & Psychological Measurement 37, 1977, 375–381.

Zuroff, D. C. & Schwarz, J. C.: Effects of transcendental meditation and muscle relaxation on trait anxiety, maladjustment, locus of control, and drug use. Journal of Consulting & Clinical Psychology 46, 1978, 264–271.

Autorenregister

Abrahamson, D. 106, 183
Abramson, L. Y. 65, 183
Ackoff, R. L. 13, 28, 36, 37, 183
Adams, N. E. 74, 184
Adams-Webber, J. R. 127, 169, 183
Ahammer, I. 129, 183
Ajzen, I. 32, 167, 190
Albas, C. 57, 175, 183
Albas, D. 57, 175, 183
Allen, A. 167, 185
Altman, I. 64, 183
Alutto, J. A. 90, 183
Alvarez, C. M. 136, 153, 183
Andrews, G. R. 164, 179, 183
Andrews, J. G. 55, 183
Andrisani, P. J. 100, 105, 145, 183
Angleitner, A. 121, 129, 183
Archer, R. P. 131, 183
Arlin, M. 142, 183
Arnkoff, D. B. 51, 60, 69, 183
Arnold, H. J. 35, 183
Aronfreed, J. 55, 183
Atkinson, J. W. 16, 26, 27, 29, 30, 161, 183
Aubuchon, D. J. 140, 184
Austin, J. F. 103, 109, 166, 183
Austrin, H. R. 140, 184
Aviram, A. 113, 184

Bachrach, R. 112, 113, 136, 184
Bailey, K. G. 122, 138, 188
Bailey, R. C. 166, 190
Balch, P. 70, 178, 184
Bale, R. M. 102, 109, 177, 193
Bandura, A. 9, 51, 73, 74, 184
Bardwick, J. M. 147, 184
Barfield, V. 166, 184
Barling, J. 112, 136, 154, 184
Barnard, C. 111, 163, 192
Barnes, J. 179, 201
Barnett, M. A. 159, 184
Baron, R. A. 130, 184
Bar-Tal, D. 131, 160, 164, 184
Bartsch, J. R. 173, 184
Bar-Zolar, Y. 131, 160, 164, 184

Basara, T. 153, 208
Batlis, N. C. 23, 50, 161, 184
Battle, E. 110, 111, 127, 184
Baugham, W. R. 153, 191
Baum, J. F. 110, 112, 136, 159, 192
Baumann-Frankenberger, P. 1
Baxter, D. 66, 146, 204
Beattie, M. 101, 115, 169, 192
Beavin, J. H. 13, 210
Bechmann, A. 32, 184
Beck, A. T. 42, 67, 68, 69, 173, 184
Becker, E. W. 168, 173, 184
Becker, P. 85, 86, 126, 184
Becker, W. M. 129, 184
Beckman, L. J. 175, 177, 184
Bedeian, A. G. 137, 184
Behling, O. 27, 38, 39, 41, 49, 184
Belasso, J. A. 90, 183
Bem, D. L. 167, 185
Berbalk, H. 176, 185
Bergler, R. 148, 149, 150, 185
Bergsma, H. M. 151, 169, 185
Bergsma, L. C. 151, 169, 185
Berlyne, D. E. 90, 185
Bernhardson, C. S. 122, 185
Bertram, H. 138, 185
Beyer, J. 74, 184
Bhanthumnavin, D. J. 136, 153, 199
Bialer, I. 110, 111, 185, 192
Bierbrauer, G. 166, 205
Biglan, A. 24, 40, 200
Birch, D. 27, 29, 30, 183
Blankstein, K. R. 177, 185
Blauner, R. 58, 185
Bloom, D. 133, 160, 210
Blumer, J. G. 148, 150, 199
Boersma, F. J. 143, 160, 168, 186, 194
Böhret, C. 32, 185
Bolles, R. C. 24, 47, 49, 158, 185
Bomogo, Y. 153, 208
Bonner, J. 178, 201
Boor, M. 174, 185
Bootzin, R. 67, 80, 81, 205
Borges, M. A. 162, 172, 185

Bossong, M. 69, 117, 118, 185
Bougler, J. W. 127, 129, 136, 176, 185
Bourgeois, A. E. 67, 107, 198
Bourque, C. B. 106, 187
Boutourline, S. 90, 185
Brackwede, D. 74, 116, 200
Bradley, P. 124, 187
Bradley, R. H. 110, 111, 139, 140, 185
Brandtstädter, J. 8, 37, 41, 163, 166, 185, 196
Branningan, G. G. 171, 185
Braukmann, W. 129, 183
Breen, L. J. 61, 69, 75, 130, 160, 165, 168, 169, 173, 185, 203
Brehm, J. W. 64, 84, 169, 185
Brim, O. G. 37, 41, 166, 185
Brophy, J. E. 166, 185
Brooks, R. 123, 197
Brösskamp, C. 166, 191
Brown, J. R. 148, 150, 199
Brown, W. A. 131, 186
Browning, C. J. 58, 185
Bruehl, D. 61, 75, 168, 207
Bruhn, J. G. 144, 186
Bulhan, H. A. 59, 186
Bunce, H. 144, 186
Bunge, M. 8, 23, 186
Bunker, L. K. 147, 205
Burger, L. 69, 191
Buriel, J. R. 143, 154, 186
Burlingame, M. 166, 184
Burnes, K. 131, 186
Burns, D. S. 107, 186
Bush, E. S. 66, 163, 189
Buss, A. R. 96, 97, 186
Butterfield, D. A. 144, 203
Butts, S. V. 138, 175, 186
Buxbaum, O. 20, 78, 86, 96, 97, 186

Caldwell, B. M. 110, 111, 139, 140, 185
Calsyn, D. A. 178, 201
Camargo, R. J. 171, 186
Campbell, D. T. 129, 186
Campbell, F. 45, 106, 138, 186
Campbell, J. P. 27, 34, 36, 38, 49, 186
Carman, R. S. 20, 21, 22, 186
Cash, T. F. 107, 186
Cashion, L. N. 167, 204
Caster, D. U. 69, 178, 186

Cattell, R. B. 97, 98, 125, 127, 129, 186
Cavey, R. G. 125, 144, 186
Centa, D. 108, 131, 134, 159, 203
Champion, R. A. 83, 186
Chance, J. 75, 139, 159, 160, 186, 205
Chandler, T. A. 107, 134, 139, 141, 160, 162, 186
Chaney, E. F. 67, 178, 201, 202
Chapman, J. W. 143, 160, 186
Charez, E. L. 178, 186
Chein, I. 11, 85, 187
Chen, M. 131, 160, 164, 165, 184, 187
Cheney, T. 103, 109, 145, 198
Cherlin, A. 106, 187
Cherulnik, P. D. 122, 187
Chotlos, J. 138, 175, 186
Christie, R. 42, 60, 61, 187
Chuang, C. 50, 74, 107, 136, 161, 197
Clark, J. P. 57, 126, 187
Cliff, N. 124, 187
Clouser, R. A. 130, 168, 187
Coan, R. W. 46, 101, 108, 187
Coe, K. J. 165, 191
Cohen, S. 67, 187
Cohen, S. L. 88, 187
Cole, A. M. 134, 162, 197
Cole, D. 153, 154, 167, 187
Cole, S. A. 153, 154, 167, 187
Collins, B. E. 101, 105, 106, 187
Comfrey, A. L. 39, 187
Compton, J. V. 122, 136, 175, 210
Cone, J. D. 122, 187
Confer, W. N. 67, 187
Connolly, T. 16, 21, 37, 39, 41, 187
Conrath, D. W. 92, 161, 190
Constantino, R. V. 70, 178, 187
Cook, B. 139, 141, 160, 186
Copeland, T. F. 139, 202
Coroso, J. 103, 109, 187
Costello, R. M. 175, 187
Courtney, M. R. 20, 22, 187
Covington, M. V. 162, 187
Cox, J. 80, 209
Cox, S. H. 138, 140, 210
Crandall, V. C. 45, 110, 111, 139, 141, 159, 187, 194
Crandall, V. J. 45, 110, 111, 139, 159, 187
Crawford, C. A. 69, 206
Croft, R. G. 176, 188

213

Cromwell, R. L. 102, 108, 188
Corzier, W. R. 16, 81, 87, 188
Cummings, L. L. 27, 34, 36, 49, 191
Cummings, S. 140, 188
Crowne, D. P. 79, 80, 103, 205
Cysewski, B. 67, 202

Dachler, H. P. 88, 188
D'Amato, M. E. 83, 188
Davidson, K. M. 122, 138, 188
Davis, K. E. 52, 64, 194
Davis, S. F. 108, 176, 205
Davis, W. L. 22, 91, 131, 138, 139, 140, 158, 175, 188, 198
Dawes, A. S. 103, 109, 145, 198
Dean, D. G. 102, 109, 188
Deardorff, C. M. 60, 188
Debus, R. L. 164, 179, 183
DeCharms, R. C. 53, 54, 62, 73, 102, 109, 143, 188, 195
Dejulio, S. S. 134, 162, 197
Delys, P. 110, 112, 113, 126, 208
Denney, R. 54, 151, 204
Devellis, B. M. 66, 188
Devellis, R. F. 66, 188
Deysach, R. E. 122, 188
Diamond, M. J. 179, 188
Diener, C. I. 66, 163, 188
Dies, R. R. 127, 188
DiGiuseppe, R. A. 129, 167, 188
Dinning, W. D. 67, 69, 75, 190
Distefano, M. K. 136, 176, 188, 207
Dixit, R. C. 92, 158, 160, 188
Dixon, D. N. 107, 188
Dollinger, S. J. 91, 92, 158, 188
Donohew, L. 148, 189
Donovan, D. M. 45, 46, 67, 99, 103, 108, 109, 131, 134, 171, 173, 175, 189, 190, 201, 202
Dornstein, M. 57, 189
Dougherty, A. M. 178, 189
Dowds, B. N. 107, 189
Draguns, J. G. 152, 189
Dreyer, A. E. 134, 199
Dua, P. S. 179, 189
Dudley, G. E. 136, 189
Dugovics, D. A. 107, 139, 141, 160, 186, 189

Duke, M. P. 101, 107, 110, 112, 122, 129, 130, 139, 159, 161, 168, 169, 189, 201
Dulany, D. E. 27, 33, 34, 35, 40, 189
Dumke, D. 166, 189
Dunnette, M. D. 27, 34, 36, 38, 49, 186
Durkheim, E. 56, 189
Duval, S. 73, 189
Dweck, C. S. 66, 163, 164, 179, 188, 189
Dyer, L. 41, 88, 202
Dyk, R. B. 134, 210

Eber, H. W. 129, 186
Eckhardt, M. 128, 176, 208
Edelstein, W. 58, 189
Edwards, W. 27, 31, 32, 38, 49, 189
Egner, K. 177, 185
Eisenberg, P. 124, 189
Eisenman, R. 129, 176, 203
Ekkehammar, B. 85, 86, 190
El-Gazzar, M. E. 92, 161, 190
Ellis, A. 149, 190
Emery, F. E. 13, 28, 36, 37, 183
Endler, N. S. 96, 126, 190, 199
Engel, G. L. 66, 68, 174, 190
Erickson, R. L. 131, 134, 171, 190
Estes, W. K. 49, 158, 190
Evans, E. L. 143, 190
Evans, J. 59, 91, 103, 146, 178, 207
Evans, M. G. 35, 183
Evans, R. G. 67, 69, 75, 123, 174, 190
Eysenck, H. J. 11, 13, 76, 97, 98, 129, 152, 190

Fagan, M. M. 168, 190
Fahrenberg, J. 130, 190
Fairchild, M. T. 46, 101, 108, 187
Fantasia, S. C. 59, 142, 143, 198
Farmer, M. F. 58, 185
Farra, J. D. 166, 190
Faterson, H. F. 134, 210
Feather, B. 178, 201
Feather, N. T. 26, 190
Feldman, N. S. 136, 205
Fencil-Morse, E. 66, 195
Fend, H. 4, 62, 63, 190
Fengler, J. 70, 190
Fenhagen, E. 169, 189
Fiedler, M. L. 53, 54, 109, 143, 195
Filipp, S.-H. 129, 183

Fincham, F. 112, 136, 154, 184
Fischhoff, B. 31, 38, 64, 72, 87, 88, 190, 207
Fishbein, M. 27, 32, 34, 35, 40, 41, 167, 190
Fiske, D. W. 129, 186
Flachmeier, L. C. 75, 134, 199
Flavell, J. H. 72, 190
Floor, L. 66, 146, 204
Floyd, C. S. 144, 186
Fontana, A. F. 107, 189
Forsyth, R. 8, 21, 175, 205
Fowler, D. E. 166, 190
Fox, S. H. 176, 188
Frederiksen, N. 85, 86, 191
Freitag, C. B. 91, 147, 171, 203
Fresko, B. 165, 187
Frey, D. 73, 113, 191, 205
Friedman, S. T. 101, 107, 125, 191
Frey, P. S. 92, 93, 102, 109, 111, 165, 178, 191
Füchsle, T. 69, 191

Galanter, E. 9, 10, 200
Galbraith, J. 27, 34, 36, 49, 191
Garcia, C. 107, 154, 191
Garza, R. T. 106, 153, 191
Gast, N. 119, 201
Gatchel, R. J. 66, 82, 177, 191
Gatz, M. 105, 124, 191, 209
Geis, F. L. 42, 60, 61, 187
Geist, C. R. 153, 191
Geller, J. D. 50, 75, 192
Genser, B. 166, 191
Georgis, T. W. 153, 191
Gerbasi, K. C. 105, 106, 130, 211
Ghaem-Maghami, F. 58, 169, 191
Gilbert, R. S. 178, 195
Giles, W. F. 42, 191
Gillis, J. S. 59, 100, 104, 179, 191
Girrard, R. 124, 187
Gladding, S. T. 57, 153, 191
Glantz, O. 154, 191
Glass, D. C. 37, 41, 90, 166, 185, 191
Glazer, N. 54, 151, 204
Golden, S. B. 60, 102, 109, 192
Golding, S. L. 86, 96, 97, 191
Goldman, J. A. 165, 195
Good, K. C. 60, 102, 109, 192
Good, L. R. 60, 102, 109, 192
Good, P. R. 105, 191

Good, S. 139, 141, 194
Good, T. L. 166, 185
Goodenough, D. R. 134, 210
Goodman, N. 37, 41, 166, 185
Goodstadt, B. E. 60, 168, 192
Gore, P. M. 169, 192
Gorsuch, R. L. 111, 163, 192
Gottesman, D. 105, 175, 198
Gozali, J. 110, 111, 175, 192
Graen, G. 34, 35, 40, 192
Greenhaus, J. H. 105, 144, 195
Greever, K. B. 105, 211
Gregory, W. L. 101, 108, 158, 192
Grissom, S. 136, 137, 161, 162, 192, 203
Groeben, N. 4, 10, 13, 70, 192
Gross, W. F. 175, 192
Grossman, N. 76, 99, 103, 109, 208
Groth, H.-P. 166, 191
Gruen, G. E. 110, 112, 136, 159, 192
Gumenik, W. E. 83, 188
Gurin, G. 46, 63, 101, 106, 115, 116, 169, 192
Gurin, P. 46, 63, 101, 106, 115, 116, 169, 192
Gustafson, R. C. 131, 175, 198
Gutstein, S. 105, 175, 198
Guttentag, M. 32, 38, 189

Haas, R. 1, 192
Hackman, J. R. 39, 40, 192
Hague, W. H. 45, 131, 134, 201
Haley, J. 66, 192
Haley, W. W. 107, 122, 208
Hall, E. R. 136, 154, 192
Hammersla, J. 104, 122, 195
Hampel, R. 130, 190
Hampton, J. 136, 203
Hamsher, J. H. 50, 75, 192
Handel, A. 138, 159, 192
Hanes, B. 136, 137, 192
Harari, H. 177, 192
Hardy, R. C. 106, 210
Harris, B. 16, 63, 64, 81, 192
Harris, M. 107, 189
Harvey, J. H. 16, 63, 64, 81, 192
Hayes, C. B. 106, 142, 143, 192
Hays, W. L. 39, 192
Heckel, R. V. 127, 193

Heckhausen, H. 1, 4, 11, 18, 25, 28, 29, 30, 47, 48, 52, 53, 59, 60, 61, 62, 73, 96, 141, 161, 162, 193
Heider, F. 52, 55, 64, 163, 193
Henighen, R. P. 111, 163, 192
Henson, R. 22, 42, 161, 193
Herkner, W. 1, 52, 162, 179, 193
Herling, G. B. 166, 201
Herrmann, C. 67, 173, 193
Herrmann, T. 4, 7, 8, 21, 44, 86, 95, 96, 97, 98, 157, 193
Hersch, P. D. 130, 159, 161, 168, 193
Hiers, T. G. 122, 188
Higgins, E. T. 136, 205
Hill, D. J. 102, 109, 177, 193
Hinrichson, J. J. 133, 174, 177, 199
Hiroto, D. S. 64, 67, 80, 82, 193
Hjelle, L. A. 60, 107, 121, 122, 130, 168, 171, 187, 192, 193
Hochreich, D. J. 23, 45, 75, 95, 96, 106, 193
Hoff, E. 127, 193
Hoffman, J. A. 139, 193
Hoffmann, R. A. 179, 193
Hoffmann, S. L. 123, 193
Hohner, H.-U. 144, 194
Hopper, A. E. 159, 175, 201
Horne, A. M. 178, 189
Hosey, K. 177, 192
Hout, C. N. 60, 188
Houtman, A. M. A. 60, 194
Hull, C. L. 21, 29, 194
Hummell, H. J. 11, 194
Hung, Y. Y. 143, 194
Hunt, J. M. 96, 126, 190
Hyder, J. L. 137, 184
Hyman, H. H. 137, 194

Inhelder, B. 139, 203
Ittelson, W. H. 63, 64, 91, 203
Ivancevich, J. M. 37, 194

Jackson, D. D. 13, 210
Jacobson, R. A. 178, 194
Jahn, J. C. 106, 194
James, W. H. 136, 194
Janis, I. 84, 147, 197
Janzen, H. L. 168, 194
Jesse, L. 136, 176, 188
Jessor, R. 59, 100, 104, 153, 179, 101, 204

Jewell, L. N. 145, 204
Joe, V. C. 2, 106, 122, 194
Joesting, J. 136, 154, 192
Johnson, C. A. 80, 81, 194
Johnson, J. A. 89, 132, 174, 194
Johnson, L. V. 57, 194
Johnson, W. G. 176, 188
Johnston, L. K. 75, 134, 199
Jones, E. E. 52, 64, 194
Jones, R. 136, 203
Jurkun, D. 114, 116, 144, 145, 194

Kaemmerer, W. F. 59, 175, 206
Kagan, S. 128, 129, 194
Kaiser, D. L. 159, 184
Kanfer, F. H. 70, 194
Kantor, R. E. 90, 91, 204
Kaplan, G. D. 102, 109, 209
Karabenick, S. A. 92, 208
Kardiner, A. 54, 151, 194
Karlovac, M. 136, 205
Karmann, P. 70, 117, 118, 121, 126, 162, 194, 203
Karp, S. A. 134, 210
Kasielke, E. 176, 194
Katkovsky, W. 45, 110, 111, 139, 141, 159, 187, 194
Keating, G. W. 131, 186
Keenan, K. 124, 209
Keller, J. A. 1, 53, 59, 69, 113, 114, 115, 195
Keller, J. M. 165, 195
Keller, R. T. 145, 208
Kelley, H. H. 52, 195
Kelly, G. 24, 48, 195
Kennedy, R. W. 178, 195
Kennelly, K. 138, 140, 210
Kestenbaum, J. M. 104, 122, 195
Keyson, M. 102, 109, 202
Kfir, D. 131, 160, 164, 184
Khanna, J. L. 153, 195
Khanna, P. 153, 195
Kilpatrick, D. G. 177, 195
Kimmons, G. 105, 144, 195
Kinder, B. N. 168, 195
Kinsey, B. A. 57, 195
Kirk, H. D. 58, 185
Kirsch, B. A. 58, 63, 144, 195
Kirsch, W. 26, 33, 43, 47, 85, 87, 195

Kirscht, J. P. 102, 109, 195
Kivett, V. R. 153, 195
Kleiber, D. 106, 130, 195
Klein, D. C. 66, 195
Klockars, A. J. 106, 195
Knight, T. 60, 142, 195
Knudson, B. W. 35, 39, 200
Koenigs, S. S. 53, 54, 109, 143, 195
Kohlberg, L. 55, 195
Kopelman, R. E. 41, 88, 195, 196
Korte, J. R. 110, 112, 136, 159, 192
Kraak, B. 35, 36, 49, 72, 196
Krampen, G. 8, 22, 23, 32, 35, 37, 39, 41, 42, 45, 48, 61, 64, 69, 72, 75, 76, 79, 86, 87, 91, 97, 99, 114, 115, 116, 121, 122, 124, 129, 130, 131, 132, 134, 136, 137, 138, 139, 140, 143, 146, 149, 150, 162, 166, 168, 169, 170, 173, 174, 175, 177, 185, 196, 197, 210
Krause, B. 31, 197
Krauskopf, V. J. 96, 97, 197
Krohne, H. W. 4, 197
Kuhn, T. S. 9, 197
Kuhl, J. 72, 197
Kumpf, M. 113, 205
Kuo-Shu, Y. 140, 207
Kyriacou, C. 132, 145, 166, 197
Kytle, J. 57, 197

Lacey, H. M. 83, 197
Lamb, S. B. 177, 204
Lambert, M. J. 134, 162, 197
Lamm, H. 138, 206
Lamont, J. 123, 197
Lancaster, W. 139, 189
Langer, E. J. 84, 89, 93, 147, 174, 197, 204
Lantermann, E. D. 10, 11, 96, 167, 197
Lao, R. C. 50, 74, 101, 107, 115, 125, 136, 152, 161, 162, 169, 192, 197
Lavin, D. E. 37, 41, 166, 185
Lawler, E. E. 27, 34, 36, 38, 39, 42, 49, 186, 197
Lazarus, R. S. 89, 132, 197
Leblanc, R. F. 59, 75, 130, 146, 198, 209
Lee, W. 31, 38, 198
Lefcourt, H. M. 2, 21, 84, 89, 102, 109, 133, 141, 167, 168, 171, 174, 179, 198
Lehmann, P. 48, 196
Lengermann, J. J. 58, 63, 144, 195

Lenske, W. 117, 119, 201
Leonard, W. M. 56, 198
Lerch, H.-J. 1, 117, 118, 198
Lesiak, W. J. 168, 173, 184
Lester, D. 42, 184
Levenson, H. 45, 67, 79, 91, 101, 107, 115, 116, 122, 136, 138, 140, 144, 146, 154, 169, 170, 173, 176, 177, 191, 198
Levis, D. J. 66, 198
Lewin, K. 9, 10, 11, 14, 15, 21, 26, 28, 97, 198
Lewis, M. S. 105, 175, 198
Lewis, P. 103, 109, 145, 198
Lewis, S. C. 142, 143, 207
Libb, J. W. 112, 160, 163, 200
Lichtenstein, S. 31, 38, 72, 87, 88, 190, 207
Lied, T. R. 22, 42, 50, 88, 162, 198
Lifhitz, M. 136, 198
Lightner, J. M. 63, 64, 192
Lindenlaub, S. 35, 36, 49, 196
Little, G. B. 45, 106, 198
Liverant, S. 79, 80, 103, 205
Loftus-Vergari, M. C. 108, 176, 205
Logsdon, S. A. 67, 107, 198
Löhr, F.-J. 121, 183
Lombardo, J. P. 59, 142, 143, 198
Loprete, L. J. 171, 185
Lösel, F. 71, 72, 128, 169, 198
Lottmann, T. J. 131, 175, 198
Luikart, C. 104, 147, 171, 202
Lussier, R. J. 2, 69, 75, 173, 203

MacDonald, A. P. 2, 100, 105, 199, 209
Magnusson, D. 85, 86, 96, 97, 190, 199
Mahler, I. 107, 136, 152, 199
Mahoney, M. J. 9, 51, 60, 60, 70, 183, 199, 209
Maier, S. F. 66, 199
Malikiosi, M. X. 107, 199
Manaster, G. J. 101, 107, 125, 191
Manders, K. R. 175, 187
Mangum, P. D. 138, 139, 140, 199
Manuck, S. B. 133, 174, 177, 199
Maqsud, M. 136, 168, 199
Marcuse, H. 58, 199
Marion, S. P. 105, 106, 130, 211
Maritsch, F. 179, 193
Marjoribanks, K. 166, 199
Marks, E. 139, 199

Maroldo, G. K. 75, 134, 199
Maslow, A. H. 13, 58, 199
Massoth, P. 179, 193
Matre, M. 57, 194
Mayer, J. L. 75, 134, 199
McAllister, M. J. 146, 199
McCauley, C. 66, 188
McClelland, D. C. 59, 199
McCloskey, H. 56, 199
McCluskey, K. 57, 175, 183
McCullough, P. W. 167, 204
McGinnies, E. 136, 153, 199
McIntire, W. G. 134, 199
McKee, C. S. 107, 188
McKemey, D. R. 23, 207
McQuail, D. 148, 150, 199
McRae, B. C. 107, 188
McReynolds, W. T. 66, 199
Mehrabian, A. 86, 87, 90, 91, 199
Melges, F. T. 60, 188
Menaker, S. L. 106, 130, 195
Merton, R. K. 56, 199
Michaels, C. 178, 186
Mielke, R. 74, 114, 115, 116, 166, 167, 200
Mikula, G. 113, 114, 115, 200
Milgram, N. A. 110, 112, 113, 200
Milgram, R. M. 110, 112, 113, 184, 200
Milgram, S. 91, 200
Miller, G. A. 9, 10, 200
Miller, S. M. 52, 53, 65, 66, 83, 207
Miller, W. G. 177, 195
Miller, W. R. 64, 80, 82, 174, 200
Mills, P. J. 45, 106, 138, 186
Mindingall, A. 112, 160, 163, 200
Minton, H. L. 4, 59, 60, 61, 200
Mirels, H. L. 45, 101, 106, 200
Misanchuk, E. R. 161, 200
Mischel, W. 9, 23, 25, 28, 110, 112, 118, 173, 200
Mitchell, G. D. 58, 185
Mitchell, T. R. 8, 21, 22, 23, 24, 28, 35, 38, 39, 40, 41, 49, 58, 59, 88, 144, 145, 200
Mobley, W. H. 88, 188
Monty, R. A. 2, 64, 202
Mooney, D. 127, 193
Moore, W. A. 160, 206
Moos, R. H. 90, 91, 200, 201
Morrison, B. M. 46, 63, 101, 106, 116, 169, 192

Motowidlo, S. J. 42, 74, 75, 102, 109, 201
Mowrer, O. H. 64, 82, 201
Murphy, V. M. 59, 209
Murray, H. A. 11, 18, 19, 85, 87, 90, 97, 201
Murray, H. B. 143, 166, 168, 201

Nebeker, D. M. 23, 35, 88, 200
Nerviano, V. J. 175, 192
Nestel, G. 100, 105, 145, 183
Neubauer, W. 117, 119, 201
Newman, J. M. 91, 103, 109, 167, 201
Nichols, B. S. 162, 172, 185
Nichols, G. T. 162, 172, 185
Nispel, L. 175, 196
Nordholm, L. A. 136, 153, 199
Nowicki, S. 101, 107, 110, 111, 112, 117, 122, 129, 130, 132, 137, 140, 141, 143, 159, 160, 161, 168, 175, 178, 179, 189, 179, 189, 201, 205, 210

O'Bannon, R. M. 167, 204
Obitz, F. W. 76, 102, 109, 175, 201, 202
O'Brien, R. 45, 106, 138, 186
Ohm, D. 177, 196
Olbrich, E. 129, 183
O'Leary, D. E. 173, 201
O'Leary, M. R. 45, 46, 67, 99, 103, 108, 109, 131, 132, 134, 171, 173, 175, 178, 189, 190, 201, 202, 204
Ollendick, D. G. 131, 141, 159, 166, 178, 189, 202
Omelich, C. L. 162, 187
Opp, K. D. 11, 194
Osselmann, J. 1, 113, 114, 115, 122, 123, 202
Ostrom, T. M. 100, 105, 209
Otten, M. W. 127, 128, 160, 202
Overmier, J. B. 64, 82, 202
Oziel, L. J. 102, 109, 201, 202

Pader, O. F. 136, 153, 183
Page, W. F. 106, 142, 143, 179, 192, 202
Palmgreen, P. 148, 189
Palmore, E. 104, 147, 171, 202
Parish, T. 136, 161, 162, 203
Parish, T. S. 139, 202
Parker, D. F. 41, 88, 202
Parsons, O. A. 69, 100, 106, 136, 152, 153, 178, 186, 202, 206

Parsons, T. 85, 202
Peak, H. 27, 32, 202
Pelletier, R. J. 168, 207
Perlmutter, L. C. 2, 64, 202
Pervin, L. A. 83, 202
Pesta, T. 179, 193
Peter, M. I. 75, 134, 199
Peterson, R. A. 112, 113, 136, 184
Pfeiffer, P. 55, 117, 139, 140, 170, 206
Phares, E. J. 2, 3, 4, 15, 21, 22, 45, 50, 63, 75, 80, 81, 82, 83, 84, 85, 91, 95, 104, 111, 120, 122, 136, 137, 138, 139, 140, 158, 159, 162, 167, 170, 171, 179, 186, 188, 202, 205
Phillips, J. S. 70, 194
Phillips, L. 57, 195
Phillips, S. 67, 187
Philport, J. C. 149, 203
Piaget, J. 139, 203
Platt, J. J. 129, 176, 203
Pollard, W. E. 28, 35, 49, 88, 200
Polly, S. 166, 205
Pomeranz, D. 129, 176, 203
Poortinga, Y. H. 152, 203
Porter, L. W. 34, 39, 40, 42, 192, 197
Posen, C. F. 152, 204
Posner, B. Z. 144, 203
Powell, A. 102, 108, 130, 131, 134, 138, 159, 203
Prawat, R. S. 136, 137, 161, 162, 192, 203
Preiser, S. 125, 170, 203
Preston, J. 111, 191
Prim, R. 48, 203
Pribram, K. H. 9, 10, 203
Pritchard, R. D. 22, 42, 50, 88, 162, 198
Prociuk, T. J. 2, 61, 69, 75, 106, 130, 160, 165, 168, 169, 173, 185, 203
Proctor, J. D. 66, 82, 191
Proshansky, H. M. 63, 64, 91, 203
Protter, B. S. 158, 163, 210
Pryer, C. E. 176, 207
Pryer, M. W. 136, 176, 188, 203
Prystav, G. 86, 88, 89, 203
Pugh, R. C. 165, 195
Puhlheim, P. 162, 203

Queen, L. 91, 147, 171, 203
Quiett, K. R. 58, 204

Rabinowitz, R. G. 137, 204
Ramey, C. 45, 106, 138, 186
Ramot, L. 136, 198
Ransford, M. K. 169, 204
Rapoport, A. 90, 91, 204
Ray, W. J. 177, 204
Raz, D. 131, 204
Reichelt, P. A. 22, 42, 204
Reid, D. W. 102, 108, 126, 204
Reimanis, G. 111, 113, 121, 124, 134, 152, 158, 160, 204
Reitau, E. J. 75, 134, 199
Reitz, H. J. 145, 204
Replogle, W. H. 167, 204
Revers, R. 176, 204
Revers, W. J. 176, 204
Reznikoff, M. 171, 186
Richards, M. D. 22, 207
Richman, R. J. 55, 204
Riesman, D. 54, 151, 204
Rim, Y. 61, 204
Rinke, R. 115, 117, 204
Ritter, K. 179, 210
Rivera, L. 154, 186
Rivlin, L. G. 63, 64, 91, 203
Robbins, P. R. 133, 174, 208
Rodin, J. 84, 147, 197, 204
Rodriguez, J. 153, 187
Rogers, C. R. 13, 204
Rohbraugh, J. 153, 204
Rohsenow, D. J. 67, 131, 132, 204
Ronell, D. M. 176, 204
Rosen, M. 66, 146, 204
Rosenbaum, M. 131, 204
Rosenberg, L. A. 171, 185
Rosenberg, M. J. 32, 204
Ross, A. W. 70, 122, 178, 184, 188
Ross, E. D. 133, 174, 177, 199
Ross, L. 166, 205
Rost-Schaude, E. 113, 205
Rotella, R. J. 147, 205
Roth, A. 162, 172, 185
Roth, S. 65, 67, 80, 81, 205
Rothbart, M. 67, 187
Rotter, J. B. 1, 2, 3, 5, 7, 9, 10, 12, 13, 14, 15, 18, 19, 21, 23, 25, 26, 35, 43, 44, 45, 48, 50, 52, 75, 79, 80, 85, 87, 95, 96, 97, 98, 99, 100, 103, 104, 106, 107, 110, 111, 120, 121, 122, 127, 138, 146,

149, 151, 154, 159, 169, 170, 171, 172, 175, 178, 184, 186, 192, 193, 205
Ruble, D. N. 136, 205
Rupp, M. 112, 160, 205
Russaoff, L. M. 107, 189
Russell, E. A. 153, 191
Russell, J. A. 86, 87, 90, 91, 199
Russell, K. L. 75, 134, 199
Ryckman, R. M. 107, 168, 199, 207

Sadava, S. W. 8, 21, 175, 205
Sadowski, C. J. 108, 176, 205
Saleh, S. D. 92, 161, 190
Sarason, I. G. 89, 132, 174, 194
Savage, D. J. 60, 188
Savage, L. J. 31, 38, 49, 205
Scanlon, P. P. 163, 205
Scaturo, D. J. 106, 136, 205
Schaar, J. 56, 199
Schalling, D. 85, 86, 190
Schau, E. J. 108, 189
Scheck, D. C. 140, 206
Scheele, B. 4, 10, 13, 70, 192
Scheibe, K. E. 16, 25, 27, 43, 49, 80, 81, 130, 159, 161, 168, 193, 206
Scheier, M. F. 73, 191
Schenk, J. 1, 57, 59, 113, 114, 115, 206
Schenk, M. 148, 206
Schlegel, R. P. 69, 206
Schmale, A. H. 68, 208
Schmidt, F. L. 38, 39, 40, 206
Schmidt, R. W. 138, 206
Schneewind, K. A. 1, 8, 9, 21, 25, 53, 55, 114, 115, 117, 121, 139, 140, 141, 166, 170, 191, 204, 206
Schneider, H.-D. 66, 125, 206
Schneider, J. 85, 86, 126, 184
Schneider, J. M. 59, 100, 106, 136, 151, 152, 153, 202, 206
Schontz, F. C. 46, 209
Schuch, A. 114, 116, 166, 206
Schulderman, E. 106, 183
Schulderman, S. 106, 183
Schumann, C. 85, 86, 126, 184
Schumann, S. I. 147, 184
Schwab, P. 37, 185
Schwartz, J. 91, 201
Schwartz, S. 121, 129, 206
Schwarz, J. C. 179, 211

Schwebel, A. I. 59, 175, 206
Schwesinger, H. 62, 206
Scott, D. P. 129, 206
Scott, N. A. 160, 206
Seeman, M. 4, 57, 58, 59, 91, 103, 146, 178, 205, 207
Seidenstücker, G. 70, 117, 118, 121, 126, 162, 194, 203
Seidner, C. J. 142, 143, 207
Seldman, M. 179, 210
Selg, H. 130, 190
Seligman, M. E. P. 52, 53, 64, 65, 66, 68, 80, 82, 83, 173, 174, 183, 193, 195, 200, 202, 207
Selye, H. 68, 207
Severabce, L. J. 129, 206
Sevón, G. 16, 207
Shapere, D. 7, 207
Shapiro, J. L. 179, 188
Shearer, R. L. 60, 145, 172, 207
Shepel, L. F. 136, 194
Sheridan, J. E. 22, 207
Sherman, M. F. 122, 168, 187, 207
Sherrod, D. R. 90, 207
Sherwin, N. V. 142, 143, 207
Shils, E. A. 85, 202
Shui-Ju, Y. 140, 207
Shybut, J. 69, 207
Simmermon, R. D. 60, 179, 207
Simon, H. 11, 26, 31, 87, 207
Simpson, R. H. 124, 207
Sims, H. P. 23, 145, 207, 208
Singer, J. E. 90, 191
Singh, R. P. 92, 158, 160, 188
Six, B. 41, 167, 207
Six, U. 148, 149, 150, 185
Skinner, B. F. 10, 70, 207
Sloan, J. 175, 192
Slocum, J. W. 22, 207
Slovic, P. 31, 38, 64, 72, 87, 88, 190, 207
Smalley, N. S. 106, 136, 205
Smith, C. E. 176, 207
Smyser, C. M. 58, 59, 144, 200
Smyth, L. 131, 134, 171, 190
Sneed, D. J. 20, 21, 207
Sobel, R. S. 35, 207
Solar, D. 61, 75, 168, 207
Solomon, I. H. 147, 207
Sorgatz, H. 128, 176, 208

Sosis, R. H. 107, 122, 208
Spitz, R. A. 141, 208
Spitznagel, A. 85, 87, 96, 208
Spreen, O. 131, 208
Srole, L. 56, 208
Srull, T. 92, 208
Staebler, B. J. 166, 201
Staebler, B. K. 143, 168, 201
Starke, F. A. 27, 38, 41, 49, 184
Stasiw, J. R. 179, 208
Steger, J. A. 60, 145, 172, 207
Stein, D. K. 131, 183
Steiner, I. D. 27, 35, 49, 208
Steinke, J. 176, 203
Stephens, M. W. 110, 112, 113, 126, 142, 208
Stern, G. G. 90, 91, 97, 208
Stotland, E. 42, 68, 173, 208
Streiffeler, F. 153, 208
Streufert, S. 55, 128, 208
Streufert, S. C. 55, 128, 208
Strickland, B. R. 107, 110, 111, 112, 117, 122, 137, 160, 169, 178, 201, 208
Sturzebecher, K. 69, 117, 118, 185
Susman, G. I. 58, 144, 208
Süllwold, F. 38, 208
Sutcliffe, J. 132, 145, 166, 197
Sutterer, J. R. 165, 195
Swanson, L. 160, 163, 208
Swanson, M. K. 76, 109, 175, 201
Sweeney, D. R. 68, 208
Szilagyi, A. D. 23, 145, 207, 208

Tanck, R. H. 133, 174, 208
Tatsuoka, M. 129, 186
Taub, S. I. 91, 92, 158, 188
Taylor, L. J. 59, 109, 169, 208
Teasdale, J. D. 65, 183
Tesser, A. 76, 99, 103, 109, 208
Thomson, P. H. 88, 196
Thoresen, C. E. 9, 70, 199, 209
Thoreson, R. 178, 195
Thorndike, E. L. 13, 209
Thornhill, A. J. 2, 209
Thornhill, M. A. 2, 209
Throop, W. F. 2, 209
Thurber, S. 169, 209
Tiffany, D. W. 46, 54, 67, 102, 108, 174, 209

Tilmann, H. 48, 203
Tinling, D. C. 68, 208
Tipton, L. 148, 189
Tobacyk, J. 106, 152, 209
Tolman, E. C. 9, 10, 14, 25, 26, 29, 47, 209
Tolor, A. 59, 75, 121, 130, 146, 198, 209
Travis, K. M. 149, 209
Trice, A. D. 142, 143, 165, 209
Trexler, L. 42, 184
Troll, E. W. 142, 143, 207
Trommsdorff, G. 69, 138, 191, 206
Trotta, J. 142, 209
Tseng, M. S. 100, 105, 199, 211
Tucker, L. R. 56, 169, 209
Turney, J. R. 88, 187
Tyler, F. B. 124, 209

Unmacht, J. J. 109, 175, 201

Valecha, G. K. 100, 105, 209
Vantress, F. E. 168, 210
Varnum, S. W. 106, 195
Vega, M. 130, 138, 159, 203
Veldman, D. J. 106, 130, 195
Viebig, J. 149, 150, 197
Viek, O. 64, 82, 201
Vines, C. V. 16, 21, 37, 39, 41, 187
Viney, L. L. 106, 209
Vogler, R. E. 122, 136, 175, 210
Von Delius, A. 91, 177, 197
Von Eye, A. 162, 197
Von Hentig, H. 62, 142, 209
Vroom, V. H. 24, 27, 33, 34, 35, 40, 49, 209

Wagner, H. 60, 209
Walls, R. T. 80, 209
Wallston, B. S. 102, 109, 209
Wallston, K. A. 102, 109, 209
Walter, W. 149, 150, 197
Wannenmacher, W. 125, 170, 203
Wanty, D. W. 123, 190
Ward, L. D. 136, 153, 199
Ware, E. E. 102, 108, 204
Wätzig, H. 70, 210
Watzlawik, P. 13, 210
Weed, S. E. 58, 59, 144, 200
Weick, K. E. 27, 34, 36, 38, 49, 186
Weiner, B. 52, 65, 70, 84, 109, 161, 210

Weissbach, T. A. 122, 136, 175, 210
Weissman, A. 42, 184
Weissman, H. N. 179, 210
Weizman, F. 158, 163, 210
Welch, M. 112, 160, 163, 200
Wenz, F. V. 57, 174, 210
Werbik, H. 15, 25, 26, 31, 38, 42, 48, 162, 210
Westman, G. R. 151, 152, 161, 210
White, R. W. 62, 64, 210
Whitley, T. W. 142, 183
Wichern, F. 112, 140, 141, 210
Wicklund, R. A. 73, 189, 191
Widauer, H. 176, 204
Widlack, F. W. 106, 191
Wieberg, H.-J. W. 76, 99, 114, 116, 136, 170, 197, 210
Wilkins, W. E. 57, 152, 210
Williams, A. V. 177, 195
Williams, C. B. 168, 210
Wilson, S. R. 55, 171, 210
Witkin, H. A. 134, 210
Wofford, J. C. 22, 210

Wohlwill, J. F. 90, 210
Wolf, F. M. 139, 141, 160, 186
Wolfe, R. 57, 151, 210
Wolfer, J. 84, 147, 197
Wolk, S. 106, 133, 160, 210
Woll, S. B. A. 46, 209
Woods, M. J. 136, 154, 192
Worell, L. 3, 210

Yang, K. 50, 74, 107, 136, 161, 197
Yates, R. 138, 140, 210
Yoder, S. A. 58, 151, 210
Youngman, M. B. 2, 209

Zarra, M. J. 137, 184
Zeiss, A. 110, 112, 118, 200
Zeiss, R. 110, 112, 118, 200
Zerega, W. D. 105, 211
Zielke, M. 177, 178, 211
Zinser, O. 166, 190
Zuckerman, M. 105, 106, 130, 211
Zuroff, D. C. 179, 211

Sachregister

Affiliation 102, 109, 168
Aggressivität 65, 130, 149, 168, 176
Alkoholismus 76, 103, 108, 130, 146 ff., 173 ff.
Alter 135 ff.
Altruismus 5, 168
Angst 4, 88, 128, 130 ff., 149, 164, 176
Anomia 56 ff., 109, 152, 174, 175
Anomie 2, 51, 56 ff., 149, 151 ff.
Anspruchsniveau 15, 25
Arbeits-
-motivation 33, 144 ff.
-verhalten 33 ff., 58, 60, 100, 114, 116, 144 ff.
-zufriedenheit 33 ff., 144 ff.
Assertivität 167
Attribuierungsstil 163 ff., 174
Attributions-
-Retrainings-Kurse 164, 179
-theorie 52 ff., 64, 125, 162 ff.
-verhalten 5, 109, 161 ff.
Außenorientierung 54 ff.
Autofahren 76, 103, 109
Autokratismus 130

Bedürfnis 13 ff., 18 ff., 58, 86, 148, 150
Beeinflußbarkeit 74, 148, 168, 170 ff.
Behaviorismus 4, 9, 11, 26, 70, 124, 148
Belohnungsaufschub 5, 13, 69, 71, 75, 128, 162
Beobachtungslernen 9, 14, 54, 66, 74, 135, 147
Beratung 6, 93
berufliches Verhalten 33 ff., 58, 60, 100, 114, 116, 144 ff.
Berufswahl 33 ff.
Berufszufriedenheit 33 ff., 144 ff.
Bezugsgruppenwahrnehmung 32, 35, 62

Coping 48, 89, 131 ff., 174

Datenquellen 98, 125 ff.
Delinquenz 58, 71 ff., 168

Depression 64 ff., 67 ff., 173 ff.
Depressivität 123, 130 ff., 173 ff.
Dialysepatienten 177
direktive Einstellung 61, 130
Dogmatismus 130, 168
Dominanz 59, 129, 167
Drogenabhängigkeit 175
Drogenkonsumverhalten 21 ff., 57, 60, 102, 109, 175

Einstellung 5, 32, 137, 148, 164 ff., 167 ff.
Entfremdung 2, 4, 51, 57 ff., 102, 126, 129
Entscheidungstheorie 16, 25, 30 ff., 47, 64, 71, 87
Entwicklungspsychologie 132, 134 ff., 139, 155 ff., 158, 163, 172
Entwicklungsziele 62, 141, 172
Erfolgserwartung 29, 52, 80 ff., 83, 102, 109, 161 ff., 170 ff., 177 ff.
Erwartung-
 – Erfolgs- (s. Erfolgserwartung)
 – Ergebnis-Folge- 18 ff., 24, 28, 74
 – generalisierte – 1 ff., 8, 16 ff., 20, 47, 61, 76, 98 ff.
 – Handlungs-Ergebnis- 15, 24, 28, 74
 – Komponenten 30, 47 ff.
 – Mißerfolgs- (s. Mißerfolgserwartung)
 – spezifische – 3, 16 ff., 47, 76
Erwartungs-Wert-Theorie 7 ff., 15 ff., 20 ff., 25 ff., 47, 71, 76, 86, 88, 166
 – Geltungsbereich 31, 33, 42 ff., 50, 88
 – interindividuelle Prüfung 40 ff.
 – intraindividuelle Prüfung 40 ff.
 – Modellkomponenten 26 ff.
 – Probleme 37 ff.
 – Terminologie 26 ff.
 – Verrechnungsvarianten 20 ff., 35, 38 ff.
Erziehungs-
-einstellungen 139 ff., 166
-stil 7 ff., 21, 117, 138 ff., 166 ff.
-verhalten 6, 103, 109, 114, 116, 138, 140 ff., 166
-ziele 62, 138 ff., 166

Experimentalpsychologie 5 ff., 14, 66, 79 ff., 84, 93, 120
— Probleme der — 83 ff., 168
Extraversion/Introversion 11, 61, 75, 129 ff.

Familien-
-klima 141
-struktur 139
-vollständigkeit 139
Feldabhängigkeit 134, 155
Feldtheorie 11, 20 ff., 25, 28
Fernsehkonsum 149 ff.
Fragebogen 98 ff., 155
— Antworttendenzen 121 ff., 131
— Erhebungssituation 122, 131, 152, 155
— Iteminterpretation 124 ff., 153
— Meßfehler 119 ff.
— Meßprobleme 119 ff.
— S-R-Inventare 86, 126
— Reliabilität 104 ff., 119 ff., 163
— Validität 107 ff., 119 ff., 124
Freiheit 63 ff., 91, 156
Fremdbestimmung 4, 53, 61 ff.
Fremdkontrolle 69 ff.

Gelernte Hilflosigkeit 64 ff., 76, 82, 89, 93, 154, 157
Geschichte der Psychologie 9 ff., 25, 97, 154
Geschlecht 129, 136 ff., 140, 159
Geschlechtsrollen-Einstellungen 137
Geschlechtsrollen-Orientierungen 42, 61, 75, 137
Geschwisterkonstellation 139
Gestaltpsychologie 9, 10, 13, 25, 28
Gesundheitsverhalten 22, 102, 109
Gruppendynamik 179
Gruppentherapie 179

Handlungs-
-freiheit 63 ff., 72, 81, 88, 91, 141, 146, 167, 175
-kompetenz 15, 23 ff., 171 ff.
-kontrolle 51, 71 ff., 128, 168
-planung 51, 87
-situation 1, 3, 5, 18, 78 ff., 91 ff., 93
-theorie 6, 25, 64, 87 ff.
-verfügbarkeit 72, 167
Hilflosigkeit (s. Gelernte Hilflosigkeit)

Hoffnungslosigkeit 42 ff., 61, 65, 68 ff., 75, 130, 173
Hospitalisierung 66, 131, 146 ff., 168, 175
Humanistische Psychologie 13
Hypertonie 176

Indikation 74, 177 ff.
Infarktpatienten 22, 177
Informations-
-aufnahme 5, 10, 11, 87, 147 ff.
-suche 22, 92, 149, 158
-verarbeitung 10, 72, 87, 148, 158
Innenorientierung 54 ff.
IPC-Fragebogen 45, 69, 98 ff., 114 ff., 126, 140, 150, 152, 173, 177
Institution 66, 88, 90, 143 ff., 168
— Altersheime 143, 146 ff.
— Arbeitsplatz 143 ff.
— Erziehungsheim 118
— Klinik 84, 131, 136, 143, 146 ff.
— psychosoziales Klima 90 ff., 109, 146, 165
— Schule 109, 138, 142 ff., 160, 163 ff.
— Strafanstalt 143, 146, 169
— Universität 143, 164 ff.
Instrumentalitätstheorie 21, 23 ff., 32 ff., 50, 57, 68, 101
Intelligenz 137, 159
Interaktionismus 10 ff., 20, 78, 86, 96 ff., 126
interkulturelle Vergleiche 129, 145, 151 ff.
Internalisierung 54 ff.
interpersonales Vertrauen (s. Vertrauen)
Intervention 6, 38, 62, 70, 84, 146, 164, 170 ff., 178 ff.
Interview 98, 110 ff., 126 ff.
intrakulturelle Vergleiche 137 ff., 151 ff.
Introversion (s. Extraversion)

Kausalattribution 52 ff., 65 ff., 69, 84, 118, 125, 162 ff.
Kausalfaktoren 52, 65 ff., 125
Klinische Psychologie 70, 120, 170 ff., 181 ff.
kognitive Differenziertheit 134, 155, 159
kognitive Psychologie 4, 8, 9, 70
kognitiver Stil 75, 134 ff., 155
kognitiv-soziale Lerntheorie 9, 23 ff.
kollative Variablen 90

Konditionieren 10, 14, 33, 47
Konformität 5, 32, 62 ff., 154, 162, 167 ff.
Konservatismus 61, 130, 149
Kontrolle 51, 54
Kontrollangst 128, 176
Kontrollierbarkeit 1, 3 ff., 43, 46, 64, 66, 70, 78 ff., 87, 89, 91 ff., 158, 179
Kontrollideologie 46, 63, 106, 116, 169
Kontrollillusion 84, 89, 93, 174
Kontrollüberzeugung
— Begriffsklärung 1 ff., 44
— Bereichsspezifität 45 ff., 98 ff., 120
— Dimensionalität 44 ff., 98 ff., 120
— Entwicklung 5, 95, 113, 135 ff., 155
— Forschungsentwicklung 2 ff., 5 ff.
— Generalisierungsebenen 46 ff., 75 ff.
— Konstruktdifferenzierung 7 ff., 44 ff., 95, 104 ff., 153
— Messung 6, 99 ff., 125 ff.
— Modifikation 178 ff.
— normative Problematik 55, 171 ff., 181
kritische Lebensereignisse 55, 171 ff., 181
Kultur-Persönlichkeits-Schule 54, 151
Kybernetik 36 ff., 77

Leistungsmotivation 5 ff., 15, 29 ff., 52, 58, 75, 91, 118, 141, 161 ff.
Leistungsverhalten 5 ff., 35, 52 ff., 83, 90 ff., 102, 110, 118, 157 ff.
Leistungsversagen 66, 163 ff.
Lernbehinderung 160, 163 ff.
Lernen 17, 21, 24, 41, 65 ff., 70, 80, 83 ff., 142 ff., 150, 157 ff., 178

Machiavellismus 42 ff., 60 ff., 75, 130, 149, 168
Macht-
-handeln 59 ff., 70
-losigkeit 4, 44 ff., 59 ff., 75, 109
-motiv 59 ff.
Massenkommunikation 147 ff.
Massenmedien 147 ff.
Medizinische Psychologie 177
Metakognition 72
Mißerfolgserwartung 29, 52, 80 ff., 161 ff.
Modell-Lernen 9, 14, 54, 66, 74, 135, 147
Moral 55, 61, 141, 168
Motivation 4, 13, 25, 29 ff., 62, 161 ff.

— Arbeitsmotivation 33, 144
— Leistungsmotivation 5 ff., 15, 29 ff., 52, 58, 75, 91, 118, 141, 161 ff.
— Prozeß der — 30, 161 ff.
— Wirksamkeitsmotivation 62, 64
Multiattribute Nutzentheorie 32, 38

Neurotizismus 11, 129 ff., 176
Normlosigkeit (subjektive) 56 ff.
Normproblematik 55, 171 ff., 181

Ökologische Psychologie 6, 11, 64, 86, 90 ff.
Organisationspsychologie 34, 88, 90

Pädagogische Psychologie 70, 157 ff., 180
Persönlichkeits-
-beschreibung 12, 77, 96 ff., 154 ff.
-bereiche 2, 8, 75 ff., 97 ff., 129 ff., 134
-entwicklung 9, 135 ff., 155 ff.
-erklärung 12, 96, 135 ff., 155 ff.
-konstrukte 11 ff., 95 ff.
-messung 98 ff.
-theorie 9 ff., 75, 96 ff.
politisch-kulturelle Systemzugehörigkeit 151 ff.
politisches Engagement 5, 46, 58, 100, 106, 114, 116, 149, 169 ff.
Problemlösestrategien 17, 158 ff., 165
Problemlöseverhalten 76, 114, 116
projektive Verfahren 98, 110, 111, 127
Psychoanalyse 3, 11, 13, 25, 54, 59, 174, 176
Psychologie
— Entwicklungs- 132 ff., 139, 155 ff., 158, 163, 172
— Geschichte der — 9 ff., 25, 97; 154
— Gestalt- 9, 10, 13, 25, 28
— Humanistische — 13
— Klinische — 70, 120, 170 ff., 181 ff.
— Kognitive — 4, 8 ff., 70
— Medizinische — 177
— Ökologische — 6, 11, 64, 86, 90 ff.
— Organisations- 34, 88
— Pädagogische —70, 157 ff., 180
— Sozial- 6, 64, 73, 167 ff.
Psychopathologie 6, 12, 130 ff., 170 ff.
Psychophysiologie 11 ff.
Psychosomatik 12, 176 ff.
Psychose 176

Psychosoziales Klima 81, 141, 146, 166
Psychotherapie 3, 6, 60, 62, 74, 170, 177 ff.
- Erfolg der – 177 ff.
- Ziele der – 62, 74, 91, 171 ff., 179 ff.

Rationalität 11, 26, 31, 33, 71
Reaktanz 5, 64, 84, 169
Realitätsverlust 172, 176 ff., 181
Reduktionismus 11, 13, 23
Religiosität 57, 151 ff., 153
Rigidität 65, 134, 149
Risikoverhalten 5, 92, 103, 109, 167
ROT-IE-Fragebogen 3, 4, 45, 54, 57, 59, 60, 67, 69, 98 ff., 114 ff., 133, 152, 169, 173, 175

Schizophrenie 66, 128, 176
Schulklima 142 ff., 165
Schulleistung 112, 117, 119, 142, 159 ff., 161
Selbständigkeit 139, 141, 142
Selbst-
 -aufmerksamkeit 51, 73
 -bestimmung 4, 53, 61 ff.
 -bewertung 32, 52, 73
 -einschätzung 34, 126
 -entfremdung 58, 144, 175
 -kontrolle 1, 2, 9, 51, 62, 69 ff., 118, 177 ff.
 -konzept 5, 42, 58, 131, 134 ff., 161 ff.
 -verantwortlichkeit 1, 55 ff., 62
 -verstärkung 24, 70
 -wirksamkeit 51, 73 ff.
SEU-Modell 31 ff., 38
Situations-
 -analyse 85 ff.
 -definition 85, 87
 -merkmale 1, 3, 5 ff., 11, 22, 43, 47, 78 ff., 87, 91 ff., 93
 -taxonomie 18, 78 ff., 85 ff.
 -wahrnehmung 11, 18 ff., 80, 81, 85, 87
Soziale Beeinflussung 168
soziale Dichte 90
soziale Erwünschtheit 104, 107, 121 ff., 129, 147, 175
Soziale Lerntheorie 1 ff., 7 ff., 21, 26, 35, 66, 76, 94 ff., 98, 132
 - Axiome 10 ff., 23
 - Bewertung 20 ff.

- Geltungsbereich 50
- zentrale Konzepte 14 ff.
soziale Schicht 137 ff.
Sozialisation 51, 54 ff., 57 ff., 117, 135 ff., 151 ff., 163 ff.
- berufliche 143 ff.
- familiäre 138 ff.
- institutionelle 143 ff.
- schulische 142 ff.
Sozialpsychologie 6, 64, 73, 167 ff., 180 ff.
Soziologie 7, 11, 56, 57 ff.
sprachliche Kodierung 158, 162 ff.
S-R-Inventar 86, 126
Streß 6, 57, 68, 83, 86, 88, 131 ff.
Streßbelastung 89, 131 ff.
Streßverarbeitung (s. Coping)
Studienerfolg 127 ff., 133, 160 ff., 165
Suchtkranke 173 ff.
Suizid 56, 174

Test 98, 128 ff.
Typologie 44

Überbeschützung 141
Umweltpsychologie (s. Ökologische Psychologie)
Unterrichtsstruktur 142 ff., 165
Ursachenzuschreibung (s. Kausalattribution)

Validität 39 ff., 85, 107 ff., 119 ff., 124, 136
Verantwortlichkeit 55 ff., 111, 139
Verantwortung 55, 83, 111, 176
Verhaltenskontrolle 54 ff.
Verhaltenstherapie 70, 74, 170, 178
Vertrauen 44, 50, 75, 130, 140, 149, 167
Verursachung (persönliche) 53 ff.
Vorhersagbarkeit 43, 78 ff., 89, 141

Wahlfreiheit 91
Wahrnehmung 5, 11, 18, 32, 43, 53, 83, 85, 87 ff., 91, 108, 132
Wertorientierung 5, 31, 61, 137, 168, 174
Wirksamkeitsmotivation 62, 64

Zeitperspektive 69, 75
Zielpräferenz 13 ff., 17 ff., 24 ff., 32, 37 ff.
Zukunftsorientierung 69, 164

Hogrefe International

Book Service
Toronto · Stuttgart

Ihre Fachbuchhandlung für wissenschaftliche Psychologie und Nachbarwissenschaften („Human Sciences")

Ein Informationszentrum von besonderer Leistungsfähigkeit

Bücher

Wir haben die Neuerscheinungen ab 1980 folgender Verlage am Lager:

American Psychological Association
MacMillan Publishers Ltd.
Elsevier/North-Holland
Springer Publishing Co.
Annual Review Inc.
McGraw-Hill
Plenum Press
Wiley & Sons

Academic Press
Pergamon Press
Grune & Stratton
Hans Huber Verlag
MIT Press
Yale University Press
Harvard University Press
University of Chicago Press

und anderer

Zeitschriften

Unser umfangreicher Subskriptions-Service bietet **alle** Zeitschriften aus dem Bereich „Human Sciences" an.
Beachten Sie unsere gerade für ausländische Zeitschriften besonders günstigen Preise!

Bitte fordern Sie unseren umfassenden Katalog an!

Hogrefe International
Book Service

Daimlerstraße 40 · 7000 Stuttgart 50
Telefon: 0711/561737-38

Zeitschriften aus der Verlagsgruppe Hogrefe

Psychologische Rundschau
Überblick über die Fortschritte der Psychologie in Deutschland, Österreich und der Schweiz
Erscheint seit 1949, vierteljährlich

Zeitschrift für Entwicklungspsychologie und Pädagogische Psychologie
Erscheint seit 1969, vierteljährlich

Psychologie und Praxis
Zeitschrift für die Anwendungsgebiete der Psychologie
Erscheint seit 1956, vierteljährlich

Zeitschrift für Experimentelle und Angewandte Psychologie
Organ der Deutschen Gesellschaft für Psychologie
Erscheint seit 1953, vierteljährlich

Zeitschrift für Klinische Psychologie
Forschung und Praxis
Erscheint seit 1972, vierteljährlich

Diagnostica
Zeitschrift für psychologische Diagnostik und differentielle Psychologie
Erscheint seit 1955, vierteljährlich

The German Journal of Psychology
A Quarterly of Abstracts and Review Articles
Erscheint seit 1977, vierteljährlich

Crisis
International Journal of Suicide and Crisis Studies
Erscheint seit 1980, halbjährlich

Verlag für Psychologie · Dr. C. J. Hogrefe
Göttingen · Toronto · Zürich

C. J. Hogrefe, Inc.
Toronto

Verlag für Angewandte Psychologie
Stuttgart

Weitere Informationen oder ein kostenloses Probeheft erhalten Sie auf Anforderung von:
Hogrefe International, Book Service, Daimlerstr. 40, 7000 Stuttgart 50
Telefon: 0711/561737-38